JN273481

BASICS OF AMERICAN LAW

【アメリカ法ベーシックス】……11

樋口範雄

American Conflict of Laws

アメリカ渉外裁判法

弘文堂

はしがき

　アメリカは競争社会である。一例としては、法学研究者にも publish or perish（論文を公表するか、そうでなければ退場せよ）という厳しい命題が当てはまるせいか、現在では、毎週、ネット・ジャーナル化した法学論文ネットワークを通じて、私のところにも何十という論文が届けられる。それらがどれだけダウンロードされて注目されているかも明確に示される。法科大学院の合格者数を競うようなものではない「競争」が、不断にかついっそう活発に行われている。

　法自体もまたこの競争の対象となる。何しろアメリカでは50の州がそれぞれ独立の法制度を有し、連邦や準州まで入れれば50以上の法制度が常に競争している状況にある。それはリーガル・サービス改善のための競争である。そして気に入らない法制度なら別の州に移転する自由がアメリカ人にはある。また、アメリカの連邦制度は、基本的に分権制度であって、わが国におけるように1つの法がみんなに適用されるのが平等で最善だとは考えられていない。日本でなら「法で決まっていることだから」という言い訳が通用するかもしれないが、アメリカでは、「いったいそんな法は、どのように正当化できるのか。現に他州では違う法が行われているではないか」という反論がなされる。法もまた、一定の政策目的の手段であり、当然、相対的かつ柔軟な存在であって、必要があれば（社会の変化に伴い）変えてゆくべきものだということが当然とされている。それを、具体的な事件で弁護士の協力を得て裁判官が行うことを、「コモン・ローの発展」と呼んできた。

　このようなダイナミズムにあふれるアメリカ法は、同時に、異なる複数の法の交錯する場面ともなる。A州の人とB州の人が関係する事件や取引がなされれば、必然的に複数の法が関係するからである。単一の法による中央集権的国家では想像できないほどの難しい問題も提起する。

　これらの問題は、日本でいえば「国際私法」と呼ばれる分野になりそうだが、とりあえず「国際」ではなく「州際」の渉外問題となるのがアメリ

カである。もちろんアメリカにも国際的な訴訟も発生する。本書のタイトルを「アメリカ渉外裁判法」とした理由は、本文冒頭部分で述べるが、その対象は日本の「国際私法」よりはるかに広い。アメリカではこの分野は conflict of laws と呼ばれ、直訳すれば「法の抵触」となり「抵触法」とも呼ばれる。本書は、その実相を記述したものである。日米関係が政治ばかりでなく経済でも基本となるわが国において、それは無関係な他国の話では済まない。

　日本の国際私法も十分にわからない私が本書を書こうとしたのには、まったく個人的ないくつかの理由がある。第1に、長年の間、アメリカ法の研究者と交流を深めている中で、現在は、スタンフォードの法学部長を経て、ヒューイット財団理事長となっているラリー・クレーマー教授の知己を得た。初めて会ったのはまだ彼がミシガン大学に在職していた頃である。彼が、抵触法の代表的教材の編者であることは知っていたが、本書を書いてあらためて彼の影響力を認識し、代表的論文を読む機会も得た。シメオニデス教授にも紹介してもらい、本書をまとめるうえでも助けてもらった。もつべき者は旧友である。
　第2に、医療と法で何十年も交流してきたロバート・B・レフラー教授は、その父が抵触法革命の一翼を担った存在である。かつてアーカンソー大学を訪ねたとき以来、ロー・スクール自体が、父であるロバート・A・レフラーの名を冠したロー・スクールであることも知っていたが、本書の刊行に際し、あらためて深い「縁」を感じた。
　第3に、直接の契機は、2010年に学部の演習でアメリカ抵触法の教材を参加者と読んだことによる。その内容が、私にとって非常に面白かった。アメリカ法を渉外裁判という観点から見直すことは、次のようなアメリカ法の特色を印象づけた。
　まず、何よりも、アメリカ法は独自のものであり、アメリカ以外からは特殊で変な国だと見られかねないことが実感できた。抵触法革命はアメリカだからこそ起きたのであり、おそらく他の国で追随するものは今後も出ないだろう。
　次に、その内容として、民事訴訟法から不法行為法、家族法などの実体

法、さらに根幹に合衆国憲法という要素が頻繁に出てきて、そのような豊穣で多様な中味を含む点もあらためて驚かされた。

さらに、その内容の検討について、法学者と裁判官をはじめとする実務家との協働の成果が表れている点にもうらやましさを覚えた。

だが、他方で、アメリカでは州際問題が渉外問題の中心にあるために、今後、真の国際化が進行していく中で、大きな課題を抱えているとも感じたところである。しかし、彼らのダイナミックな法的精神からすれば、何らかの形でこれらの課題も乗り越えていくのではないか。そして、そこでは、いっそうの国際化を免れないわが国の法にも何らかの示唆を与えるのではないかとも。

いつものように弘文堂の北川陽子さんには大きなお世話になった。また、道垣内正人教授、織田有基子教授には、国際私法の専門家として、本書の草稿段階でさまざまな助言と過ちの訂正をしてもらった。深く感謝している。もちろん本書に残る誤りや考察の不足は私の責任である（本当は責任転嫁特約を結びたいのだが、たぶん公序に反するとされるだろう）。

　　　2015年3月29日

　　　　　　　　　　　　　　　　　　　　　　　樋口　範雄

目 次

第1章　アメリカにおける渉外裁判法または抵触法（conflict of laws） …………1

- I　はじめに——渉外事件が日常的であること …………1
  - Conflict of laws（抵触法）という科目 (2)／法の抵触が意味するもの (3)
  - 1　法選択に関する法の多様性　3
  - 2　選択される実体法の多様性　4
  - 3　法の適用の結果が異なる場合だけ conflict of laws となること　5
  - 4　他州判決の承認・執行と合衆国憲法　6
- II　アメリカの渉外裁判法の位置づけ …………7
- III　最も重要な課題——そもそもなぜ法の抵触を問題とするのか …………9

第2章　裁判管轄権とドミサイル概念 …………12

- I　裁判管轄権（jurisdiction） …………12
  - 裁判管轄権を認めるための3つの要件 (12)
- II　ドミサイル（法的な意味での本拠：domicile） …………14
  - 1　ドミサイルの定義と類似概念　14
  - 2　ドミサイルのポイント　17
- III　人的裁判管轄権と憲法の要請 …………18
  - 1　1945年以前　18
    - Pennoyer v. Neff（1878）(19)／1945年以前——裁判管轄権の限定と対物的訴訟という例外 (21)／純粋型の対物的訴訟（pure in rem actions）(22)／準対物的訴訟（quasi in rem actions）(23)／Shaffer v. Heitner（1977）(24)
  - 2　1945年の International Shoe 判決　25
    - International Shoe Co. v. Washington（1945）(25)
  - 3　1945年以降、現在における人的裁判管轄権の考え方　27
    - 連邦最高裁判決による基本原則 (28)／州のロング・アー

ム法 (30)

Ⅳ 裁判管轄権——現代の状況……………………………………… 32
　1 始まりは International Shoe 判決　32
　　　２つの人的裁判管轄権——特定的管轄権と一般的管轄権 (32)
　2 特定的裁判管轄権 (specific jurisdiction)　34
　　　憲法上求められる最小限の関連を満たすための要件——意図的利用のテスト (36) ／McGee v. International Life Insurance Co. (1957) (36) ／Hanson v. Denckla (1958) (37) ／第１のケース——Shaffer v. Heitner (1977) (38) ／第２のケース——Kulko v. Superior Court (1978) (38) ／第３のケース——World-Wide Volkswagen Corp. v. Woodson (1980) (39) ／第４のケース——Burger King Corp. v. Rudzewicz (1985) (40) ／憲法上求められる最小限の関連を満たすための要件——合理性 (41) ／Asahi Metal Industry Co. v. Superior Court (1987) (42)
　3 一般的裁判管轄権 (general jurisdiction)　44
　　　一般的裁判管轄権が認められる類型 (44) ／継続的かつ組織的な活動という要件による一般的裁判管轄権 (45)

Ⅴ 新たな連邦最高裁判例……………………………………………… 47
　1 2011 年以降の新たな動き　47
　2 一般的裁判管轄権に関する２つの判例　48
　　　Goodyear Dunlop v. Brown (2011) (48) ／DaimlerChrysler AG v. Bauman (2014) (49)
　3 特定的裁判管轄権に関する２つの判例　50
　　　J. McIntyre Machinery, Ltd. v. Nicastro (2011) (50) ／Walden v. Fiore (2014) (52)
　4 ４つの最高裁判例の意義　53

第３章　裁判管轄権——具体的適用例………………………………… 55

Ⅰ 不法行為に関する裁判管轄権…………………………………… 55
　1 製造物責任　55
　　　Gray v. American Radiator and Standard Sanitary Corp. (Ill. 1961) (56) ／Buckeye Boiler Co. v. Superior Court (Cal. 1969) (56)
　2 故意による不法行為　58

              Calder v. Jones (1984)（59）／Keeton v. Hustler (1984)
              （59）
      3　過失による不法行為および厳格責任　60
      4　財産侵害に関する不法行為　62
              Livingston v. Jefferson (1811)（62）
      5　名誉毀損とプライバシー侵害　63
    Ⅱ　契約に関する裁判管轄権……………………………………………66
      1　基本的な考え方　66
      2　契約類型ごとの考察　69

第4章　裁判管轄権に対する制約……………………………………73

    Ⅰ　管轄の合意…………………………………………………………73
              The Bremen v. Zapata Off-Shore Company (1972)（74）
              ／残された課題（76）
    Ⅱ　Forum non convenience（不便な法廷）の法理……………………79
      1　この法理の意義と代表的先例　79
              Gulf Oil Corp. v. Gilbert (1947)（80）／
              Forum non convenience 法理をめぐる論点（82）
      2　Forum non convenience 法理の目的　82
      3　Forum non convenience 法理の要件と効果　84
              Van Dusen v. Barrack (1964)（85）／Ferens v. John
              Deere Co. (1990)（85）／Piper Aircraft Co. v. Reyno
              (1981)（86）
      4　この法理に与える連邦制度や国際・国内裁判という要素の影響　87

第5章　法の選択（準拠法選択）――伝統的ルール……………89

    Ⅰ　はじめに――準拠法選択ルール概観………………………………89
              アメリカ的アプローチの特殊性とその意義（91）／アメリ
              カの準拠法選択ルールの基本的ポイント（94）
    Ⅱ　かつての伝統的ルール
          ――予め定められた関係地の法を適用するルール………………95
      1　伝統的ルールの特色　95
              Bealism への批判（97）
      2　不法行為事件に関する伝統的ルール　98

Alabama Great Southern R. R. Co. v. Carroll (Ala. 1892)
(101)

 3 契約事件に関する伝統的ルール 104
   伝統的ルールへの批判（105）／Pritchard v. Norton (1882)
   (106)／Poole v. Perkins (Va. 1919)（106）／Milliken v.
   Pratt (Mass. 1878)（108）
 4 財産法に関する伝統的ルール 109
   財産法の法選択ルールの具体例（110）
 5 遺言による相続、無遺言相続、信託に関する伝統的ルール 112
 6 婚姻に関する伝統的ルール 115
 7 代理、パートナシップ、会社（法人）に関する伝統的ルール 116

第6章 準拠法選択──伝統的ルールからの逃げ道（escape devices） … 119

 Ⅰ 伝統的ルールの例外──4つの手法 … 119
 Ⅱ 性質決定を利用する逃げ道（characterization） … 120
   Haumschild v. Continental Casualty Co. (Wis. 1959)
   (121)／Levy v. Daniels' U-Drive Auto Renting Co. (Conn.
   1928)（122）／Preine v. Freeman (D.C. Va. 1953)（122）
 Ⅲ 実体と手続という区分を利用する逃げ道
  （substance and procedure） … 124
  1 手続法の問題とされてきた分野 125
  2 曖昧な分野 125
   Grant v. McAuliffe (Cal. 1953)（125）／Shaps v. Provident Life & Accident Insurance Co. (Fla. 2002)（127）／Kilberg v. Northeast Airlines, Inc. (N.Y. 1961)（128）
 Ⅳ 反致（renvoi） … 130
   Chicago v. Dater (Mich. 1936)（131）／Braxton v. Anco Electric, Inc. (N.C. 1991)（132）
 Ⅴ 公序（public policy） … 133
   Loucks v. Standard Oil Co. of New York (N.Y. 1918)
   (135)／刑事罰の不適用（135）／Republic of Philippines v.
   Westinghouse Electric Corp. (D.N.J. 1993)（136）

第7章　準拠法選択に関する現代的アプローチ……… 138

I　はじめに………………………………………………… 138

II　風はニュー・ヨークから——ニュー・ヨーク州の動向……… 139

  1　ニュー・ヨーク州最高裁の画期的判例　139

    Auten v. Auten (N.Y. 1954)（*139*）／Haag v. Barnes (N.Y. 1961)（*141*）

  2　その後の発展——好意同乗者免責法に関わる判例　142

    Babcock v. Jackson (N.Y. 1963)（*142*）／Dym v. Gordon (N.Y. 1965)（*144*）／Tooker v. Lopez (N.Y. 1969)（*144*）／Neumeier v. Kuehner (N.Y. 1972)（*145*）

  3　それ以外の事例へ　146

    Schulz v. Boy Scouts of America, Inc. (N.Y. 1985)（*147*）／損害配分ルールと行為規制ルール（*149*）／Padula v. Lilarn Properties Corp. (N.Y. 1994)（*149*）

III　カリー教授による利益分析（interest analysis）……… 152

  1　カリー教授の功績　152

  2　カリー教授の利益分析——その特色　152

    Milliken v. Pratt (Mass. 1878)（*153*）／虚偽の抵触の事例（*155*）／カリー教授の利益分析への批判（*157*）

IV　利益分析の修正型………………………………………… 159

    バクスター教授の法益阻害度比較法理（*159*）／Bernhard v. Harrah's Club (Cal. 1976)（*161*）／Offshore Rental Co. v. Continental Oil Co. (Cal. 1978)（*162*）

V　レフラー教授の法理——よりよい法（better law）のアプローチ… 163

    Clark v. Clark (N.H. 1966)（*164*）／Mikovich v. Saari (Minn. 1973)（*165*）／Jepson v. General Gas. Co. of Wisconsin (Minn. 1994)（*166*）／よりよい法アプローチの難点（*167*）

VI　第2次リステイトメントのルール……………………… 169

  1　その基本的性格　169

    第2次リステイトメント第6条（*170*）／リース教授の説明（*172*）

  2　第2次リステイトメントと不法行為　174

    Hataway v. McKinley (Tenn. 1992)（*175*）／アリゾナ州の2つの判決（*177*）／Johnson v. Spider Staging Corp. (Wash. 1976)（*179*）／Phillips v. General Motors Corp.

　　　　　　　　　　　　　　　　　　　　　　　　　　目　次　xi

　　　　　　　（Mont. 2000）（*180*）
　　　3　第2次リステイトメントと契約　*184*
　　　　　　　第187条——当事者による指定の尊重（*184*）／DeSantis
　　　　　　　v. Wackenhut Corp.（Tex. 1990）（*185*）／第188条——当
　　　　　　　事者の指定がない場合（*187*）／個別の契約類型について
　　　　　　　（*188*）／動産売買契約とUCC（*189*）
　Ⅶ　法選択ルールと合衆国憲法 ································· *192*
　　　1　はじめに——合衆国憲法との関係　*192*
　　　2　デュー・プロセス条項　*193*
　　　　　　　Home Insurance Co. v. Dick（1930）（*194*）
　　　3　十分な信頼と信用条項　*196*
　　　　　　　1930年代の3つの判決（*196*）
　　　4　2つの憲法条項の融合　*198*
　　　　　　　その後の判例（*199*）／1980年代の3つの判例（*200*）
　　　5　その他の憲法問題　*202*

第8章　連邦裁判所とエリー判決の法理 ···························· *205*
　Ⅰ　はじめに——エリー判決の法理 ································ *205*
　Ⅱ　エリー判決以前とエリー判決、そしてその後 ··················· *209*
　　　1　エリー判決以前　*209*
　　　　　　　Swift v. Tyson（1842）（*210*）
　　　2　エリー判決——その直前の状況とエリー判決　*212*
　　　　　　　Black & White Taxicab v. Brown & Yellow Taxicab
　　　　　　　（1928）（*213*）／Erie Railroad v. Tompkins（1938）（*214*）
　　　3　エリー判決以後の状況　*217*
　　　　　　　Klaxon Co. v. Stentor Manufacturing Co.（1941）（*218*）／
　　　　　　　Guaranty Trust Co. v. York（1945）（*220*）／Byrd v. Blue
　　　　　　　Ridge Rural Electric Cooperative（1958）（*221*）／Hanna
　　　　　　　v. Plumer（1965）（*222*）／Walker v. Armco Steel Corp.
　　　　　　　（1980）（*223*）
　　　4　エリー判決後の現状要約と最近の判例　*225*
　　　　　　　Burlington Northern R. Co. v. Woods（1987）（*227*）／
　　　　　　　Stewart Organization, Inc. v. Ricoh Corp.（1988）（*227*）／
　　　　　　　Gasperni v. Center for Humanities, Inc.（1996）（*228*）／
　　　　　　　Semtek International Inc. v. Lockheed Martin Corp.

　　　　　　　　　(2001)（*228*）／Shady Grove Orthopedic Associates v.
　　　　　　　　　Allstate Ins. Co.（2010）（*230*）
　　Ⅲ　エリー判決と連邦コモン・ロー……………………………………… *232*
　　　1　連邦コモン・ローが存在する領域　*232*
　　　2　連邦コモン・ローの存在を示す先例　*233*
　　　　　　　　　Clearfield Trust Co. v. United States（1943）（*234*）／Bank
　　　　　　　　　of America v. Panell（1956）（*235*）／Kamen v. Kemper
　　　　　　　　　Financial Services, Inc.（1991）（*236*）

第9章　他州判決・外国判決の承認・執行……………………… *238*
　　Ⅰ　はじめに——アメリカの判決の既判力（res judicata）……………… *238*
　　　1　古い言葉・新しい言葉　*239*
　　　2　請求排除効（claim preclusion; res judicata）　*240*
　　　3　争点排除効（issue preclusion）　*243*
　　　　　　　　　争点排除効のポイント（*245*）／争点排除効の拡大——相互
　　　　　　　　　互換性不要（*248*）／カリー教授の批判（*250*）
　　Ⅱ　他州判決の承認・執行…………………………………………………… *251*
　　　1　はじめに　*251*
　　　　　　　　　合衆国憲法上の十分な信頼と信用条項（*252*）
　　　2　他州判決の承認・執行をめぐる論点　*252*
　　　3　特に注目すべき点　*256*
　　Ⅲ　外国判決の承認・執行…………………………………………………… *257*
　　　1　はじめに　*257*
　　　2　承認・執行の対象となる外国判決　*257*
　　　3　外国判決の承認・執行に関する統一州法　*259*

第10章　家族関係事件の取扱い………………………………………… *261*
　　Ⅰ　家族関係に関する渉外紛争……………………………………………… *261*
　　　　　　　　　アメリカの家族関係に関する渉外裁判法の要点（*262*）
　　Ⅱ　婚　　姻………………………………………………………………… *264*
　　　1　婚姻と渉外関係の原則　*264*
　　　2　同性婚の他州における有効性　*266*
　　　　　　　　　DOMA および mini-DOMA 法（*266*）／他州で有効に成立
　　　　　　　　　した同性婚の効力（*268*）

Ⅲ　離　　婚 …………………………………………………………… 269
　　　1　アメリカにおける離婚と渉外関係　269
　　　2　離婚法と裁判管轄権　271
　　　　　2つの Williams v. North Carolina 判決（272）／裁判で主張する機会を得た離婚や合意に基づく離婚の場合（276）／外国での離婚判決の承認（277）／離婚にまつわる他の諸問題——divisible divorce（278）／Divisible divorce の例（279）／子どもの監護権をめぐる渉外紛争（280）／UCCJA および UCCJEA（282）／PKPA（283）／ハーグ条約と「国際的な子の奪取に関する救済法」（International Child Abduction Remedies Act）（284）／UCCJEA（286）／子および配偶者に対する扶養義務と渉外関係（287）
　　　3　養子手続　289

第 11 章　国際的な渉外関係 …………………………………… 291

　　Ⅰ　グローバル化の波はアメリカにも ………………………………… 291
　　Ⅱ　立法管轄権と域外適用 ……………………………………………… 294
　　　1　立法管轄権の意義　294
　　　　　立法管轄権の根拠（295）
　　　2　立法管轄権の適用——重要な2つの古典的先例　296
　　　3　域外適用なしという推定原則？　297
　　　　　域外適用拡大の例（300）
　　　4　具体的な域外適用分野　301
　　　　　独禁法の域外適用（302）／証券法の域外適用（304）／知的財産法の域外適用（304）／アメリカにおける域外適用と準拠法選択の異同・関係（306）
　　Ⅲ　国家行為の法理（Act-of-State doctrine）………………………… 309
　　　1　法理の古典的先例　309
　　　　　Banco Nacional de Cuba v. Sabbatino (1964)（310）／準拠法選択と国家行為の法理（311）
　　　2　その後の国家行為法理　312
　　　　　Bernstein letter の意義（313）
　　Ⅳ　外国判決の承認 ……………………………………………………… 314
　　　1　国内他州判決の場合との相違　314
　　　2　先例とその後の発展　314
　　　　　外国判決承認のための法源（315）

3　外国判決の承認に関する基本原則　*318*
　　　　　基本原則は承認（*319*）／例外的に承認してはならない場合（*321*）／Bachchan v. India Abroad Publications, Inc.（N.Y. 1992）（*324*）／Telnikoff v. Matusevitch（Md. 1997）（*325*）／課税と刑罰を科す判決（*326*）／例外的に、裁判所の裁量権により、承認しなくてもよいとされる場合（*327*）
　Ⅴ　外国判決の執行……………………………………………………… *330*
　　　　　執行以外の承認の効果（*331*）／差止めを命ずる外国判決の執行（*331*）

第12章　アメリカ抵触法の将来……………………………… *332*
　Ⅰ　アメリカ抵触法の現状と将来………………………………………… *332*
　Ⅱ　シメオニデス教授の見解……………………………………………… *333*
　　1　アメリカ抵触法の現状──カリー教授の評価　*334*
　　2　アメリカの準拠法選択ルールの現状　*335*
　　3　現状認識から今後のあり方へ　*338*
　Ⅲ　アメリカ渉外裁判法の意義…………………………………………… *344*

　　事項索引（和文・欧文）　*347*
　　判例・法令索引　*351*

〔凡 例〕

『アメリカ抵触法（上）（下）』：ウィリアム・M・リッチマン／ウィリアム・L・レイノルズ（松岡博=吉川英一郎=高杉直=北坂尚洋訳）『アメリカ抵触法（上巻）（下巻）』（LexisNexis・2008・2011）

『はじめてのアメリカ法』：樋口範雄『はじめてのアメリカ法〔補訂版〕』（有斐閣・2013）

『アメリカ代理法』：樋口範雄『アメリカ代理法』（弘文堂・2002）

『アメリカ契約法』：樋口範雄『アメリカ契約法〔第 2 版〕』（弘文堂・2008）

『アメリカ不法行為法』：樋口範雄『アメリカ不法行為法〔第 2 版〕』（弘文堂・2014）

『アメリカ憲法』：樋口範雄『アメリカ憲法』（弘文堂・2011）

アメリカ法判例百選：樋口範雄他編『アメリカ法判例百選』（有斐閣・2012）

1st Restatement：Restatement (First) of Conflict of Laws (1934)

2d Restatement：Restatement (Second) of Conflict of Laws (1971)

Currie casebook：David P. Currie, Herma Hill Kay, Larry Kramer & Kermit Roosevelt eds., Conflict of Laws, Cases, Comments, Questions (8th ed. West 2010)（なお、2013 年に第 9 版が出されている）

Hay casebook：Peter Hay, Russell J. Weintraub & Patrick J. Borchers, Conflict of Laws: Cases and Materials (14th ed. Foundation Press, 2013)

Hornbook：Peter Hay, Patrick J. Borchers & Symeon C. Symeonides, Conflict of Laws (5th ed. West Hornbook Series, 2010)

Hoffheimer：Michael H. Hoffheimer, Conflict of Laws: Examples & Explanations (Aspen Publishers, 2010)（第 2 版が 2012 年に出されているがここでは初版を利用した）

Spillenger：Clyde Spillenger, Principles of Conflict of Laws (West 2010)

Understanding：William M. Richman & William L. Reynolds, Understanding Conflict of Laws (3d Revised ed. LexisNexis 2002)（なお、これは『アメリカ抵触法（上）（下）』（前掲）の原著である。なお 2013 年に第 4 版が出されている）

第1章　アメリカにおける渉外裁判法
　　　　または抵触法（conflict of laws）

I　はじめに——渉外事件が日常的であること

　アメリカ合衆国が連邦制度をとっており、50の州に分かれていることはよく知られている。だが、日本でそれほど知られていないのは、50の州がそれぞれ憲法から始まる完結した法制度をもち（したがって、もちろんそれぞれに最高裁を頂点とする裁判所制度も有する）、何か事件が生じた場合、多くのケースで日本では問題とならないような点を前提問題として解決しなければならないことである。
　たとえば、その事件は多くの州に関係していることがありうる。次の事例のように[1]。

［設例］
　XとYが飛行機に乗っていたところ、それが墜落した。
　①当該飛行機はイリノイ州の飛行場を飛び立ち、コロラド州デンバーを目指していた。
　②墜落したのはアイオワ州である。
　③Xは、ニュー・メキシコ州民であり、Yはニュー・ジャージー州民である。
　④航空会社は、デラウェア州法人であり、本社をイリノイ州シカゴに置いている。
　⑤飛行機を製造した会社はワシントン州法人であり、本社もそこに

---

1)　以下の事例は、Spillenger 1（1は頁数）に掲げられた例を簡略化したものである。

ある。
⑥ X は航空券を電子取引で購入し、販売元は、カリフォルニア州にサーバーを置くチケット・ディーラーである。
⑦ Y は航空会社に直接電話して航空券の予約を取ったが、その電話の相手方は実際にはインドに置かれている事務所で対応していた。

　これだけ多数の州（最後は外国まで出てくる）が関係する話になると、そこで生ずる法律問題もそれだけ複雑化する。最後のインドは別にしても、複数の州にまたがる事件・紛争は、アメリカでは日常茶飯事である。そこではただちに次の3つの課題が生起する。
　第1に、どこの裁判所に行けばよいのか（いずれの裁判所が裁判管轄権を有するのか。そしてそれが複数ある場合、その中でどこに行くのがよいのか）。
　第2に、適用される法はどこの州の法なのか。言い換えれば、裁判所が準拠すべき法は何か。
　第3に、たとえある州である法に基づき判決が出され、しかも原告が勝訴したとしても、被告の資産が別の州にあるなら、その別の州でも判決が承認・執行されないと意味がない。他州判決の承認・執行という問題まで考えたうえでないと、そもそも最初にどこの裁判所に行けばよいかも決まらないことになる。

【Conflict of laws（抵触法）という科目】
　このような3つの課題を扱うのが、アメリカの conflict of laws（抵触法、州際私法）と呼ばれる講義である。本書が題するように「アメリカ渉外裁判法」と呼んでもよい。
　前記のような難題をまず解決しなければならないので、アメリカでは、法的な紛争解決に弁護士の助けが必要となる。アメリカでも、日本と同様に、本人訴訟が認められているから、先の例で被害を受けた X と Y は、それぞれ弁護士に依頼せず、航空会社または飛行機製造会社を自分だけで訴えることができる。だが、実際には、そもそもどの裁判所に訴えることができるのか、その中でどの裁判所に行くのが自らに有利なのか、いったいいずれの州法が適用されるのかなど、彼らが法の素人なら、もうその段

階で、つまりスタート・ラインに立った段階で、どの方向に進むべきか途方に暮れる。

【法の抵触が意味するもの】
　以上のことをやや違った角度から考えてみよう[2]。

1　法選択に関する法の多様性

　仮に、どの州（法域）の裁判所に行っても、同じ法（たとえば、飛行機事故の起こったアイオワ州の法）が適用されるなら、問題はずっと簡単になる。いずれの州（国）の法律が適用されるかを指示する法（これを法の選択に関する法、choice of law と呼び、通常、国際私法とはこのような性質を有する法を意味する）がすべての州（法域）で同一なら、少なくとも当該事件について裁判管轄権の認められる裁判所に行く限り、同じ法が適用されてどこの裁判所でも結論は同じになるはずである。
　ところが、アメリカにおいては、法の選択に関する法自体が、州ごとに存在し、その内容も統一されていない。したがって、ある州の裁判所に行ったら A 州法が準拠法として選択・適用され、別の州の裁判所に行くと B 州法が適用されることが十分にありうる。
　さらにもう 1 点重要なのは、わが国では、法の選択に関する法は議会制定法（法律）の形式をとり、現行法はまさに「法の適用に関する通則法」

---

2)　なお、以下、本書では厳密に法域という言葉を用いる場合がある。原語は jurisdiction である。単一の法制度のもとにある地域を指す用語であり、州や国がその例となる（それぞれ裁判所や議会を通して法を作っている。もちろんアメリカの州にはそれぞれの憲法もある）。日本について語る場合、法域などという用語を使う必要はなく、「国」といえばそれで十分だが、アメリカの場合、50 の州それぞれの法域、さらに、連邦の「法域」（すなわち合衆国全土）がある。ただし、アメリカの渉外裁判法で多く対象とするのは州際間の問題であるから、法域＝州と考えても多くの場合誤りではない。そこであえて「州」とする場合もある。
　　より注意すべきは、jurisdiction には「裁判管轄権」という意味もある点である。こちらの jurisdiction の方が、本書にとってはより重要な概念となる。これはある「法域」(jurisdiction) において、実際に裁判を引き受ける権限（裁判管轄権＝jurisdiction）が認められるか否かを問題とするものであり、渉外裁判法にとって実質的な重要性を有する。
　　なお、jurisdiction は、legislative jurisdiction（立法管轄）として、議会の立法権の範囲を意味する場合もある。とりわけ当該制定法の域外適用が認められるかが課題となる。これについては、後掲 294 頁以下参照。

と呼ばれているが[3]、アメリカの州法においては、これもまた判例法によっていることである。

2 選択される実体法の多様性

法の選択に関する法がさまざまで、その結果、（裁判所がいずれであるかによって）適用されるのがA州法とB州法というように違いがあるとしよう。だが、そのA州法とB州法の内容が同一なら、そこにconflict of laws（法の抵触）はない。あくまでも内容の異なる複数の法律が抵触する（衝突する）事態を扱うのが、アメリカにおける抵触法の講義である。そして、残念ながら、適用される法の内容が異なるのはアメリカにおける常識である。何しろ、同じ内容の罪を犯しても死刑になる州もあれば、死刑制度をもたない州もある[4]。同様に、同性婚を認める州もあれば、それを認めない州もある[5]。

法の統一を図ろうとする運動は、アメリカにおいても盛んに行われてきた。まず、統一州法のモデル案を各州議会に提示して同じ法律を採択してもらうことによる手法（州議会に働きかけて、制定法のレベルでの統一を目指そうとする運動）がある[6]。次に、主要分野の判例法を条文の形に表現し、リステイトメント（Restatement＝判例法の再記述）として提示して、各州の裁判所が同じルールを採用するよう働きかける運動も存在する[7]。これらはたしかにそれぞれ重要な意義を有するものの、十分な成果をあげているとは必ずしもいえない。

結局のところ、アメリカでは、州ごとに法が異なる状態の方が「普通」なのである。そして、それには大きな意味、積極的な意味がある。

 3）「法の適用に関する通則法」（平成18年6月21日法律第78号）。
 4）参照、岩田太『陪審と死刑―アメリカ陪審制度の現代的役割』（信山社・2009）。
 5）同性婚に関する2013年連邦最高裁判決については、『はじめてのアメリカ法』280頁。
 6）信託法の分野についてではあるが、統一州法運動のあり方についてわかりやすく説明するものとして、Thomas P. Gallanis, Trusts and Estates: Teaching Uniform Law. 58 St. Louis U. L. J. 671（2014）; U Iowa Legal Studies Research Paper No. 14-09. Available at SSRN: http://ssrn.com/abstract=2414526.
 7）Conflict of lawsについても、2つのリステイトメントが作られている。1st Restatementでは、当時まで主流とされた古典的なルールが記述され、2d Restatementでは、現代的なルールが記述されて公表された。Hoffheimer 3.

第1に、本当に各州の法が統一されるなら連邦国家をとる意味がない。各地域やそれぞれの州に住む人たちの考え方を反映させたものこそが、それぞれの主要な法であるべきであり、遠い首都ワシントンで連邦法として決められたものが全土に一律に適用される事態はむしろ例外とされる（合衆国憲法においても、明確に連邦議会の立法権限は制約されている。日本の国会とは異なり、すべての立法権が連邦議会に属することはない。人々の日常生活に関わる事柄は原則としてすべて州の権限に属する[8]）。

　第2に、このように州法が異なるからこそ、新しい制度を導入する州があれば、他州はその効果や実績を見ながら同じ制度を採用するか検討することができる。同時に、人々も、自らの州の法が気に入らなければ、自分の考えと合った州に移住したり、あるいは一時的に居住してその法の効果を享受することもできる。

　言い換えれば、アメリカにおいて、州ごとに法が異なる状況は、人々が自らにとって、より身近な議会・裁判所での法形成を望ましいと考えている結果であり、同時に、いわば法の競争や実験が行われやすい場を作り出すものとして、むしろ好意的に見られているのである。そして、このような考え方はいずれもアメリカの統治制度の基本をなしている。したがって、「同じ国でありながら、別のルールがあるのはおかしい。法とは形式的に同じ取扱いをすべきものだ」という考え方は、アメリカではまったくあてはまらない。

　要するに、conflict of laws（複数の法が衝突する状態）はアメリカでは当然あってしかるべき状況である。

3　法の適用の結果が異なる場合だけ conflict of laws となること

　さらにA州法とB州法の内容が異なっていても、その結果が異ならない場合、conflict of laws（法の抵触）はないとされる。言葉の厳密な意味では、法は抵触しているわけだが、その適用の結果が異ならなければ、それは conflict of laws（抵触法）の問題ではない。

　例として掲げられるのは、たとえば、先の航空機事故の場合、仮にA

---

[8]　参照、『アメリカ憲法』27頁。

州法が適用されると時効（出訴期限、statute of limitations とアメリカでは呼ばれる）が2年、B州法では3年だったとする。だが、被害者は事故の6ヶ月後には訴えを提起した。この場合、いずれの州法が適用されようと時効にかからない。逆に、被害者が5年後に訴えを提起したとすれば、どちらの州法が適用されようと時効で（出訴期限を過ぎているとして）訴えは却下される[9]。

結果が異ならないので、このようなケースでは、アメリカでは conflict of laws の問題はないとされる。いかにも合理的かつ実務的な考え方であり、要するに、適用されることが考えられる複数の法が存在しその内容が異なるばかりでなく、それぞれを適用した結果が実際に異なる場合だけを、conflict of laws（抵触法）の対象とする[10]。

4　他州判決の承認・執行と合衆国憲法

ある州で勝訴判決を得た原告が、その判決をもって、他州において判決を承認してもらい、かつ被告の財産に対し執行してもらえるか。この点について、合衆国憲法の中には、次のような明文規定がある。

> ARTICLE FOUR
> Section 1. Full faith and credit shall be given in each State to the public acts, records, and judicial proceedings of every other State.（合衆国憲法第4編第1節：それぞれの州においては、すべての他州の公の法律、記録および司法手続に対し、十分な信頼と信用を与えなければならない）。

この条項は「十分な信頼と信用条項」（full faith and credit clause）と呼ばれ、他州の判決（司法手続）に対し、「十分な」すなわち「完全な」信頼

---

[9] この例は、Spillenger 4に掲げる例を応用したものである。
[10] 後掲138頁以下に示すように、アメリカでは20世紀前半から「抵触法革命」（conflicts revolution）と呼ばれる、法選択ルールの基本的な考え方の変革が起こる。それは、形式的なルールではなく、より実践的・具体的に事案を考察しようとするものであり、その中で、一見すると法の抵触があるようだが、実は「虚偽の抵触」（false conflict）しかない事案もあることが明らかにされた。そもそも法の抵触とは何かについて、ここで述べた考え方と共通の素地がある。

と信用を与えることが義務づけられている。そして、いうまでもないが、この条項が適用されるのは、合衆国内の他州判決に限られるから、外国の判決には適用されない。

その結果、アメリカでは、裁判管轄権や準拠法選択の場面で、理論上、国内と国際を区別しないのに対し、判決の承認・執行の段階では、両者の区別が必要となる。合衆国憲法の前記条項が存在するために、他州（sister states）の判決については承認し執行することが原則となる。それに対し、外国判決についてはそのような原則が存在しないので、州の法政策次第でその承認・執行が行われることになるのであり、明確に国際面（外国判決の取扱い）と国内面（他州判決の取扱い）で異なる扱いがなされる。この点は特に留意する必要がある。

II　アメリカの渉外裁判法の位置づけ

これまで述べたように、連邦制度をとるアメリカでは、日本以上に裁判制度も法も複雑である。もちろん、国際化の進みつつある日本でも、たとえば、アメリカ人と結婚した日本人がいて、その夫婦が離婚する場合、離婚の可否や条件、子どもの監護権について争いがあった場合、どの国の裁判所でどの国の法によって判断するかなど（あるいはそもそも結婚自体の有効性はどの法によって判断するのかなど）、異なる国の法が関係する事件は増加している。しかし、わが国では、そのような課題を扱う講義の名称が「国際私法」や「国際民事手続法」となっていることからも明らかなように、それは「国際問題」に限られる。ところが、アメリカ合衆国では、それが国内において日常的に生起する点が大いに異なる。

この分野の講義は、アメリカのロー・スクールでは一般に conflict of laws と呼ばれる。文字どおりに訳せば「法の抵触、抵触法」である（より正確には、law on conflict of laws である）。まさに国内法が区々に分かれ、複数の異なる法が存在し、しかもいずれを適用するかが重要だから、このような呼称が使われている。Private international law（国際私法）という言葉は、まずほとんど見ない。むしろ中心的な課題は州際の問題という意

味での conflict of laws（法の抵触に関する法）なのである。

　ただし、抵触法の講義では、複数の異なる法が関係するように見える局面で、どの法が適用されるかばかりでなく、そもそもどの裁判所に行けるか（行くべきか）や、いったん判決が下された後その執行を他州で行う場合の問題も扱うのが普通である。

　さらに、注意すべきは、アメリカの conflict of laws は、法の抵触一般を扱うので、日本で「私法」と呼ばれる範囲を超えて議論の対象とされる。たとえば、わが国では行政訴訟と呼ばれるようなものも入るし、刑事事件も対象となる[11]。

　したがって、日本法の講義のあり方との対照では、本書を「アメリカ国際（州際）私法」と題することもいったん考慮したものの、それは不適切だと判断し、「アメリカ渉外裁判法」と題することにした。

　ともかく、本書の内容は、アメリカの conflict of laws という講義内容に合わせて[12]、以下の3つを対象とする。

　渉外的要素のある事件（渉外とは主として複数の州に関係することが念頭に置かれている。もちろん、外国に関係するという場合も含む）について、

　　①裁判所としてはどこの裁判所に行くべきか（行けるか）──裁判管轄権（jurisdiction）

　　②その裁判所で適用される法は何か──準拠法選択（法選択：choice of law）

　　③裁判所で得られた判決は他州でも承認し執行されるか──判決の承認・執行（recognition and enforcement of judgment）

という3つの問題である。いわば渉外裁判法の入り口から出口までを扱う。

　11）　ただし、実際に扱われるほとんどのケースは、契約や不法行為や家事事件などであり、州際「私法」と呼ぶのも多くの場合間違いとはいえない。

　12）　たとえば、Hay casebook 1-6 でも、これら3つの課題を対象とすることと、その現状が簡潔に記されている。

III　最も重要な課題——そもそもなぜ法の抵触を問題とするのか

　ここで、ある意味では最も基本的な点にふれておくことにする。それは、なぜ抵触法が問題となるのかという点である。この問題を言い換えると次のような素朴な疑問となる[13]。

　　「たしかに、アメリカにおいて、連邦制度のもとでそれぞれの州法が併存することはわかった。だが、たとえ内容の異なる複数の州法があろうと、ある裁判所は、当事者に対する裁判管轄権が認められて裁判をする義務を負う限りにおいて、常に自州の法を適用すればよい。そうすれば、法の抵触自体がなくなる（常に自州の法は1つしかないから）。その方が、誰の目からもルールは明らかになって簡明であり、裁判の効率性にも資するはずだ」。

　ところが、実際にはこのような見解（ここでは法廷地法適用主義と呼ぶ）は採用されず、ある裁判所が事案によっては他州の法を適用する（さらに他州の判決を承認・執行もする）。
　その理由としては、通常、次の2つの点があげられる[14]。
　第1の理由は、裁判所または法の役割分担である。ある事件・紛争が生じた場合、それを処理するについて最もふさわしい地（州）の法が、当該事件・紛争に適用されるべきであり、それによって、合理的な法の適用が分担されているとする。いずれの地（州）の法を適用するのが適切かを考慮する際の判断要素として、後記の3つがあげられる。
　（1）　領域性（territoriality）　　ある州（国）は、当該領域内で生じた事象について、それについて判断し規制する利益を有する。[設例] でいえば、飛行機の墜落がアイオワ州で起きたとすれば、アイオワ州は、同州内

---

13)　Currie casebook 9 は、このケースブックの最初の疑問として、同様の設問を掲げている。
14)　Hoffheimer 4-5.

における飛行機の安全航行について一定の利益・関心を有する。

(2) 当事者の法的地位（personal status） ある州（国）は、自らの州（国）と法的な関係性を有する人について（簡単にいえば自らの州民・国民について）、一定の利益・関心を有する。［設例］でいえば、ニュー・メキシコ州民が飛行機事故の被害者であり、彼が死亡して、ニュー・メキシコ州で婚姻したと主張する遺族がいるとすれば（そしてその人を遺族でないという主張が裁判でなされたとすれば）、その婚姻の有効性について、同州は一定の関心を有し、それは同州法に基づいて判断すべきだとする可能性がある。

(3) 正義（justice） 最後に掲げられるのは正義という、議論を呼びそうな概念である。法廷地法適用主義によれば、A州の裁判所に訴えた場合とB州の裁判所に訴えた場合、準拠法が常に異なることになる。どこの裁判所に訴えるかによって、［設例］の飛行機事故でいえば、救済される被害者と救済されない被害者が出てくる。1つの事故の被害者として同じ権利をもつはずの被害者に異なる法が適用される。それは正義にかなうといえるだろうか。

さらに、単純な法廷地法適用主義は、必ずforum shopping（法廷地漁り）を生じさせる。それは、目先の利く当事者が得をする事態を生み、お金持ちのための正義になりやすい。そのため一般には、好ましくない事態と評価されてきた。さらに、事態を放任すれば、原告にとって有利な法の地の裁判所に紛争が殺到し、裁判所の役割分担など空論となる。

裁判所の役割分担に基づく議論の次に掲げられる第2の理由として掲げられるのは、comity（礼譲）である。一般に、すべての裁判所は、他州（他国）の法令に対し一定の礼譲を示すべきだと考えられる。第1に掲げたさまざまな配慮と内容面で重複するところもあるが、他州の法（外国法）の適用をする場合、あるいは他州判決（外国判決）の承認・執行をする場合、裁判所がこの要素に言及することが少なくない[15]。

以上のような理由によって、複数の法の衝突（複数の法の適用可能性）

---

15) さらに、単純な法廷地法適用主義をとると、ある紛争について裁判が提起されるまでは適用される法がわからないことになるから、裁判外での紛争解決の障害となることも考えられる。

がある場合、裁判所は、常に自州の法(自国法・法廷地法)を適用するのではなく、他州の法を適用するのが適切だと判断する場合がある[16]。そしてその際に、choice of law(準拠法選択)ルールが重要になる。

---

16) Currie casebook 9-10 では、いずれの裁判所に訴えても結論が同じになること(uniformity of result)、予測可能性、さらに forum shopping の防止、当事者の期待、などが、後に述べる「伝統的ルール」(95 頁)のもとで強調されてきたとする。これらの理由により、ある裁判所が、時に自州(自国)の法ではなく、他州(他国)の法を適用するのが適切だと判断する。

第2章　裁判管轄権とドミサイル概念

I　裁判管轄権（jurisdiction）

　アメリカで裁判の管轄という場合、jurisdiction（裁判管轄権）と venue（裁判地）が問題になる[1]。前者が、ある裁判所に裁判を行う権限があるかという、まさに正真正銘の裁判管轄権を意味するのに対し、後者は、裁判地・土地管轄を表しており、たとえば、ある州の裁判所に前者の意味での裁判管轄権が認められることを前提として、その中で、いずれの地区の裁判所に訴えるのが適切かを意味する。前者がなければ裁判はできない（判決を出しても無効となる）のに対し、後者は、より適切な裁判地に移送すればよく、仮に裁判がなされても判決無効とならない。また、出訴期限と呼ばれる時効も、前者の意味での裁判管轄権のない裁判所に提訴しても中断しないが、後者の土地管轄違いというのであれば時効も中断される（つまり、提訴自体で時効中断の効果を有する）。

　複数の州民や州法が関係する事案を問題とする場面、言い換えれば、アメリカの conflict of laws の講義で問題とされるのは、より重要な前者の意味での裁判管轄権である。

【裁判管轄権を認めるための3つの要件】
　アメリカの民事訴訟において、ある裁判所に裁判管轄権が認められるためには、一般に次の3つの要件が必要である[2]。

---

1)　以下の点につき、より詳しくは、浅香吉幹『アメリカ民事手続法〔第2版〕』19頁以下（弘文堂・2008）参照。
2)　See, e. g., Hay casebook 37. 邦文では、『アメリカ契約法』30頁。浅香・前掲注1）19頁。

① 当該事件が、その裁判所で裁くことが認められている種類のものであること（これを事物管轄権（subject matter jurisdiction）という）。

② 当該裁判所の領域的管轄権（territorial jurisdiction）の範囲内にあること。そのためには、管轄裁判所と被告との間に、「フェア・プレーと実質的正義という伝統的な観念に反しないといいうるような最小限の関連」[3]がなければならない。当事者に対し、裁判管轄権を及ぼすことが適切だと認められる必要があるので、これは伝統的に人的裁判管轄権（personal jurisdiction）とも呼ばれてきた。本書でも、以下では領域的管轄権ではなく、人的裁判管轄権という言葉を原則として用いる。

③ 訴訟の開始について被告への合理的な通知がなされること[4]。この要件も前記2点と同様に重要であり、知らないうちに自らに関わる訴訟が始まっていたというのでは、デュー・プロセス（適正な手続）に基づく裁判とはいえない。

州の裁判所を考えると、このうち①の事物管轄権については原則として限定がないとされてきた（連邦の専属管轄に属するものなど少数の例外を除く）。したがって、conflict of laws の場面で主要な問題となるのは、他州民が関わる事件において、当該裁判所が②の人的裁判管轄権（領域的管轄権）を有するか否かである。③被告への訴状の送達については、被告が他州にいても必須であるから、原告は被告に対し適切な訴訟の通知をなす必要があり、裁判管轄権を認めるうえで、これまた不可欠の要素となる。

人的裁判管轄権について、かつてのルールは、州裁判所が裁判管轄権を有するのは、その州内に存在する人および物に対してだけだとしていた。そのために、他州の被告については、たまたまその州に来たときに裁判所への召喚状を送達しない限り、原則として裁判できないとされてきた。ところが、1945年の判例変更により[5]、現在では、当該の州と被告との間で、「フェア・プレーと実質的正義という伝統的な観念に反しないといい

---

3) International Shoe Co. v. Washington, 326 U.S. 310 (1945) による。この判決については、後掲25頁参照。

4) 被告に対し適正に訴状の送達（service of process）のなされることが、裁判管轄権が認められる要件となっていることには、大いに注意を要する。その結果、アメリカでは訴状の送達を業とするビジネスまで発展している。

5) International Shoe Co. v. Washington, 326 U.S. 310 (1945).

うるような最小限の関連」がある場合には、人的裁判管轄権が及ぶとされている。さらに各州議会は、自州に一定の関係をもつ他州民について裁判管轄権が及ぶと定めるロング・アーム法を制定している[6]。

以下、人的裁判管轄権について基本的な法理を記述する。その際、最も重要なものとされてきたのが、ドミサイル（domicile）という何とも訳しにくい概念である。これは、ある州の裁判所は、その州と一定の法的な関係に立つ当事者について、人的裁判管轄権を有することから派生するものであり、「ドミサイルとはある人にとっての法的なわが家（法律上の本拠）である」(Domicile is a person's legal home.) とさえいわれる[7]。逆にいえば、ある人のドミサイルがA州にあれば、少なくともA州の裁判所の裁判管轄権に服することになる。しかも、このドミサイル概念が、人的裁判管轄権を論ずる場面ばかりでなく、法の選択の場面でも重要な意義をもつ。項を改めて、ドミサイルの意義を紹介する。

II　ドミサイル（法的な意味での本拠：domicile）

1　ドミサイルの定義と類似概念

ドミサイルとは何か。まず、その基本的な内容を押さえておく必要がある。

① 国籍（州籍）とは異なる[8]。たとえば、日本人もカリフォルニア州

---

6) なお、訴状の送達も裁判管轄権発生の要件とされているので、各州では、一定の他州在住者に対して送達をなしうると法定し、その趣旨を定める規定もまたロング・アーム法と呼ばれる。ロング・アーム法については、後掲30頁以下で詳しく扱う。

7) Hoffheimer 11. これが教科書的説明だが、Reiersen v. Commissioner of Revenue, 524 N. E.2d 857 (Mass. 1988) のように、州法上の課税という目的のうえでは、本件当事者のドミサイルはフィリピンだとして、異なる目的によって異なるドミサイルの認定がありうるとする例がある点に注意する必要がある。See Hay casebook 32-33. さらに id. at 53 では、イギリスがEUとの関係では、すでにドミサイルは1つという伝統的考え方を捨てて、複数のドミサイルを可能としていることが指摘されている。

8) ただし、裁判当事者の原告と被告が州籍を異にする場合、連邦裁判所は、このような事件（州籍の相違事件と呼ぶ）の裁判管轄権を有する。この場合について、州籍とはドミサイルと同じだとされる。See Rodriguez-Diaz v. Sierra-Martinez, 853 F.2d 1027 (1st Cir. 1988). また、Galva Foundry Co. v. Heiden, 924 F.2d 729 (7th Cir. 1991) が示すように、被

II ドミサイル（法的な意味での本拠：domicile）

にドミサイルありとされる場合があることからも、それは明らかである。

② 日本の民法上の住所とも異なる。多くの場合、住所と同じになることは確かであるが、アメリカ法上のドミサイルでは、あらゆる人や法人は、ある時点をとると、たった1つだけしかドミサイルをもてない[9]。「法的な意味での本拠」は1つだけなのである。したがって、ドミサイルが（ある州の裁判所で）問題になる限り、ある問題についてはある州にドミサイルがあり、別の問題については別の州にドミサイルがあるということには決してならない。

なお、アメリカの文献で頻繁に出てくるのが、residence（住所）という用語である。これが人的裁判管轄権を肯定する根拠となることもあるが、曖昧な用語であり[10]、日本の住所と類似したものともいえる。

③ ドミサイルの定義も各州法によって異なるとされる。ただし、大まかな意味では一致点があり、それは、その人が現実に当該州に存在することと、そこにとどまる意思の両方が必要だという点である[11]。物理的な存在と本人の意思という2つを必要とする点が、ドミサイルの特色である。しかし、「意思」という主観的要件を満たすには、本人が「意思あり」と主張するだけでは足りず、それを裏付ける客観的事実を必要とする。その州に（たとえその時点では短時間、たとえば1日でも）滞在していることもその1つである。だが、たとえば、飛行機による旅行で乗り換えのために立ち寄った空港があり、自州の家に帰った後で、空港所在地の州に自分はドミサイルを移したと主張しても、それはまず認められない。

　　告がフロリダ州で運転免許登録や選挙登録を行い、確定申告の住所もその州にしていても、ドミサイルはイリノイ州にあるとして、州籍の相違を認めなかった。運転免許や選挙、税金の申告での州籍（state citizenship）とドミサイルは必ずしも一致しないわけである。
 9) これに対し、わが国では複数の住所をもつことも可能とされる。
10) 『アメリカ抵触法（上）』17-18頁。Hay casebook 16 でも、ドミサイルと同じ意味で用いられる場合も多いと指摘しながら、residence は、文脈に応じて意義を解釈する必要があると記している。
11) ただし、ドミサイルの定義も州によって異なるということは（あるいは定義が同じである場合でも、個別の事実認定が異なるために）、ある州の裁判所がAについてX地をドミサイルとしても、別の州の裁判所が同じAについてY地をドミサイルと認める場合も十分にありうる。そういう意味では、Aについて複数のドミサイルが存在する可能性がある。だが、ここでいうドミサイルの単一性とは、ある特定の州（国）の裁判所において複数のドミサイルが認められることはないという意味である。

④　ハーグ国際私法会議では、英米法上のドミサイルとヨーロッパ大陸法上の住所のいずれでもなく、主として事実に基づいて人の本拠地というべきものとして「常居所」(habitual residence) なる概念が編み出された。これは法選択における連結点として用いられており、日本の「法に関する通則法」でも採用されている（常居所は複数あることはないとされるが、それが知れない場合については、その場合の連結点は居所とされる）[12]。常居所の決定に際し、実際には意思は無関係でないとしても、常居所という概念が生み出された経緯に鑑みると、ドミサイルは意思の要素を明確に含むので異なることは明らかである。また、一般に、この「常居所」概念はアメリカ国内における法選択の議論では利用されていない[13]。

［設例1］
　次のような例では、Aのドミサイルは、アリゾナ州だとされる[14]。
　・Aは生まれてこの方、ミシガン州で過ごしてきた。
　・2014年3月、Aはアリゾナ州ツーソンに移住することにして、4月1日、ツーソンのモーテルに投宿した。そのモーテルを根拠として、家を見つけるつもりだった。
　・4月2日時点で、Aはアリゾナ州民になったつもりでいたが、まだミシガン州の家は売却されておらず、選挙人登録もミシガン州のままだった。もちろん、車の登録も運転免許もミシガン州のままだった。

　しかし、このような状況であっても、すでにAのドミサイルはアリゾナ州にあるとされる。Aはアリゾナ州に存在しており、さらに同州を今後自らの「法的な意味での本拠」にする意思があるから、これら2つの要件があれば、アリゾナ州にドミサイルありとするに十分である。なお、Aが家の処分のためにいったんミシガン州に帰ったとする。その間も、Aのドミサイルはアリゾナ州にある。いったんアリゾナ州に移ったドミサイルは、Aが再びミシガン州に移動しミシガン州を「法的な意味での本拠」

---

12) 法の適用に関する通則法39条。
13) 『アメリカ抵触法（上）』18頁。
14) Hoffheimer 13の設例を参考にした。

にするという意思をもたない限り、アリゾナ州にとどまる。

2 ドミサイルのポイント

　人は誰でもドミサイルありとされる[15]。生まれたばかりの子どもの場合、両親が同じドミサイルをもつときは、それが子どものドミサイルである。これを domicile at birth（誕生時点でのドミサイル）と呼ぶ。ここでは子どもの意思は問題とされていない。

　夫婦は、かつて同じドミサイルをもつとされてきた。だが、現在では、それぞれ独立に判断される[16]。したがって、生まれたばかりの子どもの両親が別々のドミサイルをもつ場合には、生まれた子の監護権をもつ親と同じドミサイルが domicile at birth となる。

　ドミサイルの変更は自由に行うことができる。人が、現実に別の州に存在すること、そしてその州を「法的なわが家・本拠」にする意思をもっていること[17]、この2つの要件が満たされれば、ドミサイルの変更が生ずる[18]。かつては、「定住の意思」とされてきたが、現在ではより要件を緩めて、しばらくの間、そこに居住する意思があれば十分だとされる。

　人的裁判管轄権を判断するためにドミサイルが問題となる場合、訴えを提起した時点でのドミサイルがいずこにあるかが問われる（法選択について問題となる場合は、それぞれの法的争点によって、ドミサイルの判断時点も異なる）。

---

15)　Hoffheimer 12-13.
16)　かつて英米法では、夫のドミサイルがすなわち妻のドミサイルとされていたが、アメリカでは、別居の場合などをまず例外とし、徐々に、夫婦も独立してドミサイルがどこにあるかを判断するようになった。Hay casebook 13.
17)　それは本人の自由な意思でなければならないので、囚人や兵士については、刑務所や軍隊派遣地など現在の所在地がドミサイルとされることはない。
18)　ドミサイルをめぐる古典的な先例として、In re Estate of Jones, 182 N.W. 227 (Iowa 1921)（ドミサイルの認定には、ウェールズに移住する意思だけでなく、実際にそこに存在したという事実が必要だとして、ウェールズに帰る途中で死亡した被相続人について、死亡時におけるドミサイルを元のアイオワ州だと認定したもの）。White v. Tennant, 8 S. E. 596 (W. Va. 1888)（被相続人がペンシルバニア州に移住する意思を示し、一度、荷物を運び込むためにペンシルバニア州に立ち寄ったことがあるだけで、ドミサイルをペンシルバニア州と認定した）。

［設例 2］
　学生 B は、ミシガン州を離れ、隣のイリノイ州シカゴの大学に入学した[19]。1 年のうち 9 ヶ月は大学の寮で生活し、週末はミシガン州の実家に帰ることが多く、さらに長期の休みでもミシガンに帰省していた。ミシガンにいる両親に、生活費の支援も受けていた。
　このようなケースでは、B のドミサイルはミシガン州にあるとされる。ポイントは、このような事実関係では、イリノイ州に「法的な意味での本拠」を移すまでの意思はないと認定される蓋然性が高いところにあり、B の主観的要素をさまざまな事実から判断することになる。
　アメリカの場合、特に州立大学では、州内の学生（すなわち、同州にドミサイルのある学生）に対して授業料を優遇するところが多いので、学生は、このようなケースでは、ドミサイルの変更を主張する傾向がある。主観的要素の認定は微妙になる。そこで、多くの州立大学は、少なくとも 1 年の居住要件を明示して対処する例が少なくない。

III　人的裁判管轄権と憲法的要請

　I で述べたように、アメリカの裁判管轄権を基礎づける 3 つの要素、事物裁判管轄権、人的裁判管轄権、それに訴状の送達（訴訟の通知）、のうち、州裁判所では、原則としてあらゆる紛争に対し裁判管轄権があるとされてきたので、事物裁判管轄権について問題となることがほとんどない。言い換えれば、州裁判所で問題となる裁判管轄権とは、人的裁判管轄権のことである（以下、州裁判所について記す場合、単に裁判管轄権というのは人的裁判管轄権を指す）。

1　1945 年以前
　すぐ後で紹介する Pennoyer v. Neff (1878)[20]を代表とするかつての判例

---

19)　Hoffheimer 14 の設例を参考にした。
20)　Pennoyer v. Neff, 95 U.S. 714 (1878). 参照、アメリカ法判例百選（75 事件）152 頁〔的場朝子〕。

は、ある裁判所の裁判管轄権の根拠を、当該州内に訴訟当事者（被告）が存在するか[21]、または訴訟対象となっている物があるかを基本としていた。言い換えれば、州の裁判管轄権は当該州内の事柄に及ぶが、州境を越えて管轄権はないとする素朴な考え方によっていた[22]。そして、州内の人か否かを判断する際に、通常まず前記のドミサイルを基準とした。後に、1945年のInternational Shoe Co. v. Washington判決[23]によって、このような考え方は廃棄され、当該州の裁判所が被告との間に「フェア・プレーと実質的正義という伝統的な観念に反しないといいうるような最小限の関連」があること（合衆国憲法第14修正のデュー・プロセス条項の要請である）という要件に置き換えられた[24]。つまり、自州にドミサイルのない人に対しても、先の要件を満たせば、裁判管轄権を拡げることが可能になった。しかし、1945年以前は、州内に人または物が存在するか否かが大きな判断要素だったのである。

【Pennoyer v. Neff（1878）】

本件は、債務不履行訴訟に端を発する。Aは被告Neffを相手にオレゴン州裁判所に訴訟を提起し勝訴した。その判決に基づき、Aはオレゴン州内にNeffが所有する土地に対し強制執行をかけ、公売（競売）で土地を取得し、後にPennoyerに土地を譲渡した。

これに対し、Neffは、当初のオレゴン州裁判所の判決が無効であるとして、同州の連邦裁判所に訴えを提起した。連邦最高裁はその主張を認め、

---

21) なお、通常、訴訟当事者とは被告のことを想定している。原告は、自らの州の裁判所で訴えることを望むものであり、そうでない場合でも、当該州と何らかの関係があり、それが便宜だからこそ、その州の裁判所で訴える。例外的に、準拠法を比較して、法の内容が最も有利だという理由で、実際に何の関係もない州で訴えることも可能性としてありうるが、その場合には、その州と何らかの関係をつけて（たとえば、実際に滞在したうえで）訴えるだろう。そうだとすると、裁判管轄権の有無を論ずる場合、とりわけ当事者に対する憲法上のデュー・プロセスによる保護を考える場合、訴えられる被告（自ら裁判所を選べない被告）について判断がなされる。

22) アメリカ映画で、銀行強盗がパトカーに追われていても州境を越えれば大丈夫というシーンが出てくるものがあるが、裁判管轄権も同様に考えられていたということである。

23) International Shoe Co. v. Washington, 326 U.S. 310 (1945).

24) 合衆国憲法上のデュー・プロセス概念については、『アメリカ憲法』299頁（ここでは手続的デュー・プロセスが問題とされている）。

オレゴン州裁判所には最初の債務不履行訴訟について有効な裁判管轄権がなかったとして、その判決を違憲無効とした。

では、なぜ裁判管轄権がないとされたのか。最初の裁判について次のような事実が認められている。

① 被告 Neff はオレゴン州民ではない（オレゴン州にドミサイルがないという認定）。
② 被告は、オレゴン州内において（またいずれの地においても）、訴状の直接送達を受けていない。
③ この裁判の原告 A は、オレゴン州内の新聞に公告をすることで送達の代わりとした（公告による送達であり、オレゴン州法がそれを認めていた）。
④ 被告 Neff は裁判に出頭せず、欠席判決で簡単に原告勝訴となった。
⑤ 当初の訴訟は債務不履行訴訟であって、訴訟はアメリカ法でいうところの対人的訴訟（action in personam）にあたる。言い換えれば、当初からオレゴン州内にある土地をめぐっての争いではない。

連邦最高裁は、これらの事実のもとで、最初の裁判（最初の債務不履行訴訟）を無効とした。有効な裁判管轄権がオレゴン州裁判所には認められないというのである。そして、<u>州裁判所が裁判管轄権を有するのは、当該領域内に人や物が存在する場合であり、他州にある人や物に対する裁判管轄権はない</u>と述べた。

この判決が示すのは次のような点である[25]。以下の4つの点のすべてを満たす場合、判決は無効とされる。

第1に、欠席判決であること（被告が出席せず、被告の管轄に関する事前の同意もないこと）。

第2に、訴訟自体が対人的訴訟であること（原告対被告という形式の訴訟であること。という意味は、すぐ後に述べるようにアメリカ法では、物を直接に相手とする対物的訴訟が存在するからである。本件では、最終的にオレゴン州所在の土地をめぐって争いとなっているが、それは勝訴判決の執行の結果であり、当初の判決では、土地は問題となっていない）。

---

25) Hoffheimer 23-24. 以下の記述は、判例によって形成される法の射程距離が、当該事件の事実に基づく範囲に限定されることを示す。

第3に、訴状の送達が直接送達（直接相手に訴状を手渡す交付送達）によっていない。新聞での公告という代替的送達（一種の擬制送達）によっていること。
　そして、第4に、被告がオレゴン州民でないこと。
　しかし、逆からいえば、これらのうち1つでも要件を満たせば、裁判管轄権が認められるということでもある。あるいは、少なくとも合衆国憲法上の問題はなくなり、連邦裁判所によって合衆国憲法上無効とされることはない（したがって、それぞれの州法で定めることができる）。

　ⓐ 直接に訴状の送達が（同州内で）なされるなら、それだけで裁判管轄権が認められる[26]。
　ⓑ 被告が当該州の住民であれば（ドミサイルがあるなら）、もちろん裁判管轄権が認められる。
　ⓒ 被告が裁判管轄権を争うことなく答弁書を提出するなど、応訴の態度を示すなら、裁判管轄権が認められる。
　ⓓ 訴訟自体が当初から州内に所在する物を相手とする対物的訴訟の形をとるなら、やはり裁判管轄権が認められる。

　以上のように、1945年以前、州裁判所の裁判管轄権に関するアメリカの伝統的な考え方は、訴訟の対象が同州内に存在するか否か、または適切な訴状の送達が行われるか否かによっていた。前者がなくとも、たまたま飛行機の乗り換えで飛行場にいた被告をつかまえて訴状を手渡しすれば、有効な裁判管轄権が発生するわけであり、かつては、「有効な訴状の送達は有効な人的裁判管轄権と同義である」[27]とさえいわれた。

【1945年以前――裁判管轄権の限定と対物的訴訟という例外】
　以上のような人的裁判管轄権の原則は、簡明という点で大きなメリットがあるが、当事者（原告）にとって、他州民を訴えたい場合はいくらでも

26）　古典的先例として、Barrell v. Benjamin, 15 Mass. 354（1819）（パートナーシップのパートナー間の紛争について、たまたまボストンで被告が逮捕され、訴状の送達があったとしてマサチューセッツ州の裁判管轄権が認められた）。こうして見ると、訴状の送達に基づく裁判管轄権は、州の権力が及ぶ範囲で当然裁判管轄権も認められるという考え方（power theory of jurisdiction）に基づく。Hay casebook 43-44.

27）　Hoffheimer 21.

あるのに、相手が他州にいる限り自州の裁判所に訴えることができないことを意味する。第1章Iで述べたとおり、アメリカでは、他州民との紛争・事件が日常茶飯事であり、しかもそれを裁判所に訴えることも多い（訴訟社会＝litigious society とさえいわれる）。その際に、自州の裁判所に訴えようとしても裁判管轄権なしでは不便なことが多い。被告のドミサイルのある州で訴えるほかなくなるが、それは原告にとって、出廷の手間その他を考えると、場合によってはその段階で訴えを諦めざるをえない。

そこで1つの工夫がなされた。前頁に掲げた裁判管轄権を認める要件を、自ら作り出す工夫である。

それが対物的訴訟（in rem actions）の活用である。アメリカ法（英米法）では、対人的訴訟と対物的訴訟の区分が伝統的になされてきた。対人的訴訟とは、わが国でいう通常の訴訟を指す。

だが、それとは別に、次のような訴訟は、アメリカでは対物的訴訟として別扱いされてきた。

【純粋型の対物的訴訟（pure in rem actions）】

当事者間の争いが、ある特定の物をめぐるものである場合、その物を対象に訴えを提起する、文字どおり対物的な訴訟である。

① 公用収用手続により、ある土地を収用するための訴訟（アメリカでは、裁判手続を通して収用が行われる[28]。一方的に行政権の行使によることができない。そこで、収用の対象となる不動産をまさに当事者として訴訟が提起される。これは不動産所在地であれば、（不動産所有者のドミサイルと無関係に）裁判管轄権ありとされる）。

なお、この例を見てもわかるように、アメリカ法では公法と私法の区別がわが国のように明確ではない。したがって、州際「私法」の範囲がわが国より広い。行政訴訟にあたるような事件、収用に対し正当な補償を求める公的な権利を扱う事件も、裁判手続を経る限りで、conflict of laws の対象となり、人的裁判管轄権も準拠法の適用も私法上の争いと同様に取り扱われる。

---

28) 公用収用については、『アメリカ憲法』511頁。

② 担保になっていた不動産について債務が支払われない場合に、当該財産を確定的に債権者に移す手続（mortgage foreclosure）[29]。これも当該不動産を当事者とする裁判手続となる。
③ 船舶を差し押さえるような海事訴訟の手続[30]。
④ 強制執行や、保全処分のために、不動産や債権について差し押さえする手続[31]。

　これらは、いずれも被告の財産自体が存在する州に、その物に関する訴訟として、裁判管轄権が発生する。特にこれらのうち最初の3種類の場合は、その物について紛争が生じている。

　だが、④については、被告の財産は当該州内にあるものの、その財産自体は原告被告間の紛争とは何ら関係のない場合を含んでいる。そのような場合にも、対物的訴訟を提起できるなら、Pennoyer v. Neff 事件の判旨（訴訟の対象または被告が当該州に存在すること）に抵触しないで、裁判管轄権が拡大して認められることになる。この最後のケースは、純粋の対物的訴訟ではないので、「準対物的訴訟」(quasi in rem actions) と呼ばれた。

【準対物的訴訟（quasi in rem actions）】
　当事者間の争い内容と無関係に、ある州に存在する被告所有物を標的として訴えを提起するものである。当該紛争の物に焦点がある純粋型ではないために、準対物的訴訟と呼ばれる。たとえば次のようなケースである。

　①　ペンシルバニア州民Pが、カンザス州でD運転の車にはねられ、けがをしたとする。Dは、テキサス州民である。Pはカンザス州もテキサス州も遠いので、どうにかして近くの裁判所で訴えを提起したいと考えたが、そうしたところ、ペンシルバニア州の隣のニュー・ヨーク州内にD

---

29) これも裁判手続を通すことが多い。公用収用と同様に、不動産（担保物）の所在地に裁判管轄権が認められる。
30) 海事事件で、船舶を原因とする紛争・事故が生じた場合（典型は、船舶に衝突された場合）、in re 船舶名、という訴訟が提起されることが少なくない。
31) Pennoyer v. Neff 事件でも、オレゴン州所在の被告の土地が強制執行によって競売されている。この手続自体については裁判管轄権を認めたことが正当だったことになる。この事件の問題は、その前提となった当初の裁判が無効とされた点にある。

の家（または銀行口座や銀行の貸金庫）があるという情報を得た。この場合、Pは、家（銀行口座、貸金庫）に差押えをかけて、カンザス州で起きた不法行為についてニュー・ヨーク州の裁判所に訴えることができる。これが準対物的訴訟の典型例である[32]。

② さらに前記のケースで、実は、Dはニュー・ヨーク州に家もなければ銀行口座もなかったとする。ところが、Dは保険に入っており、その保険会社はニュー・ヨーク州でも営業していた。この場合、Dの有する保険会社に対する潜在的債権がニュー・ヨーク州に存在するとして、やはり準対物的訴訟が提起できるとされた[33]。

これらの例を見ても明らかなように、準対物的訴訟は、原告にとって裁判所を選択するうえできわめて有利な道具となった。被告の財産が存在する州なら、そのいずれにでも提訴できることになったからである（もっともその効果は当該州に存在する当該財産にしか及ばないが）。

しかし、被告からすればそれは不利な法理である。選ばれた裁判所にとっても、（純粋型の対物的訴訟と異なり）実は同じ州にある当該財産とは本来何の関係もない紛争までもち込まれるのであるから、迷惑な話である。もちろん、アメリカで、より大きな議論となったのは、裁判所の迷惑より、被告にとってまったく無関係の州に提訴されることの問題性である。②の保険会社の事例が示すように、被告自身はニュー・ヨーク州に何ら関係がないにもかかわらず、準対物的訴訟の拡張によって、そこまで管轄が拡げられた。

そこで、1977年、連邦最高裁は、Shaffer v. Heitnerという判決で[34]、被告との間に最小限度の関連もない州での訴えを提起することはデュー・プロセス条項に反するとして違憲無効とした。その結果、前記のような場合に準対物的訴訟を利用することは原則として不可能になった。

【Shaffer v. Heitner（1977）】
デラウェア州で設立された会社の取締役に対し株主代表訴訟がデラウェ

---

32) Hoffheimer 26.
33) Hoffheimer 26.
34) Shaffer v. Heitner, 433 U.S. 186 (1977).

ア州で提起された。だが、被告となった取締役たちは、会社の株式を所有しているものの、それ以外にデラウェア州との関係はないとして、デラウェア州の裁判所に裁判管轄権はないと主張した。しかし、州の裁判所は、準対物的訴訟であるとして自らの裁判管轄権を認めた。

連邦最高裁は、この判決を破棄し、対物的訴訟においても、被告が当該州の裁判管轄権に服するためには、合衆国憲法のデュー・プロセス条項が要請する「最小限度の関連」が必要であるとした。そして、当該訴訟と無関係な財産がその州に所在するだけでは「最小限度の関連」があるとはいえないと述べた。

これは、実質的に準対物的訴訟を否定したことになる。

2　1945年のInternational Shoe判決

いったん叙述を1945年時点に戻そう。その時点において、州の裁判管轄権についての考え方は、原則として領域の範囲に限定されており、あくまでも例外として対物的訴訟が存在したわけである。ところが、1945年、連邦最高裁は、対物的訴訟を拡張するような手段ではなく、真正面から、ある州に認められるべき人的裁判管轄権の範囲について、合衆国憲法上適切とされる基準を提示し、それまでの領域的発想に基づく考え方を改めた。それがInternational Shoe判決である[35]。

【International Shoe Co. v. Washington（1945）】

本件の一方の当事者はワシントン州であり、州が課した一種の課税処分が争われた。ここでも、わが国なら行政訴訟にあたるようなものも、公法私法の区別によることなく、conflict of laws（抵触法）の対象となっていることがわかる。それどころか本判決は、最も有名かつ重要な判例とされている。

ワシントン州は失業保険にあたる給付の基金として、同州内の事業者に対し負担金（保険料）の支払義務を課した。被告の会社はデラウェア州で設立された法人であり、主たる営業所はミズーリ州にあった。ワシントン

---

35) International Shoe Co. v. Washington, 326 U.S. 310 (1945). アメリカ法判例百選（76事件）154頁〔高杉直〕参照。

州内では 10 名程度の販売員を歩合給で置いていたが、会社としては営業所を設置しているわけではなかった。販売員はもっぱらミズーリ州本社へのつなぎ役に過ぎず、彼らへの報酬は全体としても年額 3 万ドル程度だった。したがって、会社として、負担金支払いの対象となるものではないと主張し、本件の支払いを拒んだ。

そこでワシントン州は同州内の販売員に対し、負担金請求の通知を直接に行い、負担金（一種の課税）を徴収しようとした（なお、訴えの通知はミズーリ州本社にも書留郵便で送付された）。会社は、州裁判所に特別出頭（special appearance、管轄権を認めたわけではないという留保付きの出頭）を行い、州裁判所の裁判管轄権を否定する主張をした。だが、ワシントン州裁判所は裁判管轄権を肯定し、会社から連邦最高裁に上訴がなされた。

連邦最高裁は、全員一致で、原審（会社の主張を否定し、裁判管轄権を肯定する判決）を支持し、本件でワシントン州裁判所に人的裁判管轄権があることを認めた。そして、その理由として、被告が州内に存在するか否かを重視する従来の考え方を改め、合衆国憲法のデュー・プロセス条項が求めるものとしては、当該州と被告との間で「フェア・プレーと実質的正義という伝統的な観念に反しないといいうるような最小限の関連」（minimum contacts with it such that the maintenance of the suit does not offend traditional notions of fair play and substantial justice）があれば十分だとした。

本件の場合、同州内で営業活動が行われていること、同州内の販売員に負担金請求の通知が直接に行われていること、さらに書留郵便で他州にある本社に訴えの通知もなされていることから、デュー・プロセスの要件を十分に満たしているとされた。

この判決は画期的なものであり、州裁判所の裁判管轄権を州外の法人に及ぼすことができるようになった。「十分な最小限の関連」さえあれば。

問題はいったい何が「十分な最小限の関連」（sufficient minimum contact）になるか否かである。たとえば、ある州（A 州）のたった 1 人の顧客から、通信販売で注文を受けた他州の会社は、顧客の A 州の裁判管轄権に服するに足る「最小限の関連」を有するといえるのか。

そこで連邦最高裁は、一時的または偶然の関連（casual contact）と、組織的継続的関連（systematic and continuous contact）を区別し、前者につい

ては、当該接触と直接関連のある訴訟の範囲だけ裁判管轄権を認め、後者については、より広く事業活動全体に認める、という区分をするようになった（後述するように、その後、前者を<u>特定的裁判管轄権</u>、後者を<u>一般的裁判管轄権</u>と呼ぶようになる）[36]。先のたった１人の通信販売のケースでいえば、それは casual contact に過ぎないので、当該顧客との契約上の争いについてだけ、顧客の州（A 州）にも裁判管轄権が認められる。だが、組織的継続的関連はないから、たとえば、たまたま他州で商品を購入した別の顧客が、A 州で会社を相手に訴えを提起しようとしても管轄権は否定される。

　もう１つの重要な動きとしては、州外の法人等に裁判管轄権を認めることが一定の条件のもとで合衆国憲法上も許されると明示したため、これ以後、それぞれの州が、ロング・アーム法と呼ばれる制定法を州議会で作ったことである。そこでは、州外の当事者に対し、裁判管轄権が及ぶのはいかなる場合かが明記され、同時に、そのような当事者に対し訴状の送達を行う方法も明記された[37]。

　1945 年の International Shoe Co. v. Washington 判決は、アメリカ合衆国において、経済市場と企業活動が全国化しているにもかかわらず、それ以前の人的裁判管轄権に関する法が、社会の現実に対応していないことを是正したものと評価できる。従来の考え方によれば、事業者は、原則として、法人設立州と主たる営業所のある州の裁判管轄権に服するだけで、その他の州で営業活動を行っても、それらの州の裁判管轄権に服する必要がなかった。当該事業者を訴えようとする原告にとって不利なことは明白であり、これらの州では裁判所によって州民を保護することができなかった。連邦最高裁による前記判決は、このような状況を一変させた。

3　1945 年以降、現在における人的裁判管轄権の考え方

　今日における州外法人や他州民に対する人的裁判管轄権は、連邦最高裁判決による基本原則と、それぞれの州が制定したロング・アーム法によっ

---

36)　後掲 321 頁参照。
37)　Ⅰで述べたように、アメリカで裁判管轄権ありとされるためには、事物裁判管轄権、人的裁判管轄権、そして被告に対する訴状の送達が必要とされる。州裁判所の場合、最初の要件はほとんど問題がないので、ロング・アーム法と呼ばれる州制定法では、州外法人や州外の個人に対し裁判管轄権を及ぼすために、後の２つの要件を定めたわけである。

て規律されている。

【連邦最高裁判決による基本原則】[38]

① 一番の大本には、繰り返し述べている 1945 年の International Shoe Co. v. Washington 判決が存在する。「フェア・プレーと実質的正義という伝統的な観念に反しないといいうるような最小限の関連」を有する限り、他州民や他州の法人にも裁判管轄権を及ぼすことが合衆国憲法上許される。

② 「有効な訴状の送達は有効な人的裁判管轄権と同義である」[39]という原則は、少なくとも以下の限度でなお維持されている。たまたまその州を訪れた被告に訴状の交付送達が行われるなら、それだけで人的裁判管轄権が基礎づけられる。1990 年の Burnham v. Superior Court 判決で、連邦最高裁はこの点を再確認した[40]。ただし、この要件自体が「最小限の関連」を満たすとする意見と、それとは無関係に伝統的に認められてきたからという意見に分かれた。

いずれにせよ、当該州内で被告に訴状の送達をすることで、人的裁判管轄権を発生させることを、tagging（被告にいわばタグを貼ることによって裁判管轄を生じさせること）とか、transient jurisdiction（一時的滞在者への裁判管轄権）と呼ぶ。

③ 被告が同州内にドミサイルを有するなら、訴状の送達が州外で行われても、なお人的裁判管轄権が生ずる。裁判管轄権の判断に、ドミサイルのもつ伝統的重要性が今も続いていることを示す。

---

38) Hoffheimer 26-29.
39) Hoffheimer 21.
40) Burnham v. Superior Court, 495 U.S. 604 (1990).（離婚訴訟がカリフォルニア州で提起され、子どもを訪ねてカリフォルニア州にやってきた父に対し、同州内で訴状の送達がなされた事件）。このような伝統的手法（訴状の送達がなされただけで裁判管轄権が発生するという原則）については、デュー・プロセスに反し違憲だとの主張もなされていたが、この判決で連邦最高裁は、合憲であり適法だと確認したわけである。Hay casebook 43-44 on Barrell v. Benjamin, 15, Mass. 354 (1819). ただし、このケースブックでは、少なくとも一時的にある州（国）に滞在していた被告に訴状を送達しただけで裁判管轄権を認めることは、今や国際的には承認されていないこと、したがって、この法理はアメリカ国内の他州の人を被告とする場合に限定すべきだとする議論があること、すでにイギリスが EU との関係で、この伝統的な裁判管轄権の発生を廃棄していることを紹介している。Id. at 51-52.

④ 合意管轄が認められる。これにはさまざまなタイプがあり、たとえば、訴えられた被告が異議をとどめないで出頭すれば、管轄に合意したことになる。あるいは、当事者間の契約で管轄の合意が予めなされていれば、それは尊重される。

⑤ 合意管轄の中で、専属管轄の合意（mandatory forum selection clause）と呼ばれるものがある。これは被告が当該州の裁判管轄権に同意しているばかりでなく、ある特定の裁判所だけに裁判が係属するのを認める条項である[41]。連邦最高裁は、1991年のCarnival Cruise Lines, Inc. v. Shuteにおいて[42]、海事法の事件ではあるものの（したがって、連邦裁判所の裁判管轄権について問題となった事例である）[43]、このような専属管轄の合意も合理性があれば有効だとした。それまではこのような専属管轄の合意の効力を否定する傾向のあった州裁判所の判断に対し、その後、大きな影響を与えている[44]。

⑥ 人的裁判管轄権は、ある州の裁判所が有効な裁判を行うための１つの要件であるが、それだけで十分というわけではない。訴えが提起されたという通知（通常は訴状の送達によって行われる）がそれに加えて必要となる。憲法上、適正な通知は、たとえ、たまたま被告が提訴の事実を何らかの理由で知っていたとしても免除されない。何が憲法上適正な通知となるかについては、個別の事案ごとに柔軟な判断がなされる。

一般に、訴状の交付送達（personal service）は適正な通知とされる。被告の住所がわかっている場合、通常郵便による送達も適正とされるが、住所がわからない場合には新聞等の公告による送達（publication service）に

---

41) 管轄の合意だけでは、他の裁判所に訴えるのを排除する趣旨ではないとされる場合があり、明示されている裁判所に限ると解されるものを専属管轄合意と呼ぶ。

42) Carnival Cruise Lines, Inc. v. Shute, 499 U.S. 585 (1991). （カリフォルニアから出港するクルーズに乗船したワシントン州の乗客がけがをしてワシントン州の連邦裁判所に訴えたところ、クルーズ会社から、フロリダ州での専属管轄条項が契約にあると反論された。連邦最高裁はこの条項を無効とする原審を覆し、7対2で効力を認めた。クルーズ会社の主たる営業所はフロリダ州にあり、営業活動も同州で幅広く行われており、フロリダ州を専属管轄地に定めることに合理性があるとした）。

43) 合衆国憲法第3編第2節において、連邦裁判所の裁判管轄権（事物裁判管轄権）が限定列挙されており、その中に、「海事事件および海事裁判権に属するすべての事件」が明記されている。『アメリカ憲法』111-112頁。

44) 専属管轄の合意については、後掲73頁参照。

よることも適正とされる場合がある。1950 年の Mullane v. Central Hanover Bank & Trust Co. はそれを示す[45]。

同様に、対物的訴訟については、伝統的に新聞への公告で足りるとされてきたが、住所のわかる関係者がいる場合には、それでは足りず、直接の通知を行うことが憲法上求められる[46]。

【州のロング・アーム法】

1945 年は、わが国でいえば終戦の年にあたる[47]。これより少し前、アメリカでは 1937 年に「憲法革命」とも呼ばれる法の大変革が裁判所によってなされた[48]。19 世紀末以降、経済的自由を守るための法的手段として第 14 修正（および第 5 修正）のデュー・プロセス条項が利用されてきたのが改められ、経済的自由に対する法規制に関し、憲法上の判断は抑制的になされるようになった。それに代わって、表現の自由その他精神的な自由について、第 14 修正のデュー・プロセス条項が、州の規制を制約する憲法条項として積極的に利用されるようになる直前の時期にあたる。

第 14 修正は、明文で「州は、法のデュー・プロセスによらずに生命、自由または財産を奪ってはならない」と定めるから、裁判管轄権のない州の裁判所が当事者に対し何らかの判断をして不利益を課すのは、まさに第 14 修正に反する。このように、デュー・プロセス条項が州の裁判管轄権に対する直接の制約になるという考え方が広く受け入れられるようになるにつれて、しかも 1945 年の連邦最高裁判決で、「最小限の関連」さえ満たせば、州外の法人その他に対する裁判管轄権の行使を合憲とする判断が示されるに及んで、それぞれの州は、州外に裁判管轄権を拡大する動きを強

---

45) Mullane v. Central Hanover Bank & Trust Co., 339 U.S. 306 (1950). （合同運用基金を運用する受託者が、基金運用が適正に行われたことを確定させるため、ニュー・ヨーク州の裁判所での確認を求めた。基金に参加していた個別の信託の受益者には、州内の人ばかりでなく州外の人もおり、受託者となった信託銀行は、ニュー・ヨーク州法に基づき、地元紙への公告でこの裁判の通知を行った。連邦最高裁は、住所のわからない受益者についてはそれでよいが、住所のわかっている受益者には直接の通知が必要であるとした）。
46) Tulsa Professional Collection Services, Inc. v. Pope, 485 U.S. 478 (1988).
47) 推測するに、この当時日本では戦時色一色だったのではないか。だが、アメリカでは、この時期に、国内の憲法法理について大きな変革がなされ、州の裁判管轄権についても重大な変化が起きていた。
48) これらの事情について、『アメリカ憲法』270 頁および 230 頁以下参照。

めた[49]。

　その結果、1955年のイリノイ州法を嚆矢として、すべての州で裁判管轄権拡大法が制定された。これを「州の長い手が州外に伸びる」という意味で、ロング・アーム法（long arm statute）と呼ぶ。

　ロング・アーム法には2つの類型がある[50]。

　1つは、一定の類型の訴訟について州外の人にも裁判管轄権が及ぶと明示列挙するタイプで、ニュー・ヨーク州法がその代表である。同州法では、たとえば「被告が同州内で取引を行った場合」、「同州内で不法行為をおかした場合」、「不法行為自体は州外でなされたが、その結果、州内の人や財産に損害を生じた場合」等、具体的な紛争類型を明記して、それぞれ州外の被告に対し同州の裁判管轄権が発生すると定めた。

　もう1つのタイプは、カリフォルニア州を代表とする型で、州裁判所に「合衆国憲法に抵触しない範囲の裁判管轄権をすべて認める」とするものである。これは、合衆国憲法上のデュー・プロセス条項の要求する範囲と、州制定法で認める裁判管轄権を一致させようとする。合衆国憲法上認められる最大の限度で、州の裁判管轄権を拡大させようとする趣旨が明白である。

　数のうえでは前者のタイプが多いが、実際にはその後この2つの区分は意味を失った。というのは、前者のような限定列挙型をとった州でも、それぞれの州裁判所は、デュー・プロセス条項に反しない限り裁判管轄権を認めるというように（つまり後者の型と同じ意味を有するように）、それぞれの制定法を解釈しているからである[51]。

　それにはメリットとデメリットがあった。メリットは、州裁判所へのアクセス（利用可能性）をできるだけ拡げたいという、当然の願い（natural desire）[52]がこれによってかなうことである。デメリットは、その結果、デ

---

49) Hornbook, §5.14, at 375.
50) 以下の記述について、Hornbook 375-377。
51) ただし、オハイオ州のようにごく少数の例外がある。Kauffman Racing Equip., LLC v. Roberts, 930 N.E.2d 784 (Ohio 2010). Geoffrey P. Miller, In Search of the Most Adequate Forum: State Court Personal Jurisdiction, 2 Stanford Journal of Complex Litigation 1, 4 n. 8 (2014).
52) Hornbook 377.

ュー・プロセス条項がどこまでの範囲での裁判管轄権行使を認めるかについて連邦最高裁の解釈が揺れ動く場合、その影響をまともに受けて、予測可能性がそれだけ減少することになった。

次のIVでは、連邦最高裁が州の裁判管轄権と合衆国憲法上のデュー・プロセス条項の関係について、どのような判決を出してきたかをあらためて概観する。

IV 裁判管轄権──現代の状況

1 始まりは International Shoe 判決

IIIまでに述べたような経緯を経て、アメリカの州外法人や他州民に対する人的裁判管轄権について、すべての州でロング・アーム法が作られた。その内容は細部で異なるものの[53]、結局のところ次の2点が重要である。

第1に、それは合衆国憲法のデュー・プロセス条項が規律する憲法問題と重なる。各州法も、デュー・プロセス条項が認める範囲に州の裁判管轄権が一致すると（各州裁判所で）解釈してきた。

第2に、したがって、連邦最高裁がいかなる判断を示してきたかが重要となった。そして、このような現代の状況を語るうえでの出発点は1945年の International Shoe Co. v. Washington 判決である。

【2つの人的裁判管轄権──特定的管轄権と一般的管轄権】

既述のように、International Shoe Co. v. Washington 判決は、設立地をデラウェア州としミズーリ州に主たる営業所（本社）を置く会社に対し、ワシントン州裁判所の裁判管轄権を認めた判決であるが（前掲25頁）、この判決から、次のような区分が生まれた。特定的管轄権（specific jurisdiction）と一般的管轄権（general jurisdiction）である。

---

53) インターネット上では、アメリカの法律事務所が2003年時点で整理したものであるが、Long-Arm Statutes: A Fifty-State Survey という、50州のロング・アーム法を簡単に紹介する資料もある。
http://euro.ecom.cmu.edu/program/law/08-732/Jurisdiction/LongArmSurvey.pdf

後者の一般的裁判管轄権について、International Shoe 判決には次のような判示がある。

> there have been instances in which the continuous corporate operations within a state were thought so substantial and of such a nature as to justify suit against it on causes of action arising from dealings entirely distinct from those activities. (ある州内において、会社の継続的活動が実質的なものである場合、これらの活動とはまったく異なる取引から生じた請求原因であっても、会社を被告とする訴訟が提起されたときにその州の裁判管轄権を認めるのを正当としてきた先例がある)[54]。

要するに、ある州で実質的な事業活動を会社が継続的に行っていれば、その事業と直接関係のない訴訟であっても（たとえば、他州で起きた事件であっても）、当該州に一般的な裁判管轄権が認められるというのである。これが一般的裁判管轄権（general jurisdiction）と呼ばれるようになった。

もう１つのタイプ、特定的裁判管轄権については、次のような判示がなされた。

> But, to the extent that a corporation exercises the privilege of conducting activities within a state, it enjoys the benefits and protection of the laws of that state. The exercise of that privilege may give rise to obligations, and, so far as those obligations arise out of or are connected with the activities within the state, a procedure which requires the corporation to respond to a suit brought to enforce them can, in most instances, hardly be said to be undue. (だが、会社は当該州で事業活動を行う特権を享受している限度で、当該州法による利益や保護を受けている。このような特権の行使が一定の義務を発生させることがあり、これらの義務が当該州での事業活動と関係している限り、会社を被告とする訴訟が提起された場合、ほとんどのケースにおいて、それがデュ

---

54) International Shoe Co. v. Washington, 326 U.S. 310, 318 (1945).

ー・プロセスには反するとはいえなくなる)[55]。

　ここでは、明白に、当該州における事業活動に関連して何らかの紛争が生じた場合、会社に対しそれに応える義務を課すこと（言い換えれば、裁判管轄権を認めること）は、デュー・プロセスに反しないと述べられている。それは、当該州内の活動に関連した特定の範囲の訴訟に限られるので、特定的裁判管轄権（specific jurisdiction）と呼ばれる。

　以下、これら2つの裁判管轄権について、具体的事案で連邦最高裁がどのような判断を示してきたかを概説する。なお、予め結論を述べておくと、実際には一般的裁判管轄権を認めるケースは、被告のドミサイルがその州にあるか、法人については、法人設立地または主たる営業地の州について、一般的裁判管轄権が認められ、それに加えて「ある州内での活動が継続的かつ実質的」という理由で認めることとされているものの、実例はまだ少ない。したがって、原告が被告のドミサイルのある州その他前記の根拠による一般的裁判管轄権に基づいて訴える場合を除いて、多くの裁判は特定的裁判管轄権に基づくものとなっている。

2　特定的裁判管轄権（specific jurisdiction）

　特定的裁判管轄権とは、被告が当該州に対し裁判での被告となることが正当とされるような「最小限の関連」をもつと同時に、その関連性と当該紛争に特定的な関係がある状況を指す。最初のキー・ワードは、related（最小限の関連性と当該紛争が関係している）である[56]。

　この「関係」概念について、連邦最高裁は、明確な指針を出していない。事案によって、明らかに関係があるとされたり、逆にないとされたりして、微妙なケースで基準を示した先例はない。

　そこで、連邦裁判所の下級審や州裁判所の判断が注目されるが、そこでは不法行為法の因果関係論の議論を借用し、but for test（関連性を認める根拠となる事実がなければ、当該紛争が発生したか否か、という点を考慮して判

---

55) International Shoe Co. v. Washington, 326 U.S. 310, 319. (1945).
56) Hornbook 361. 以下の記述も、id. at 361-364 による。

断するテスト)[57]を採用する裁判所と、それよりも「関係あり」とする判断を狭くするために、proximate cause or substantive relevance test（実質的な関係を要求するテスト）を採用する裁判所がある。

　前者の代表として、1991年のCarnival Cruise Lines, Inc. v. Shuteという第9巡回区控訴裁判所判決がある。カリフォルニアから出港したクルーズに乗船中のワシントン州民がけがをして、ワシントン州の連邦裁判所に訴えた。フロリダ州での専属管轄条項が契約にあると反論されたが、控訴裁判所は、この専属管轄条項を無効としたうえで、ワシントン州の裁判管轄権を認めた。ワシントン州内でのクルーズ会社の営業活動があったからこそ、当該紛争が生じたという理由である。逆にいえば、同州内で営業活動がなければ（but for）、ワシントン州民はクルーズにも乗船せず、事故も起きなかった、つまり十分にワシントン州との関連と紛争に「関係」ありというわけである[58]。

　これに対し、不法行為法の因果関係論で、因果関係を狭く解釈するためにproximate cause（法律上の因果関係）という概念が立てられているように[59]、but for testでどこまでも関係が拡がるのをよしとせず、「より直接的な関係」に限ろうとする裁判所がある。代表的な例として、2007年のテキサス州最高裁判決Moki Mac River Expeditions v. Druggがある[60]。本件では、ユタ州に本拠を置く課外活動サービス提供会社がアリゾナでのラフティング・ツアーをテキサス州で販売し、それに応じて参加した13歳のテキサス州民が死亡した。訴えはテキサス州で提起され、前記but for testによればすぐに「関係」ありとされそうであるが、テキサス州最高裁は、当該事故との間により実質的な関係が必要だとして、裁判管轄権を否定した。

　これら2つのいずれのテストを採用するかは裁判所によって分かれ、ほ

---

57)　因果関係論におけるbut for testについては、『アメリカ不法行為法』133頁。
58)　Carnival Cruise Lines, Inc. v. Shute, 897 F.2d 377 (9th Cir. 1990), reversed on other gounds 499 U.S. 585 (1991)（前掲29頁注42）参照）。ただし、連邦最高裁は、この事件で専属管轄条項の有効性を認めて、結果的に、ワシントン州の裁判所の裁判管轄権を否定したことに注意する必要がある。
59)　『アメリカ不法行為法』152頁。
60)　Moki Mac River Expeditions v. Drugg, 221 S.W.3d 569 (Tex. 2007).

ぼ拮抗しているとされる[61]。アメリカのある概説書は、連邦最高裁の明確な判断が待たれるとしてこの問題を扱った項を結んでいる[62]。

【憲法上求められる最小限の関連を満たすための要件——意図的利用のテスト】

連邦最高裁は、特定的裁判管轄権を認めるために合衆国憲法のデュー・プロセス条項が求める「最小限の関連」(minimum contact) とは何を意味するかについて、一連の判決で、いくつかの点を明らかにしている。それは2段階テストであり、簡単に「意図的利用テスト」と「合理性テスト」と呼ばれる。以下、この2つについて説明する。

まず明らかになったのは、被告が、裁判の提起された州における何らかの利益を「意図的利用」(purposeful availment) している場合、最小限の関連を認めてよいとされた。次の2つの判例がそれを示す初期の例である。連邦最高裁は、1950年代のほぼ同時期に、この基準を適用し、前者では結論として人的裁判管轄権を認め、後者では否定した。

【McGee v. International Life Insurance Co. (1957)】[63]

本件は次のような状況で、特定的裁判管轄権が認められた。

① 原告はカリフォルニア州民であり、生命保険の受取人として、カリフォルニア州裁判所に訴えを提起した。

② 被告はテキサスの生命保険会社であり、原告の生命保険はアリゾナ州の生命保険会社が提供したものだったが、その後、その再保険を引き受けた。被告の会社がカリフォルニア州で関与した保険は本件1件だったとされる。

被告は、被保険者が自殺したという理由で保険金支払いを拒んだ。カリフォルニア州裁判所では、(原告勝訴の) 欠席判決が出され、テキサス州での承認・執行が求められた。テキサス州裁判所は、本件では、カリフォルニア州裁判所に有効な裁判管轄権がないとしてそれを拒んだが、連邦最高

---

61) Note, Specific Personal Jurisdiction and the "Arise from or Relate to" Requirement... What Does It Mean?, 50 Wash. & Lee L. Rev. 1265, at 1283.
62) Hornbook 364.
63) McGee v. International Life Insurance Co., 355 U.S. 220 (1957).

裁は、本件被告がカリフォルニア州に対し「最小限の関連」を有すると判断した。

【Hanson v. Denckla（1958）】[64]
　本件では逆に次のような状況で、特定的裁判管轄権が否定された。
　①　多額の信託財産をもつ信託についての複雑な争いが生じた[65]。最終的に、フロリダ州裁判所が信託の有効性を否定し、その結果、委託者の孫には財産が行かず、委託者の遺言によって相続財産が処分されることになった。被告となった受託者はデラウェア州法人であり、このデラウェア州法人にフロリダ州の特定的裁判管轄権が及ぶかが焦点となった。
　②　信託設定当時の委託者のドミサイルはペンシルバニア州にあり、その後、フロリダ州に委託者が移ったことだけがフロリダ州との接点だった。
　連邦最高裁は、このような事案では、最小限の関連を認めることができないとして（被告とされた受託者に対する）人的裁判管轄権を否定した。次のように述べて。

　　　（最小限の関連ありとされるためには）「それぞれの事件において、<u>被告が、裁判の提起された州内で活動を行い、それによってその州の法による保護を受ける特権を意図的に利用するような何らかの行為がなければならない</u>という点が肝要である」[66]。

　そしてこの判示部分が、「意図的利用」の法理として有名になった。要するに、本件では、委託者はフロリダ州に移ったかもしれないが、被告となった受託者は何らフロリダ州から恩恵を受けるような活動をしていないというのである。これに対し、McGee 事件では、たとえ1件だとしても、テキサス州の保険会社はカリフォルニア州民を顧客とする契約を積極的に引き受けており、「意図的利用」があるとされた。このように、裁判の提

---

　64)　Hanson v. Denckla, 357 U.S. 235（1958）.
　65)　アメリカの信託については、樋口範雄『アメリカ信託法ノート(1)(2)』（弘文堂・2000・2003）。
　66)　Hanson v. Denckla, 357 U.S. 235, 253（1958）.

起された州法または州のさまざまな資源の「意図的利用」があったか否かが、最小限の関連の有無を定める基準とされた。

その後、連邦最高裁は、以下の4つの判決を出した。

【第1のケース——Shaffer v. Heitner（1977）】[67]

まず、1977年に出された本件判決は、すでに紹介したように、準対物的訴訟と呼ばれてきた（裁判管轄権拡大の）工夫に対し、「最小限の関連」テストの適用があることを明らかにし、準対物的訴訟という抜け道を実質的に廃止した。ここでは、最小限の関連の有無を判断するために「意図的利用」テストを明言した点に注目する。重複する部分もあるが[68]、以下の点が本件のポイントである。

① デラウェア州で設立された会社の取締役に対し、株主代表訴訟がデラウェア州で提起された。だが、被告となった取締役たちは、会社の株式は所有しているものの、それ以外にデラウェア州との関係はなかった。ところが、デラウェア州の裁判所は、準対物的訴訟であるとして自らの裁判管轄権を認めた。

② 連邦最高裁は、対物的訴訟においても、被告が当該州の裁判管轄権に服するためには、合衆国憲法のデュー・プロセス条項が要請する「最小限度の関連」が必要であるとした（この点がShaffer判決の最も有名なところである）。だが、それに続けて、連邦最高裁は、デラウェア州法人の取締役や役員となっただけでは、デラウェア州の与える特権の「意図的利用」があったとはいえないと明記した（もちろん被告が会社自体であれば、意図的利用は存在する）。当該紛争に無関係な財産（この場合、株式）が、その州に所在するだけでは「最小限度の関連」があるとはいえないわけである。

【第2のケース——Kulko v. Superior Court（1978）】[69]

1978年、連邦最高裁は、やはり「意図的利用」がないとして、特定的

---

67) Shaffer v. Heitner, 433 U.S. 186 (1977). 前掲24頁参照。
68) 前掲24-25頁参照。
69) Kulko v. Superior Court, 436 U.S. 84 (1978).

裁判管轄権を否定した。本件は離婚訴訟で、事案は複雑だが、ポイントは以下のとおりである。

　①　X（女性）とY（男性）はともにニュー・ヨーク州にドミサイルがあり、1959年にカリフォルニア州に短期滞在中、結婚した。その後約10年、ニュー・ヨーク州に居住し、2人の子をもうけた。だが、1972年に離婚することになり、別居合意書が作成された。Xはカリフォルニア州に移った。別居合意では、2人の子は在学中父Yのもとにいて、休暇中だけカリフォルニア州の母Xのもとで暮らすことになった。Xは、その後ハイチに行き、別居合意の内容の離婚判決を得た。1973年、2人の子のうち娘はXY合意のもとで、原則は母のもとで暮らし、休暇中は父のもとへ行くことになった。その後、Xは、Yの同意無しに、もう1人の息子にもカリフォルニア州までの航空券を送り、自分のもとへ引き取った後で、カリフォルニア州の裁判所に次のような申立てをした。

・ハイチでの離婚判決を有効と認めること。
・2人の子の監護権をX単独に移すよう離婚判決の内容を修正すること。
・Yが支払うべき扶養料を増額すること。

　②　これに対し、Yは、カリフォルニア州裁判所にはそもそもYに対する人的裁判管轄権がないと主張した。州裁判所はそれを否定し、自らに裁判管轄権があるとした。

　連邦最高裁は、このような事案について、カリフォルニア州には、合衆国憲法上、裁判管轄権が認められないとした。娘がカリフォルニア州で原則として暮らすことに被告が同意した（容認した）だけでは、カリフォルニア州の裁判管轄権に同意したことにはならず、また同州の与える保護を「意図的利用」したことにもならないとした。

【第3のケース──World-Wide Volkswagen Corp. v. Woodson（1980）】[70]

　1945年のInternational Shoe判決で州の裁判管轄権が拡大したはずだったが、その後の一連の連邦最高裁判例は、「意図的利用」テストによって、

70）　World-Wide Volkswagen Corp. v. Woodson, 444 U.S. 286 (1980).

相次いで特定的裁判管轄権を否定するものとなった。その中で最も有名なものが、このWorld-Wide Volkswagen Corp. 判決である。事案の概要は、以下のとおりである。

①　本件はオクラホマ州で起きた交通事故から生じており、その車の製造物責任が問題となった。オクラホマ州裁判所で提起された訴訟について、複数の被告の中で、ニュー・ヨーク州の販売業者（ディーラー）とニュー・ヨーク州他近隣3州だけを扱う卸売業者が、オクラホマ州裁判所の裁判管轄権を争った。原告はニュー・ヨーク州民で、アリゾナ州に移り住む途中のオクラホマ州で追突事故にあった。

②　原告は、先のディーラー等（被告）も、販売された車がオクラホマ州で利用されることについて十分予見可能であり、したがって、オクラホマ州から十分な利益を得ていると主張し、オクラホマ州裁判所はそれを認めた。

しかしながら、連邦最高裁は、オクラホマ州の法制度について、ディーラー等の被告による「意図的な利用」はなかったとして、特定的裁判管轄権を否定した。一方的に原告が車をオクラホマ州に乗り入れただけであり、それは被告の支配の及ばないところであるとしたのである。

【第4のケース──Burger King Corp. v. Rudzewicz（1985）】[71]

しかしながら、「意図的利用」テストは、常に特定的裁判管轄権を否定するケースで用いられているわけではない。連邦最高裁は、1985年のこの判決で特定的裁判管轄権を認めた。

原告はフロリダ州に本拠を置く著名なレストラン・チェーンの会社である。被告は、ミシガン州民であり、原告との間に20年間のフランチャイズ契約を結んでミシガン州での出店を計画し実行した。ところが、経済不況のため、本社への負担金の支払いが滞り、フランチャイズ契約を破棄されたが、なお同じ商標で営業を続けたため、会社から損害賠償と営業（商号や商標の利用）差止めを求めて、フロリダ州の連邦地裁に裁判が提起された[72]。被告はフロリダ州の裁判管轄権は自らに及ばないとの主張をした。

---

71)　Burger King Corp. v. Rudzewicz, 471 U.S. 462 (1985).
72)　連邦裁判所の事物裁判管轄権は、この場合、州籍の相違である。州籍の相違など、連

IV　裁判管轄権　　41

　連邦最高裁は、本件の場合、契約締結地がフロリダ州であるばかりでなく、それまでの契約交渉や研修もそこで行われ、準拠法をフロリダ州法にしてあることなど、被告はフロリダ州法の恩恵を明確に「意図的利用」しているとして、特定的裁判管轄権を認めた。

　以上を要するに、「意図的利用」テストは、デュー・プロセス条項が求める「最小限の関連」を基礎づける第１段階のテストとして確立した。裁判の提起された州に対し被告が何らかの「意図的利用」のあることが、まず最小限の関連を証明するために必要とされる。

【憲法上求められる最小限の関連を満たすための要件——合理性】

　連邦最高裁は、被告に対する裁判管轄権を認めるにあたり、デュー・プロセス条項が要求する「最小限の要件」とは、第１に、被告による当該州法の「意図的利用」が示されることであるとしたが、1985 年の Burger King Corp. 判決の中で、「意図的利用」だけではなお不十分な場合のあることを示唆していた。具体的には次のような言明を残した[73]。

　　「最小限の関連という要件は、フェア・プレーと実質的正義という伝統的な観念に内在するものではあるが、当該裁判の行われる州での活動について被告の意図的利用が存在したと思われる場合でも、なお裁判管轄権を認められることの合理性（reasonableness of jurisdiction）

邦裁判所の有する裁判管轄権の範囲については、『アメリカ憲法』111-112 頁。さらに、興味深い点は、連邦裁判所の裁判管轄権については、一般論として、アメリカ人である限り人的裁判管轄権を問題にすることはなく（当然、人的裁判管轄権があるとされる）、むしろ先にも述べたように、合衆国憲法上、連邦政府（裁判所も含む）が限られた権限しかもたないために事物裁判管轄権の有無が問題とされる。ところが、本件は「州籍の相違」による事物裁判管轄権が認められており、その場合、同じ州の裁判所に訴えが提起されたとすると適用される準拠法と同じ州法を適用して裁判が行われる（この点を宣言したエリー判決の意義については、後掲 205 頁以下参照）。言い換えれば、このようなケースでは、連邦裁判所はいわば州裁判所の代用をしている。そこで、そもそもその州の裁判所に裁判管轄権があるか否か（人的裁判管轄権があるか否か）が、その州の連邦地裁についても問題となっているということである。要するに、本件ではフロリダ州の連邦地裁に訴えが提起されたが、当該地裁に、事物裁判管轄権があると同時に、それが州籍の相違に基づくために、あたかも州裁判所と同様に人的裁判管轄権のあることが必要とされている。

73) Burger King Corp. v. Rudzewicz, 471 U.S. 462, 467-468 (1985), citing 2d Restatement §§ 36-37.

を満たさない場合がありうる」。

それを実際に示したのが、1987 年の Asahi Metal Industry Co. v. Superior Court である[74]。

【Asahi Metal Industry Co. v. Superior Court (1987)】

事案はカリフォルニア州でのオートバイ事故による死傷事件である。被害者はオートバイのタイヤ・メーカー（台湾法人）を被告とし、カリフォルニア州裁判所に製造物責任を根拠にして訴えた。タイヤのバルブをタイヤ・メーカーに供給していたのが、Asahi Metal という日本法人である。Asahi Metal は、台湾の会社との間に損失塡補条項（indeminification clause、ここでは部品について何らかの法的責任が問われ損失が生じた場合、日本のメーカーが最終的にはすべて責任を負うという条項）を結んでいたので、被告となった台湾の会社は第三者引き込み（impleader）という手続により、Asahi Metal を共同被告として訴訟に引き込もうとした（なお、訴訟の過程で、被害者と台湾の会社との和解が成立した）。Asahi Metal は、カリフォルニア州の裁判管轄権に服するはずはないと主張した。だが、カリフォルニア州裁判所は、自社の製品が国際的に販売されることを知っていたはずだとして裁判管轄権を認めた。通商の流れ（stream of commerce）に製品を乗せたことにより、どこであれそれが販売される地の法を意図的に利用していたというわけである。

ところが、連邦最高裁は結論として、Asahi Metal に対する州の裁判管轄権を否定した[75]。以下の 5 つの判断要素をあげて、裁判管轄権の行使が

---

74) Asahi Metal Industry Co. v. Superior Court, 480 U.S. 102 (1987).
75) 結論は全員一致だったが、理由づけは 4 対 4 対 1 に分かれた。ブレナン（Brennan）裁判官による 4 人の意見は、企業が製品を「通商の流れ」（stream of commerce）に乗せて、当該州で販売されることを知っていただけで、最小限の関連ありとした（ただし、これらの裁判官も本件については裁判管轄権を認める合理性を欠くとした）のに対し、オコナー（O'Connor）裁判官による 4 人の意見は、それでは最小限の関連として不十分であり、それにプラスする要素が必要だとした。残る 1 人のスティーブンズ（Stevens）裁判官は、これらいずれでもなく、相当量の販売が法廷地州でなされているか否かで判断すべきだとした。Hay casebook70-71. 後に紹介する J. McIntyre Machinery 判決は、オコナー裁判官の考え方に近い判断を示した。後掲 50 頁参照。

「フェア・プレーと実質的正義」にかなうとされるためにはそれらを判断して「合理性」があることが必要だとした[76]。しかも、本件では「合理性」がないとしたのである[77]。5つの要素とは、以下のものである。

① 被告の負担
② 本件について裁判を行う法廷地州の利益
③ 便宜かつ効率的な救済を得るうえでの原告の利益
④ 紛争を最も効率的に解決するという、州際および国際的な裁判制度の利益
⑤ 実体的な政策を達成しようとする州際および国際的な利益

本件の場合、日本企業にとって応訴の負担は重いこと、損失填補条項に基づく争いは本件において副次的なものに過ぎないこと、そして原告（カリフォルニア州民である被害者）と台湾企業の間で和解が成立している以上、カリフォルニア州がこれ以上この事件に関与する利益はないこと、を明示し、日本法人に対する裁判管轄権はない（裁判管轄権を認めるのは不合理であり、したがってフェア・プレーと実質的正義の原則に反する）とした。

以上の経緯を整理すると次のようになる。

まず、連邦最高裁は、合衆国憲法のデュー・プロセス条項が求める裁判管轄権の要件として、「フェア・プレーと実質的正義という伝統的な観念に反しないといいうるような最小限の関連」が必要だとした。そして、具体的事案で特定的裁判管轄権の有無を判断するに際し、そのプロセスを2つに分けて、最小限の関連を立証するものとして被告による法廷地の州の「意図的利用」の存在を検討し、さらに「フェア・プレーと実質的正義」を満たすといえるだけの「合理性」を要求している。一種の2段階テストが採用されているわけである[78]。

ただし、後段の「合理性」テストを明示した連邦最高裁判決は、Asahi Metal 判決ただ1件にとどまっている。合理性を判断するために5つの（あるいは5つもの）要素は並べたものの、それ以上の基準を示していない。

---

76) Asahi Metal Industry Co. v. Superior Court, 480 U.S. 102, 113 (1987), citing World-Wide Volkswagen, 444 U.S. at 292.
77) なお、4人の裁判官は、本件では、そもそも「意図的利用」すらないと判断した。
78) Hoffheimer 42.

そこで、その後の下級審裁判所では、Asahi Metal 判決に依拠することに慎重であるという。以下のような興味深い指摘がある[79]。

ⓐ 合理性が論じられて、裁判管轄権が否定されているのは、大半のケースで州外法人ではなく、外国法人のケースである。

ⓑ 最小限の関連が認められるか否かが微妙なケースでは、被告が外国人である場合、裁判管轄権を否定する傾向があり、逆に、当該州との関連性が明確なら被告が外国人であっても合理性ありとされることが多い。

ⓒ 下級審の中で、1つだけではあるが、被告がカナダの企業であったために、相対的に見て地理的にも近く、法制度も似ているとして、裁判管轄権を認めた例がある[80]。外国法人だからといってすべての外国企業を同一に扱うわけではないことを示すといえる。

3 一般的裁判管轄権（general jurisdiction）
【一般的裁判管轄権が認められる類型】

先に述べたように、1945 年の International Shoe 判決は、前項までで述べてきた特定的裁判管轄権の行使要件を明らかにしたと同時に、もう1つ別の、より広範な裁判管轄権の存在も明示していた。それが、「ある州内で継続的な会社の活動がきわめて実質的なもの」として行われているのであれば、その活動と無関係の訴訟であっても、当該州に裁判管轄権ありとする、いわゆる一般的裁判管轄権である[81]。

ここでは、最小限の関連どころか、当該州との間であまりに大きな関連性が認められるために、もはや意図的利用や合理性を論ずるまでもなく、裁判管轄権が肯定される。

これまでも次の3つのケースでは、紛争内容に関わりなく、被告に対する裁判管轄権が認められてきた[82]。

① 被告のドミサイルが当該州にある場合。
② 被告が法人であれば、法人設立地の州、および法人の主たる営業

---

79) Hornbook 369-370.
80) Aristech Chemical Int'l Ltd. v. Acrylic Fabricators Ltd., 138 F.3d 624 (6th Cir. 1998).
81) International Shoe Co. v. Washington, 326 U.S. 310, 318 (1945).
82) Hoffheimer 43-44.

所の所在する州。

③ 被告に対し、当該州内で訴状の直接送達（交付送達）が行われた場合。

International Shoe 判決は、これらに4番目の類型を加えたわけである。

④ ある州内で継続的な会社の活動がきわめて実質的なものとして行われている場合。

しかしながら、この4番目の類型についてはいくつかの問題が残っている。そもそも特定的裁判管轄権で論じられてきた最小限の関連（意図的利用や合理性を考慮するための5つの要素など）を、ここでも勘案せざるをえないとする議論もある[83]。以下にその事情の背景を説明する。

【継続的かつ組織的な活動という要件による一般的裁判管轄権】

第1の問題は、このような根拠に基づく一般的裁判管轄権について、実際の適用事例が少ないという点である。連邦最高裁は、その後1950年代初めにそれを適用したものの、それが唯一の例であり、むしろ1984年のケースでは当該事件での一般的裁判管轄権を否定した。そこで、そもそも一般的裁判管轄権を認めること自体を疑問視する論者も現れている[84]。

1952年の Perkins v. Benguet Consolidated Mining Co. 判決とは、次のような事件である[85]。被告はフィリピンの鉱山会社であり、株主が、自らに配当をしないことや、受領できるはずの株券を送付しないとして会社をオハイオ州の裁判所に訴えた。だが、被告の会社はオハイオ州で何ら活動しておらず（それどころかアメリカのどの州でも活動しておらず）、わずかに会社の社長が第二次世界大戦中はずっとオハイオ州の自宅から指示して会社の活動が行われていたことに基づいていた。このような事案について、連邦最高裁は、「会社の継続的かつ組織的活動」が存在したとして、一般的裁判管轄権を肯定した。しかしながら、この判決は例外的なものであり、

---

[83] Hoffheimer 44.
[84] かえって一般的裁判管轄権という概念によって裁判管轄権を拡大することは、法廷地漁り（forum shopping）の弊害を生むとする。Maier & McCoy, A Unifying Theory for Judicial Jurisdiction and Choice of Law, 39 Am. J. Comp. L. 249 (1991). See also, Twitchell, The Myth of General Jurisdiction, 101 Harv. L. Rev. 610 (1988).
[85] Perkins v. Benguet Consolidated Mining Co., 342 U.S. 437 (1952).

アメリカ国内の他のどの州にも裁判管轄権を認める余地がなかったという事情も影響していると考えられている。

むしろ、昨今では、1984 年の Helicopteros Nacionales de Colombia, S. A. v. Hall 判決で[86]、一般的裁判管轄権の適用を否定したことが重視されている。

この事案のポイントは、以下のとおりである。

① ペルーでのヘリコプター事故で 4 人が死亡し、テキサス州の裁判所に不法行為による死亡訴訟が提起された。4 人はアメリカ人ではあるがテキサス州民ではない。

② 被告の会社はコロンビアの会社であり、テキサスの事業体（ジョイント・ベンチャー）がこの会社と契約を結んで、ペルーの石油パイプライン建設現場に 4 人を運んでいた。

③ 契約交渉はテキサス州で行われ、コロンビアの会社は、ヘリコプター自体やその部品等の大半をテキサス州で調達していた。パイロットの訓練もテキサス州で行われていた。

④ テキサス州の裁判所は、この事件について裁判管轄権ありとしたが、連邦最高裁は、8 対 1 で裁判管轄権を否定した。「継続的かつ組織的活動」がテキサスで行われていたとはいえないというのである。

したがって、その後の下級審は、ある州内での活動に直接関係のない紛争について、「継続的かつ組織的活動」があるという理由で一般的裁判管轄権を認めることに慎重であるという[87]。ただし、2003 年の Gator. com Corp. v. L. L. Bean, Inc.[88]という連邦控訴裁判所判決では、カリフォルニア州に営業所も販売員もいないものの、通信販売やインターネットを通じた販売で、2000 年時点において売上げの 6％ を同州内で売り上げていたメイン州法人に対し、「継続的かつ組織的活動」があるとしてカリフォルニア州における一般的裁判管轄権を認めた[89]。

---

86) Helicopteros Nacionales de Colombia, S.A. v. Hall, 466 U.S. 408 (1984).
87) Hornbook 372.
88) Gator.com Corp. v. L. L. Bean, Inc., 341 F.3d 1072 (9th Cir. 2003).
89) 今後ともこのような販売形態が広がる以上、販売活動が多いというだけで、一般的裁判管轄権を認める例が増える可能性もある。また、この判決の中で、被告に裁判管轄権を認めることに「合理性」があるかも判断している点についても注意を要する。従来型の一

もう1つの問題は、「継続的かつ組織的活動」に基づく一般的裁判管轄権が会社（法人）についてだけ認められるのか、個人に対しても認められるのかという問題である。

　これについては、1990年のBurnham v. Superior Court判決で、4人の裁判官が、このような意味での一般的裁判管轄権は法人にしか適用されないと述べている[90]。しかし、これは傍論に過ぎないとされる。実際、アメリカの事業形態は多様であり、法人形態だけで事業が行われるわけではない。個人であっても、相当量の事業活動が当該州に関係しているような場合には、そしてアメリカ国内に訴えることのできる州が他に存在しないようなケースでは、個人に対しても一般的裁判管轄権が認められる場合もありうるとされる[91]。

V　新たな連邦最高裁判例

1　2011年以降の新たな動き

　連邦最高裁は、人的裁判管轄権について1987年のAsahi Metal判決以来、重要な判例を出してこなかった。ところが、2011年以降、4つの判決を出して、一般的裁判管轄権および特定的裁判管轄権の問題を扱った。その方向性は、これまで州外法人や他州民について、憲法上のデュー・プロセス要件を満たせば、ある州の裁判管轄権が及ぶとしていたものの、それに一定の制約があることを示すものである。実際、これら4件ではすべて被告に対する裁判管轄権が否定された。これら新たな判例（最新のものは2014年である）の意義については、アメリカでもまだ定まっているとはいえないが、注目すべきものであることは確かであるから、以下、簡単に4つの判決を紹介する。

　般的裁判管轄権なら（たとえば当該州に主たる営業所があるなら）、その必要はないはずだが、このタイプの一般的裁判管轄権については「意図的利用」テストや「合理性」テストでさらに判断するという意味で、特定的裁判管轄権と違いの少ない審査が行われる可能性がある。

90) Burnham v. Superior Court, 495 U.S. 604, 610 n.1 (1990).
91) Hornbook 374.

2 一般的裁判管轄権に関する2つの判例

　一般的裁判管轄権、とりわけ外国法人や他州法人について「ある州内で継続的な会社の活動がきわめて実質的なもの」であれば、当該法人が別の州で起こした事件についても、継続的かつ実質的活動を行っている州に一般的裁判管轄権があるとする先例は[92]、その後大きな議論を呼んできた。何しろ、それを実際に適用した連邦最高裁判決はなかったからである。

　この問題について、連邦最高裁は2011年と2014年に判決を下した。ただし、いずれにおいても結論として一般的裁判管轄権を否定した。

【Goodyear Dunlop v. Brown（2011）】

　まず、2011年のGoodyear Dunlop v. Brown判決を簡単に紹介する[93]。13歳のノース・カロライナ州民2名がフランスにおけるバスの事故で死亡した。被害者の遺産管理人が、この事故はタイヤの欠陥によるとして、製造物責任訴訟をノース・カロライナ州裁判所に提起した。被告とされた企業として、タイヤ会社のアメリカ法人だけでなく、外国法人たるフランスの会社、ルクセンブルグの会社、トルコの会社も含まれていた。事故を起こしたバスのタイヤはGoodyear Turkey（トルコの会社）によって製造されていた。

　これら3つの外国法人は、ノース・カロライナ州裁判所には裁判管轄権がないとして争ったが州裁判所はそれを否定した。タイヤ会社は国際的な通商の流れ（stream of commerce）に製品を乗せていること、実際にノース・カロライナ州においてこれら外国法人製のタイヤの逆輸入があることを根拠に[94]、ノース・カロライナ州にはこれら外国法人に対する一般的裁判管轄権があると論じた。

　しかしながら、連邦最高裁は全員一致で原審を破棄し、本件で、外国法人に対する裁判管轄権は認められないとした。判決では、前提として、人的裁判管轄権に一般的裁判管轄権と特定的裁判管轄権の区分があることを

　92）　前項で述べたように、1945年のInternational Shoe判決の判示に基づく。
　93）　Goodyear Dunlop v. Brown, 131 S. Ct. 2846 (2011).
　94）　2004年から2007年までの間に、Goodyear Franceから3万3923本のタイヤ、Goodyear Turkeyからは4059本のタイヤが、ノース・カロライナ州に逆輸入されていたと認定されている。

確認したうえで、本件の事故がフランスで生じており、タイヤもノース・カロライナ州で製造されたわけではないので、特定的裁判管轄権は認められないとした。問題は、一般的裁判管轄権が認められるか否かであるが、本件の程度でのノース・カロライナ州との関連性では、一般的裁判管轄権を基礎づけるだけの「継続的かつ組織的活動」があったと認定するには不十分だとした。

　要するに、被告法人が製品を国際的な「流通の流れ」に乗せただけでは不十分であることはもちろん、本件ではそれに加えて必要とされる要素を満たさないと（全員一致で）判断したわけである[95]。さらにギンズバーグ裁判官の判示では、自然人についてドミサイルがあれば一般的裁判管轄権が認められるのと同様に、法人については、その本拠（at home）とされる州において、一般的裁判管轄権を認めるべきだと述べた[96]。この言葉、at home がどのように解釈されるかは今後を待つほかない。少なくとも明らかなことは、法人設立地と主たる営業地について一般的裁判管轄権を認めるほかに、それ以外の州で at home とされるのは相当に厳しい要件だということである[97]。

【DaimlerChrysler AG v. Bauman (2014)】

　より新しい判決として 2014 年の DaimlerChrysler AG v. Bauman がある[98]。アルゼンチンにあるメルセデス・ベンツの会社（ドイツ法人のアルゼンチンにおける子会社）を、従業員やその家族が訴えた。事案は、1970 年代から 1980 年代にかけての軍事政権の弾圧に現地の子会社が関与しており、数々の人権侵害を犯したとして、アメリカの連邦法、Alien Tort Statute（外国人不法行為法）および Torture Victims Protection Act（拷問された被害者保護法）違反を理由に、カリフォルニア州にある連邦地裁に訴えが提起された。前者の法律では、たとえアメリカ以外の国でなされた不

---

[95] 本判決の分析について、see Michael H. Hoffheimer, General Personal Jurisdiction after Goodyear Dunlop Tires Operations, S.A. v. Brown, 60 Kansas L. Rev. 549 (2012).

[96] Goodyear Dunlop v. Brown, 131 S. Ct. 2846, at 2853-2854 (2011).

[97] 実質的に、法人設立地と主たる営業地のある州だけに限定して一般的裁判管轄権を認める趣旨だと解釈する考え方もある。See e. g., Hoffheimer, supra note 95, at 585.

[98] DaimlerChrysler AG v. Bauman, 134 S. Ct. 746 (2014).

法行為であっても、被告がアメリカ国内でサービスや物品を提供する法人である場合、外国人による連邦裁判所への訴えが認められていた[99]。被告とされた法人は、人的裁判管轄権がないとして訴え却下の申立てを行い、連邦地裁はそれを認めて裁判管轄権なしと判断した。ところが、第9巡回区控訴裁判所は、本件のような国際企業についてはカリフォルニア州裁判所に一般的裁判管轄権が認められるとした。

上告を受けた連邦最高裁は、全員一致で本件における一般的裁判管轄権を否定した。ここでも判決文を執筆したギンズバーグ裁判官は、本件の被告（外国法人）はカリフォルニア州との関連性が薄く、カリフォルニア州を at home（本拠）とするには足りないとして、一般的裁判管轄権を否定した[100]。要するに、外国法人の子会社が、ある州に存在し相当の規模の販売活動を行っており、その子会社にとって当該州が at home とされても、親会社や関連会社である外国法人にとっての一般的裁判管轄権を基礎づけることにならないわけである。この判決は、一般的裁判管轄権が認められる範囲が著しく狭いことをあらためて確認させるものとなった。

3 特定的裁判管轄権に関する2つの判例

連邦最高裁は、2011年および2014年に、特定的裁判管轄権についても重要な判決を下した。

【J. McIntyre Machinery, Ltd. v. Nicastro (2011)】

最初に紹介するのは J. McIntyre Machinery, Ltd. v. Nicastro である[101]。事案は、機械作業中に4本の指を失う事故にあった労働者が、機械の製造者に対し製造物責任で訴えたというものである。原告はニュー・ジャージ

---

99) 本件の場合、ドイツ法人の子会社は、カリフォルニア州でも作られて販売活動を行っていた。

100) この判決の意義について、see Donald E. Childress III, General Jurisdiction and the Transnational Law Market, 66 Vanderbilt L. Rev. 67 (2013); Do, General Jurisdiction after Bauman, 66 Vanderbilt L. Rev. 191 (2013); Howard M. Erichson, The Home-State Test for General Personal Jurisdiction, 66 Vanderbilt L. Rev. 81 (2013)。

101) J. McIntyre Machinery, Ltd. v. Nicastro, 131 S. Ct. 2780 (2011). アメリカ法判例百選（77事件）156頁〔早川吉尚・山本志織〕。

一州民であるが、被告はイギリスのメーカーであり、アメリカでの販売のためにオハイオ州で販売会社を設立し、全米に販売していた。訴訟は、ニュー・ジャージー州裁判所に提起され、被告は、人的裁判管轄権がないと主張し、第1審はそれを認めたものの、州裁判所の控訴審および最高裁は裁判管轄権ありとした。さらに、州最高裁は、裁判管轄権を認めるための最小限の関連という基準や、法廷地州の意図的利用というテストは時代遅れになっており、「今日では、すべての世界が市場である」と高らかに宣言した。要するに、イギリスのメーカーは、ニュー・ジャージー州でも機械が販売されるのを予期すべきであり、それだけでニュー・ジャージー州の裁判管轄権が認められるとした。

しかし、連邦最高裁は、6対3で本件について特定的裁判管轄権は認められないと判断した。ただし、6人の多数意見も4対2に分かれ、結論こそ同じだが、理由づけは相当に異なるものとなった[102]。しかし、一般的裁判管轄権が認められないところでは、全員が一致しており、本件は特定的裁判管轄権を認めるか否かが争われた。事実として、ニュー・ジャージー州で製品が販売され、それによって事故がそこで生じているから、ニュー・ジャージー州の特定的裁判管轄権がすぐにも認められそうな印象を受ける。ところが、連邦最高裁はそうではないことを明確にした。あるいは再確認した。被告に対する合衆国憲法上の保障としてのデュー・プロセスに基づく「最小限の関連性」および「当該州の恩恵の意図的利用」は、本件のような程度のニュー・ジャージー州との関係では不十分だとしたのである[103]。ケネディ裁判官による相対的多数意見（4名賛成）では、被告の販売戦略は、ニュー・ジャージー州をターゲットとしていなかったという点を強調した[104]。

---

102) この判決の分析として、see Adam N. Steinman, The Lay of the Land: Examining the Three Opinions in J. McIntyre Machinery, Ltd. v. Nicastro, 63 South Carolina L. Rev. 481 (2012).

103) ケネディ裁判官によればニュー・ジャージー州で販売された当該機械は4台であり、ブライヤー裁判官によれば1台である。なおブライヤー裁判官は、経済のグローバル化に応じて、中小企業も多くの国に輸出する現在、それらの企業がさまざまな国で被告とされる事態を懸念したという指摘がある。J. McIntyre Machinery, Ltd. v. Nicastro, 131 S. Ct. 2780, 2793-2794 (2011), and Steinman, supra note 102, at 513.

104) 原語では、target the forum（法廷地州をターゲットとすること）が、特定的裁判管轄

本件で最も重要な点は、特定的裁判管轄権が認められるためには、被告の製品が法廷地州に存在し、そこで事故を起こすことが予見可能だったというだけでは足りないという点、1980 年の World-Wide Volkswagen Corp. v. Woodson によって明らかにされた点を確認したところである[105]。

【Walden v. Fiore（2014）】

　連邦最高裁は、2014 年、さらに別の事件で特定的裁判管轄権を否定する判決を下した。それが Walden v. Fiore である[106]。

　事案の概要は以下のとおりである。2 人のギャンブラーが、プエルト・リコで開催されたポーカーの試合に参加し、9 万 7000 ドルをせしめた。ところがネバダ州への帰途、DEA（Drug Enforcement Agency：麻薬取締局）の係官に麻薬取引関係者と疑われ、ジョージア州アトランタ空港で、現金を没収された。その際、係官の 1 人である Walden は、麻薬取引に関係したと思われる相当の理由があったとの虚偽の宣誓供述書を作成した。その後、DEA は現金を返還したが、2 人は、Walden 他の連邦公務員に対し、公務員による人権侵害（不当な捜索押収）を理由に、ネバダ州にある連邦裁判所に訴えを提起した。

　被告らは、ネバダ州には裁判管轄権がないと主張した。本件の場合、被告らは何らネバダ州にドミサイルがあるわけではないから、ネバダ州に一般的裁判管轄権があるはずがない。しかも、被告らの違法行為はすべてジョージア州で行われており、ネバダ州で生じていないから特定的裁判管轄権を認めることも難しいはずだが、原告らは、1984 年の Calder v. Jones

権を認めるために必要だとした。J. McIntyre Machinery, Ltd. v. Nicastro, 131 S. Ct. 2780, at 2788 (2011). この相対的多数意見への批判は、Steinman, supra note 102, at 491 以下に展開されている。

105) World-Wide Volkswagen Corp. v. Woodson, 444 U.S. 286 (1980). このように指摘するものとして、Steinman, supra note 102, at 492. ただし、本件事故がイギリス以外の EU 加盟国で起こっていたとしたら、被告（イギリス企業）は問題なくその国の裁判管轄権に服することになったと指摘されている。Hay casebook 82. アメリカで、外国企業に対する裁判管轄権について、EU や日本より制限的な立場をとるのはなぜか、いかに正当化できるかが課題となる。

106) Walden v. Fiore, 134 S. Ct. 1115 (2014).

という先例[107]に依拠して、当該違法行為は故意による不法行為であり、ネバダ州に「効果」を及ぼしているため、例外的に特定的裁判管轄権が認められると主張した。

第9巡回区控訴裁判所は、原告らの主張のうち、少なくとも虚偽の宣誓供述書を作成した時点では、原告らがネバダ州民であることなどを被告は知っており、それによる悪影響という効果（effect）はネバダ州に及ぶことがわかっていたはずだとして、ネバダにある連邦裁判所の特定的裁判管轄権を認めた。しかしながら、連邦最高裁は全員一致でそれを破棄し、本件で特定的裁判管轄権は認められないとした。

Calder v. Jones との区別は難しい論点のはずだが、連邦最高裁は、名誉毀損は特殊な不法行為であり、名誉毀損にあたる文書が頒布されたところではどこでも名誉毀損が生ずるような種類のものであるとして、本件とは容易に区別できるとした。

特定的裁判管轄権の通常のケースは、事故や事件が当該州で生じたものであり、それに加えて一定の要素がある限りで、裁判管轄を認めるための「最小限の関連性」ありとするものである。しかし、従来は Calder v. Jones など故意による不法行為では、法廷地州に不法行為の「効果」が及ぶなら、特定的裁判管轄権が認められるとされていたにもかかわらず、本判決によって、加害行為が法廷地州以外で行われていた場合に、特定的裁判管轄権を認める範囲を著しく制限したことになる。

4　4つの最高裁判例の意義

これら4つの連邦最高裁判決は、結論としていずれも裁判管轄権を否定しており、原告にとって自らに有利な法廷地を選んで提訴をすることを大きく制限したものである。

それらの真の意義は、今後の判例やアメリカにおける活発な議論の推移を見る必要があるが、ここでは簡単に3点だけコメントを加える。

第1に、1945年の International Shoe 判決以降、アメリカにおける人的裁判管轄権の考え方は、一般的裁判管轄権と特定的裁判管轄権という区分

---

107) Calder v. Jones, 465 U.S. 783 (1984). 名誉毀損事件で、雑誌が販売され、その影響を受けた州での提訴を認めた。後掲59頁参照。

を基本とし、しかもいずれについても合衆国憲法のデュー・プロセス条項に基づく憲法上の判断を軸としてきた。そして、その方向性は、それまでの領域限定的な管轄という考えを廃棄し、他州民や州外法人に対しロング・アーム（長い手）を伸ばすことができるというものだった。ところが、これら4つの連邦最高裁判決は、いずれも裁判管轄権を否定しており、裁判管轄権を拡大するのではなく、限定する方向性を明確に示した。原告にとって不利、州外の被告にとっては有利な方向性である。

　第2に、しかしながら、これら4つの判決の事案がすべて不法行為の問題である点に注意が必要である。州外で生じた不法行為、さらに1件では法廷地州で生じた不法行為（結果発生地）についても、裁判管轄権が否定されている。また2件は製造物責任を追及する事件である点も注目すべきである。ただし、これらは外国法人についての事件であって、アメリカ国内の州外法人についても、まったく同じ枠組みで判断されるのかという課題が残る[108]。

　第3に、それは何を意味するかといえば、一見すると日本を含む外国法人にとって何よりの朗報である。だが、本書で後に取り上げる外国判決（他州判決）の承認・執行の場面を考えると、そこでは承認・執行の前提条件として、外国（他州）判決に適正な裁判管轄権が認められることが必要とされている[109]。適正であるか否かは、基本的に合衆国憲法上のデュー・プロセスを満たすか否かによる。要するに、裁判管轄権を限定する4件の最高裁判例は、実は、外国で訴えられるアメリカの企業にとっても朗報だということである。

　これらの判決は、企業が国際的な活動を拡大していく世界において、明確に国際的な影響を有する点が最も重要である。

---

108)　同じ合衆国憲法上の基準で判断するので、このような区分は原則としてないと考えられるが、論点として指摘しておきたい。
109)　後掲87頁参照。

第 3 章　裁判管轄権——具体的適用例

I　不法行為に関する裁判管轄権

　1945年以降、州の裁判管轄権が拡大する中で、それが最も際立った場面は不法行為事件である[1]。しかも20世紀半ば以降、実体法領域の中で最大の変化を示したのも不法行為法だった。勢い、不法行為をめぐる紛争が増えて[2]、それが渉外関係にわたる場合、加害者（つまり被告）としての州外法人や個人に対する州の裁判管轄権の有無が問題となった。

　不法行為事件についても、前章で述べたような基本的な枠組みのもとで、裁判管轄権の有無が判断される。
　①州のロング・アーム法により、裁判管轄権が認められるか否か。
　②それが合衆国憲法上のデュー・プロセスの要件を満たすか否か。より具体的には、法廷地州と最小限の関連を有するとして、「フェア・プレーと実質的正義という伝統的な観念」にかなうとされるか否か。
以下、不法行為の類型別に代表的な判例を紹介する。

1　製造物責任
　州の裁判管轄権拡張の時代は、ちょうど製造物責任が拡大して認められる時期と重なった[3]。1950年代から60年代にかけて、不法行為法上の厳

1）　Hornbook §7.1, 414.
2）　アメリカの場合、いくつかの州で不法行為法に関する実体法理が変更されると、それを自らの州でも採用すべきだとする議論が力を得て、訴訟を提起することも多い。
3）　以下の記述については、Hornbook §7.2, 415 ff.

格責任が認められ、有名な不法行為法第2次リステイトメント402A条となって結実したからである[4]。

この時期に州の裁判管轄権を広く認めた代表的判例は、次の2つの州最高裁判決である。

【Gray v. American Radiator and Standard Sanitary Corp. (Ill. 1961)】[5]

イリノイ州最高裁は、以下の事案のもとで、州裁判所の裁判管轄権を認めた。

① 被告はオハイオ州の会社であり、送水バルブを生産していた。このバルブがペンシルバニア州に送られて温水暖房機に組み入れられ、製品となって、イリノイ州の消費者が購入した。

② 温水暖房機がイリノイ州で爆発し、バルブの欠陥によるものだとして、イリノイ州の消費者がイリノイ州裁判所に訴えた。

被告のオハイオ州の会社はイリノイ州で目立った活動をしておらず、一般的裁判管轄権はあり得ない状況だった。そこで特定的裁判管轄権の有無が問題となるが、イリノイ州最高裁は、以上のような事案で「最小限の関連」ありと判断した。最終的に部品がイリノイ州で販売されている以上、被告は、イリノイ州の市場の恩恵を受けているという理由であり、付随的に、事故が生じたイリノイ州でそれに関する証拠や証人も得やすいという点も付記された。

【Buckeye Boiler Co. v. Superior Court (Cal. 1969)】[6]

もう1つの判例は、1969年のカリフォルニア州最高裁判決である。やはり州裁判所の裁判管轄権を認めた。

① ここでも被告はオハイオ州の会社であり、カリフォルニア州民が、カリフォルニア州での仕事中に、被告製造の圧力タンクが爆発しけがをした。被告の会社には、このタンクをカリフォルニア州の会社に販売した記

---

4) アメリカの製造物責任法の発展については、『アメリカ不法行為法』260頁。佐藤智晶『アメリカ製造物責任法』(弘文堂・2011)。

5) Gray v. American Radiator and Standard Sanitary Corp., 176 N.E. 2d 761 (Ill. 1961).

6) Buckeye Boiler Co. v. Superior Court, 458 P.2d 57 (Cal. 1969).

録はなく、別の会社に販売しただけであり、製品がたまたまカリフォルニア州で事故を起こしたと主張されている点しかカリフォルニア州との接点はないと主張した。

② カリフォルニア州民である被害者は、製造物責任を根拠として、カリフォルニア州裁判所に訴えを提起した。

カリフォルニア州最高裁は、本件で裁判管轄権がないとはいえないと判断した。

これら2つの判例を代表として、stream of commerce（通商の流れ）による裁判管轄権という法理が確立した。州外法人が何らかの製品を「通商の流れ」にのせて、製品が法廷地の州で販売され事故を起こした場合、その州に裁判管轄権が認められるというのである。州によっては、さらに一歩を進め、当該州で販売されていなくとも「使用」されて事故を起こせば十分とするものも現れた。ただし、これらが州最高裁の判決である点に注意を要する。州であれ連邦であれ、裁判管轄権の範囲を画するのが合衆国憲法のデュー・プロセス条項だとすると、連邦最高裁が、これらの判例のように、とりわけ製造物責任訴訟で被告となる州外法人について裁判管轄権拡張の動きを肯定するか否かが重要になる。

果たして、1980年、連邦最高裁は、前述のようにWorld-Wide Volkswagen Corp. v. Woodson 判決により[7]、オクラホマ州で使用された自動車による交通事故について、当該自動車の欠陥に原因があると主張する製造物責任訴訟において裁判管轄権を否定した。したがって、製品の「使用」だけでは「最小限の関連」とするには足りず、同じ州での宣伝活動、カスタマー・サポートの存在、販売員の存在など、何らかのプラス要素が必要だと考えられている。

また、部品の販売で「最小限の関連」といえるのかにも、疑問が残った。これも既述のように、1987年のAsahi Metal Industry Co. v. Superior Court で、連邦最高裁は部品メーカーである日本企業について裁判管轄権を否定した[8]。そこでは部品の販売が当該州であれば十分とする4名と、不十分だとする4名に意見が分かれたものの、他の要素（被告が外国企業

---

7) World-Wide Volkswagen Corp. v. Woodson, 444 U.S. 286 (1980).
8) Asahi Metal Industry Co. v. Superior Court, 480 U.S. 102 (1987).

であること、論点が損失塡補条項の効力という付随的なものに限定されたこと、当初のカリフォルニア州民はすでに和解で訴訟から外れ、台湾の企業と日本企業の間の問題しか残っていなかったこと）から、全員一致で、裁判管轄権が否定された。州外の部品メーカーが、当該州の販売だけで裁判管轄権に服するか否かについては、明確に結論が出されていない状況だった。

そのような状況を一定程度明確にしたのが、前章で紹介した 2011 年の 2 つの最高裁判決である。連邦最高裁は、Goodyear Dunlop v. Brown 判決では[9]、フランスで生じた事故についてノース・カロライナ州の一般的裁判管轄権を否定し、J. McIntyre Machinery, Ltd. v. Nicastro 判決では[10]、ニュー・ジャージー州で生じた機械の事故に関し同州における特定的裁判管轄権を認めなかった。

したがって、現状では、製造物責任訴訟において外国（他州）法人を被告とする場合、裁判管轄権が認められるための要件は、厳しく解されるようになったと考えるべきである。

2　故意による不法行為[11]

典型的な故意による不法行為である不法接触（battery：刑事犯罪になれば暴行、傷害にあたる行為）、不法監禁（false imprisonment）などは、ある場所でそれが生じ、そこに加害者が一時的であれ存在するから、その地の州で訴えることに問題はない。しかし、不法行為が、原告の選んだ法廷地の州とは異なる場所で生じている場合、単に原告のドミサイルのある州というだけでは最小限の関連があるとはされないので、裁判管轄権は認められない。

不法行為によっては、直接的な人身損害がただちに発生しない場合もある。加害行為地と結果発生地の異なる場合には、より難しい問題が提起される[12]。

---

9) Goodyear Dunlop v. Brown, 131 S. Ct. 2846 (2011).
10) J. McIntyre Machinery, Ltd. v. Nicastro, 131 S. Ct. 2780 (2011).
11) 以下の記述は Hornbook §7.3, 421 による。なお故意による不法行為については、『アメリカ不法行為法』35 頁。
12) 例としては、名誉毀損（libel and slander）、故意による精神的加害（intentional infliction of emotional distress）、商標侵害（trademark infringement）、悪意による不当訴追

これらについて近年まで最も重要な判例は次の2つだった。連邦最高裁は、いずれも故意による不法行為について、訴えの提起された州での裁判管轄権を認めた。

【Calder v. Jones (1984)】[13]
① 原告 (Shirley Jones) はカリフォルニア州民であり、アカデミー賞を獲得したこともある有名な女優である。名誉毀損を理由にカリフォルニア州裁判所に訴えを提起した。
② 被告は National Enquirer という全国誌の編集長と記事の執筆者である。だが、彼らのドミサイルはフロリダ州にあり、会社もそこにあった。ただし、この雑誌はすべての州で相当数が販売されている。
③ 請求原因としては、文書による名誉毀損 (libel) の他、故意による精神的加害 (intentional infliction of emotional distress) やプライバシー侵害も主張された。これに対し、被告は、カリフォルニア州との間には関連性がなく、したがって裁判管轄権に服する義務はないと反論した。
連邦最高裁は、故意による不法行為については、それがフロリダ州が加害行為地 (雑誌発行地) であっても、名誉毀損という効果の発生地がカリフォルニア州である以上、最小限の関連は存在し、裁判管轄権ありとした。被告は、原告の申立てによれば、故意にカリフォルニア州 (民) を対象とした不法行為をおかしているというのである。

【Keeton v. Hustler (1984)】[14]
前記の Calder 判決と同日に判決が下され、同様に州裁判所の裁判管轄権が認められた。
① Calder 事件と同様に、ここでも全国誌による名誉毀損が問題とされた。ただし、原告は、自分の居住しているニュー・ヨーク州ではなく、出訴期限の長さ (6年) を理由にニュー・ハンプシャー州で出訴した。同州では、雑誌販売数は1万部ほどだった。被告はオハイオ州の会社であり、

(malicious prosecution) など。
13) Calder v. Jones, 465 U.S. 783 (1984).
14) Keeton v. Hustler, 465 U.S. 770 (1984).

ニュー・ハンプシャー州の裁判管轄権に服する義務はないとした。

② Calder 判決と異なり、本件では会社だけが被告とされた。会社はこの名誉毀損とされる記事によって直接的な利益を得ている。他方で、Calder 判決と異なり、原告はニュー・ヨーク州民であるから、ニュー・ハンプシャー州（民）を対象とした不法行為をおかしているわけではない。

しかし、連邦最高裁は、ここでも、「継続的かつ意図的にニュー・ハンプシャー州での市場を利用している」点に根拠をおいて、全員一致で、合衆国憲法上、裁判管轄権を認めてよいとした。

以上を要するに、故意による不法行為が主張された場合、裁判管轄権は容易に認められる傾向があると考えられてきた。予見される効果が法廷地州で認められるなら（すなわち結果発生地が法廷地州であれば）、最小限の関連が認められる。もっとも、事案によってそれだけで決するのが不合理とされるケースでは、「フェア・プレーと実質的正義」を確保するための合理性テストが適用され、裁判管轄権が否定される可能性が残る点に留意する必要がある[15]。

しかしながら、前章末で述べたように、2014 年の Walden v. Fiore において、連邦最高裁は、加害行為の「効果・影響」が法廷地州にあるだけでは、特定的裁判管轄権は認められないと判断した[16]。Calder v. Jones という先例は、その射程距離を名誉毀損という特殊な不法行為に限定され、一般に、少なくとも法廷地州外でなされた故意による不法行為については法廷地州での裁判管轄権を認めることに厳しい姿勢を示した。

3　過失による不法行為[17]および厳格責任[18]

過失による不法行為について、州外の被告に対し裁判管轄権を認めるためには、故意による不法行為以上の慎重さが求められる。ここでも参照すべきは、1980 年の World-Wide Volkswagen Corp. v. Woodson と、1987 年

---

15) Hornbook 423-424. 例として、Reynolds v. International Amateur Athletic Fed'n, 23 F.3d 1110 (6th Cir. 1994).
16) Walden v. Fiore, 134 S. Ct. 1115 (2014).
17) 以下の記述は、Hornbook §7.4, 424 による。
18) 厳格責任に関する記述は、Hornbook §7.5, 426 による。

の Asahi Metal Industry Co. v. Superior Court という 2 つの連邦最高裁判決である。これらはいずれも製造物責任訴訟であるが、アメリカの製造物責任を問う訴訟では、過失による不法行為も請求原因として並べるのが通常である。したがって、これらの先例から見て、過失による不法行為に関する裁判管轄権については次のように整理することができる。

① 過失による不法行為の結果が、法廷地州の被害者に損害を与えたというだけでは、裁判管轄権を認めるに足りない（この点では故意による不法行為と異なる態度がとられてきた）。もちろん原告のドミサイルが法廷地州にあるだけは不十分である。

② 被告が法廷地州に「最小限の関連」があるとされるためには、被告による法廷地の「意図的利用」がなければならない。

同様の指摘が、製造物責任に対する不法行為法上の厳格責任といわれるもの以外の厳格責任にもあてはまる。具体的な事例で想定されるのは、動物の飼い主の責任、原子力発電などのきわめて危険な活動（abnormally dangerous or ultrahazardous activities）について、伝統的に厳格責任が認められてきた場面である[19]。

これらの例では、損害も同じ州にとどまることが多いが、仮に、他州民が損害を負ったとしても、（被害者が自州で訴えを提起し）法廷地州で損害が生じただけでは「最小限の関連」は認められない。それに加えて、被告について何らかの法廷地州の「意図的利用」といえるような積極的行為がなければならない。

繰り返し述べているように、連邦最高裁は、2011 年の J. McIntyre Machinery, Ltd. v. Nicastro 判決において[20]、その要件をいっそう厳しくする判断を示した。法廷地州で販売され、同州で当該製品による事故が生じている場合であっても、同州における販売活動の程度が低いとして、特定的裁判管轄権を認めなかった。

---

19) 他の例としてロケットの発射や、飛行機の曲芸飛行などがあげられている。Hornbook, at 426.
20) J. McIntyre Machinery, Ltd. v. Nicastro, 131 S. Ct. 2780 (2011).

4 財産侵害に関する不法行為[21]

　被害者の財産が不法行為によって侵害されるケースのうち、被害者の人身被害に伴って財産にも損害を受ける場合（たとえば、自動車事故でけがをしたうえに自らの自動車も損害を受けるケースなど）では、人身被害に関する不法行為について裁判管轄権が認められれば、自動的に財産損害の部分も裁判管轄権が認められる。

　財産だけが損害を受けた場合、まずそれが動産であれば、それについてはconversion（動産侵害）と呼ばれる不法行為が存在する[22]。典型的な例でいえば、原告の動産を被告が持って他州へ逃げた場合、原告が自州で訴えることができるかが問題となる。動産が自州にとどまっている限り、最小限の関連はあるとされて被告への訴えは認められる。被告も動産も他州に存在する場合はどうかが議論となる。動産が奪われて経済的な損害が生じているというだけでは、裁判管轄権を認める先例と認めない先例に分かれるという。しかし、たとえば、持ち逃げが原告の州で起きたという事実や、被告が甘言を弄して自州に原告を呼び寄せ、動産を略奪したという事実があれば、（原告の州の）被告による「意図的利用」があったとされて、最小限の関連ありとされる。

　一方、不動産侵害については、不動産所在地の州に特定的裁判管轄権があることに問題はない。むしろ問題はそれ以外の州に裁判管轄権が認められるか否かである。これについては、次のようなクラシックな判例がある。

【Livingston v. Jefferson（1811）】[23]

　被告は元大統領（第3代）のジェファソンであり、彼が、ルイジアナ所在（当時はまだ州になっていなかった）の不動産を侵害したという訴えが提起された。裁判所は、被告のいるヴァージニア州にある連邦裁判所であり、裁判はマーシャル連邦最高裁首席裁判官が担当した。

　その判示では、不動産に関する不法行為についてlocal action rule（不動産所在地での裁判を原則とするルール）が明確に示されて、本件の訴えは、

---

21)　以下の記述は、Hornbook §§7.6-7.7, 427以下による。
22)　『アメリカ不法行為法』56頁参照。
23)　Livingston v. Jefferson, 15 Fed. Cas. 660 (C.C.D. Va. 1811).

ルイジアナで提起すべきだとされた。

　しかし、裁判管轄権が認められるためには、さらに被告に対する訴状の送達が必要であり、それは当時、その州内での直接送達に限られていたから、実際の効果としては、ジェファソンがルイジアナに行き、そこで訴状を送達されない限り、訴えは提起できないことになる。結果的に、原告の訴えは門前払いとなった。

　この local action rule が現在どれほど維持されているのかには疑問符がつく。抵触法第2次リステイトメントは明確にその範囲を限定し、不動産所在地以外でも不動産への不法侵害についての裁判管轄権が認められるとした[24]。最近の判例では、このように、不動産の侵害についても、当該州の最小限の関連を「意図的利用」の有無で判断するというように、特別な例外ルール（前記の local action rule）の存在を否定するものが多い。

5　名誉毀損とプライバシー侵害[25]

　インターネット時代を迎えて、まさに名誉毀損やプライバシー侵害が、州境を越えていともたやすく行われるようになった。当然、裁判管轄権の問題が頻出する。

　まず名誉毀損については、アメリカ法は伝統的に文書によるものと口頭によるものを区別してきた。前者が libel（文書による名誉毀損）、後者が slander（口頭による名誉毀損）である（両者を合わせて defamation という）。州境を越えて問題となるのは前者が多い。

　名誉毀損については、それもまた表現の一種であるとして、有名な New York Times v. Sullivan 判決[26]が示すように、合衆国憲法第1修正による表現の自由の保護が問題とされるケースがある。したがって、裁判管轄権についてもそれを拡大して被害者から訴えやすくするのではなく、むしろ裁判管轄権の拡大も制限されるという議論が存在した。ただし、次の2つの事件で、連邦最高裁はそのような方向性をとらないことを明らかにした。

---

24)　2d Restatement §87.
25)　以下の記述は、Hornbook §§7.8-7.9, 430 以下による。
26)　New York Times v. Sullivan, 376 U.S. 254 (1964).『アメリカ憲法』352 頁。

その1つがすでに紹介した 1984 年の Calder v. Jones であり[27]、2件目が、同じ日に判決が下された Keeton v. Hustler である[28]。いずれも全国的に販売されている有名雑誌に掲載された記事が名誉毀損にあたるとして訴えが提起され、連邦最高裁は、いずれについても全員一致で当該州の裁判管轄権を認めた。その結果を見ると、名誉毀損が故意による不法行為である点にも留意する必要がある。

繰り返しになるが、それぞれ要点は次のようになる。

まず、Calder v. Jones について。

① 原告はカリフォルニア州民であり、自州の裁判所に訴えを提起した。

② 被告となったのは、National Enquirer という全国誌の編集長と記事の執筆者である。だが、彼らのドミサイルはフロリダ州にあり、雑誌社もそこにあった。それぞれの被告は、カリフォルニア州とは関係をもたない。

③ しかし、連邦最高裁は、この記事による被害はまさに原告が居住しているカリフォルニア州で生じており（つまり、訴えによればそこでの名誉が毀損されている）、しかも雑誌の販売数はカリフォルニア州で最大であるとして、十分な最小限の関連が認められると判断した（被告の加害行為の「効果・影響」(effect) が、カリフォルニア州に及んでいるだけで十分とされ、effect test と呼ばれている）。

一方の Keeton v. Hustler については、次のポイントを指摘できる。

ⓐ 前のケースと同様に、全国的雑誌に、原告の主張によれば名誉毀損にあたる記事が掲載された。ただし、原告はニュー・ヨーク州民でありながら、ニュー・ハンプシャー州で訴えを提起した。その理由は、ニュー・ハンプシャー州の時効（出訴期限）が合衆国の中で最長の6年であって、原告の提訴が可能だった点にあり、明らかな forum shopping（法廷地漁り）の結果だった。

ⓑ 本件の被告は、記事を書いた執筆者ではなく出版社であり、この会社の設立地はオハイオ州で、主たる営業所（本社）はカリフォルニア州にあった。ニュー・ハンプシャー州では、この雑誌は1万部から1万5000

---

27) Calder v. Jones, 465 U.S. 783 (1984). 前掲 59 頁。
28) Keeton v. Hustler, 465 U.S. 770 (1984). 前掲 59 頁。

部程度の販売数だった。

ⓒ これらの事情のもとで、連邦最高裁はやはり全員一致で、ニュー・ハンプシャー州の裁判管轄権を認めた。原告がニュー・ハンプシャー州と無関係であることは、裁判管轄権を認めるうえでの障害とならない。問題はもっぱら被告との関係で合衆国憲法上のデュー・プロセス条項に反するか否かであり、本件のように、一定部数の雑誌が同州で販売されている以上、最小限の関連があるとした[29]。

これら2つの判例の結果、名誉毀損に関する裁判管轄権は、通常、原告の名誉が原告のドミサイルのある州で相当に毀損されている場合（すなわち相当の effect が生じている場合）、原告の州での訴訟提起が認められる。稀なケースとして、原告が自州以外の州で訴える場合についても、そこにおいて相当の損害（名誉毀損）が生じているか、または被告にとっての一般的裁判管轄権が認められるなら、その州での裁判管轄権が認められる。

では、紙媒体ではなく、インターネットその他の電子媒体で名誉毀損が行われた場合はどうか。

これについてまだ連邦最高裁判決はない。連邦の下級裁判所や州裁判所では、多くの訴訟が提起されているが、先の2つの先例に従えば、名誉毀損による損害が当該州で相当にあるとされる場合なら、そこでの裁判管轄権が当然認められてしかるべきである[30]。ところが、実際には、裁判管轄権を否定している例が少なくないという。理由づけとしては、その内容について当該州に無関係とする、一種の local content rule（名誉毀損と主張される言明が当該州に関係する内容に限って裁判管轄権を認めるルール）ともいうべきルールが適用されたり、インターネットでは、一般の人々が積極的にアクセスしない限り、その内容を知りえないという特質を強調して区別するものがあるという。

口頭による名誉毀損では、その裁判管轄権について、文書による名誉毀損の場合とやや異なる取扱いがなされている。ここでも連邦最高裁の判例

---

29) Forum shopping の弊害については、むしろ法選択ルールの場面で解決すべきだとした。Keeton v. Hustler, 465 U.S. 770, 778 (1984).
30) インターネットによる名誉毀損について、被害者の州における裁判管轄権を認めた例として、Baldwin v. Fischer-Smith, 315 S.W. 3d 389 (Ct.App. Missouri 2010).

はまだないが、下級審段階では、訴えの提起された州において名誉毀損による損害が生じたというだけではまだ不十分で、当該州において行われた原告の行為について名誉毀損的発言が行われたり、そもそも発言自体が当該州でなされるなど、何らかのプラス要素が必要だとされる。それは、被告による当該州の「意図的利用」の一類型と見ることができる。

プライバシー侵害については、アメリカ不法行為法では、いくつかの類型のものがそれに含まれてきた[31]。その１つに、ある人について虚偽の姿を示すような行為（いわゆる false light privacy）があり、それは名誉毀損と類似性があるため、特にその行為が文書による場合、裁判管轄権の有無についても、上記の、文書による名誉毀損と同様の分析があてはまる。同様に、他人の家を覗いたり侵入したりするような意味でのプライバシー侵害については、故意による不法行為に関して裁判管轄権を論じた点と類似の考察が行われる。

II　契約に関する裁判管轄権

1　基本的な考え方[32]

渉外的な紛争の中で不法行為に関する事例と並んで重要なものが契約紛争である。その裁判管轄権については、これまで述べてきた基本的な考え方があてはまる。

ある州の裁判所が、州外の被告に対し裁判管轄権を有するか否かは、次のような順序で判断される。

まず、当該州のロング・アーム法によって裁判管轄権が認められているかを考察し、次に、それが合衆国憲法上のデュー・プロセス条項に反するか否かを検討する。このうち、第１段階の考察は、結局、第２段階の検討

---

31)　プロッサー（Prosser）教授になる４類型が有名である。その内容については、伊藤正己『プライバシーの権利』（岩波書店・1963）。その現代的意義を批判的に論ずるものとて、Neil M. Richards and Daniel Solove, Prosser's Privacy Law: A Mixed Legacy, 98 California Law Review 1887 (2010); Washington U. School of Law Working Paper No. 10-03-06. Available at SSRN: http://ssrn.com/abstract=1567693。

32)　Hornbook §8.1, at 440 以下による。

に収れんする傾向がある。つまりは1945年以降の連邦最高裁判例が重要な意義を有することになる。

　その先例のもとで、まず被告に対し一般的裁判管轄権が認められるようなら、それ以上の検討は不要となる。被告が自然人であればドミサイルがあるか否か、法人であれば設立地であるか、主たる営業所を置いているかが問題となる。さらに、被告が当該州との間に「継続的で組織的」な関係を有しているようなら一般的管轄権が認められる。

　問題は、特定的裁判管轄権が認められるか否かである。ここでは、すでに紹介した2つの連邦最高裁判例が、契約に関する裁判管轄権のリーディング・ケースとなる。その2つの判例では結論としていずれも特定的裁判管轄権が認められたものの、その意義は相当に異なる。

　第1例は、1957年の McGee v. International Life Insurance Co. であり[33]、保険契約に基づく保険金の受取人がテキサス州の保険会社を被告として、カリフォルニア州の裁判所に訴えた。当該保険会社が、カリフォルニア州について有する関連性はこの契約1本だけだったが、連邦最高裁は憲法上も裁判管轄権を認めることができるとした。本件では、次の要素が注目される。

　①　当時は、ロング・アーム法が続々制定された時代であり、裁判管轄権を拡張する傾向が強く見られた時期であったこと。

　②　訴額が巨額ではなく、テキサス州で訴えることになると、原告の負担が相対的に大きいこと。

　③　他方で、交通機関の発達により、被告の会社にとって（カリフォルニア州で訴えられることによる）負担は過去よりも小さくなってきたこと。

　④　カリフォルニア州は、ロング・アーム法を制定することにより、本件のような渉外事件についての州としての関心を明確に示していること。そして、

　⑤　被告の会社は、1本だけとはいえ、カリフォルニア州民に対する契約に自ら関与しており、そこにカリフォルニア州法の「意図的利用」が認定できること。

---

33)　McGee v. International Life Insurance Co., 355 U.S. 220 (1957). 前掲36頁。

要するに、この事件は、後に「最小限の関連」を判断するために適用される「意図的利用」のテストをクリアーするものだった。

　もう1つの判例は、1985年の Burger King Corp. v. Rudzewicz である[34]。この事件で問題となった契約はフランチャイズ契約であり、フランチャイズを与えたフロリダ州所在の本社が、フランチャイズを与えられたミシガン州民を、フロリダ州の（連邦）裁判所に訴えた。次の要素がポイントとされた。

　ⓐ　単にフロリダ州の会社とフランチャイズ契約を結んだだけで、フロリダ州との間で最小限の関連ありとはいえない。

　ⓑ　しかし、本件では、その他にさまざまな要素がある。まず、20年のフランチャイズ契約の存続期間の間ずっと、フロリダ州の本社と連携をとるのを被告も十分に知っていたこと。次に、フランチャイズに伴う負担金をフロリダ州の本社に直接送金する仕組みになっていること。さらに、契約交渉の重要な決定もフロリダ州の本社が行ったこと。最後に、契約中に管轄権条項はないが、準拠法条項は存在し、フロリダ州法とされていること。これらの諸点は、被告がフロリダ州からの恩恵を「意図的利用」したことを示す。

　ⓒ　連邦最高裁は、傍論ではあるが、本件と異なり、訴えられた州と被告との関連がそれほど密接でなく、契約期間も短いような契約、具体的には、フロリダ州の会社と他州民との間の（1回限りの）売買契約などでは、まったく別の判断がありうると注記した。

　これら2つの最高裁判例によって、契約に関する特定的裁判管轄権の判断枠組みが定まった。すなわち、当該法廷のある州と被告の間に最小限の関連のあることが必要とされ、それは、何らかの意味でその州からの恩恵の「意図的利用」の有無で判断される。同時に、後の Asahi Metal 判決で、より明確にされたように（その判決自体は部品業者の製造物責任を争うものだったが）、当該州で裁判管轄権を認めることに「合理性」のある場合でなければならない。そして、合理性判断には、裁判管轄権を認めた場合の被告の負担や原告の利益等いくつかの要素を比較衡量することが求められ

---

34)　Burger King Corp. v. Rudzewicz, 471 U.S. 462 (1985). 前掲40頁。

る。

　ただし、現代の契約においては、そもそも契約中に裁判管轄権を定める条項をおくことが少なくない。アメリカでは、原則としてその効果が認められるが、その点はまた別項で取り扱う[35]。

2　契約類型ごとの考察[36]

　わが国の民法典では、契約についてさまざまな典型契約を列挙し、それぞれについて一定の原則的規定を置くという形をとるが、アメリカ法はそのような方式をとらない（そもそも法典ではなく判例法による）。むしろ契約については、一般的にすべての契約に通ずる法理を論ずるのが「アメリカ契約法」である[37]。その意味では、契約に関する裁判管轄権のあり方は、前項で述べたところに尽きるのであるが、以下、いくつか個別の契約類型について簡単にコメントする。なお、以下の記述について、それぞれ管轄の合意がある場合はまた別論となる[38]。

　①　保険契約については、前記 McGee 判決がまさに先例となる[39]。いわゆる「意図的利用」基準が明確に宣明されたのはその数ヶ月後の Hanson v. Denckla 判決であるが[40]、要するに、個別のケースごとに、被告に対するデュー・プロセスが満たされるような「最小限の関連」が求められる。ただし、McGee 判決は、州外法人に対して裁判管轄権を積極的に認めたものであり、わずかに1本だけの契約でもカリフォルニア州裁判所の特定的裁判管轄権の存在を肯定した。また、保険会社がさまざまな州で活動している例が多いことから、そもそも一般的裁判管轄権が認められる可能性も大きい。

　②　フランチャイズ契約については、前記 Burger King 判決が先例と

---

35)　後掲73頁以下参照。
36)　以下については、Hornbook §§8.2-8.8, 443-457 による。
37)　アメリカでは、いわば「契約総論」にあたる部分だけが存在し、後は、まさに私的自治の発現たる個別の契約に当事者が書き入れる条項が尊重される。アメリカ契約法の基本的な姿については、『アメリカ契約法』参照。
38)　これについては、後掲73頁以下参照。
39)　McGee v. International Life Insurance Co., 355 U.S. 220 (1957).
40)　Hanson v. Denckla, 357 U.S. 235 (1958).

なる[41]。だが、そのケースでフロリダ州の裁判管轄権が認められたように、傾向としては、フランチャイズ・チェーンの本社がフランチャイズ加入者を訴えた場合に、本社の所在する州での裁判管轄権は最小限の関連や合理性基準を満たすものと認められる。逆にフランチャイズ加入者が自らの州で（他州に本社のある）フランチャイズ・チェーンを訴える場合も、やはり、通常は裁判管轄権が認められるという。ここでも最小限の関連と合理性に関する審査という観点からみて、それぞれの事実関係に基づいた判断がなされ、被告の会社が加入者の州からの恩恵の「意図的利用」があったとして、加入者の州での裁判管轄権が認められる傾向がある。

③ 雇用契約については[42]、通常は、使用者と被用者は同じ州に存在するので渉外訴訟となるケースは少ない。だが、被用者が他州の使用者のもとで働いた後、自州に帰ってから自州の裁判所に訴えるケースや、自州に帰ってからも継続して使用者のために何らかの職務を果たしている状況で、契約違反訴訟を提起する場合がある。前者のケースでは、被用者が自州の裁判所に訴えて、他州の被告に対する裁判管轄権が認められるケースと認められないケースが拮抗している。しかしながら、後者の場合なら、比較的容易に、被用者の州での裁判管轄権が認められる。被告となる使用者にとって、当該州からの恩恵の「意図的利用」があると判断されやすいからである。

逆に使用者が訴えるケースでは、被用者の競業避止違反など被用者が雇用契約に違反したとして訴えるものがある。使用者の居住する州の裁判所に訴えた場合、州外の被用者がもっぱら州外で職務を果たしていたときには裁判管轄権を認めるのは難しいが、被用者が当該州でも何らかの職務を果たしていた場合などでは、その継続性などを根拠に「意図的利用」ありとして最小限の関連が認められる。

④ 売買契約は、州際取引が最も日常的に見られるタイプの契約である。ただし、連邦最高裁が、売買契約の裁判管轄権について判示した先例はま

---

41) Burger King Corp. v. Rudzewicz, 471 U.S. 462 (1985).
42) なお、ここでの記述は、厳密に雇用関係がなくとも、一方が他方のために何らかのサービスを提供するケース（personal service contract と呼ぶ。たとえば、弁護士が依頼人に頼まれて何らかの行為をする契約など）にもあてはまる。

だない。フランチャイズ契約に関するBurger King判決（会社の本拠地での裁判管轄権を認容したもの）で、傍論ではあるが、州外の消費者が購入を申し込んだ売買契約については別個の考慮が必要だと明記した。そこで、下級審では、単に消費者が他州の業者に売買の申込みをしただけでは、消費者所在の州の裁判管轄権に服するための業者による「意図的利用」があるとするには不十分だとしている。逆に、買主が売主を訴えるケースでは、いずれの当事者が当該取引についてより積極的な役割を果たしたか（aggressor testと呼ばれる）を勘案して、売主にとって他州の裁判管轄権に服させることが適切か否かを判断しているという。

⑤ 建築契約は、さまざまな当事者が複層的に関係することが多い。注文者が元請人に建築を依頼する場合、さらに複数の下請け業者が介在する場合があり、しかも工期までの完成を保証する保険がつけられる場合も少なくない。これらがすべて同じ州内の当事者でない場合、裁判管轄権や法選択の問題が生ずる。

ただし、建築契約の場合、少なくとも建築が行われている州に裁判管轄権があることに疑いはない。問題はそれ以外の州で、しかも被告にとって関係の薄い州で訴えられた場合である。原告がその州のドミサイルを有するだけで最小限の関連ありとするにむろん不十分であり、それ以外に当該州で被告と関わる何らかの行為（たとえば、設計を担当した被告が設計の交渉を同地で行ったことなど）が必要となる。いずれにせよここでも、特定的裁判管轄権を認めるための2段階テスト（意図的利用と合理性の審査）で判断される。

⑥ リース（賃貸借）には、不動産を対象とするものと動産を対象とするものがある。その内容も目的も多様である。次章で扱う管轄権条項が挿入されていない場合、一般論としては、リースの対象となる不動産または動産が所在する州において裁判管轄権が認められる。それ以外の州で、被告に裁判管轄権を及ぼすためには、例によって、何らかの当該州の利益の「意図的利用」が必要とされる。

⑦ 運送契約では当然に州境を越えて契約の履行が行われることが多い。連邦最高裁は、この種の契約についての裁判管轄権を扱った判例を出していない。だが、一般に、運送の出発地にあたる州での裁判管轄権は容易に

認められるのに対し、途中の州の裁判管轄権が認められるのは相対的に困難である。問題は到着地の州の裁判管轄権であるが、契約の対象となった物が到着していないケースでは、他の事情が認められない限り、裁判管轄権を否定する先例が有力だという。

第4章　裁判管轄権に対する制約

　第2章および第3章において、裁判管轄権についての基本的法理を叙述した。本章では、裁判管轄権を定めるうえで、見過ごすことのできない2つの制約を取り上げる。予め、当事者が定める管轄の合意と、forum non convenience という判例法理である。

I　管轄の合意

　特に商事取引の場合、紛争が起きた場合に備えて、契約中に管轄の合意[1]をしておくことが少なくない。それには以下のような合理的理由がある。
　①　当該州（国）の裁判所が、関連問題についての専門性に優れている[2]。
　②　当事者にとって、どちらからも中立性が確保される地の裁判所に管轄を定める。
　③　裁判管轄に関する争いで時間と費用をかけるのを避ける。
　管轄の合意は、専属管轄を定めるものと、単に当該州に裁判管轄ありとするものとに分かれる。実際には、専属管轄（exclusive forum clause）を定めて、裁判を提起するとすればそこだけと限定する趣旨を明確化する例が多い。
　ところが、契約当事者の中には、この2つのいずれであるかを明瞭に表示しない条項を定める例も少なくない。その場合、裁判所は、どちらかといえば専属管轄の合意と解釈する傾向があるというが、具体的事情によっ

---

[1]　以下については、Hornbook §§11.2-11.6, 534-547 による。
[2]　たとえば、会社の合併に関する合意で、デラウェア州に管轄を定めるのはこのような理由があるといわれる。

ては非排他的な管轄合意（つまり、他の裁判所でも訴えを提起できる）とするのが当事者の意思であったと解釈することもある。

　歴史的に見ると、アメリカでは、まず非排他的管轄条項（non-exclusive forum clause）の有効性が容易に認められた。代表的なケースは1964年の連邦最高裁判決であり[3]、その事件では、農機具のリース契約をめぐる紛争で、ニュー・ヨークのリース会社がミシガン州民をニュー・ヨークの連邦地裁に訴えた。被告は、ニュー・ヨーク州の人的裁判管轄権が自らには及ばないとして訴えの却下を求めた[4]。だが、1頁半の簡単な契約書の最後の条項に、ニュー・ヨーク州の特定人を被告の代理人として訴状の送達をすることができるとの規定があった。契約書を作成したのは原告のリース会社だったが、連邦最高裁は、このような条項は被告がニュー・ヨーク州の裁判所に服するのに同意したことを意味するとして、（ニュー・ヨーク州の裁判所に専属というわけではないが）少なくともニュー・ヨーク州の裁判所の人的裁判管轄権を認めた。

　これに対し、専属管轄としての合意の効力を認めるについて、アメリカの裁判所は消極的な姿勢を示してきた。少なくとも20世紀の半ばまでは[5]。

　その理由は、いうまでもなく、それが他の裁判所の裁判管轄権を排除する意味を有するからである（他州の裁判所の判断権を侵害することになりかねない）。その傾向を一変させたのが1972年の The Bremen v. Zapata Off-Shore Company である[6]。

【The Bremen v. Zapata Off-Shore Company（1972）】
　アメリカのルイジアナからイタリアまで掘削リグ（drilling rig）を運送

---

[3] National Equipment Rental, Ltd. v. Szukhent, 375 U.S. 311 (1964).
[4] 本件は連邦裁判所で争われており、連邦裁判所の事物裁判管轄権は州籍の相違に基づく。これが連邦問題事件であれば、人的裁判管轄権は問題とならなかったと思われるが、州籍の相違に基づく連邦裁判所の裁判管轄権は、いわば州裁判所の代わりと位置づけられており、本件でも、ニュー・ヨーク州の裁判所であれば人的裁判管轄権が認められるか否かが問題とされた。この点については、前掲40頁注72）参照。
[5] Note, Agreements in Advance Conferring Exclusive Jurisdiction on Foreign Court, 10 La. L. Rev. 293 (1950).
[6] The Bremen v. Zapata Off-Shore Company, 407 U.S. 1 (1972).

する（曳航する）契約が結ばれた。ところが嵐にあって、最寄りの港であったフロリダ州タンパに曳航された後、掘削装置の会社（アメリカ法人）から、フロリダ州タンパにある連邦裁判所に訴えが提起された。これに対し、被告の会社（ドイツ法人）は、契約中にイギリスの裁判所を専属管轄とする条項があるとして、訴訟の却下を求めた。連邦裁判所では、第1審も控訴審も、先例に基づいて専属管轄条項を無効と判断したが（訴訟を却下せず、フロリダで裁判することになる）、連邦最高裁は、8対1で専属管轄条項を有効と認め、それが無効となるのは、当該条項が不合理、不公正、または正義に反するとの重い立証責任を被告が果たした場合に限ると判示した。

本件については、以下のような事情が、専属管轄条項の有効性を認める契機となったと考えられる。

① 当事者はそれぞれが洗練された取引経験の豊富な企業であり、専属管轄条項を含めて交渉が行われていたこと。
② 選択された法廷地も、ロンドンという、中立的な国の裁判所であったこと（海事事件に関する専門性も高いと認められる）。
③ 曳航はさまざま法域を通過するので、どの段階で嵐が発生するかで裁判地が決まるのではなく、当事者が紛争解決のための裁判所を明確にしておく正当な利益が認められること。

この後、アメリカの裁判所は、専属管轄条項に対し、それが適切な場合には積極的にその効力を認めるようになった。またそれは、国際的なブラッセル条約やルガーノ条約の趣旨とも合致し、国際的な対応とも一致すると評価されている[7]。

専属管轄条項の効力の有効性を認めたものとして、連邦最高裁は、もう1つ重要な判決を下している。それが1991年の Carnival Cruise Lines, Inc. v. Shute[8] である。ただし、先の The Bremen 判決がおおむね支持を得ているのに対し、この事件については異論も多い。

先にも紹介したように[9]、この事件では、カリフォルニアから出港した

---

7) Hornbook §11.3, 537.
8) Carnival Cruise Lines, Inc. v. Shute, 499 U.S. 585 (1991).
9) 前掲29頁注42) とその本文参照。

クルーズに乗船したワシントン州の乗客がけがをしてワシントン州の連邦裁判所に訴えたところ、クルーズ会社から、フロリダ州での専属管轄条項が契約にあると反論された。たしかにチケットの裏面にそのような条項はあったが、乗客がそれを見るわけでもなく、またそれについて交渉の余地もなかった。しかし、連邦最高裁はこの条項を無効とする原審を覆し、7対2でその効力を認めた。

消費者契約であって単に交渉力に大きな差異があるというだけでは、専属管轄条項を無効にすることができないとしたわけである。その理由としては以下のような点が指摘された。

ⓐ クルーズ旅行への乗船契約のような定型的契約では、現実の交渉を要求すること自体が不合理である。

ⓑ クルーズ船は必然的に多くの州や国からさまざまな乗客を含むので、いったん事故があると、会社は多くの裁判所で応訴せざるをえなくなる。

ⓒ 専属管轄条項を定めることにより、いずれの裁判所かという前提問題で争う費用と時間の節約が図られ、それは乗船料に跳ね返って、結局は消費者の利益にも資する。

しかし、これらの理由づけに説得力があるかには疑問が残る[10]。何より明確なのは、遠いフロリダ州での提訴を余儀なくされた乗客は、損害が比較的少額の場合には、提訴自体が割に合わないとして会社を訴えること自体をあきらめるという点である。

だが、これらの判例は、連邦裁判所が原則として専属管轄条項を有効と認める傾向を強く示した。そこでは例外として、当該条項が詐欺や強迫など、不公正な場合は無効とするとしていたが、実際の判例を見ると、それはきわめて例外的な場合とされている[11]。そしてその傾向は州の裁判所にも大きな影響を与えている。

【残された課題】

以上に述べたように、アメリカの連邦最高裁は、1970年代から、当事

---

10) たとえば、Hornbook §11.3, 541。
11) たとえば、Hornbook §11.3, 539。

者の定めた専属管轄条項を有効と認める傾向を明らかにした。だが、とりわけ消費者が結ぶ付合契約に挿入された専属管轄条項も常に有効となるのか、無効とされるとすればそれはどのようなケースかが、大きな課題として残っている。さらにそのことを背景に、次のような論点も課題として論じられている。

第1に、州籍の相違を理由に事件が連邦裁判所に係属した場合、そして専属管轄条項が存在した場合の取扱いが問題となった[12]。連邦最高裁の2つの判例（1972年の The Bremen 判決と1991年の Carnival Cruise 判決）は、いずれも海事法の事件として連邦裁判所の裁判管轄権が基礎づけられていた。州籍の相違（diversity of citizenship）によって連邦裁判所が裁判管轄権を有する場合については、厳密にいえば先例とならない。州籍の相違事件では、有名な1938年のエリー（Erie）判決以来[13]、連邦裁判所が適用すべき法は、当該事件が同じ州の裁判所に提起された場合と同じ州法であるとされ、それが裁判管轄権の有無にも影響を与えているからである。言い換えれば、州籍の相違を理由に事件が連邦裁判所に係属した場合、専属管轄条項について同じ州の裁判所がどのような立場をとっているかが大きな要素となる。そして州裁判所の中には、専属管轄条項によって当事者がそれ以外の州の裁判管轄権を排除すること（ouster of jurisdiction）を嫌い、その有効性を認めるのに消極的な伝統的立場を維持するところも存在する（ただし、先に述べたように、最近の傾向としては州の裁判所でも専属管轄条項の有効性を原則として認めるところが圧倒的である）。

この問題について関連する判例として、1988年の Stewart Organization, Inc. v. Ricoh Corp. がある[14]。リコー社のコピー機をめぐるディーラー

---

12) Hornbook §11.4, at 542. なお州籍の相違事件とは、原告と被告が属する州が異なるケースを指す。アメリカの連邦制度のもとでは、裁判も州が主体であり、連邦裁判所の裁判権は合衆国憲法が認めたものに限定されている。その中で、州籍の相違事件は、州の裁判所に訴えると、どちらかの州民にとってアンフェアな裁判が行われるおそれがあるとして、合衆国憲法中に、連邦裁判所にも訴えることができると明記された。本来は、州の裁判所で裁かれるべき事件が、当事者の州籍の相違という要素によって、連邦裁判所でも裁判ができるとされたのである。

13) Erie Railroad v. Tompkins, 304 U.S. 64 (1938). それによる法選択については、後掲205頁以下で詳しく述べる。

14) Stewart Organization, Inc. v. Ricoh Corp., 487 U.S. 22 (1988).

契約にニュー・ヨーク州マンハッタンの州または連邦地裁を専属管轄とする条項が規定されていた。アラバマの会社がアラバマ州にある連邦地裁に訴えを提起したところ、リコー社は、ニュー・ヨーク南部地区連邦地裁への移送を申し立てた。だが、アラバマ州の連邦地裁は申立てを却下し、アラバマ州では専属管轄条項を無効とする法理が行われているので、それに従うと判示した。

ところが、連邦最高裁は、8対1で地裁判決を覆し、本件では、州法ではなく、連邦地裁間での事件移送を認める連邦法[15]が適用されるとした。ただし、その際に考慮される要素として明示されている当事者や証人の便宜、適正な裁判が行われるという利益を判断するに際し、専属管轄条項も十分に考慮されると述べた。

本件は、ニュー・ヨークの州地裁または連邦地裁に専属管轄が定められており、それとは別のアラバマ州にある連邦地裁に訴えが提起され、連邦地裁間の事件移送に関する連邦法が適用されたわけである。問題は、本件で、（マンハッタンの）州裁判所だけに専属管轄ありとされていた場合、あるいは、外国（たとえば、日本の東京）の裁判所に専属管轄ありとされていた場合であり、それらがどうなるかは今後の判例を待つほかはない。

その後の連邦下級審の判例では、連邦法によって定める（それによって、統一的な基準を明示して、法廷地漁りの弊害を少なくする）という立場をとるものと、そうではなく、州法が適用されるとして、同じ地域にある州裁判所と連邦裁判所とで同一の結論になる方向性を重視するものとに分かれている[16]。

第2に、専属管轄条項の解釈にもいくつかの問題が現に生じている[17]。すでに述べたように、まずそれを専属管轄条項と見るか、あるいは単に当該裁判所にも裁判管轄権を認める趣旨のものかが不明確な場合がある。さらに、仮に専属管轄条項だとしても、ある州の裁判所と明示するだけでは、その州に存在する州の裁判所なのか、連邦の裁判所なのか、あるいはその両方なのかが明確でない。「ニュー・ヨーク州ナッソー郡」の裁判所と記

---

15) 28 U.S.C. §1404 (a).
16) Hornbook §11.4, at 543-544.
17) 以下について、Hornbook §11.6, at 545。

された契約条項について、書かれた時点では連邦裁判所が存在したが、その後移転して、州の裁判所しかなかった場合に、それは州の裁判所だけを意味すると判示した例もある[18]。

他にも解釈問題として、ある紛争が、当該専属管轄条項が予定している紛争に入るのか否かや、契約当事者以外にもその効力が及ぶ場合があるか否か、など、専属管轄条項であると認められてもなお解釈問題の残るケースがある。

最後に、あらためて留意すべき点は、専属管轄条項が裁判管轄権を制約するのは、当事者間に当初から契約関係があり、その契約中にこのような条項が挿入された場合だという点である。言い換えれば、通常は商事取引の関係でのみ現れる問題であり、それ以外の多くの訴訟にはあてはまらないところに留意する必要がある。

II　Forum non convenience（不便な法廷）の法理

1　この法理の意義と代表的先例

1945年のInternational Shoe判決以降、裁判所の人的裁判管轄権は大きく拡大した。合衆国憲法のデュー・プロセス条項が求める制約として、被告に対し、当該裁判所が「最小限の関連」を有し、「フェア・プレーと実質的正義」にかなうような関連性を有することは求められるが、それさえあれば、他州の人や法人も被告にすることが認められた。

それは、原告にとって、いずれの裁判所に訴えを提起するかについて、かつての法理のもとにおけるより広い選択権が認められたことを意味する。

そのような意味での原告の選択権に対する制約手段としては、前項で述べた専属管轄条項があり、しかも1970年代以降一般にアメリカの裁判所はそれを有効と認める傾向を示している。ただし、この手段の適用できる範囲は、訴訟当事者の間で予め何らかの契約を結ぶようなケースに限られていた。

---

18)　Yakin v. Tyler Hill Corp., 566 F.2d 72 (2d Cir. 2009).

そこで、いま１つ、裁判所の管轄権を制約する法理として注目されたのが、forum non convenience（不便な法廷）の法理である[19]。この法理を説明する代表的なケースは、1947年のGulf Oil Corp. v. Gilbertである[20]。

【Gulf Oil Corp. v. Gilbert（1947）】

原告（Gilbert）はヴァージニア州の倉庫業者であり、石油会社がガソリンを持ち込む際に不注意があって、爆発火災が起こり損害を受けたとして、ニュー・ヨーク南部地区連邦地裁に訴訟を提起した（州籍の相違事件である）。被告の石油会社は、ペンシルバニア州で設立され、ヴァージニア州およびニュー・ヨーク州での営業を許されていた。被告は、本件訴訟に対し、forum non convenienceの法理に基づく却下の申立てをした。本件はヴァージニア州で裁判を行うのが適切だと論じたのである。そこに原告は居住しており、被告も事業を営んでおり、しかもそこで本件の事故も発生した。証人や証拠収集もヴァージニア州での訴訟の方がはるかに便宜だというわけである。

連邦地裁は被告の主張を入れて訴訟を却下したが、控訴裁判所は破棄し、上告を受けた連邦最高裁は、全員一致で本件におけるforum non convenience法理の適用を認めた。

連邦最高裁は、「問題は、連邦地裁がforum non convenienceの法理によって訴訟を却下する固有の権限を有するか否か、仮にそれがあるとして、本件においてその権限が濫用されたか否かである」と論点を整理し、裁判所にはforum non covenience法理を適用する権限があること、そして本件地裁によるこの法理の適用は濫用といえないと判示した。そしてこの法理の根拠は次のような点にあると明言した。

① 原告に一定範囲の裁判所の中でいずれの裁判所に訴えるかについて選択権を与えるのは、原告にとって救済を得る道を確実にするためである。だが、門戸を拡げた場合、中には、被告にとってきわめて不便な裁判所（法廷地）を選択することで、被告を苦しめる手段として利用する者も現

---

19) Forum non convenienceの法理については、Hornbook §§11.8-11.14, at 549-562. また、『アメリカ抵触法（上）』237頁。
20) Gulf Oil Corp. v. Gilbert, 330 U.S. 501 (1947).

れる。そのような場合、多くの州の裁判所は、裁判地（土地管轄）を変更する手段をとってきた。連邦法にはそれをいかなる場合に適用するかの基準を明示する規定はなかったが、これは古くからある問題であって、判例法（common law）では、このような事態に対応する裁判所の裁量的権限を認めてきた。

②　Forum non covenience 法理を適用するための要件は、これまで明確にはされてこなかったが、まず第1に考慮すべき要素は、当事者の次のような利益である。

　　ａ）立証手段に対し、相対的に見て、いずれの裁判所がアクセスの点で容易であるか。
　　ｂ）証人を強制的に呼び出すためのコストや、協力的な証人を出頭させるコスト。
　　ｃ）訴訟において現場検証が必要とされる可能性。
　　ｄ）その他、事実審理を、容易かつ効率的、そして安価に済ませるうえで考慮すべきさまざまな要素。
　　ｅ）将来、勝訴判決を得た場合の執行の便宜。
　　ｆ）原告が、被告を苦しめるために、不便な法廷を選択したか否か。

ただし、これらの諸要素を勘案して、被告に有利な要素がきわめて強いものでない限り、forum non convenience の法理を適用すべきでなく、原則に戻って、原告の裁判所選択を認めるべきだとも付言した。

③　Forum non covenience 法理を適用する際に考慮すべきは当事者の私的利益ばかりではない。次のような公的利益も考慮しなければならない。

　　イ）事件の発生地以外の裁判所に訴訟が集中することによる、裁判所の過重負担。
　　ロ）陪審員にとって訴訟への関与は負担であり、いわんや当該訴訟に関係の薄い地域で訴訟を引き受けた場合、その地の陪審に負担を負わせるという要素。
　　ハ）州籍の相違事件では、当該事件に適用される州法の地において訴訟処理がなされる方が、よくわからない他州の法を適用する不便に勝ること。

【Forum non convenience 法理をめぐる論点】

以上の判例と説明だけでは、forum non convenience 法理を理解するのは難しい[21]。ここでは以下のように論点を整理する。

① Forum non convenience 法理の目的は何か。
② その要件と効果は何か。
③ この法理に与える連邦制度や国際・国内裁判という要素の影響。

2　Forum non convenience 法理の目的

Gulf Oil 判決が明言したように、その目的は複合的である。1つには当事者（主として被告）の私的利益、2つ目に公的な利益の保護があり、それらに優劣があるものでもない。

それ以上にまず考えるべきは、forum non convenience 法理と、最小限の関連を求める憲法上の要請との関係である。たとえば、最小限の関連があるとするためには、被告が当該裁判所の地の（法や市場について）「意図的利用」があると同時に、Asahi Metal 判決では、以下のような要素を勘案したうえでの「合理性」も必要だとしていた[22]。

① 被告の負担
② 本件について裁判を行う法廷地州の利益
③ 便宜かつ効率的な救済をえるうえでの原告の利益
④ 紛争を最も効率的に解決するという、州際および国際的な裁判制度の利益
⑤ 実体的な政策を達成しようとする州際および国際的な利益

これを前記 Gulf Oil 判決の掲げた当事者の利益および公的利益と比べてみると、その内容が酷似しているものの、forum non covenience における

---

21) 国際的な視野でこの法理を論ずるものとして、Ronald A. Brand, Challenges to Forum Non Conveniens, 45 NYU JOURNAL OF INTERNATIONAL LAW AND POLITICS 1003 (2013)。この論文は「Forum non convenience 法理は不完全な法理であり、主としてコモン・ロー（英米法）諸国で発展し存続しているものであるが、批判が容易なものでもある」という文章で始まる。スコットランドが発祥の地ともされるが、スコットランドやイングランドでは、法理自体への批判の方が大きいとされる。なお、Hornbook §11.8, at 549, n.2 にも、この問題に関する論文やスコットランド・イングランドの判例が掲げられている。

22) 前掲 42-43 頁。

考慮要素の方がより具体化されていることがわかる[23]。

したがって、憲法上、ある裁判所に裁判管轄権を認めるための最小限の関連を有しながらも、なお具体的事件について裁判管轄権を否定する例外的な場合を作るためにこの法理が存在することがわかる。

その最大の理由は、繰り返しになるが、憲法上の最小限の関連性テストによって、原告にとって、裁判所の選択権が拡大し、その中で、不適切な裁判所選択のなされる例が出てきたことにある。

そこで、最小限の関連を判断する基準と似てはいるものの、それとは異なる forum non covenience 法理の利用が図られることになった。異なる点としては、以下のような諸点がある。

第1に、forum non convenience 法理で考慮されるべき事項の方が、より具体的で詳しい。たとえば、単に「被告の負担」ではなく、「被告が証人を呼び出すためのコスト」というように具体化され、「紛争を最も効率的に解決しようとする裁判所の利益」ではなく、「陪審の便宜」や「関係の薄い事件について訴訟を引き受けさせられる裁判所の負担」などが明記されている。

第2に、最小限の関連は憲法上必要な要件とされているから、これを欠く場合に訴えの却下を求めるのは被告の権利であるが、forum non convenience 法理の適用は被告の権利とされていない。裁判所の裁量によるとされる。

第3に、forum non convenience 法理を適用する際には、別の具体的な裁判所に訴えることとの相対的な比較判断がなされる。要するに、この法理を適用するためには、別の法廷が存在し、かつその別の法廷の方がずっと便利だという立証が必要とされる。さらに、最小限の関連という要請はすでに満たされているので[24]、原告による法廷地選択は尊重されるのが原

---

23) Hornbook §11.8, at 550.
24) ただし、Sinochem International Co., Ltd. v. Malaysia International Shipping Corp., 549 U. S. 422 (2007) で、連邦最高裁は、最小限の関連があるとして裁判管轄権が認められると判断する前に、forum non covenience 法理を適用して、訴訟を却下することもできると判示している。すなわち、この法理を適用する前段階として、最小限の関連があり、被告に対する裁判管轄権があるという認定がなされる必要はなく、最初に forum non convenience 法理によって裁判管轄権を否定することも許される。本件は中国の会社とマレーシアの会社との訴訟（海事事件）であり、中国の裁判所で船舶差押えがなされたのに対し、マレー

則であり、被告にはそれを覆す強い主張が求められる。

以上をまとめると、forum non convenience 法理は、憲法上の最小限の関連基準で裁判管轄権が認められる事件であっても、場合によっては（他にもっと適切な裁判所がある場合）、被告の利益や裁判所自体のもつ利益を考えて、当該裁判所での裁判を進めない手段をとるための法理である。

3 Forum non convenience 法理の要件と効果

要件は、すでに繰り返し述べているように、原告によって訴えが提起された裁判所が、管轄権を有する他の特定の裁判所と比べて、被告にとっても、裁判所にとっても、著しく不便な法廷であることである。

問題は法理が適用された効果である。裁判所がこの法理を適用して出す判決は、以下の3種のいずれかである。

① 原告の訴えを、この法理を理由に却下する。

② この法理を適用するにあたり、はるかに便利な裁判所として比較の対象とされた裁判所に原告が訴えた場合、それに被告が異議を申し立てないという条件を付けたうえで、原告の訴えを却下する。

③ 前記②と同様の合意（stipulation）が当事者間でなされたうえで、原告の訴えを却下する。

これはA州の裁判所に訴えが提起され、A州の裁判所が forum non convenience の法理を適用する場合を考えると理解が容易になる。

A州の裁判所としては、原告の訴えを却下したい。B州の裁判所に訴えを提起すべき事例だからである。しかし、このようなケースでは、A州の裁判所には、B州の裁判所に指示したり、当該事件を引き受けさせる権限はない。したがって、原則は、①の訴え却下ということになるが、②または③の方法を用いて、当事者が「自発的に」B州での訴訟に持って行くよう働きかける場合もある。

だが、A州に所在する連邦裁判所に訴えが提起され、B州所在の連邦裁

シアの会社が、アメリカのペンシルバニア地区連邦地裁に訴えを提起したものである。連邦最高裁は、アメリカの裁判所に裁判管轄権を認めるか否かを論ずるまでもなく、中国の裁判所がより適切な法廷だとして forum non convenience 法理により訴えを却下した。

判所に訴えを提起すべきケースだと判断した場合は、連邦法で他の連邦地裁への移送が認められているので[25]、前記のような方法ではなく、直接に、B州にある連邦地裁への移送を命ずることができる。しかも、この場合、B州にある連邦地裁がいかなる法を適用すべきかについて、連邦最高裁は、A州の連邦裁判所が適用するはずの法を適用すべきだと判示した。次のような一連の判決がそれを示す。

【Van Dusen v. Barrack (1964)】[26]

マサチューセッツ州で起きた飛行機の墜落事故に関し、遺族がペンシルバニア州に存在する連邦地裁に訴えを提起した。被告は、forum non convenience法理を基に、マサチューセッツ州にある連邦地裁への移送を求めた。原告は、マサチューセッツの連邦地裁で利用する法選択に関する法と、それによって適用される実体法が原告に不利なものになるとして異議を申し立てた。連邦最高裁は、移送を適切だと判示し、他方で、マサチューセッツの連邦地裁が適用すべき法の選択に関するルールや、その結果としての実体法は、当初訴えが提起されたペンシルバニアの連邦地裁で適用するはずのものとすべきだと判示した。被告は移送による利益を得るべきだが、それには適用される法の変更というボーナスは含まれない。

【Ferens v. John Deere Co. (1990)】[27]

原告はペンシルバニア州においてコンバインという農機具の事故で片腕を失った。ペンシルバニア州では2年の短期時効（短期の出訴期限）が定められており、事故から3年目に、原告は出訴期限が6年と定めるミシシッピ州に所在する連邦地裁において農機具メーカーを訴えた（州籍の相違事件であるから、出訴期限について、ミシシッピ州所在の連邦地裁はミシシッ

---

25) 28 U.S.C. §1404 (a).「当事者ならびに証人の便宜、および適切な裁判という要請によって、連邦地裁は、訴えが提起できたはずの他の連邦地裁に当該民事事件を移送することができる」と定める。

26) Van Dusen v. Barrack, 376 U.S. 612 (1964). このケースについて、『アメリカ抵触法（上）』239頁。Understanding Conflict of Laws 143.

27) Ferens v. John Deere Co., 494 U.S. 516 (1990).

ピ州の州裁判所と同じ法を適用することになっており[28]、したがって出訴期限にかからない)。その上で、原告から、ペンシルバニアにある連邦地裁への移送を求めた。原告の立証その他にとってペンシルバニアでの裁判の方が便宜だったからである。連邦最高裁は5対4の僅差ではあったが、移送を認めるとともに、ペンシルバニアの連邦地裁でも、元々訴えが提起されたミシシッピの連邦地裁で適用されるはずの法（すなわち長期の出訴期限）を適用せよと判示した。

　ここでは、原告が、移送による利益と、適用される法が変更しないという両方の利益を得ることになった。連邦裁判所間での移送を認める法の規定 28 U.S.C. §1404 (a) に基づいて移送がなされる際に適用すべき法選択については一貫した解釈を示したことになる。

　先にも述べたように、forum non convenience 法理は、この裁判所ではなく、管轄権を有する別の裁判所の方が当事者にも裁判所にとってもはるかに便利だという考慮によるから、その目標は、その別の裁判所への事件の移送であるべきだが、その裁判所が他の主権に属する裁判所の場合、直接にそこへの移送はできない。連邦裁判所間の移送はその意味では例外である。

　したがって、アメリカの裁判所に訴えが提起され、別の国の裁判所に訴えを提起すべき場合でも、同じ理屈で原則は訴訟の却下となる。この点では、次の判例にも留意する必要がある。

【Piper Aircraft Co. v. Reyno (1981)】[29]

　スコットランドでの飛行機墜落事故について、スコットランドの被害者が、飛行機メーカーをペンシルバニア地区の連邦裁判所に訴えた。被告は、forum non convenience 法理に基づく主張をして、スコットランドの裁判所の方がはるかに便利な法廷であると論じた。だが、原告は、スコットランドの実体法が被害者に不利なものであって、スコットランドでの訴えとする変更は、適用される実体法について不利な変更を伴うと主張した。訴

---

28) この点については、後掲205頁以下参照。
29) Piper Aircraft Co. v. Reyno, 454 U.S. 235 (1981).

えが提起されたのは前記 Ferens v. John Deere Co. より前の事件ではあるが、主張としては、最初に訴えを提起した裁判所で適用される法がそのまま適用になるべきであり、そうでなければ forum non convenience 法理を適用すべきでないと主張したことになる。

連邦最高裁はこの主張を5対4で退けた。しかも、そこでは「実体法の変更は、forum non convenience 法理の適用に際し、大きな影響をもつべきでない」と述べた。

これは、forum non convenience に基づく連邦裁判所間での移送の場合とは、異なる考慮がなされるという意味である。スコットランドの裁判所に、アメリカの裁判所が適用する実体法（アメリカの州法）を適用せよと命ずることはできないから、この取扱いの相違は十分に理解できる[30]。

4 この法理に与える連邦制度や国際・国内裁判という要素の影響

すでに前項でも述べたように、forum non convenience 法理の適用にあたっては、アメリカの連邦制度や、当該訴訟が国際的か国内のものかが明確に影響する。次のように。

① Piper 判決が明らかに示すように、外国の人や企業が原告となってアメリカの裁判所に訴える場合、ディスカバリーなどアメリカでなら利用できる手続的利点や、その地での法選択の結果適用されると思われるアメリカの実体法が原告に有利だという理由のものがある[31]。Forum non convenience 法理は、アメリカの裁判所がそのような訴訟を断る根拠となる。なお、その場合、被告はアメリカの企業や、少なくともアメリカで継続的な事業を行っている企業が多い。言い換えれば、被告について最小限の関連基準は満たしているということである。しかし、原告は外国人であり、事案が外国で生じたケースが少なくない。そのようなケースで、アメリカの裁判所が forum non convenience 法理によって訴えを却下するという構図になる。

---

30) 『アメリカ抵触法（上）』240-241頁。Understanding 143-144.
31) 「蛾が光に集まるように、訴訟当事者は合衆国に引き寄せられる」と、イギリスの有名な裁判官デニング卿が述べたことがある。Smith Kline & French Lab., Ltd. v. Bloch, [1983] 2 All. E.R. 72, 74 (C.A. 1982).

さらに、あるアメリカの裁判所に訴えが提起された場合に、原告がアメリカ人であっても、その州にドミサイルがないとき、原告を、州外人として外国人と同様に扱うか否かが問題となる。この点について、forum non convenience 法理の適用に関しては、原告がアメリカ人である限り、州外にドミサイルがあろうとも、その地の原告（local）と扱う傾向が強いとされる[32]。つまり、外国人（外国法人）とは異なる取扱いがなされる。

　要するに、外国人が、自らに有利な手続法や実体法の利用を目的として、アメリカの裁判所を利用しようとする場合、明らかにそれより適切な外国の裁判所があるときに forum non convenience 法理が適用されやすい。

　②　アメリカ国内で見ても、forum non convenience 法理について、注意すべき相違点がある。州裁判所に訴えが提起された場合、それが渉外事件であるときには、他州の裁判所との比較で、いずれが便利な法廷かを判断するが、その裁判所には他州の裁判所に対し命令する権限はないから、この法理が適用された場合の原則的結論は訴訟の却下である（先に述べたように、当事者に対し他州の裁判管轄権に同意するなどの条件付けをする余地はあるが）。また実際にこの法理が適用されるのも、きわめて例外的だとされる。

　それに対し、連邦裁判所では、この法理を根拠づける制定法も存在し、その条項の解釈によって、相対的に見て州の裁判所におけるよりも軽度の不便を主張するだけで、法理の適用が認められる。しかも、別の裁判所への移送が命じられる[33]。ただし、その場合、適用される法は、当初、訴えられた連邦裁判所で適用するはずの法であるという点に注意を要する。

---

32)　Hornbook §11.9, at 554.
33)　『アメリカ抵触法（上）』238-239 頁。Understanding 142.

第5章　法の選択（準拠法選択）——伝統的ルール

I　はじめに——準拠法選択ルール概観

　準拠法選択ルールこそまさに choice of law（法選択）と呼ばれ、conflict of laws（抵触法）の中心課題である。なぜなら、異なる内容の複数の法が存在し、しかもある紛争に何らかの形で関係しているからこそ、法の抵触（conflict of laws）が問題となり、その中でいずれの法を選択して適用するかが重要となる。何しろそれによって結果が異なるのであるから。

　まず銘記すべきは、準拠法選択ルールについて、第1に、アメリカでは1950年代まで行われてきた伝統的なルールが厳しく批判され、現代的なルールへ移行してきたということ、第2に、その方向性は、紛争類型によって適用すべき準拠法が形式的・画一的に定まるというものから、個別の具体的な事件の内容に踏み込んだ分析をしたうえで準拠法が定まるという方向への変化であったこと、そして第3に、比較法的に見ると、このような方向性はアメリカに特殊なものであって、日本を含む他の諸国では、むしろ形式的・画一的なルールの適用（ただし、一定の例外を認める）という基本的構造を維持し続けているという点である。

　たとえば、最後の点に関連して、次のような言明が注目される[1]。

　「かつては、西洋先進諸国の大半の国々では、ヨーロッパ大陸法に属する法が行われており、英米法とは対照的な大陸法的アプローチが法の抵触問題にもとられてきたと単純に想定して間違いがなかった。

---

[1]　Spillenger 421-422.

しかし、以前はそのように言うことができたとしても、このようなとらえ方は、もはや十分ではない。結局のところ、20世紀も半ば近くに至るまで、アメリカ合衆国の準拠法選択ルールも、基本的に大陸法の学説や法に基礎を置いていたのだ。ところが、いわゆる『現代的な』アメリカの準拠法選択ルールの傾向は、利益分析とか第2次抵触法リステイトメントに代表されており、そこでは、当該紛争がもつさまざまな接点（contacts）や関係する州（国）の利益を、具体的個別的に評価することになる。ただし、そのような方向性は、アメリカ合衆国以外では、どこにも支持されていない。

今日の世界では、法律問題に対する大陸法と英米法のアプローチの差違は、時に想定されていたものより、ずっと小さくなり、また現在も小さくなり続けているのであるが、大陸法諸国では、相変わらず法典化し成文化された法律が基本的な規範とされる。準拠法選択に関するルールの法典化も同様であり、それが個々の国々で行われるのであれ、EUで行われるのであれ、国際的な条約の形をとって行われるのであれ、通例、一定の類型の紛争に適用すべき、予め定められた関係地の法（lex loci rules）が存在すると考えられている。そして、大陸法諸国の抵触法（それらの国では国際私法と呼ばれることが多い）の学者たちは、全体としてみれば、（アメリカの現代的傾向を代表する学者である）カリーなど、予め定められた地の法（lex loci）を適用する従来の考え方それ自体を批判したアメリカの研究者たちの動きを、まったく評価してこなかった」。

もう1つ、別の学者の言葉も引用しよう[2]。

「ヨーロッパでは、（EUの本拠である）ブラッセルにおいて、国際私

---

2) Ronald A. Brand, Implementing the 2005 Hague Convention: The EU Magnet and the US Centrifuge, Originally published as a chapter in ENTRE BRUSELAS Y LA HAYA, ESTUDIOS SOBRE LA UNIFICACIÓN INTERNACIONAL Y REGIONAL DEL DERECHO INTERNATIONAL PRIVADO: LIBER AMICORUM ALEGRÍA BORRÁS 267 (Joaquim Forner Delaygua, Cristina Gonzalez Beilfuss, & Ramon Vinas Farre, eds., Marcial Pons 2013), http://papers.ssrn.com/sol3/papers.cfm?abstract_id=2288708

法の発展を中央集権的に統一しようとしているのに対し、アメリカ合衆国では、すでに法準則が分権化しているにもかかわらず、さらにそれを分権化しようとする圧力が高まっている。……国際私法の分野において、2つのアプローチの相違がこれ以上なく明確に表れているのは、2005年の（管轄合意に関する）ハーグ条約の批准と実施の場面である」[3]。

【アメリカ的アプローチの特殊性とその意義】
　こう述べるブランド（Brand）教授は、準拠法選択ルールについてヨーロッパ大陸法的アプローチとアメリカ的アプローチの相違点として次の3つを掲げる[4]。
　① アメリカは英米法の国であるために、法の発展は主として判例法によるとされており基本となる「法」とは、制定法（法律）やその他の法的文書（条約など）ではないとされている。整然と条文化されたルールが適用されると考える大陸法諸国とは異なる。
　② 準拠法の選択ルールや外国判決の承認・執行に関するルールは、アメリカの場合、主として州法の発展としてなされてきており、連邦法としてではない。裁判管轄権のルールについては、合衆国憲法のデュー・プロセス条項との関連で発展してきたものの[5]、そこですら、それぞれの事件での分析は、まず当該州のロング・アーム法から始まる。
　③ その他、アメリカで権威があるとされるのは、アメリカ法律協会（American Law Institute, ALI）がこの分野について作成したリステイトメントであるが、それによって準拠法選択ルールが統一されたかといえばそうではない。要するに、さまざまな分権的体制が健在だというのがアメリカの現状であり、ヨーロッパにおいて、個々の国での制定法におけるルールをEU規則のレベルで統一しようとする傾向とは大きく異なる。
　日本はどこにいるかといえば、いうまでもなくヨーロッパ大陸法に属す

3） ブランド教授は、すぐ後に述べるように、準拠法選択ルールのありようについても、EUとアメリカでは大きな違いがあると強調している。
4） Brand, supra note 2, at 9 (SSRN paper).
5） この点は、第4章までで見てきたとおりである。

る。1898（明治31）年に制定された「法例」を100年ぶりに改正し、2006（平成18）年に「法の適用に関する通則法」[6]を定めたが、その過程で参照された先進諸国の法とは主としてヨーロッパ大陸の法であり、連邦制度をとらないわが国において、準拠法選択についても統一的なルールが成文法（法律）の形で定められ、（理想としては）形式的・画一的に、争いの余地なく準拠法の定まる姿が望ましいと考えられている。

　ところが、どうやらアメリカでは逆の方向性がとられているというのである。これまで引用してきたアメリカ法の研究者の言明からすると、準拠法選択ルールに関するアメリカ法を学ぶことは、次のような壮大な課題と関係する。

　第1に、アメリカでは20世紀半ばに、準拠法選択について大きなアプローチの転換が行われた（それは「抵触法革命」(conflicts revolution) とさえ呼ばれている）。伝統的なアプローチは、その法源が主として州法であり判例法であるという点こそ異なるものの、内容的にはヨーロッパ大陸法的なアプローチと類似していた。それがいかに批判され、アメリカ的な克服過程を経て、現代的なアプローチに転化したかを理解することが何よりも重要である。それは他の世界ではない独自の現象であるという点でも興味深い。

　第2に、先の記述でいうところの「分権的アプローチ」の意義にも注目すべきである。連邦制度をとるアメリカでは、準拠法選択ルール（実はそもそもそれを含む渉外裁判法のすべて）が基本的に州法とされており、それらが現代的なアプローチをとる点で共通している場合でも、州によって具体的なルールが異なるのは当然とされる。そればかりでなく、個別の事件での具体的内容に踏み込んだ準拠法選択ルールでは、現実の裁判を引き受ける個々の裁判官の裁量も広くなる。その分だけ、アメリカ全体のルールの統一的理解は困難となる（そもそも現代的アプローチなるものの基本が、形式的なルールを画一的に適用することそのものに反対しているから当然の帰結ではあるが）。

　ヨーロッパ大陸法を今日において代表するEUでは、準拠法選択につい

---

6) 「法の適用に関する通則法」（平成18年6月21日法律第78号）。

てもEU規則で統一する動きが強まっている。EUにおける加盟国との関係は、もちろんアメリカの連邦制度と同じではない。しかし、重要な点は、EUが法の中央集権化に向かおうとしているのに対し、アメリカでは、法の統一的理解を目指しながらも、なお基本としての分権的制度を維持しようとしているところである。それをいかに評価するかが重要となる。しかも、この点は、EUとアメリカという側面とともに、成文法を中心とする大陸法的な考え方と、判例法を中心とする英米法（common law）的な考え方、より端的にいえば、法を議会が抽象的な規範として作るものと考えるのか、法とは、最終的には裁判官が具体的な事件を前にして法の解釈として示すものだと考えるかの違いにも行き着く。

第3に、アメリカのアプローチが世界全体ではむしろ特異な状況を示していたとしても、それならアメリカを無視してよいかといえばそうはならない。まず、実践的理由としては渉外的な紛争がアメリカの裁判所にもち込まれる場合が少なくない。それは、結局のところ、アメリカの経済力を背景として、アメリカの企業や人に関わる事件が、世界の至る所で生ずるということであるが、そればかりでなく、アメリカの企業や人とはそれほど関係がない場合においても、アメリカの裁判制度（および裁判上の救済制度）を利用しようとする需要が存在することによる[7]。

次に、アメリカにおける現代的アプローチが、ヨーロッパ大陸法的なアプローチと同様の内容を含む伝統的ルールへの批判の産物だとすれば、日本を含むヨーロッパ大陸法においては、そのような批判がなぜ強まらないのか、それはアメリカだけの特殊な事情（アメリカだけの正義）なのかを検討する必要も出てくる。

以下、本章から始まる叙述では、まずアメリカにおける（かつての）伝統的ルールの理解に努め、次にそれが批判されて、共通の特色を有しながらもさまざまに内容の異なる現代的ルールが登場した過程を記述する。その中で、前記3つの課題を考えることにする。

だが、その前に、アメリカの準拠法選択ルールについて押さえておくべき点を確認する。

---

7) たとえば、forum non convenience 法理をめぐる記述（87頁）を参照されたい。

【アメリカの準拠法選択ルールの基本的ポイント】[8]

① 準拠法選択ルールは、それ自体、まとまった法の一分野とされており、すべての州にそれぞれ別の法選択ルールが存在する。アメリカの場合、それぞれの州に不法行為法や会社法があるのと同様に、それぞれの準拠法選択法（すなわち、conflict of law rules）がある。それが不法行為法や契約法など、いわゆる実体法[9]とは異なる性格のものとして存在する点では、前章までに述べた裁判管轄権を定めるそれぞれの州法と同様である。

② 当事者が、ある法廷地の裁判所に訴えた場合、適用される準拠法選択法自体は法廷地法（lex fori, forum law、アメリカの場合、通常は法廷地の州法）になる（言い換えれば、いずれの州法が適用されるかについては準拠法選択ルールの結果、法廷地法以外の法の適用がなされる場合も少なくないが、準拠法選択ルール自体は、常に法廷地のそれが適用される）。その結果、原告が２つの州で被告を訴えることができる場合（裁判管轄権が２つの州で認められる場合）、それぞれの州の準拠法選択ルールの内容が異なるなら、いずれの州で訴えるかによって適用される実体法が違う結果となり、原告は自分にとってより有利な裁判所を選択すること（いわゆる法廷地漁り：forum shopping）が可能になる。

それを防ぐためには、アメリカでも、準拠法選択ルールがいずれの州でも同一であることが望ましい。アメリカでも、準拠法選択ルールがばらばらであってよいとは思っていないということである。ただし、その統一を抽象的形式的に適用される単一の法（しかも成文法）で行うのをよしとしていないということでもある。

③ なお、これはすでに指摘したことであるが[10]、アメリカでは抽象的に法の抵触がある場合を問題とするのではなく、当該事件に対し、実際に異なる法が適用された場合に結果が異なる場合だけを、抵触法の問題とす

---

8) Spillenger 3-4.
9) 日本の国際私法では「実質法」なる概念を用いて、準拠法選択法（国際私法）とは、不法行為法などの実体法や証拠法などの手続法を含めた「実質法」について、いずれの国の法を選択すべきかを定める上位法概念だとする。そういう概念整理も可能かもしれないが、アメリカでは手続法は法廷地法によるとの原則が確立しているので、準拠法選択はもっぱら異なる実体法のいずれを選択するかになる。「実質法」なる新たな概念を作る必要がないとされている。
10) 前掲5-6頁。

る。前にも挙げた例でいえば、準拠法選択によってA州法を適用すると時効が3年、B州法を適用すると1年だとしても、（抽象的にはそこに法の抵触は存在するものの）実際のケースで原告が事故発生後半年で訴訟を提起しているなら、いずれにせよ結論は異ならない（事故後5年というケースでも同様である）。そのような場合について、アメリカでは、そもそも法の抵触があるといわない。法の議論が常に実践的であろうとする傾向を示す例である。

以下、まず準拠法選択についての伝統的ルールを概観する。

II かつての伝統的ルール——予め定められた関係地の法を適用するルール

1 伝統的ルールの特色

アメリカでは、建国以来20世紀の半ばまで、渉外関係を含む訴訟について準拠法選択については、伝統的ルールと呼ばれるものが行われてきた。その概要は、次項以下に記すとおりであるが、2人の名前と2つの文書がそのルールを代表する（人名はストーリィとビール、文書は、ストーリィの著した『抵触法』という概説書と第1次リステイトメントである）。

まず、19世紀におけるこのルールを代表するものは、ストーリィ（Joseph Story）裁判官の『抵触法』（Conflict of Laws（1834））である[11]。ストーリィは、1812年、32歳で連邦最高裁裁判官に任命され、65歳で死亡するまでその職にあったが、在職中に、数多くの分野で概説書を著したことで知られる。憲法、代理法、手形法、証券法、エクイティ手続法など、多岐にわたる書物で19世紀前半のアメリカを代表する法律家となった。その中で、準拠法選択に関する概説書は、最も影響力の大きかったものだといわれる[12]。

---

11) Commentaries on the Conflict of Laws: Foreign and Domestic, in Regard to Contracts, Rights, and Remedies, and Especially in Regard to Marriages, Divorces, Wills, Successions, and Judgments（1834）.

12) 20世紀前半において「アメリカとイギリスの両国において、ストーリィは、今日、『抵触法の父』として尊敬されている」（E. Lorenzen, Selected Articles on the Conflict of Laws 203（1947））と評価された。Currie casebook 2-5 では、抵触法の歴史が簡潔にまとめられている。

その後 1 世紀を経た 1934 年、アメリカでは、準拠法選択ルールに関する第 1 次リステイトメント[13]がまとめられるが、その内容は、ストーリィ裁判官の著作と基本的に異なるものではなかった[14]。従来のルールを純化し明確化したものとされ、第 1 次リステイトメントの起草者ビール (Joseph Beale) 教授の名前とともに、伝統的ルールの代名詞となった。

ビール教授によって完成したとされる古典的・伝統的準拠法選択ルールの特色は、次の 3 点だという[15]。

① 伝統的ルールであること (traditional)。従来の裁判所の判例に基づくものだと主張された[16]。文字どおり、先例を遵守したものだという趣旨である。

② 準拠法選択の基本が、ある土地の法 (territorial, or lex loci) によるとされたこと。しかも、選択される地の法 (lex loci, the law of the place) は、当該紛争の類型によって予め形式的に定まるとされた。不法行為事件なら、不法行為地の法が選択される。契約事件なら、契約締結地の法が選択されるというように。

③ 当事者には、準拠法選択について一定の既得権 (vested right) があり、それはすべての裁判所が尊重すべきものである。言い換えれば、当事者の有する一定の既得権を守るために画一的な法選択ルールが存在する。したがって、いずれの裁判所に訴えが提起されたとしても、形式的画一的に同じ準拠法が選択されるべきであり、伝統的ルールによれば、紛争解決について統一性が維持されると論じられた (uniformity of result)。どこの裁判所に訴えても、結論は同じになるはずだ、同じになるべきだというわけである。

---

13) 1st Restatement.
14) ストーリィ裁判官の著書は、裁判管轄権について領域的制限を重視した時代を反映しており、他州の法を適用するのは comity (礼譲) に基づくとしていたが、ビール教授のリステイトメントでは、当事者の有する既得権を保護し、法の画一的適用を守るために他州の法を適用するものとされ、基本的な考え方に相違はあるものの、その実質的内容は異ならなかった。Currie casebook 12-13.
15) Hoffheimer 57.
16) これがヨーロッパ大陸法諸国なら何世紀も続いた伝統的な法律に基づくと主張されるところである。

【Bealism への批判】

その後、Bealism（ビール教授の主義）とまで揶揄されて批判される、この伝統的ルールは、ここに掲げた特色の1つひとつが厳しく批判されるようになる。実は、ビール教授が 1934 年に第1次リステイトメントを完成させた頃には、すでに批判の方が優勢だったともいう。

まず伝統的ルールは、何よりも従来の先例を表現したものだとされていた。そもそもリステイトメント自体が先例の「再記述」という意味である。だが、往々にして、（ビール教授に限らず）リステイトメントの起草者は、大多数の州がとる判例ではなく、ごく少数の州がとるものでもそうあるべきものだと考えると、それをルールとして取り込んだ例がある。第1次リステイトメントが、全体として伝統的ルールを具現化したものであることは承認されているが、先例のないルールを入れた部分もあって、それはむしろ伝統的ルールを極限まで推し進めたものと理解された。言い換えれば、すべてのルールが単に先例の記述とは決していえないとの批判がなされた。

次に、より厳しく批判されたのは、抽象的に既得権を措定する考え方である。伝統的アプローチは、一定の自然権的な権利を想定し、裁判所をはじめとする政府がそれを侵害してはならないとする点で、19 世紀後半から 20 世紀初頭まで流行した「古典的法思想」[17]の重要な一部をなしていた。その形式主義や保守的な思想傾向はその後厳しく批判される。たとえば、アメリカの法制史を学ぶと、この時代は、契約の自由を代表とする私人の権利を裁判所が既得権として保護し、さまざまな社会的規制の立法を違憲としていたことを知る。準拠法選択に関する伝統的ルールもまさにそのような考え方と整合的なものだった。それだけに、20 世紀に入って、リーガル・リアリズムが相当の影響力を持つようになると、厳しい批判にさらされるようになった[18]。

伝統的ルールでは、たとえば、後に述べるような不法行為や契約の事件では、実体法とは別個に、抽象的な「不法行為」や「契約」の存在を措定する。実体法としての「不法行為」や「契約」は、アメリカでは州毎に異なり、いずれにせよそれは準拠法選択の後で出てくるべきものだからであ

---

17) M・J・ホーウィッツ（樋口範雄訳）『現代アメリカ法の歴史』7 頁（弘文堂・1996）。
18) 『アメリカ憲法』274 頁、『はじめてのアメリカ法』248 頁。

る。準拠法選択のためのルールであるから、その段階で「不法行為」とか「契約」という性質決定をする際に、ある具体的な州法上の不法行為を前提にするのでは、理論的に見て本末転倒である。したがって、<u>抵触法上だけで利用される、抽象的な「不法行為」や「契約」の存在を前提にして、それを基にした準拠法選択が行われる。</u>

<u>ところが、抵触法上の一般的な「契約」や「不法行為」などどこにも存在しない。</u>アメリカのリアリストたちは、このような抽象的思弁の産物に対し、激しい攻撃を加えた。

さらに、より実践的で厳しい批判は、伝統的ルールが約束した、結論が同じになるはずだという結果の統一性（uniformity of result）が、実現できていないというものだった。伝統的アプローチは抽象的形式的なルールで準拠法選択が明確に定まるというものだったが、実際には、さまざまな例外や抜け穴が存在した。現実の争いを裁くアメリカの裁判官は、それらを形式的に適用して、具体的には首をかしげるような法の適用がなされることに対し、実は抵抗してきたのである。

以下、いくつかの分野ごとに、伝統的ルールの意義と限界を確認する。

2 不法行為事件に関する伝統的ルール

不法行為事件に適用される法は、不法行為地法（lex loci delicti, the law of the place of wrong）である[19]。

不法行為事件に関するこのような伝統的ルールは、まず常識にかなう場合が多い。

［設例］
Yは、A州からB州へ自動車を乗り入れた。A州の制限速度は時速65マイルだったが、B州では55マイルとされていた。だがYは65マイルで走行を続け、Xの自動車と衝突してけがを負わせた。

この場合、事故はB州で生じており、Y（であれ、誰であれ）は当然にB州の法によって過失認定がなされそれによって裁かれて当然と考えられる。

---

19) 以下について、たとえば、Hoffheimer 5-6。

当事者もそれを予期すべきであり、またB州にとっても、自己の領域内で交通安全を図ることは適切な権限行使であり、どの州の裁判所に訴えが提起されようとも、B州法の適用を期待して当然である。

さらに、この設例のいうように、いずれの州で裁判が提起されてもB州法が適用されるなら、どの裁判所でも同一の判断が出るはずである。裁判の予測可能性が高まり、人々の行動規範としても機能する。

最後に、州ごとに準拠法が明確に同一で結論が異ならないなら、法廷地漁り（forum shopping）という弊害も生じない。

ところが、いいことずくめのようなこのルールにも問題のあることが明らかになる。

まず不法行為地とはどこかが問題となるケースがある。先の自動車事故のケースならB州がそこだといえるが、不法な行為（加害行為）と被害者の損害発生に時間差のある場合がある。時間差があれば、それぞれの場所も異なるケースが出てくる。

アメリカで利用される教室設例は、Yが間違って置いておいた毒薬をXが飲んだケースであり、毒薬を飲んだ場所はA州、しかしXに毒の効果が現れたのはB州（さらに実際に救急車で運ばれて死亡したのはC州）という場合である。これについて第1次リステイトメントは、「損害を生ずる行為の効果が現れたところ」が不法行為地であると定め、しかも継続的に損害が生じ続けるような場合に備えて「最初に法的に認められる損害の生じた地」を不法行為地だとした（要するにB州法が適用になる）[20]。

---

[20] 1st Rstatement §377. 過失による不法行為の成立には損害が必要である。したがって不法行為が成立した地ということなら、損害が生じたところになり、法的に認められる損害さえあれば不法行為が成立するから、本文のような定式になることはその限りで理解できる。しかし、過失がなければ不法行為もないから、なぜ最後の損害発生地だけが重要とされるのかは疑問だとする指摘がある。Larry D. Kramer, Vestiges of Beale: Extraterritorial Application of American Law, 1992 Sup. Ct. Rev. 179, 190 n. 36. また、事故と損害が同時に同じ場所で起こる場合と比べて、このような画一的取扱いが、当然、常識にかなうとはもはやいえない。たとえば、自州内の安全を図る州の利益をいうなら、まさに過失のある行為のあった州の方が、その州法適用を主張して当然だからである。さらに第1次リステイトメントは故意による不法行為についても同じルールを適用するが、アメリカでは、故意による不法行為については損害要件を不要とするのが原則であるから、損害発生地が重要という理屈も通用しなくなる。アメリカの不法行為法については、『アメリカ不法行為法』参照。

このようなケースでは、なぜ過失行為のあった地（A州）でいけないのか[21]、損害発生地だとしても、なぜ最初の地点なのかにつき、もはや常識的に見て当然そうなるとはいえない。当事者が予期すべきだということにもならない。結局、画一的で形式的ルールなので法の予測可能性を確保できるところにしかメリットは見出せない（言い換えれば、本当はこれでなくともルールさえ決まっていればいいという話になる）。

しかも第1次リステイトメント自体、その原則を貫徹できない例があった。1つは、ある州の法で義務づけられている行為や免責されている行為については、他州（たとえばP州）で不法行為責任を問えないというルールである（通常なら、当該P州法では不法行為とされても、そうはできない)[22]。また、名誉毀損という不法行為については、名誉毀損的言明がなされた地ではなく、それが伝えられた地（communicated）であるとされたが、放送などの手段で伝えられれば、その結果、複数の州法が「不法行為地法」になってしまう。その間の法選択が必要となる[23]。

その他、アメリカのこの分野（choice of law：法選択）の専門家がescape devices（逃げ道・例外を作る工夫）と呼ぶような例外則が裁判所によって利用された。この点は、後に項をあらためて詳述する[24]。

最大の問題は、このルールを適用した結果、多くの人が納得できない例が現実に生じたことである。その代表例が1892年のCarroll事件である[25]。

---

21) 道垣内正人教授によれば、この教室設例では、日本の国際私法上はA州法が適用になるという。過失による損害が不法行為の成立に必要だというのは実質法の話であって、国際私法上、不法行為と性質決定するのは別論である。どの州法を適用するかについて「国際私法上の不法行為概念」によって判断し、そこでは加害者の予測可能性も重視されるため、たまたま被害者がB州に行ったときに発症したということでB州法の適用になるのはむしろおかしいことになる。

しかし、アメリカの抵触法革命やその基礎にあるリーガル・リアリズムは、まさにこのような「国際私法上の不法行為」というような概念的発想を強く批判した。前掲97頁参照。

22) 1st Rstatement §382.
23) この例は、Hoffheimer at 64, 68-69 の設例を基に考えたものである。実際の判例として、Keeton v. Hustler Magazine, Inc., 549 A.2d 1187 (N.H. 1988)（50州で販売された名誉毀損を含む出版物で損害を受けたとして訴えた事例）。
24) 後掲119頁以下。
25) Alabama Great Southern R.R. Co. v. Carroll, 11 So. 803 (Ala. 1892).

【Alabama Great Southern R.R. Co. v. Carroll（Ala. 1892）】

　Xは、Y鉄道会社のブレーキ係である。Xのドミサイルはアラバマ州にあり、Yもアラバマ州法人であり、雇用契約もアラバマで結ばれた。Xの乗車している列車は、始発駅がテネシー州のチャタヌーガであり、アラバマ州を経て、ミシシッピ州の終点まで走っていた。ある時、Xは職務中にけがを負うが、それは2台の車両の連結部分に欠陥があり、それをアラバマ州の駅に停車した時点で点検係が見逃していたことがわかった。しかし、Xがけがを負ったのはミシシッピ州を走行中だった。

　当時、ミシシッピ州には、同僚被用者の法理（fellow servant rule）と呼ばれる判例法理（コモン・ロー上のルール）があり、同僚被用者の過失によって生じた不法行為については、使用者（Y鉄道会社）を訴えることができないとされていた[26]。一方、アラバマ州議会は、このような判例法理を不合理だとして数年前にそれを廃止する法律を制定していた。

　Xはアラバマ州裁判所に訴えたが、アラバマ州最高裁は、不法行為地はミシシッピ州であるとして、伝統的ルールに則り、ミシシッピ州法を適用して訴えを退けた。

　この判例は、アメリカのロー・スクールにおいて提供される抵触法（conflict of laws）のケースブックでは必ず扱われる[27]。それは学生に批判の対象として提供される。かつての悪い先例として、それをいかに批判し、どのようなルールを作るべきかを考えさせるための生きた材料として。

　最初に考えるのは、同僚被用者の法理という、今ではとても支持できない法理の存在である。同僚である被用者の過失のリスクを、使用者ではなくすべて他の被用者に負わせることが、損害分散の手段としても、過失防止のインセンティブ効果の点でも疑問であることは明白であり、単に、使用者対被用者という対立構造において前者を優遇する法理としか理解できない。

---

26) 一般に、19世紀のアメリカ不法行為法は原告に厳しい立場がとられており、この同僚被用者の法理は、寄与過失法理（原告に少しでも過失があれば救済を否定する法理）と、危険の引受けの法理（たとえば、原告が労働環境における危険を引き受けて職務を行っていたとして救済を否定する法理）と並んで、原告への救済を妨げる有名な法理となっていた。『アメリカ不法行為法』209頁参照。

27) たとえば、Currie casebook 6。

だが、それは(当時の)実体法に対する批判である。仮にミシシッピ州議会が、同僚被用者の法理を廃止する法律を制定していたとすれば(そして、アラバマ州が判例法による同法理を維持していたとしたら)結論は逆になり、そのような論者は、このケースでのミシシッピ州法適用を妥当と論ずることになろう。

そうではなく、準拠法選択ルールとしても、この判例ほど多くの疑問を提起させる格好の例はないとされている。

当該事件に関係のある要素を数えてみると、アラバマ州に関係する点は、以下の6つになる[28]。

・原告のドミサイルがアラバマ州であること
・被告法人もアラバマ州法人であること
・原告と被告の関係(雇用契約)もアラバマ州で成立していること
・過失にあたる行為もアラバマ州でなされたこと
・列車もアラバマ州を通過していること
・アラバマ州の裁判所に訴えが提起されていること

これに対し、ミシシッピ州に関係した要素はわずかに2つしかない。

・列車の終点がミシシッピ州の駅であること
・偶然、ミシシッピ州で事故が起きたこと

これだけの圧倒的な利害関係の差がありながら、伝統的ルールは、単に偶然事故が起きたのがミシシッピ州だというだけで同州法を適用し、原告を敗訴させるのである。しかしながら、原告の勝訴敗訴はともかくとして(実体法の影響は別として)、そもそも本件に適用されるべき法はアラバマ州法かミシシッピ州法のいずれかといえば、むしろアラバマ州法が適用されるのが、関係の密接性という点でも、当事者の予期すべき法という点でも妥当なのではないか。

そこで、納得できない結論が自動的かつ形式的に導き出される伝統的ルールに満足しない法律家たちは、一方で、この事件を不法行為ではなく契約の中のリスク配分と見れば契約締結地法(本件ではアラバマ州法)が適用になるとして、事件の性質決定のレベルで操作することを考えたり、他

---

28) Spillenger 8-9.

方では、そもそも不法行為事件＝不法行為地法という定式そのものを柔軟化する方向性をとろうとした。前者は、伝統的ルールに対するさまざまな例外則を発展させ、後者は、特に1950年代以降、伝統的ルールを捨てて現代的アプローチと呼ばれるものに移行し発展することになったのである。

　伝統的ルールが最も厳しい批判にさらされたのは、不法行為法の分野だという[29]。その背景には、19世紀以来のアメリカの不法行為法において、州によって、現代から見れば不合理と思われる実体法が存在したことがあるのは確かである。それを形式的に適用せざるを得ないとすることに、多くの裁判所は抵抗した。準拠法選択は実体法の世界とは別であり、それは実体法の改正で対処すべきだといっても、当該実体法は他州の法であり、裁判官もそれに容喙できない。

　たとえば、よく問題になった事例では、アメリカが自動車の国であることを反映して次のような例がある。XがA席にYを乗せて、A州からB州へ行き、そこで事故を起こす。B州には、好意同乗者免責法（guest statute という）があって、B州法のもとでは、YはXを訴えることができない[30]。同様に、B州に、配偶者不法行為免責ルールが残っていれば、やはりYが配偶者なら訴えることができない[31]。しかし、A州法では、どちらのルールも不合理であるとして廃止されていた。このようなケースで、実際に法的責任を認めようとする背景には自動車保険の存在がある。XはA州で保険に入り、A州法のもとでは、被害者が好意同乗者であれ、配偶者であれ、被害者に保険金で賠償することができる。そのために保険料も払ってきたのである。ところが、A州民XとYがたまたま州境を越えただけで、事故地がB州なら実際には保険会社が免責される。

---

29) Spillenger 20.
30) わが国では、好意同乗を理由に、過失相殺を援用して賠償の減額が議論されるが、アメリカの場合、かつての好意同乗者法ではまったく訴えが否定された。現在では、訴えが認められることはもちろん、過失相殺もなされない。『アメリカ不法行為法』93・189頁。なお、現代的アプローチをとった最も有名なケース、Babcock判決（後掲142頁）では、まさに好意同乗者法の不合理性が問題となった。
31) 配偶者不法行為免責ルールとは、配偶者間では不法行為訴訟を提起できないとするルールである。理由づけとしては、配偶者間の和合というような点と、賠償責任保険が関係する場合に保険金詐取の疑いがあげられるが、現在は、いずれも不十分な理由であるとして過去のルールになっている。

このような結論を適切とする準拠法選択ルールとは誰のためか、何のためかが、問題とされた。

　もっとも、現代では、アメリカの大多数の州で、好意同乗者免責法も配偶者不法行為免責ルールも廃止された。その意味では、逆に、かつてより伝統的ルールがあらためて復活する素地があるといえなくもない。しかし、後に述べるように、その形式的アプローチはすでに多くの州で現代的ルールに置き換えられていること、さらに、アメリカでは州によって不法行為法の異なる部分はそれでも少なくないこと（たとえば、ごく少数の州では懲罰的損害賠償を否定する）を考えると、形式的に1つの連結点（不法行為地）だけで準拠法を選択しようとする伝統的ルールの全面復活はありえない。

3　契約事件に関する伝統的ルール

　<u>伝統的ルールが批判された第2の分野が、契約法である</u>。渉外的要素を含む契約について紛争が生じた場合、第1次リステイトメントは次のようなルールを定めた。

　原則として、契約締結地の法（lex loci contractus, the law of the place of contracting）が適用される[32]。通常の場合、それが契約当事者の予定していることである。しかしながら、このようなルールの正当化理由としては、むしろいずれの裁判所に訴えが提起されても契約締結によって得た既得権をそれによって確保することができるとする議論が強調された。予め定められた「地の法」、すなわちこの場合、契約締結地の法が準拠法選択を支配する。

　ただし、例外として、履行に関する部分については、履行地の法を準拠法とするとされてきた[33]。履行がその地で行われる以上、その「地の法」に委ねるということであろう。

　契約違反地にしなかったのは、何が契約違反か、そもそもどちらが契約違反をしているかについて両当事者が争う例が想定されたこと、それから

---

32) 1st Reatatment §332.
33) 1st Reatatment §358.

何よりも契約違反者が準拠法を考えたうえで契約違反地を選ぶこと（一種のforum shoppingの弊害）を避けるためである[34]。

契約当事者の期待が中心的な正当化理由とされていないので、当事者がA州で契約を締結しながら、紛争時にはB州法で解決すると指定しても、その定めは無効とされた。伝統的ルールでは、形式的画一的な準拠法選択が優先されたために、契約締結地法の選択が強行規定とされていたことになる。

なお、ここでも論理としては、ある州の具体的な契約法を想定せず（それは準拠法選択の結果定まるはずのものであるから）、まず一般的抽象的な「契約」を措定し、その上で、契約の締結地こそ「契約」の最も中心的な要素だとした。

【伝統的ルールへの批判】
一見すると、いかにも明確なルールが設定されたようだが[35]、現実はそうならなかった。さまざまな批判は以下の4点にまとめることができる。

第1に、従来の判例法をリステイト（再記述）したものではなかった。伝統的ルールは州によって3分されており、(i)当事者は当該契約を有効に成立させようと思ったはずであるとして、契約を有効に成立させる州法を適用するもの、(ii)履行地の法を適用するもの、そして、(iii)契約締結地法を適用するもの、があった。ビール教授は、このうち(iii)が適切と判断し、例外として履行の方法や十分性などについてだけ履行地法を基準とした[36]。

ところが、各州の裁判所では、第1次リステイトメントに従わないところもあった。そこでは、たとえば次の判例のように、契約締結地法以外の法が適用された（次に紹介するのはいずれも第1次リステイトメント以前の判例であるが、リステイトメント以後も同様の立場をとり続けた州裁判所があったということである）。

---

34) Hoffheimer 71.
35) ビール教授も、適用が容易であり、当事者にとっての予測可能性も高いと考えたという。『アメリカ抵触法（下）』66頁。Understanding 189.
36) 『アメリカ抵触法（下）』47頁。Understanding 189.

【Pritchard v. Norton（1882）】[37]

　ルイジアナ州民 X とニュー・ヨーク州民 Y との間の訴訟である。X はルイジアナ州において、同地での訴訟に関連して保証人となる証書を作成した。しかし、その後、X と Y との間で、ニュー・ヨークで損失塡補保証契約が結ばれた。後者は、X が最終的には責任を負わないという趣旨の契約である。ところが、X が先の訴訟に関連して責任を負うことになり、後者の契約の有効性が問題となった。この契約について、ニュー・ヨーク州法が適用されれば、約因（consideration：新たに損失塡補保証をすることと交換取引にある対価）がないために無効とされる。しかし、大陸法に由来するルイジアナ州法では約因がなくとも契約は有効だった[38]。第 1 次リステイトメントの原則が適用されるなら、契約締結地はニュー・ヨークであるから、その地の法が適用されて契約は無効とされたはずである。しかしながら、連邦最高裁は、契約を有効にするのが当事者の意思であったはずだとして、ルイジアナ州法を準拠法とした（契約を有効にする地の法が選択されている。たまたま本件では契約履行地の法でもあった）。

【Poole v. Perkins（Va. 1919）】[39]

　テネシー州民である妻が支払約束をテネシー州で行い、ただし、支払地をヴァージニア州とした。テネシー州では、この当時、まだ妻の無能力制度（coverture：すべて夫が契約等の行為を行う制度）が維持されており、契約能力は夫にしか認められていなかった。だが、ヴァージニア州では、このような古い判例法理は廃止されており、妻にも契約能力が認められていた。

　ここでも第 1 次リステイトメントが適用されるなら、契約締結地はテネシー州であるから、支払約束は無効とされる。しかし、訴えの提起されたヴァージニア州裁判所は、履行地が別に定められている場合以外は契約締

---

37) Pritchard v. Norton, 106 U.S. 124 (1882).
38) See LA. Civ. CODE, art. 1906. Definition of contract: A contract is an agreement by two or more parties whereby obligations are created, modified, or extinguished. （約因、consideratioin という要件はない）。
39) Poole v. Perkins, 101 S.E. 240 (Va. 1919).

結地法を適用すると述べながら、本件では、履行地がヴァージニア州であるとして、ヴァージニア州法を適用し契約を有効とした。さらに、契約締結地と履行地が異なる場合、当事者の意図は、履行地法の適用だと述べた。

　要するに、伝統的ルールやそれを体現したはずの第1次リステイトメントの最大の特色は、いずれの裁判所においても同じ法が選択されるという、結果の統一性（uniformity of result）にあるとされたが、契約の場面では、それが果たされなかった。

　第2の批判として、契約締結地法を準拠法とする原則も、実際に適用してみると、明確なルールといえない場合が生じた。まず、契約の締結には一般に申込みと承諾が必要であり、契約締結地とは承諾のなされた地だと考えられるが、実際の交渉の中で、いずれが申込みか承諾かが不明確な場合があった。さらに、当事者が一堂に会してサインをするというような場面では契約締結地は明確に定まるが、隔地者間の取引では問題が複雑になる。アメリカ法では郵便による交渉では、承諾の発信主義がとられているが（mail-box rule と呼ばれる）[40]、いずれの州の郵便ボックスに入れたかで、準拠法が異なることになる。極端な例では、承諾者が旅先の空港の郵便ポストに承諾書を投函すると、その空港所在地の州法が適用される。さらに（後の時代になるが）ネットの取引など想定すれば、どこのネットカフェから承諾と送信したかで準拠法が定まるというのも、あまりに形式的で恣意的なルールだと批判された。

　第3に、契約締結地を定めるためにも一定の「契約法」を前提としなければならないはずだが、先に述べたように、論理上、その「契約法」はどこかの具体的な州の契約法であってはならないとされた。準拠する法は、まさに準拠法選択の結果定まるはずのものだからである。そこで、まず一般的抽象的な「契約法」（general common law of contract）を措定し、その下での契約締結地を探求するという論理構造をとる。そのこと自体が後には厳しく批判された。リアリストにとって（あるいは伝統主義者以外には）、そのような一般的抽象的契約法などどこにも存在しないからである。

　第4点として、不法行為の場合の Carroll 判決ほどではないが、契約の

---

40)　『アメリカ契約法』125 頁参照。

場面でも、どの抵触法の教科書にも取り上げられるような、そして批判的分析の対象となるような実例が現れた。それが、1878年のMilliken v. Pratt事件である[41]。

【Milliken v. Pratt（Mass. 1878）】

　Xはメイン州の会社であり、Y（女性）とその配偶者Zはマサチューセッツ州民である。ZはX会社に信用供与を求めたが、その際に、配偶者である妻Yが5000ドルまでの保証人となるという条件をXから提示された。そこで、Yは承諾し、保証契約書はメイン州のX会社のもとで起草され、Yはマサチューセッツ州でサインをし、Zがメイン州のX会社に郵送した（この場合、保証契約の申込みをYが行い、X会社がそれを受け取って承諾した形になっていると理解すべきである）。

　ところが、ZはX会社から購入した物品の代金支払いを滞るようになり、X会社は保証人であるYに請求したところ、Yが支払いを拒絶し、X会社はマサチューセッツ州裁判所に訴えを提起した。なお、重要な情報として、この当時、マサチューセッツ州では、妻の契約能力は否定されていたのに対し、メイン州ではそのような古いルールを廃止して、妻の契約能力を認めていた。

　マサチューセッツ州最高裁は、本件では、契約締結地の州法が適用されると判断し、かつ保証契約が完成したのは、X会社がY署名済みの契約書を受け取った時点であるとして、メイン州法を適用した。その結果、契約は有効に成立しているとされ、X会社が勝訴した。

　この判決の結論自体には、Carroll判決ほどの批判はなされていない。結局のところ、妻の契約能力を否定するという（現代から見れば）不合理なルールがマサチューセッツ州に存続しているのを利用しようとした妻の主張が退けられているからである。

　だが、仮に、YばかりでなくX会社もマサチューセッツ州の法人であって、何らかの理由で、偶然、契約締結がメイン州で行われた場合に、マサチューセッツ州最高裁は同じ結論を導いたのだろうかと、カリー教授は

---

41) Milliken v. Pratt, 125 Mass. 374 (1878).

1958年の論文で問いかけている[42]。実際、このようなケースで契約締結地だけを連結点として準拠法を選択するルールにどれだけの合理性があるかは疑わしい。

試みに、Carroll事件に倣って、この事件で、メイン州とマサチューセッツ州との関連要素を並べてみよう。

まず、マサチューセッツ州に関連する要素としては、
・被告Y（そして夫Z）のドミサイルがマサチューセッツ州であること
・Yが保証契約書に署名をしたのはマサチューセッツ州であること
・さらにそれを投函したのもマサチューセッツ州であること
・マサチューセッツ州では、妻の契約能力は制限されていたこと（にもかかわらず、妻は保証契約書に署名したこと）
・マサチューセッツ州で裁判が提起されたこと

これに対し、メイン州に関連する要素としては、
・原告Xはメイン州法人であること
・Xは保証契約書を受取り、それによって保証契約が成立したこと
・XがAの妻に保証人になるよう求めているからには、それが有効に成立すると考えていたはずであること（メイン州の法律ではそうなっていたこと）

これらの要素の中で、なぜ契約締結地がメイン州であったことだけが決定打とされるのかは、説明が難しい。

ともかく、以上のように、契約の場面でも伝統的なルール、とりわけ第1次リステイトメントのルールには厳しい批判が寄せられた。

4 財産法に関する伝統的ルール

法選択についての伝統的ルールについて批判がなされたのは、主として不法行為事件であり、次いで契約の場面であって、その他の分野では大きな問題とならなかった。したがって、実はこれから述べる分野では、（現代的ルールのもとでも）準拠法選択ルールに大きな変更はないとされる[43]。

---

42) Brainerd Currie, Married Women's Contracts: A Study in Conflict-of-Laws Method, 25 U. of Chicago L. Rev. 227, 240 (1958).

43) 以下について、Spillenger 20-22, Hoffheimer 83 など。

財産法（主たるものは財産権の移転）について、第1次リステイトメントが定めたルールの要点は、以下のとおりである。

ここでのキー・ワードは、lex loci rei sitae（law of the place where property is situated）であり、財産所在地の法が選択される。

財産は、英米法では real property（物的財産）と personal property（人的財産）に分けられているが、ビール教授は、大陸法の言葉に合わせて immovables（不動産）と movables（動産）という用語を使い、それぞれについてルールを定めた。物的財産・人的財産の意義を厳密に理解するには中世以来の歴史的な変遷や訴訟方式まで知ることが必要となるが、ここでは、2点だけ注記し、以下、不動産と動産という用語で説明する。

第1に、leasehold（定期不動産権）と呼ばれる権利（典型は、不動産を一定期間借用する権利）は、英米法では、物的財産ではなく人的財産に分類されてきたが、第1次リステイトメントでは、不動産に入れている。

第2に、わが国では、動産は有体物しか含まないが、ここでの動産には、債権、知的財産権など無体財産も含む。

とりわけ不動産については、ある州の主権が及ぶという領域的発想がとりやすく（何しろ「領土」内であるから）、当該不動産をめぐる争い（誰のものかという紛争など）は、（どの州の裁判所に訴えが提起されようとも）当然にその所在地の法が適用されると考えられてきた。

動産についても基本は同じでその所在地の法が適用される。ただし、動産は文字どおり動くので、紛争になった時点でどこにあったかが問題となること、有体物でない債権や知的財産の所在地をどこと考えるかという困難な課題がそこにはあった。

【財産法の法選択ルールの具体例】

いくつかその適用例を示す[44]。

① 15歳のXはA州所在の不動産を相続した。B州に長期滞在している間に急病にかかり、死亡の直前に、すべての不動産をYに贈与すると書面に記し、Yに書面を交付した。A州法では、15歳なら不動産を譲渡

---

44) 以下の例について、Hoffheimer 85 以下の設例を参考にした。

する能力ありとするが、譲渡の行われたB州では15歳の譲渡能力を認めない。なお、方式要件については、逆にB州法ならこの譲渡文言を示した文書の交付で譲渡は有効とされるが、A州法では、一定の文言を含むことや、不動産のより明確な特定が必要とされる。

　このケースでは、不動産所在地のA州法が適用され、Xの能力の点では譲渡は有効となる。しかし、譲渡証書の要件がA州法上満たされていないので、結局、譲渡は有効とならない。

　② XはA州において馬をYに売却した。譲渡証書が作成され、それがYに交付された。ところが、その時点で馬はB州の牧場にいた。その直後、XはZにこの馬を二重譲渡し、引き渡してしまった。YはXを訴えて、馬の引渡しを求めた。

　A州法では、動産に関する譲渡証書の交付で財産権は移転する。B州法では、当該動産の引渡しによって、財産権は移転する。

　このケースでは、馬の所在地であるB州法が適用され、Yは馬の財産権を有するといえない。

　③ XはYに、A州への旅行中に、婚約指輪としてダイヤモンドの指輪を与えた。ところが、2人でB州に帰ってきた後、婚約が解消されてしまった。XはYに指輪の返還を要求した。A州法では、婚約指輪は無条件の贈与とされるが、B州法では、婚約が解消されないという条件付きの贈与とされている。

　このケースでは、婚約指輪が引き渡されたA州法が適用され、YはXに指輪を返す必要はない。

　④ この項に関連して準対物的管轄権を実質的に否定したShaffer v. Heitnerという判決を思い出してみよう[45]。当該事件では、デラウェア州で設立された会社の取締役に対し株主代表訴訟がデラウェア州で提起された。その際、デラウェア州の制定法では、デラウェア州で設立された法人の株式の「所在地」（situs）はデラウェア州だと明記していた（その意味では、この事件が株式をめぐる紛争であったなら、デラウェア州法が適用になったはずである）。

---

45) Shaffer v. Heitner, 433 U.S. 186 (1977). 前掲24頁参照。

ただし、連邦最高裁は、たとえ株式の所在地がデラウェア州にあるとしても、当該訴訟と無関係な財産が同州に所在するだけでは憲法上必要な「最小限度の関連」があるとはいえないと述べて、デラウェア州裁判所の裁判管轄権を否定した(準拠法選択以前の、裁判管轄権に関する重要判例だったことを想起されたい)。

このように、財産法の分野では、財産所在地の法を選択するという簡明なルールが適用され、現在まで存続していると考えられている。ただし、そこにも次のような課題がある。

現実の紛争が、財産法に限定されることは少ない。後に原則からの「逃げ道」(escape devices)として詳述するが、ある紛争を財産法の問題ではなく、たとえば、不法行為と性質決定することで、財産所在地の法とは別の法を適用することが可能になる。性質決定問題(characterization problem)が重要になる。たとえば次の例のように[46]。

ⓐ　A州の土地(たとえば工場)から発生した騒音や悪臭が隣のB州の住民に影響を与えた。これは、ニューサンス(生活妨害)と呼ばれる不法行為になり、不法行為地が損害発生地だとすればB州法が適用される(工場所在地のA州法にならない)。

ⓑ　A州の土地の売買契約がB州で締結された。だが、契約について、B州の詐欺防止法(一定の書面を要求する法律)[47]を満たしていないことが明らかになった。これを契約の事件であるとすれば、契約締結地であるB州法が適用される(不動産所在地のA州法ではない)。

ⓒ　A州に不動産や動産を所有するXが、リタイアしてB州に移り、そこで死亡した。相続について適用される法は、不動産については所在地法(A州法)とされるが、動産についてはまとめてXの死亡時におけるドミサイルの地の法が適用される。つまりB州法が適用される。

5　遺言による相続、無遺言相続、信託に関する伝統的ルール[48]

財産法のルール(原則として財産所在地の法を選択するルール)が、生前

---

46)　Spillenger 21.
47)　詐欺防止法(statute of frauds)については、『アメリカ契約法』139頁参照。
48)　以下の説明については、Hoffheimer 91-100。

の財産権移転に適用されたのに対し、ここでは死亡時における財産権移転が対象となる（信託については生前信託もありうるが、それでも、信託財産所有者とされる受託者死亡時に受託者の変更があれば、やはり死亡時に財産権の移転が生ずる）。なお、アメリカの場合、信託の利用が広範になされているので、死亡時における財産権の移転の多くは、無遺言相続法でも遺言による相続でもなく、信託法による[49]。

伝統的ルールの概要は以下のとおりである。

アメリカ（あるいは英米法）の相続法では、日本法と異なり、観念上、死亡と同時に財産権移転が生ずると考えない。企業の破産の場合と同様、一種の破産管財人と類似の立場にある遺言執行者（executor、遺言で指名されている場合）、または遺産管理人（administrator、無遺言の場合、もしくは遺言はあるが遺言執行者が指名されていない場合）が選任され、必ず裁判所を通すことになる（それが好まれないという理由で信託が発展したという側面がある[50]）。

また、不動産相続と動産相続は伝統的に扱いが区別されてきた（それぞれに適用される用語すら別にされてきた）[51]。

不動産については、まず遺言執行者（遺産管理人）選任の段階、および最終的に当該不動産が誰に相続されるかについての準拠法は、不動産所在地の法である。より具体的には、相続の有効性、形式的要件、遺言による相続権などすべて不動産所在地の法が適用される。遺言がない場合には、不動産所在地の無遺言相続法によって決せられる。

第1次リステイトメントは、1つだけ例外則を定めた。遺言の文言についての解釈が争われた場合だけは、遺言作成地の法が適用される。

動産の場合、遺言執行者選任については、予定されていた遺言執行者選

---

49) 念のため注記すると、これは大多数の人の相続が信託に代えられているという意味ではない。実際、信託を設定する人は、それとは別に遺言もするのが通例である。一定の財産所有者は、信託を利用して、自己所有の財産のうち重要財産を管理し処分する（死亡時の移転を含む）例が多いために、多くの「財産」が信託で処理されるという意味である。
50) 樋口範雄『入門・信託と信託法〔第2版〕』（弘文堂・2014）参照。
51) たとえば、田中英夫編集代表『英米法辞典』（東京大学出版会・1991）の inheritance（法定相続）の項目によれば、不動産の無遺言相続は descent、動産は distribution、相続人はそれぞれ heir と next of kin、遺贈は devise と bequest というように用語も異なっていた。

任を有効にするような法が適用される。最終的な相続処分については、遺言の有効性に関し遺言者（被相続人）の死亡時点でのドミサイルの地の法、遺言の文言解釈が争点となった場合は遺言作成地の法が適用される。

　無遺言相続の場合には、被相続人の死亡時点でのドミサイルの地の法が適用される。その適用の結果相続人がいないときには、財産は遺産管理人選任についての準拠法の州に帰属する（その手間をかけた州に帰属する）。

　以上のようなルールの結果、財産の種類によって適用される法が異なり、また、ある州では遺言が無効とされるケースが生ずる。そこでそのような事態を避けるために、各州で will-borrowing statute（遺言有効化法）と呼ばれる法律が制定されている。それによれば、遺言は、遺言作成地の法、またはその時点での遺言者のドミサイルの地の法のいずれかで有効とされれば、いずれの州においても有効となる。

　信託についても、信託財産が不動産の場合、信託の有効性や受益権の内容については不動産所在地の法による。信託財産の管理についても同様である。

　信託財産が動産の場合、生前信託についての原則は、それぞれの動産の所在地の法によるというものであり、その結果、ある動産についての信託は無効ということもありうる。なお債権など無体財産が信託財産である場合には、当該信託が設定された地の法が適用される。これに対し、遺言信託の場合には、動産に関する信託については、一括して被相続人（信託設定者）の死亡時点におけるドミサイルの地の法が適用され、動産ごとに有効無効が分かれるような不確定要素はない。

　いずれにせよ、現在では、遺言や信託を設定する場合には、準拠法を定める規定が置かれることが通常であり、裁判所はそれを原則として尊重する[52]。また一般的にも遺言や信託を有効にするような法を選択するとされる。

---

52) 例外的に、寡婦の保護を目的とする州法について、遺言で指示されたニュー・ヨーク州法ではなく、より手厚いヴァージニア州法を適用すると判断したものとして、In re Estate of Clark, 236 N.E.2d 152 (N.Y. 1968)。

6 婚姻に関する伝統的ルール

　婚姻に関する伝統的ルールのキー・ワードは、lex loci celebrationis (the law of the celebrating) であり、婚姻挙行地法が原則として適用される。だが、婚姻については、近親婚の禁止や一夫多妻制の存在など、婚姻挙行地法で適法ならすべての州でそれを有効としていいのかという難問が古くからあり、他方では、そうやって適法に婚姻が認められた人について、他州で何らかの理由を付してそれをすべて無効とすることにも問題があった。第１次リステイトメントでは、このような課題に、以下のような形で解決を図った。

　まず、婚姻挙行地法が準拠法とされ、その地で有効な婚姻はどこでも有効となるのを原則とした。婚姻能力（婚姻年齢）、必要な方式要件、婚姻許可状の問題、さらにところによっては婚姻前の血液検査や健康診断を要件とするか否かなども婚姻挙行地法による。これは、婚姻挙行地の法によれば当該婚姻が有効になるという理由で、別の州から、婚姻するだけのために短期間滞在した例（渡り鳥婚姻とでも呼ぶことができる）についても同様に扱われた（つまり、婚姻挙行地の法により有効なら、他州でも有効とされた）。

　その逆に、第１次リステイトメントでは、婚姻挙行地法で無効とされた婚姻は、いずれの州でも無効という原則を定めた。言い換えれば、婚姻挙行地法の普遍的適用によって結果の統一性を実現しようとしたわけである。

　第１次リステイトメントに特に明記された例外としては、手紙等による婚姻（marriage by correspondence、承諾の発信された地が準拠法となる）、公海上の船中での婚姻（船舶の帰属国の法による）などがある。

　例外は、できるだけ狭い範囲にするよう工夫された。単にある州において、当該婚姻が公序に反するというだけで、婚姻挙行地で適法になされた婚姻の効果を全否定するようなことがないような工夫である。そのために、婚姻挙行地で有効とされた婚姻は他州でも有効だが、その州では、一定の効果を否定することもできるとされた。

　主な実例として考えられていたのは、ある州Ａで、近親婚の禁止、一夫多妻制の禁止、さらに異人種間の婚姻の禁止がなされていたが、それらを認める州Ｂにおいてなされた婚姻の有効性が問題となるケースである。

たとえば、異人種間の婚姻をしていた夫婦の一方が死亡した場合、A州では、通常なら（婚姻は無効として）生存者に相続権を認めないが、それを認める B 州で婚姻が挙行されていた場合、相続する効果だけは認めた。あるいは、一夫多妻の 2 番目の妻に対する夫の扶養義務や、2 人の間に生まれた子の相続権という効果だけは認める例があった。

A 州の制定法で近親婚が禁止されている場合（アメリカではいとこの間での婚姻まで近親婚禁止にふれるとする州がある）でも、婚姻挙行地が B 州であり、B 州では当該婚姻が有効とされるときは、A 州の法律において、婚姻挙行地でたとえ有効とされてもなお無効である旨を定めていない限り、原則として A 州でも有効になるとした。ここでも、婚姻が有効になされた時点で当事者には一定の既得権が生まれ、それをすべての州が尊重すべきだという立場がとられた。

近親婚については、特にそれが自然の法（natural law）に反するとして、ただちに公序に反するとしてきた裁判所が多かった。第 1 次リステイトメントでは、婚姻当事者がドミサイルを有する地の「特に強い公序」に反する場合、例外的に当該州では無効としてよいとした。単に公序というだけではだめだという点では、婚姻挙行地での法選択とその結果を尊重するという方針が維持されたが、「特に強い公序」に反する場合は別である。その具体例としては、異人種間の婚姻、一夫多妻、そして近親婚（兄妹、親子間の婚姻など）が例示された。なお異人種間の婚姻を禁ずる法律は、1967 年の連邦最高裁判決で違憲（平等保護条項違反）とされたから、現在はアメリカのどこでも異人種間の婚姻は有効とされる[53]。

なお、後の第 10 章で家族関係に関する渉外紛争を扱う際に、その後の婚姻をめぐる準拠法の問題を再度取り上げる[54]。

7　代理、パートナシップ、会社（法人）に関する伝統的ルール

これら 3 種類を並べて論ずるところにアメリカ法らしさがある[55]。アメリカ法のもとでは、これらは、いずれも事業を行う場合の基本的な法理で

---

53) Loving v. Virginia, 388 U.S. 1, 12 (1967). 参照、『アメリカ憲法』287 頁。
54) 後掲 264 頁以下参照。
55) 以下の説明については、Hoffheimer, at 113-116。

ある。事業は自分1人だけで行うことも可能ではあるが、複数の人で行えば事業の範囲が拡大する。より大きな事業を起こすことができる。

まず、代理人（被用者と呼ばれる場合もあるし、そうでない代理人もいる）を使用する形態が代理である[56]。次に、複数の人が事業の共同所有者（経営者）となって、互いに代理人関係を結ぶパートナシップと呼ばれる形態がある。さらに、州法によって事業を法人化することが認められると、一定のガバナンス体制を有する会社形態での事業を行うケースが出てくる。

これらの法的類型についての準拠法選択に関する伝統的ルールは、以下のとおりである。

<u>代理（現実的代理権）とパートナシップの対内関係（本人代理人関係およびパートナー相互の関係）については、それぞれその合意がなされた地の法が適用される</u>（これらを一種の契約とみれば、契約締結地法ということになる[57]）。

アメリカ法では、代理の成立について、外観法理による代理（表見的代理権）も実際に多用される。この場合については、第三者が外観上代理権の委任があると信じた地の法が適用される。

代理人の行為やパートナーの行為によって、本人や他のパートナーに法的拘束力が及ぶか否かについては、代理人やパートナーが行為をすることの認められている地の法が適用される。その行為が不法行為とされる場合には、不法行為地法が適用になる。

法人については、法人の行為といっても、実質は、法人の代理人（それがCEOであれ、被用者であれ。アメリカの代理法では、法人を代表する権限のある被用者だけが代理人というわけではない）の行為になる。

まず法人の設立に関しては、法人設立地法が適用される。ある州で有効に設立が認められた法人は、いずれの州でも有効に設立されたと認められ

---

56) アメリカの代理の意義については、『アメリカ代理法』および樋口範雄＝佐久間毅編『現代の代理法―アメリカと日本』（弘文堂・2014）参照。

57) 日本では、通常、代理は委任契約、パートナシップは組合契約として、契約で考えるが、アメリカでは、代理は契約ではないし、パートナシップも代理の組み合わせであるから、必然的に、契約とはされない。本人代理人関係も、委任契約関係ではなく、信認関係（fiduciary relation）だとされている。樋口・前掲注56）の著書参照。しかし、実際には契約の要素も含むのが通例であり、第1次リステイトメントでは、契約に関するルールを準用した。

る。解散についても法人設立地法による。

次に、法人の対内関係(株主の権利や取締役や役員の義務など)は、法人設立地法によって定まる。

法人の代理人が締結した契約や、代理人が行った不法行為については、それらの行為が行われた地の法が適用される。外観法理による代理(表見的代理権)の場合については、第三者がそれを信頼したところの地の法が適用される。要するに、法人の対外関係については、代理法の場合と同様の扱いがなされる。

第6章　準拠法選択——伝統的ルールからの逃げ道（escape devices）

I　伝統的ルールの例外——4つの手法

　前章において、1934年の第1次リステイトメントに具体化された準拠法選択に関する伝統的ルールの概要を説明した。だが、それではまだその全容を記したことにはならない。実際には、この伝統的ルールについては4つの例外が作られてきた。アメリカの教科書では、escape devices（逃げ道、例外の工夫）と呼ばれる。

　しかし、その結果として、伝統的ルールが何よりも目指した目的、すなわち形式的画一的に同じ準拠法が選択され、どこの裁判所でも同じルールに帰着すること、すなわち裁判の予測可能性が確保されること、が実際には大きく減殺されることになった。伝統的ルールへの厳しい批判の源泉の1つとなったのは間違いない。

　4つの例外ルール（逃げ道）は、以下のとおりである。
　①性質決定を利用する逃げ道（characterization）
　　　たとえば、ある争点を不法行為と性質決定するのではなく、契約の問題とすることにより、具体的に妥当だと思われる解決（適切な法選択）を導く手法。
　②実体と手続という区分を利用する逃げ道（substance and procedure）
　　　たとえば、ある争点を、実体法上の問題とするのではなく、手続法の問題とすることにより、法廷地法を適用して具体的に妥当だと思われる解決（適切な法選択）を導く手法。
　③反致（renvoi）を利用する逃げ道
　　　反致とは、たとえば、A州の裁判所が準拠法選択した結果、B州

法を適用することになったが、B 州法の準拠法選択法によれば A 州法を指定していた場合、結局、A 州法の適用という結果に戻る現象を指す。この特別な法理も、単純に伝統的ルールを適用すれば一義的に、いずれかの実体法が定まるわけではない例外となった。

④ 公序 (public policy) を利用する逃げ道

最後に最も重要な例外が、公序である。たとえば、A 州の裁判所が伝統的ルールによって選択した B 州法の内容が、それをそのまま適用できないほどに A 州の公序に反する場合、公序に反するとして B 州法の適用をしないという選択肢があった。

以下、これら 4 つの手法について、具体的に説明する。

II 性質決定を利用する逃げ道 (characterization)

すでに紹介したように、伝統的ルールが批判される代表例として、1892 年の Alabama Great Southern R.R. Co. v. Carroll 判決があった[1]。その事件では、たまたま事件が起きた地がミシシッピ州であり、かつ同州には被害者に不利な法理（同僚被用者の法理）が存在したために、アラバマ州の裁判所は、不法行為地であるミシシッピ州法を適用して労働者敗訴の判決を下した。だが、使用者被用者関係はアラバマ州で成立していることからすると、契約上の問題と性質決定すれば契約締結地であるアラバマ州法を適用する余地があったとされる。

実際、このような手法・逃げ道を利用して、より妥当な解決を図った裁判所（裁判官）は伝統的ルールのもとで少なくなかったといわれている。

ただし、性質決定 (characterization) を「逃げ道」と呼ぶことには、2 つの点で注意が必要だという[2]。

第 1 に、性質決定自体は、伝統的ルールに従う限り、必然だということである。それは本来、「逃げ道」でも何でもなく、伝統的ルールの「王道」である。なぜなら、伝統的ルールとは、ある争点の「性質決定」をして、

---

1) Alabama Great Southern R.R. Co. v. Carroll, 11 So. 803 (Ala. 1892). 前掲 101 頁。
2) Spillenger 23.

それさえ決まれば後は「いずれかの地の法を選択することが自動的に決まる」という構造をもっていたからである。

　第2に、したがって、多くの裁判所は性質決定を恣意的に行ったわけではない。多くのケースは、当該争点の性質が争いなく決まり、それが適用されたのである。しかしながら、ある争点について、合理的に見ても複数の性質を有する場合も存在した。そのような場合に、ある性質決定がなされたとしても、それは「逃げ道」と呼ぶ必要はないだろう。

　これら2点に留意しつつ、それでも「逃げ道」と考えられる例を示す。

【Haumschild v. Continental Casualty Co.（Wis. 1959）】[3]

　実例として掲げられる最も有名な判例が、1959年のウィスコンシン州最高裁判決である。事案は、運転者の過失により起きた交通事故の際に、同乗者である配偶者がけがをしたというものである。原告はウィスコンシン州民であり、その配偶者が運転者であって、仮に事故がウィスコンシン州で起きていれば、文句なく自動車保険がおりるケースだった。ところが、2人はカリフォルニア州で事故を起こし、当時のカリフォルニア州では、配偶者間の不法行為免責を認める法理があった。

　この事件について、不法行為として不法行為地法を適用すればカリフォルニア州法が適用されて、原告は敗訴する。しかし、配偶者間では提訴できないという点だけを切り離して、これを訴訟能力（正確には訴えられる被訴訟能力）の問題だと性質決定すると、ウィスコンシン州法の適用も考えられた。

　興味深い点は、このような事件は多発していたから（アメリカにおいて、夫婦が自動車で旅行する、あるいは移動することの多さを考えてみよう）、同種の事件ですでに先例があった。それによれば、カリフォルニア州の裁判所は、これを訴訟能力の問題であると性質決定し、たとえカリフォルニアで事故が起こっても、当事者のドミサイルのある州法（つまりカリフォルニア州以外の州法）を適用してきた。ところが、この判決以前のウィスコンシン州の裁判所は、これは不法行為の問題であるとして、不法行為地法を

　3）　Haumschild v. Continental Casualty Co., 95 N.W. 2d 814 (Wis. 1959).

適用してきたのである。言い換えれば、原告がカリフォルニア州で訴えを提起すれば、勝訴できる可能性があった。

このような状況を背景として、ウィスコンシン州最高裁は、自らの先例を覆し、本件は訴訟能力の問題であるとして、ウィスコンシン州法を適用し、保険会社に保険金の支払いを命じた。

【Levy v. Daniels' U-Drive Auto Renting Co.（Conn. 1928）】4)

同様に有名なケースとして、レンタカーによる交通事故で、同乗者がレンタカー会社を訴えた事件がある。レンタカーはコネチカット州で借りられたものであり、被害者もコネチカット州民で、訴訟もコネチカット州で提起されたが、交通事故自体はマサチューセッツ州で起きていた。不法行為地の法であるマサチューセッツ州法は、レンタカー会社には貸付の際に過失がない限り責任がないとしていたが、コネチカット州法では、会社は貸し出された車に乗っていた人（同乗者）に対しても、一種の第三者のための契約責任を負うという規定があった。コネチカット州最高裁は、これを不法行為事件ではなく契約の事件だと性質決定し、マサチューセッツ州法ではなく、コネチカット州法を適用して救済を認めた。

【Preine v. Freeman（D.C. Va. 1953）】5)

これもやはり交通事故の事件であり、事故のあったところはヴァージニア州である。事故は複数の人の過失によるものであり、そのうちの一部について、被害者は全損害の 40％ について和解し、それらの加害者には（これ以上の責任の）免責を与えた。ところがヴァージニア州法では、一部の免責はすべての免責（すべての加害者に対する免責）を意味するとされていた。本件の場合、免責の合意はヴァージニア州以外でなされており、それらの州ではヴァージニア州法とは異なり、一部の免責がただちにすべての免責を意味しないというルールだった。ヴァージニア地区にある連邦地裁に他の加害者に対する訴訟が提起された際、これは州籍の相違に基づく訴訟であり、ヴァージニア州の裁判所に訴えが提起された場合と同様の州

---

4) Levy v. Daniels' U-Drive Auto Renting Co., 143 A. 163 (Conn. 1928).
5) Preine v. Freeman, 112 F.Supp. 257 (D.C. Va. 1953).

法が適用されることを前提として[6]、連邦裁判所は、本件を契約（免責合意）の問題ではなく不法行為の問題であると性質決定し、ヴァージニア州法を適用した（すべての加害者に対する免責がなされたとした）[7]。

　同様の逃げ道の例として、仮設例を1つだけ紹介する[8]。A州のSはギャンブル中毒で、裁判所において浪費者（spendthrift）であるという宣告がなされた。A州法によれば、浪費者たる宣告の結果、Sの結ぶ契約はすべて無効とされる。ただし、B州にはそのような法はなかった。

　ところが、SはB州に住むTと手紙による交渉を行い、SがTに対し借用証書（promissory note）を送り、それを見返りにSはTから1000ドルの小切手を送ってもらった。すぐさまSは1000ドルを浪費した。Tが訴えた場合どうなるかというものである。

　伝統的ルールによれば、この借用契約はその借用証書を送った時点で成立しているので、契約成立地はA州となり、A州法が適用されて、TはSに対し契約上の責任を問えなくなる。

　しかし、それであきらめてはならない。性質決定のレベルでの操作を含めていくつかの対処が可能である。まず、本件は契約問題であるとしても、借用金の返還が問題となっており、それは履行の問題であるとして、履行地をB州とすることが考えられる。次に、そもそも契約成立地についても、本件では、借用証書の送付と小切手の送付が対になっており、必ずしもA州を成立地とすることにならないと主張することもできる。さらに、いずれにせよ貸した金は贈与ではないから、不当利得返還請求と性質決定することもできる。最後に、Sの行為は詐欺という不法行為であるとして、その損害が生じたB州法が適用されると論ずることもありうる。この例が示すように、性質決定を利用するなどの議論の組み立て方で、さまざ

---

6) 州籍の相違事件において、連邦裁判所で適用される州法については、後掲205頁参照。
7) この事件では救済が否定されており、通常の「逃げ道」とは、原告を救済するために利用されているので、一見すると本件での解決法を「逃げ道」と呼ぶのは適切でないと思われるかもしれない。だが、ヴァージニア州内の事件であれば、一部免責はすべての加害者の免責となるところ、本件ではたまたま一部免責合意がヴァージニア州外でなされたために、ヴァージニア州の他の加害者の免責ができないのを不適切と考えれば、本件の裁判所がとった方法は、契約に関する法選択の伝統的ルールからの「逃げ」であると理解することができる。
8) Hoffheimer 128 に掲げられる設例を参考にした。

な法選択が可能とされる場合があった。

III 実体と手続という区分を利用する逃げ道
（substance and procedure）

　準拠法選択に際し、争点の性質決定問題の一部ではあるが、特に、別に論ずる価値のある手段がある。それは、実体法上の問題か手続法上の問題かという区分である。そして、まさに伝統的に、A州の裁判所は、たとえ準拠法選択ルールによって実体法の問題ではB州法を適用することになっても、それを審理する際の「手続法」についてはA州法（自州の法）を適用するのが当然とされてきた。

　その正当化理由は、第1次リステイトメントによれば、便宜または実際的考慮である。仮に、手続法まで他州の法ということになれば、A州裁判所は、論理的にはすべての州、さらにすべての国の手続に精通しなければならなくなる。それは、現実的に無理だということである[9]。

　しかしながら、多くの法律家は、実体と手続という区分が、常に明確にできるわけではないことを知っている。そもそも、この区分が利用される場面によって、ある問題が手続とされる場合とそうでない場合がある[10]。区分自体が相対的概念なのである。準拠法選択の場面でも、この区分を伝統的ルールのもとで一種の「逃げ道」として利用する余地もあり、そうでなくとも実体か手続かいずれであるかの判断が困難な事例が出てくる。

---

9) ただし、それでは十分な説明にならないというので、むしろ裁判とはまさに手続こそその本質にあり、それについてはそれぞれの裁判所（州法）における裁判というもののあり方に関わる最も重要な政策的選択がすでになされていると説明するものもある。See Hoffheimer 133.

10) アメリカにおける最も重要な例は、出訴期限が手続法か実体法かという点である。準拠法選択をはじめとして多くの場面で出訴期限は手続問題とされているが、州籍の相違に基づく連邦裁判所の裁判について適用される（実体）法は、当該連邦裁判所が所在する州の裁判所が適用するであろうと考えられる実体法であるとされた後、連邦最高裁は、出訴期限はこの意味では実体法の問題だと判示し、連邦裁判所の法廷地法（＝連邦法）ではなく、その裁判所の所在する州法によらなければならないとした。この問題については、後掲220頁以下参照。

III 実体と手続という区分を利用する逃げ道（substance and procedure）

1 手続法の問題とされてきた分野

第1次リステイトメントは、「裁判所へのアクセス、訴えを維持しまたは訴えを却下するための要件、裁判所における手続の形式、請求を立証する方法」などは手続問題だと明記した[11]。具体的には次のような論点だとされる[12]。

・裁判管轄権
・訴訟形式（forms of action）
・訴状の送達
・必要的当事者や当事者適格
・裁判官による審理か、陪審審理か
・証人適格および信用力
・証拠能力
・立証、推定、および推論に関わるルール
・判決の執行
・上訴手続

これらは、一見いかにも「手続的」である。だが、次に述べるように現実の裁判では、これらに含まれそうに見えながら、なお議論の余地のあるケースが現れた。

2 曖昧な分野

(1) **訴権の消滅（不法行為における当事者の死亡）** 実体法の問題とされてきたものを「手続問題」だとして、具体的妥当性を追求した代表的判例として 1953 年の Grant v. McAuliffe がある[13]。背景には、ここでも今から見れば不合理な不法行為法上のルールがあった。

【Grant v. McAuliffe（Cal. 1953）】
原告も被告もカリフォルニア州民という交通事故である。ただし、事故

---

11) 1st Restatement §585 cmt. a.
12) Hoffheimer 134.
13) Grant v. McAuliffe, 264 P.2d 944 (Cal. 1953).

地はアリゾナ州だった。原告が訴える以前に、衝突の相手方の車を運転していた被告が死亡し、原告は、被告の遺産を相手として[14]カリフォルニア州の裁判所に訴えた。

その当時のアリゾナ州では、訴訟提起前に被告が死亡した場合、訴権も消滅するというルールが行われていた（そもそも英米法では、訴訟当事者の死亡によって裁判が終了するというルールがあった）。それに対し、すでにカリフォルニア州では、当事者が死亡しても訴権が存続するという法律が制定されていた[15]。

本件は明らかに不法行為事件であり、その要件等の実体法の問題については、伝統的ルールでは不法行為地法（アリゾナ州法）が適用される。だが、カリフォルニア州最高裁のトレーナー裁判官は、訴権の消滅は手続法の問題だとして、法廷地法であるカリフォルニア州法を適用し、原告を勝訴させた[16]。

実体と手続という区分を利用して、具体的に妥当な解決を図ったのである。この判決は、そもそもカリフォルニア州民同士の争いについてのものであり、そして死亡した遺産の管理および処分もカリフォルニア州でなされている事案について、たまたま事故地がアリゾナだという理由だけでその地の法を適用するという伝統的ルールの形式性画一性を反省させる材料になった。

(2) **立証責任**　立証責任や証拠の採否は当然手続問題だとされそうだが、次の事件を見ると、そう簡単でもないことがわかる。

---

14) 先にも述べたように（113頁）、アメリカの相続は、いったん遺言執行者または遺産管理人のもとで管理され、支払うべき債務を支払い、請求すべき債権を実現して、遺産を確定させたうえで配分が行われる。したがって、ここでも支払うべき債務ありとして、遺産を相手に訴訟が行われた。実質的に相手方となるのは、遺言執行者または遺産管理人だが、彼らは遺産の所有者ではないから（単なる一種の破産管財人なので）、英米法では、遺産を相手方として訴訟が提起される。本件の名目上の被告は、自動車事故の加害者（死亡）の遺産管理人である。

15) 『アメリカ不法行為法』355頁。

16) この判決に対し厳しい批判が寄せられた。James D. Sumner, Choice of Law Governing Survival Actions, 9 Hastings Law Journal 128, 142 (1958).

【Shaps v. Provident Life & Accident Insurance Co. (Fla. 2002)】[17]

　立証責任に関する判例である。原告はニュー・ヨーク州民であったときに障害保険に入り、保険事由にあたる状態となり、保険金請求を行い認められた。その後、フロリダ州に移転したところ、1年後に、保険会社からもはや「障害」ありといえなくなったとして保険金給付を止められ、フロリダ州裁判所に訴えを提起した。

　フロリダ州では伝統的ルールに則っており、このような契約紛争に適用される法は契約締結地の法としていた。それはこの場合ニュー・ヨーク州法となる。だが、ニュー・ヨーク州法では、被保険者が「障害」を負ったままであることの立証責任は原告である被保険者にあるとされるのに対し、フロリダ州法では、保険会社に「障害」のなくなったことの立証責任を課していた。

　フロリダ州最高裁は、本件について権利義務を定める実体法はニュー・ヨーク州法が適用されるが、その権利義務を定めるための方法にあたる手続法は法廷地法によると述べ、立証責任の問題は手続の問題であるとしてフロリダ州法を適用した（これは、逆にいえば、ニュー・ヨーク州の裁判所に訴えていた場合と比べて、立証責任が転換したことを意味する）。

　抽象的にいえば、これまで立証責任の問題は当然に手続問題とされてきたが、特に紛争事案が遠い過去の事実に関するような場合、立証責任の如何によって判決の帰趨が決まることも少なくない。そのような場合に、単なる手続問題と呼べるかには疑問も残る。本件についても、ニュー・ヨーク州ではなくフロリダ州の裁判所に訴えたところに大きな意味があるわけであり、それは forum shopping（法廷地漁り）の誘因となる。

(3) **裁判上の救済の扱い——損害賠償額の限定**　　実体と手続という区分と微妙に関連する区分として、権利と救済（right and remedy）という区分がある。英米法ではエクイティ上の救済としてさまざまな救済方法が認められる。しかも、それには裁判所の一定の裁量権を伴う。A州で認められない救済方法（たとえば、差止命令）がB州で認められる場合、A州

---

17) Shaps v. Provident Life & Accident Insurance Co., 826 So.2d 250 (Fla. 2002).

の裁判所はB州法を適用して救済する（差止めを命ずる）ことができるかといえば、そうはなるまいと考えられている[18]。そして、その説明として、救済の問題は手続と同視されるとする考えがある。それを示す例が次の判決である[19]。

【Kilberg v. Northeast Airlines, Inc. (N.Y. 1961)】
　ニュー・ヨーク州民がニュー・ヨークでチケットを買って乗り込んだ飛行機がマサチューセッツ州で墜落した。形式的には被害者の遺産が原告となって（実質的にはその遺言執行者が原告となって）航空会社を訴えた。問題は、ニュー・ヨーク州法には損害賠償の制限はなかったが、マサチューセッツ州では、飛行機事故について1万5000ドルを上限とする損害賠償制限の法律が制定されていたことである。
　この制限を実体法と見れば、不法行為地法であるマサチューセッツ州が適用されるはずであるが、ニュー・ヨーク州最高裁は、賠償額制限は権利の存否ではなく救済の内容であるとして（手続法と同視して）、その部分についてはニュー・ヨーク州法を適用した[20]。

　(4)　**出訴期限**　わが国において、たとえば不法行為の時効は3年と定められており、この時効は実体法上の権利の喪失に関わるものとされてきたのに対し、アメリカの出訴期限法（statute of limitations）は、まさに裁判に訴える期間の限定として、一般に手続の問題とみなされてきた。その正当化事由としても、訴訟の量を合理的な程度に抑制する裁判所の利益や、とりわけ証拠が古いものだけになるとそれだけ信用力も劣化して裁判に困難を来すという理由がまず掲げられた[21]。「出訴期限があるおかげで古くて信用できない話をもち出されて訴えられる不利益から保護される」という個人の（実体的）利益は二次的な扱いだったのである。
　ところが、1945年以降、裁判管轄権が拡大する中で（つまり州外の人や

---

18)　Spillenger 33-34.
19)　Kilberg v. Northeast Airlines, Inc., 172 N.E.2d 526 (N.Y. 1961).
20)　しかし、ニュー・ヨーク州最高裁は、すぐ翌年の1962年、この判例を覆し、損害賠償は実体法の問題だとした。Davenport v. Webb, 183 N.E.2d 902 (N.Y. 1962).
21)　Spillenger 36.

法人にも訴えが提起しやすくなったために)、出訴期限が手続法とされて法廷地法が適用されることを利用した forum shopping（法廷地漁り）が生ずるようになった[22]。

しかも出訴期限法が適用されれば、それだけで原告は敗訴が決まる。勝つか負けるかを決定するような要素であるだけに、単に手続の問題だというにはためらいがあった。そこで何らかの実体的な権利を認める法律が制定され、それに出訴期限が付けられている場合、それは実体法と一緒になったものと考えられるようになった。

第1次リステイトメントでは、出訴期限法は、通常は手続問題だが、制定法によって認められた権利に出訴期限が付けられているようなケースでは、権利の内容に関わる実体法の問題として扱うことにした。

(5) 他の争点　他にも、実体法か手続法かで微妙な問題を提起したものに次のような例がある[23]。

① 免除（免責）——不法行為における配偶者免責のように、ある種の訴えからの免除を定めるルールがある。不法行為の実体法的ルールに見えるが、「誰が訴えられるかを定めるのは法廷地法による」という第1次リステイトメントの規定[24]にあてはまると見ることもできる。

② 証拠法の準則と注意義務の基準——不法行為法における注意義務の基準は明らかに実体法の問題だが、注意義務違反を立証する方法は証拠法の問題であり手続法とされる。だが、その境界は明確でない場合もあった。

③ 詐欺防止法（statute of frauds）——詐欺防止法は一定種類の契約について署名付きの書面がない限り、裁判上、それに基づく権利実現ができないとする法律であるが[25]、第1次リステイトメントでは、契約が有効に成立する要件と見る場合は実体法、口頭証拠を排除する点では手続法とされた。

---

22) 裁判管轄権の拡大については、25頁以下参照。実際に、出訴期限が長いことを利用してわざわざニュー・ハンプシャー州で訴えが提起された事例として、Keeton v. Hustler, 465 U.S. 770 (1984)（前掲59頁）。
23) 以下につき、Hoffheimer 135-137。
24) 1st Restatement §588.
25) 詐欺防止法の意義については、『アメリカ契約法』139頁。

④ 口頭証拠排除則（parol evidence rule）――これは契約が書面化された場合、それが最終的な当事者による合意の表現だとして、それに反する口頭証拠等を排除するルールである[26]。第１次リステイトメントは、これを実体法上のルールだとしたが、証拠を排除するための証拠法上のルールだとする裁判所もあった。

⑤ 証言拒絶特権（testimonial privilege）――弁護士が依頼人から聞いた情報や、配偶者間でのやりとりについて、弁護士や配偶者が証言を拒否できるとする特権である。これについて、第１次リステイトメントは、まさに証拠の問題であるとして手続問題としたが、実際には、実体法上の利益（弁護士依頼人間や配偶者間の信頼関係保護）を守るものだとする異論があった。

⑥ 直接的訴訟（direct actions）――不法行為事件で賠償責任保険がつけられている場合、保険会社を直接に訴えることはできないとするのが判例法上のルールだったが、後に、制定法により直接訴えるのを認めた州がある。この直接訴訟について、実体法上の問題とするか、手続法上の問題とするかで、裁判所の見解が分かれた。

IV 反致（renvoi）

国際私法上有名な概念に「反致」（renvoi）がある[27]。これは、Ａ州の準拠法選択法によりＢ州法が準拠法となる場合、Ｂ州法の意味を、Ｂ州の実体法ばかりでなく、Ｂ州法の準拠法選択法を含むと考え、Ｂ州の法の全体（whole law）を適用になると考えるところから生ずる。その結果、Ｂ州の準拠法選択法がＡ州法の適用を指示する場合、あたかも適用すべき法がバックして返ってくる（send back、フランス語の renvoi はそのまま送り返すことを意味する）。これに日本では「反致」という訳をあてた（反対に送致されるという趣旨の言葉である）。もちろん、Ｂ州の準拠法選択法がＣ州法を指示していれば、Ａ州法には戻ってこず、今度はＣ州法を検討する

---

26) 口頭証拠排除則の意義については、『アメリカ契約法』153 頁。
27) 以下につき、Spillenger 41-45, and Hoffheimer 161-169。

ことになる。

　他州の法または外国法を適用するだけでも、当該裁判所では重荷であるのに、反致を認めると事態はいっそう複雑になる。先の例で、B州法がA州法を指示している場合、A州でもう一度準拠法選択をすればB州法が指示されるので、この場合、論理的には「行ったり来たり」が永久に続く。同様に、C州法が指示されている場合、C州の準拠法選択法がD州法を指示していると、今度はA州から始まり、果てしない永遠の旅に出る論理的可能性がある。

　それを防ぐためには、A州が選択したB州法を、準拠法選択法を含むB州法（whole law）ではなく、B州の実体法（local law）だと考えればよい。実際、アメリカ法では反致に対し冷淡な態度をとってきた。第1次リステイトメントでも、原則として反致を認めないと明確に宣言した。ただし、2つだけ例外を認めた。1つは、不動産の権原に関わる争点であり、いま1つは、離婚の効果に関する争点である。これらがなぜ例外とされたのか十分な説明はできないとされるが、前者は、伝統的ルールでの土地に関する「領地」内での判断の尊重（不動産の所在する当該州が、他州法をあえて準拠法として指示するのであればそれを尊重する）、後者は、ビール教授が、婚姻という特に統一的取扱いの重要な争点について、反致を認めた方が統一的取扱いのなされる蓋然性が高まると考えたのではないかと推測されている[28]。

　しかしながら、原則として反致を認めないのがアメリカ法の大勢であり、第1次リステイトメントばかりでなく、その姿勢は第2次リステイトメントなど現代にまで引き継がれている。

　ところが、その中で、反致を利用したように見える判例も少数ながら現れた。

【Chicago v. Dater（Mich. 1936）】[29]

　妻が夫と共同債務者となる借用証書をミシガン州からイリノイ州へ送付した。だが、後にこの契約の無効を主張した。この当時、ミシガン州では、

28）　Spillenger 44.
29）　Chicago v. Dater, 270 N.W. 175 (Mich. 1936). この判例について、Hoffheimer at 164.

妻は契約能力がなく、すべて夫が契約することになっていたからである。

ミシガン州の裁判所は、次のように述べて妻の主張を認めた。まず、準拠法はミシガン州法かイリノイ州法のいずれかである。ミシガン州法だとすれば、まさに妻は無能力とされているので契約は無効となる。他方で、イリノイ州法だとしても、イリノイ州の準拠法選択法では、契約締結地法としてミシガン州法が適用されるので、結局、妻の主張が認められる。

後半部分には、明らかに反致が利用されている。しかし、先に述べたように、第1次リステイトメントでは原則として反致自体を否定しているから、本件でミシガン州法による準拠法選択法でイリノイ州法が適用されるというなら、その実体法によって、妻の能力が肯定されたはずである。ところが、結論として、ここではミシガン州裁判所が妻の無能力を認めるための理由の補強として「反致」が利用された。

【Braxton v. Anco Electric, Inc.（N.C. 1991）】[30]

ノース・カロライナ州民である原告は、ヴァージニア州の建築現場で負傷した。被告の労働者は、ノース・カロライナ州の会社の被用者だった。ノース・カロライナ州の労災補償法は、被害者が加害者である被用者に対し訴えることを妨げないとしていた（それに対し、使用者である会社を訴えることはできない）。他方で、ヴァージニア州法の労災補償制度では、使用者である会社も同僚被用者もともに訴えることはできないとされていた。

この当時、ノース・カロライナ州は、伝統的ルールに従い、不法行為については不法行為地の法を適用するとしていた。これに対し、ヴァージニア州法の準拠法選択法では、雇用関係が形成され労災補償が提供される州の法を適用するとしていた。

ノース・カロライナ州の最高裁は、この事案で、原告に有利な判断を示した。本来なら、ヴァージニア州法が選択され、その結果、原告は同僚の労働者を訴えることもできないとされたはずであるが、ヴァージニア州の裁判所で裁判が行われれば、ノース・カロライナ州法が適用されて、原告は勝訴したはずだという点を理由の一部にした。要するに、ここでは「反

---

30) Braxton v. Anco Electric, Inc., 409 S.E.2d 914 (N.C. 1991).

致」を利用して、ノース・カロライナ州法を適用したのである。

これら2つの例は、反致を利用して、伝統的ルールでは他州の法を適用するところ、結論として自州の法を適用することを可能にした例である。アメリカでは、このような例は多数にはならなかったものの、伝統的ルールからの「逃げ道」として反致を利用する実例となった。

V 公序 (public policy)

伝統的ルールに関する4番目の「逃げ道」が公序である。第1次リステイトメントは、伝統的ルールによって選択された他州（外国）法の内容が「法廷地法の強い公序（strong public policy）に反する場合」、それを適用しなくてよいと明記した[31]。

典型的な例は、次の2つの事例である。

[仮設例1][32]

A州では、賭博に関する契約を違法とし、その契約を無効（厳密にいえばunenforceableということで、裁判上実現できないという意味である）としていた。A州民XとYは、賭博に関する契約を有効とするB州に旅行し、そこでそのような内容の契約を結んだ。A州に帰ってから、2人の間に争いが生じ、XがYを契約違反で訴えた。A州は伝統的ルールに従い、契約締結地であるB州法を適用しようとするはずだが、このケースでは公序に反するとして訴えを認めない可能性がある。

[仮設例2][33]

XはA州でZを奴隷として所有していた。B州のYは密かにZの逃亡を援助し、A州において偽の身分証明書と逃走のための地図をZに渡した。この行為は、A州法上は、動産侵害（奴隷は所有者の動産扱いされてい

---

31) 1st Restatement §612.
32) Spillenger 45-46.
33) Hoffheimer 153.

た）という不法行為にあたる。Xは、奴隷制度を違法とするB州において、Yを訴えた。B州では伝統的ルールに従い、不法行為地法であるA州法を適用するのを原則としていたが、このケースの場合、公序に反するとして訴えを否定する可能性が高い。

　これらの事例が示す点は次の2つである。
　第1に、第1次リステイトメントがいうように、単なる公序ではなくよほど「強い公序」でない限り、この例外は利用されない。これら2つの例も、とりわけ後者などは、現代ではありえないような事例である。
　第2に、「強い公序」例外ルールは、訴訟原因について適用されることがあるだけで、防御方法には利用できないとされた[34]。実際の例としては、1938年、ニュー・ヨーク州最高裁が、使用者はドイツ人、被用者はユダヤ人というケースにおいて、当時のナチスの法律に従い使用者が被用者をドイツで解雇した事案を扱った例がある[35]。原告の被用者が解雇を契約違反として訴えたのに対し、使用者は、ドイツの人種差別的法令を抗弁とした。ニュー・ヨーク州最高裁は、この抗弁内容がアメリカにおける人種差別禁止という公序に反するとは認めつつ、それでもこの抗弁を有効として原告を敗訴させた。
　訴訟原因と抗弁とで、取扱いを異にする理由としては、抗弁の場合、それを法廷地法の強い公序に反するとして無効としても、現実的な救済を与える道がない点がある（ドイツ人による解雇を無効としても実際に効力をもたせることができない）。
　言い換えれば「強い公序」という例外は、きわめて例外的にしか利用できないとされてきたこと、さらに、利用できる場合も、法廷地において契約や不法行為の成立を妨げる（効果を否定する）方向でしかなかった。
　また、第2次リステイトメントなど、準拠法選択について現代的傾向を示すルールのもとでは、その考慮要素の1つに「公序」が入っているので、ルールに対する例外とはもはや呼べない状況になっている。
　以下、強い公序という例外を論じた代表的ケースを紹介する。

---

34) Hoffheimer 151.
35) Holzer v. Deutsche Reichsbahn-Gesellschaft, 14 N.E.2d 798（N.Y. 1938）.

V 公序 (public policy)

【Loucks v. Standard Oil Co. of New York（N.Y. 1918）】[36]

ニュー・ヨーク州民 X が、マサチューセッツ州で交通事故に遭い死亡した。加害者は、ニュー・ヨークの会社の被用者だった。被告 Y はその使用者責任を問われたニュー・ヨーク州の会社である。この当時、すでにどちらの州も、被害者死亡の場合になお訴権が存続するという制定法を有していたが、マサチューセッツ州法では賠償額の上限が 1 万ドルとされていたのに対し、ニュー・ヨーク州法では制限がなかった。

ニュー・ヨーク州最高裁のカードウゾ（Cardozo）裁判官は、本件について不法行為地法であるマサチューセッツ州法を適用すると判断し、かつそれが公序に反するとの主張を否定した。公序に反するというのは、「何らかの基本的な正義の原則や、良俗に関する支配的な観念や、伝統に深く根づいた共通の福利」（some fundamental principles of justice, some prevalent conception of good morals, some deep-rooted tradition of the common weal）を侵害するような例外的事象に限られると述べている[37]。

ここでも強い公序に反するという例外が認められるのは、きわめて限られた場合であると明言されて、実際にその主張が退けられている。

【刑事罰の不適用】

ただし、これに関連して、他州（外国）の法でもそれが刑事罰的なもの

---

36) Loucks v. Standard Oil Co. of New York, 120 N.E. 198 (N.Y. 1918).
37) その結果、マサチューセッツ州法が適用されて、1 万ドルまでの上限はあるものの、原告への賠償が認められた。Spillenger 48-50 では、マサチューセッツ州法が公序に反すると主張したのが、原告でなく、被告だったことを説明している。というのは、この当時、伝統的ルールによって選択されたマサチューセッツ州法が公序違反だとすると、その結果は、ニュー・ヨーク州法を適用することにならず、訴え自体を棄却することになったからである。先に紹介した、Kilberg v. Northeast Airlines, Inc., 172 N.E.2d 526 (N.Y. 1961)（前掲 128 頁）では、まったく同様にマサチューセッツ州での不法行為によってニュー・ヨーク州民が死亡した事案で、マサチューセッツ州法が 1 万 5000 ドルまでの賠償制限を加えていたため、それを適用せず、ニュー・ヨーク州法により賠償制限のない解決を導いた。要するに 1960 年代までに、賠償額の部分について、マサチューセッツ州法不適用は訴訟棄却ではなく、それに代わるニュー・ヨーク州法を適用することができるという変化が起きていた。
　なお、カードウゾ裁判官は、それから 10 年後の著作において、当時の形式的な準拠法選択ルールは「無慈悲」（romorseless）な結果をもたらすと慨嘆した。Benjamin N. Cardozo, The Paradoxes of Legal Science 68 (1928).

(penal) である限り、その適用はしないという基本原則を第1次リステイトメントも明らかにしていた[38]。同様に、他州、あるいは他国の公権力の行使による制裁・懲罰を、ある州の裁判所が代わって行うことはないという点も明らかにされた。ヨーロッパ大陸法なら「国際私法」であって、他国の刑罰法規を選択して適用することなどはじめから考えられないだろうが、アメリカ法の場合、公法私法の区分が明確ではなく（あるいはそういう区分自体を重要視しないために）このようなルールをあらためて明らかにする必要があった。

しかも、どうしてこのようなルールが存在するかは必ずしも明らかでないとさえいわれる[39]。おそらく、準拠法選択によって他州（外国）の実体法を適用するにしても、刑罰法規を適用するのは純粋たる国家権力の行使になるために、もはや他州（外国）への礼譲（comity）という要素や、私人が有する既得権（vested rights）を保護する役割をある州の裁判所が果たすという正当化も不十分だと考えられる。

実例として、次のような判例がある。

【Republic of Philippines v. Westinghouse Electric Corp. (D.N.J. 1993)】[40]

被告企業はフィリピンのマルコス大統領に贈賄をし、不当な契約を結ばせて国家に損害を与えたとして訴えられた。フィリピン政府は、ニュー・ジャージー地区連邦地裁に訴えを提起し、その嫌疑に基づく懲罰賠償を請求し、そこでの陪審審理を求めた。これに対し、連邦地裁は、この請求は刑事罰を求める性格のものであるとして請求を退けた。

ただし、アメリカで有名な懲罰賠償そのものは、刑事罰的なものではないとされており、それを認める他州の法を適用するのに躊躇していない[41]。たしかに、懲罰賠償はその名のとおり懲罰的性格のものではあるが、他面で被害者の十全な救済を図る側面も認められており[42]、個人に対する賠償

---

38) 1st Restatement §§610-611.
39) Hoffheimer at 153.
40) Republic of Philippines v. Westinghouse Electric Corp., 821 F. Supp. 292 (D.N.J. 1993).
41) Hoffheimer at 152-153.
42) 特に、アメリカの原則では、勝訴しても原告が自らの弁護士費用を負担するために、それを賄う機能があるとされている。

であるとしてそれを認める他州法の適用に問題はない。同様に、制定法で2倍賠償や3倍賠償を認める法令についても、それが個人による請求を認めるものである限り、刑事罰的なものではないとされている。

それどころか、この分野の現代における権威の1人であるクレーマー(Kramer)教授は、合衆国憲法第4編に規定する特権免除条項および十分な信頼・信用条項によって、他州が認めた権利については尊重するのが原則であって、公序に反するという例外自体（たとえ、強い公序という例外であっても）違憲だとする議論を提示する[43]。

このように、アメリカにおいて「公序」を切り札にして他州法適用を妨げるのは容易ではない。しかしながら、クレーマー教授の論稿にも明らかなように、これまでのアメリカの議論が、まさに他州法適用の場面を主として想定してきたことは事実であり、アメリカの渉外裁判法（Conflict of Laws）が国際的な場面で適用された場合、「強い公序」という例外に対し、州際問題と同じような結論を導くかには疑問の余地がある[44]。

---

[43] Larry Kramer, Same-Sex Marriage, Conflict of Laws, and the Unconstitutional Public Policy Exception, 106 Yale Law J. 1965 (1997).

[44] この点は、後掲314頁以下参照。

第7章　準拠法選択に関する現代的アプローチ

I　はじめに

　ここまでの本書の記述を簡単にまとめてみよう。ポイントは次の3点である。
　第1に、連邦制度をとるアメリカでは、渉外問題は国内問題として数多く生起してきた。ある意味では世界のどこよりも州際（国際）私法の問題に習熟する場が提供されてきたといってよい。だが、その結果、原則として、州際で発展してきたルールをそのまま国際的な側面でも用いることが多くなり、そのために外国との軋轢を生じている側面がある。
　第2に、そのアメリカでも、裁判管轄権の行使について、州の領土内であるか否かを基準として謙抑的なルール（原則として州外の人や法人に対し裁判管轄権を及ぼさないルール）が行われてきた間は、準拠法選択その他のルールについても、大きな問題は生じなかった（そもそも裁判管轄権がないとして、準拠法選択を必要とする場面に至らない場合が少なくなかった）。いわゆる伝統的なルール、すなわちある紛争については予め定められた地の法が形式的画一的に選択されるとする古典的で静的な性格のルールで十分とされてきた。しかしながら、1945年のInternational Shoe判決を契機として、州外の個人や法人に対しても裁判管轄権の及ぶ場合が拡大し、それが合衆国憲法上のデュー・プロセス条項に反しないとされるようになると、伝統的な準拠法選択のルールの不備が目立つようになる。
　第3に、伝統的な準拠法選択ルールへの批判は、1920年代からのリーガル・リアリズム運動と呼応し、観念的に存在する既得権（vested right）を形式的画一的に保護しようとするルールの本質自体を批判する動きとな

った[1]。従来の考え方は、第1次リステイトメントの起草者となったビール教授の名をとって、Bealism（ビーリズム）と揶揄されるに至った。だが、アメリカの場合、活発な学者の議論が法を動かすこともあるものの、やはり最終的には裁判所が動かなければ、実際に法が動いたことにならない。ところが、1950年代にまずニュー・ヨーク州の裁判所が公然と従来の準拠法選択ルールの手法を廃棄すると明言した。そこから準拠法選択に関する現代的アプローチがさまざまに展開したのである[2]。

II 風はニュー・ヨークから——ニュー・ヨーク州の動向

1 ニュー・ヨーク州最高裁の画期的判例

1950年代から60年代にかけて、2つの画期的な判決がニュー・ヨーク州最高裁から出された[3]。

【Auten v. Auten（N.Y. 1954）】[4]

本件は、イギリスで暮らしていたイギリス人夫婦の別居に始まる。夫はアメリカのニュー・ヨークに渡り、妻を遺棄する形になった。妻はニュー・ヨークへやってきて、そこで別居の合意書が取り交わされ、その中に、月々の支払い（扶養費）を夫が妻へ送金する内容が規定された。同時に、離婚や再婚について、何ら訴えたりしないことも定められた。

ところが、夫はイギリスへの送金を怠り、妻はニュー・ヨーク州裁判所に、合意に基づく約束の履行（送金支払い）を求めた。夫は抗弁として、妻がイギリスで夫の不貞（adultery）を理由に離婚訴訟を提起したことが当該合意の違反にあたり、ニュー・ヨーク州法のもとでは送金の義務を免れるはずだと主張した。第1審裁判所は、その主張を容れて略式判決で夫

---

1) Spillenger 59-60.
2) 1980年時点におけるこれらの動きを簡潔に紹介するものとして、松岡博「アメリカ国際私法の潮流」同『アメリカ国際私法の基礎理論』（第6章）243頁以下（大阪大学出版会・2007）。
3) 以下の記述について、Spillenger 59-60, Hoffheimer 174 et ff。
4) Auten v. Auten, 142 N.E.2d 99（N.Y. 1954）.

を勝たせた。本件合意はニュー・ヨークで締結されており、契約の準拠法はニュー・ヨーク州法だとする伝統的アプローチに則っていたと考えられる。

ところが、ニュー・ヨーク州最高裁のファルド（Fuld）裁判官は、本件に最も密接な関係をもつのはイギリス（イングランド）であるとして、原審を破棄した。重要なのは、center of gravity（重力の中心）がどこにあるか、言い換えれば、当該事件への接点を考慮して（grouping of contacts）、いずれがより密接な関係を有するかを判断することである。本件では、重心はニュー・ヨーク州よりイギリスにあると判断される。

> 「（重心がいずれにあるかを判断するアプローチのもとでは）裁判所は、当事者の意図や、契約の締結地・履行地がどこであるかを決定的な要素と考えない。そうではなく、本件訴訟に最も重要な接点を有する地の法を重視する」[5]。

このように、ニュー・ヨーク州裁判所は、契約に関する紛争の準拠法選択は、契約締結地または履行地という伝統的な形式的ルールを明示的に廃棄し、本件の内容を具体的に見て、2つの法域（ニュー・ヨーク州とイギリス）のいずれが重要な接点を有するかを判断するという新たなアプローチを採用した[6]。

そこには明確な違いがある。

第1に、準拠法選択について単純なルールを形式的に適用するのではなく、複数の州の当該事件に関する「接点」（contacts）を比較衡量（balancing）するアプローチが採用された。

第2に、それは明確性・予測可能性において、従来の伝統的ルールより、一見すると劣ることになるが、個別のケースにおいて具体的妥当性を考慮し、合理的な選択をする点で優れていた。

5） Auten v. Auten, 142 N.E.2d 99, at 101-102 (N.Y. 1954).
6） その結果採用されたイギリス法のもとでは、夫妻が14年間イギリスで暮らしてきたこと、イギリスにおいて夫が妻を遺棄したこと、イギリスにいる妻のもとに送金を約束しながらそれを怠ったことなどが重視され、おそらく妻に有利な判決となることが予想される。

第3に、実際には伝統的ルールでもさまざまな例外ルール（逃げ道）が用意されて、予測可能性を損なっており、伝統的ルールの破綻だと非難されてきた。新しいアプローチでは、これら例外ルールはもはや必要ない。まさに、接点を分析し、どちらの州（法域）に重心のあるケースであるかを判断する枠組みにそれら例外ルールとして考えられてきた多くの要素も取り入れられるからである。

【Haag v. Barnes（N.Y. 1961）】[7]
　その7年後、今度はアメリカ人同士の似たような争いについて、同じアプローチを適用した例が現れる。イリノイ州シカゴの弁護士（既婚者、男性）が出張でたびたびニュー・ヨークに行くことになり、臨時スタッフとしてニュー・ヨークで秘書を雇用した。その秘書との仲が発展し、秘書は妊娠する。ところが、弁護士は秘書と会おうとせず、子どもが自分の子であることも否定した。ただし、秘書がシカゴで出産する手続を別の弁護士を通して行った。無事に子が生まれた後、秘書と子はニュー・ヨークに帰るが、男性はやはり弁護士を通じて、シカゴに来させ、16歳までの扶養料支払いを約束する合意書を取り交わした。ただし、その条項の中には、父子関係を認めるものでないこと、しかし16歳までの扶養料は支払うこと、この問題の準拠法はイリノイ州法であるとの規定が明記された。
　秘書はその後、ニュー・ヨーク州裁判所に扶養料増額を求めて訴えた。ニュー・ヨーク州法によれば、子どもの扶養に関わる合意は裁判所の関与（同意）がなければ有効とされないのに対し、イリノイ州法ではそのような要件はなかった。
　ニュー・ヨーク州最高裁は、本件については、イリノイ州の方により接点が多く、さらに当事者間で準拠法もイリノイ州法とされていることも重視して、イリノイ州法を選択し、秘書の訴えを退けた。
　この判決の結論には、現代的な観点からは批判が多い。イリノイ州法を適用するべく、専門家の弁護士が立てた「プラン」に乗せられて扶養料支払い合意までの事が運んでいるように見えること、重要な接点の数え方が

7）　Haag v. Barnes, 175 N.E.2d 441（N.Y. 1961）.

恣意的に見えて、実際にニュー・ヨーク州にも相当の接点があること（子どもはニュー・ヨークにいること、そもそも子が生まれることになったとされる不倫関係はニュー・ヨークで起きていること、Auten 判決と事例が似ているだけにどうして結論が異なっているのか十分説明ができないことなど）である[8]。

しかし、ここでも単にイリノイ州で契約が成立しているからという伝統的なルールに準拠せず、いずれの州に重心が傾いた事件・紛争であるかを検討して結論が導かれたところが重要である。

2 その後の発展——好意同乗者免責法に関わる判例

1963 年、ニュー・ヨーク州最高裁は、今度は契約法（しかも婚姻や扶養に関わる合意）ではなく、不法行為事件について新しいアプローチを適用する判例を生み出した。それが Babcock v. Jackson であり[9]、ニュー・ヨーク州に限らず、アメリカの準拠法選択ルールに関し最も重要な判決の 1 つとさえいわれる。

【Babcock v. Jackson (N.Y. 1963)】

夫婦とその友人が車で週末旅行に出かけた。いずれもニュー・ヨーク州民である。運転していたのは夫で、カナダのオンタリオ州に入ってから運転を過って自損事故を起こした。同乗していた友人がけがをして、運転者である夫を訴えた。典型的な過失による不法行為訴訟である。

当時、オンタリオ州には好意同乗者免責法（guest statute）があり、ニュー・ヨーク州法にはなかった。伝統的ルールを適用して不法行為地法を適用すれば、訴えは棄却される。なお好意同乗者免責法の正当化理由としては、原告被告は仲間同士であるので、自動車保険の詐欺を計画する可能性があり、その防止策としてというもの（そこまでのことはなくとも、運転者が容易に過失を認めて保険会社、ひいては他の保険契約者全体に損害を与え

---

8) もっとも、Auten 判決では、男性は比較的少額の扶養料支払いを怠っていたのに対し、Haag 事件での男性は、定められた扶養料以上の、当時としては相当高額の金銭を欠かさず送金していたという大きな違いはあるともいわれる。
9) Babcock v. Jackson, 191 N.E.2d 279 (N.Y. 1963).

るおそれ）と、自動車事故の大半は他にも被害者がいて、そちらの被害者の救済を図るのが第一というものがあった。

　ニュー・ヨーク州最高裁のファルド裁判官は、不法行為事件についても伝統的ルールを廃棄し、2つの法域がこの事件に有する「接点」（利害関心：contacts or interests）を比較して、本件ではニュー・ヨーク州法を適用すべきだとした（5対2の判決だった）。

　第1に、当事者は皆ニュー・ヨーク州にドミサイルのある人たちである。車もニュー・ヨーク州で登録され、保険もそこで付けられている。さらに、今回の旅行の出発地も帰着地もニュー・ヨーク州である。それに対し、オンタリオ州の関係する点は、たまたま事故がオンタリオ州で起きたことに過ぎない。

　第2に、オンタリオ州の好意同乗者免責法は、オンタリオ州の保険会社や他の被害者を保護しようとするものであって、本件にはあてはまらない。むしろニュー・ヨーク州法が明示する、過失による不法行為の加害者には被害者への賠償責任を負わせるという原則を、本件の当事者に適用するのが合理的である。

　なお、事故の抑制（道路交通の安全）についてオンタリオ州が一定の利益を有するのは当然だが、本件で問題となっているのは、その種の「行為規制を図る法」ではなく、「損害の配分・負担のあり方を定める法」である。ニュー・ヨーク州民についてどのような損害の配分があろうと、それはオンタリオ州の主たる関心事とならない。

　この多数意見には説得力があるように見える[10]。Babcock事件は、伝統的ルールを適用した場合の不適切さを示し、現代的ルールの必要性を明確にするためにおあつらえ向きの事例だった。しかし、ニュー・ヨーク州最高裁は続く事件でより困難な事案に遭遇することになる。

---

10) 反対意見の論拠の1つは、本件は外国（カナダ）のオンタリオ州で生じており、そこでの事件について、ニュー・ヨーク州法を域外適用することになる点を問題視していた。仮に、オンタリオ州民がニュー・ヨークで同様の事故を起こし、オンタリオ州裁判所に訴訟を提起した場合、オンタリオ州裁判所は伝統的ルールに則り、ニュー・ヨーク州法を適用することは明らかだった。そのようなバランス感覚と、本件がカナダで起こっているという要素によって、少数意見の裁判官は伝統的ルールの適用を主張したと考えられる。

【Dym v. Gordon (N.Y. 1965)】[11]

　本件の交通事故で、助手席にいた原告も運転者の被告も、ともにニュー・ヨーク州にドミサイルがあった。両者はコロラド大学の学生で、事故もコロラド州で起こった。そして、コロラド州もまた好意同乗者免責法を有していた。だが、ニュー・ヨーク州最高裁は、本件ではコロラド州を選択し適用した。

　Babcock 事件との相違は 2 点。まず、コロラド州の好意同乗者免責法では、重過失の場合には好意同乗者も訴えることが認められていた。それ以上に重要な点は、本件は別の車との衝突事故だった。そして、当事者は学生としてコロラド州に長期間すでに居住していた。ニュー・ヨーク州最高裁は、当事者がコロラド州に長期に居住していたことと、好意同乗者免責法の趣旨の 1 つとして、好意同乗者よりも事故の相手方の車の被害者に対する救済を優先させることがあるとして、本件について、これらの点で、コロラド州はニュー・ヨーク州以上に大きな関心（利害関係）を有するとして、コロラド州法を適用した。

【Tooker v. Lopez (N.Y. 1969)】[12]

　ところが、1969 年、ニュー・ヨーク州最高裁はこの Dym v. Gordon 判決を覆すに至る。この事件でも当事者はニュー・ヨーク州にドミサイルがあり、今回は、ミシガン州立大学の学生だった。そしてミシガン州内で事故を起こし、原告被告とも死亡した。ただし、被告はニュー・ヨーク州で自動車保険に入っていた。そしてミシガン州にも好意同乗者免責法が存在した。

　ニュー・ヨーク州最高裁は、ミシガン州法ではなく、本件についてニュー・ヨーク州法を適用した。4 年前の先例による好意同乗者免責法の趣旨の解釈をあらためて、ミシガン州の行為同乗者免責法法の目的およびミシガン州の関心はあくまでも事故の防止や自動車保険に関する詐欺の共謀（あるいは容易に過失を認めること）を防止する点にあり、ニュー・ヨーク州民間の損害の配分に関する法理については、ニュー・ヨーク州法がより

---

11) Dym v. Gordon, 209 N.E.2d 792 (N.Y. 1965).
12) Tooker v. Lopez, 249 N.E.2d 394 (N.Y. 1969).

大きな関心(接点)を有するとした。

【Neumeier v. Kuehner (N.Y. 1972)】[13]
　1972年、ニュー・ヨーク州最高裁は、好意同乗者免責法に関する渉外事件(自動車社会となったアメリカでは、そしてその相当の州で好意同乗者免責法が存在した時代のアメリカでは、繰り返し生起するタイプの事件)について、一定のルールを明示する機会を得た。しかしながら、この事案は、これまで以上に複雑なものだった。
　運転者(被告)はニュー・ヨーク州民で、車はニュー・ヨーク州で購入し保険もそこで付けていた。しかし、事故は、カナダのオンタリオ州で起こり、同乗していたオンタリオ州民が死亡した。そして、原告(カナダ人)側は、オンタリオ州の好意同乗者免責法の適用を免れるために、ニュー・ヨーク州で裁判を起こした。
　第1審裁判所は、ニュー・ヨーク州での新たな先例を尊重し、単純に不法行為地法(オンタリオ州法)を適用するのはやめて、本件についてもニュー・ヨーク州法の適用を認めた。しかし、ニュー・ヨーク州最高裁は、オンタリオ州にドミサイルを有する人に対しオンタリオ州が好意同乗者免責法を適用することに介入する利益はニュー・ヨーク州にないとしてオンタリオ州法を適用し、原告を敗訴させた。
　そのうえで、好意同乗者免責法の適用に関するルール(準拠法選択ルール)を次のように整理した。
　第1ルール：原告被告双方が共通のドミサイルを有する場合、そして車もそこで登録されている場合には、その州法が適用される(BabcockもTookerもこの場合にあたる)。
　第2ルール：被告が自分のドミサイルのある州で行為をし、その州法では責任を負わない場合、その州法が適用される。逆に原告が自分のドミサイルのある州で損害を受けた場合、適用されるのはその州法であり、その州法によって被告の責任が認められるのであれば、当該州にやってきた被告(運転者)は責任を免れない。

---

13) Neumeier v. Kuehner, 286 N.E.2d 454 (N.Y. 1972).

第3ルール：その他のケースについては、事故の起きた地の州法を適用する。ただし、その原則を適用しないことが、関連のある実体法上の利益を促進し、州際間の協力を阻害せず、予測可能性を著しく阻害しない場合を除く。

州最高裁は、Neumeier事件には第3ルールが適用されるとした[14]。そして、オンタリオ州法を適用せずにニュー・ヨーク州法を適用することは、forum shopping（法廷地漁り）のインセンティブを与えて、予測可能性を阻害すると判断した。

たしかに本件については、オンタリオ州で原告が訴えた場合、勝訴の見込みがないので（オンタリオ州の裁判所は、伝統的な準拠法選択ルールに則り、間違いなくオンタリオ州法を適用して、同州の好意同乗者免責法により訴えを棄却する）、わざわざニュー・ヨーク州で訴えたのであるから、このような訴訟を認めることは、法廷地漁りを促進する。しかし、他方で、本件の結果だけを見ると、外見上は、外国のオンタリオ州法を適用して、外国法への礼譲を示しながら、実際にはニュー・ヨーク州民の利益を図っていることになっている。この点については、現代的なアプローチが、一般論として法廷地法の適用に有利に働くばかりでなく（ただし本件ではそうではなかった）、法廷地の州民に利益になるような結果を導きやすいのではないかという疑念が示されていることに留意する必要がある[15]。

3 それ以外の事例へ

ニュー・ヨーク州における現代的な準拠法選択ルールは、大きな注目を集めた。何しろ、実際に裁判所が伝統的なルールを明確に否定して、新たなアプローチを採用したのである。しかも、その中から、これまでは「不

---

14) 第2ルールの後半は、被告がドミサイルのない州（このケースではカナダのオンタリオ州）で自動車事故を起こし、被告の責任が認められる場合（本件ではオンタリオ州の好意同乗者免責法によって被告は免責される）だけを対象としているので、本件には適用されない。

15) Spillenger 59-60. 他の批判として、Hoffheimer 178-179（裁判所がこのように一般的ルールを宣言することへの批判、実はニュー・ヨーク州の先例にないことまでルール化したことへの批判、ドミサイルを重視することで、ドミサイルが異なるだけで不利益を受ける人への差別的要素を含む点への批判、第1ルールで車の登録地をあげているが、それは自動車保険の存在にはつながるものの、常にそうとは限らないことへの批判など）。

法行為地法」と一括りにされたルールの中にも、当事者の損害分担（損害の配分）に関するルール（好意同乗者免責法はその例だった）と、当事者の行為を規律するためのルール（たとえば、スピード制限を定めて過失の基準となる法）という区分が浮かび上がり、それらを単に「不法行為地の不法行為法」として同様に扱うべきでないという新たな視点が生まれた。それら2つの種類のルールについて、関係するそれぞれの州の関心の度合いは大きく異なったからである。

しかし、好意同乗者に関する事例は、この頃から好意同乗者免責法そのものが、一般的に時代遅れでアンフェアなものとされて多くの州で廃止されたため、実際に裁判所にもち込まれることが少なくなる。そこで、好意同乗者免責法以外の場面で、新たなニュー・ヨーク・ルールがいかに適用されるかが問題となった。

まず、損害の配分ルールに関するものとして、1985年、Schulz v. Boy Scouts of America, Inc. 判決が現れる[16]。この事案は複雑であり、そこでは、charitable immunity（慈善団体・公益団体に関する不法行為免責ルール）が問題となった。

【Schulz v. Boy Scouts of America, Inc. (N.Y. 1985)】
ニュー・ジャージー州に在住する2人の男子（13歳と11歳）が、性的暴行の被害者となった。加害者は、2人が通っていた教会設立の学校の教師であり、ボーイスカウトの指導者でもあった。その結果、11歳の子は自殺してしまう。暴行は、主としてニュー・ヨーク州で行われた。自殺した子の親は、まず学校を設置したローマ・カトリック教会（アメリカのニュー・ジャージー州にある支部）をニュー・ジャージー州の裁判所に訴えたが、ニュー・ジャージー州には、公益団体不法行為免責法理があり、訴えは棄却された。そこで被害者2人の親は、今度は、アメリカ・ボーイスカウト（ニュー・ジャージー州にドミサイルがあった）と、フランシスコ会（オハイオ州にドミサイルがあった）を相手取って、ニュー・ヨーク州裁判所に訴えを提起した。これらの団体は、この男が前にも同様の行為をして

---

16) Schulz v. Boy Scouts of America, Inc., 480 N.E.2d 679 (N.Y. 1985).

いたことを知っていたか、または知っているべきであり、そこに過失責任があると主張し、子どもが受けた損害と、一方の子が死亡した親についてはその死亡による損害の賠償を求めた。

公益団体に関する不法行為免責法理は、ニュー・ジャージー州には存在したが、ニュー・ヨーク州にはなく、オハイオ州にもなかった。

ニュー・ヨーク州最高裁は、結論として訴えを棄却した。そのうえで、親の損害部分と子の損害部分に分けて、次のように正当化した。

まず、親については、親の損害はニュー・ジャージー州で生じていること、本件で問題となっている公益団体不法行為免責法理は、損害配分ルールであること（この場合、ニュー・ジャージー州において、公益活動を促進するために、公益団体については不法行為免責を認めるという政策がとられ、被害者は損害を回復できないこと）を強調し、ニュー・ヨーク州において発展させてきた好意同乗者免責法に関する準拠法選択ルールがこの場合にも適用されるとした。

ボーイ・スカウトについては、親も当該団体も共通のドミサイル（ニュー・ジャージー州）を有する。とすれば、先の Neumeier 判決の第１ルールが適用されて、共通のドミサイルであるニュー・ジャージー州法が選択される。すなわち、公益団体不法行為免責法理が適用されて、訴訟は棄却される。

フランシスコ会については、ドミサイルはオハイオ州にあるので、原告との共通のドミサイルはない。さらに、事件はいずれにせよオハイオ州以外で起こったので、第２ルール（前掲145頁）の適用もない。そこで第３ルールとなるが、親にとっての不法行為地は損害の生じているニュー・ジャージー州であるから、これについてもニュー・ジャージー州法が適用される。

子の損害部分については、やや異なった考察が必要とされる。ボーイ・スカウトについては、上記論理とまったく同様に、共通のドミサイルがニュー・ジャージー州法であり、本件は損害配分ルールに関わるので、そのままニュー・ジャージー州法が適用され、やはり訴訟は棄却となる。

ただし、フランシスコ会に対しては第３ルールが適用されるので、子の損害についての不法行為地はニュー・ヨーク州となる。したがって、不法

行為地法であるニュー・ヨーク州法が適用されるはずだが、本件は、第3ルールのただし書き部分が適用される。なぜなら、ニュー・ジャージー州が公益団体不法行為免責法理を採用して、公益活動推進を実体法上の政策としていること、ニュー・ヨーク州法を適用した場合、州際間の協力を阻害し、forum shopping（法廷地漁り）を助長して、予測可能性を著しく阻害する結果になるからである。ニュー・ヨーク州最高裁はこのように議論を展開して、本件訴訟についてはすべてニュー・ジャージー州法が適用されるとした。

【損害配分ルールと行為規制ルール】

このようにして、ニュー・ヨーク州最高裁は、不法行為法理のうち、損害配分ルールについては、単純に伝統的な不法行為地法適用ルールをとらないことを宣言した。ただし、同時に、それは行為規制ルールにはあてはまらないとも述べていた。

問題は、ある法理が、損害配分ルールと行為規制ルールのいずれであるか明確に分けられない場合のあるところである。この課題に直面したのが1994年の Padula v. Lilarn Properties Corp. である[17]。

【Padula v. Lilarn Properties Corp. (N.Y. 1994)】

原告はニュー・ヨーク州民で、被告はニュー・ヨーク州法人である。被告の会社が所有するマサチューセッツ州の現場で事故（労災事故）が起こり、そこで働いていた原告が負傷した。なお、ニュー・ヨーク州は労働安全を強化した制定法を有しており、労災事故について、使用者の厳格責任と（それが事故を起こした被用者の過失による場合について）代位責任を明確に定めていた。そこで、原告は、ニュー・ヨーク州裁判所に訴えを提起し、この法律を適用して自らを勝たせるよう求めた。事故の起きたマサチューセッツ州法では、被用者に不利な昔ながらの法が残っていたからである。

しかしながら、ニュー・ヨーク州裁判所では、第1審も最高裁もその主張を退け、本件ではマサチューセッツ州法が適用されるとした。州最高裁

---

17) Padula v. Lilarn Properties Corp., 644 N.E.2d 1001 (N.Y. 1994).

によれば、ニュー・ヨーク州の準拠法選択ルールで複数の州法の適用が考えられる場合、いずれの州がより重要な利害関係をもつかという点と、問題の法律が損害配分のルールを定めるものか行為規制を定めるものかによって判断される。本件における使用者の厳格責任ルールは、損害配分ルールと行為規制ルールの両方の性格を有するものの、いずれかといえば主として行為規制ルールの性格を強く有する。したがって、そのようなものである限り、不法行為地の法であるマサチューセッツ州法を適用するのが適切だと判示した。

ニュー・ヨーク州最高裁は、このようにして、ニュー・ヨーク・ルールとも呼ばれる、準拠法選択に関する現代的アプローチを採用してきた。その特色は、当該事案の論点に対し、複数の州のいずれがより多くの、あるいはより密接な接点（contacts）もしくは利害関係・利害関心（interests）を有するかを考察し、不法行為なら不法行為地法というような形式的・伝統的ルールを明示的に廃棄したところにある。

同時に、ニュー・ヨーク州最高裁は、特に不法行為事案で、不法行為法のルールについても、その中に、損害配分に関わるルールと行為規制に関わるルールがあることを明らかにし、それぞれについて準拠法選択ルールの適用が異なるとも述べた。その結果、前者に関わる考え方として、好意同乗者免責法について Neumeier ルールとも呼ばれる原則を明らかにし、さらに、同様の考え方が、公益団体に関する不法行為免責ルールや共同不法行為者間の連帯責任・責任分担求償ルールについても適用されるとした[18]。

しかしながら、他の州は、ニュー・ヨーク・ルールをそのままの形では採用していない。それにはいくつかの理由がある[19]。

第1に、たとえば Padula 事件では、労働安全について使用者の責任を強化するニュー・ヨーク州制定法の適用が排除された。それは、この法律がどちらかといえば、行為規制に関する法だという理由である。しかし、本件の原告はニュー・ヨーク州民であり、被告もニュー・ヨーク州法人である。その間に生じた事故の損害分担について、なぜニュー・ヨーク州法

---

18) 後者の例として、Cooney v. Osgood Machinery, Inc., 612 N.E.2d 277 (N.Y. 1993)。
19) 以下の分析については、Spillenger 86-91 を参照のこと。

が適用できないのかという疑問も生ずる。言い換えれば、当事者が同じドミサイルである限り、まさにその当事者間の損害配分に関わるルールとみることも十分できたと考えられる。

　第2に、行為規制ルールか損害配分ルールかという性質決定をして、それによって準拠法選択が決まるという構造は、実は、不法行為か契約かの性質決定をして準拠法選択ルールを定める伝統的なアプローチとそれほど変わっていないのではないかという疑問も生ずる。

　第3に、たとえばSchultz判決では、公益団体に関する不法行為免責ルールを定めるニュー・ジャージー州だけが実は利害関係（interests）を有すると判示していた。要するに、ニュー・ヨーク州では、公益団体であることを理由とする不法行為免責を認めないものの、そのような法政策は、ニュー・ジャージー州の当事者間での争いに適用しても何ら実現されるものではない。つまり、すぐ後で紹介する、カリー教授のいうところのfalse conflicts（実は法の抵触のない場合）だとしたのである。しかし、不法行為免責を認めないルールの場面に注目するのではなく、そもそも責任を追及する場面を重視する見方もありうる。それなら、ニュー・ヨーク州が児童虐待を防ぐために（公益団体についても）通常の責任ルールを維持している点に注目することになり、それはまさに行為規制ルールであって、厳然として「法の抵触がある」（true conflictsの存在する）ケースだったと理解することもできる。

　このように考えてくると、ニュー・ヨーク州の採用した現代的ルールには、恣意的な判断が伴うといわざるをえない。どんなルールにも完全性を求めるのは誤りであろうが、それにしても、ニュー・ヨーク・ルールに追随する州がないという事実がそれを如実に示したといえる。

　次のIIIでは、カリー教授の有名なinterest analysisを見る。これこそアメリカにおける準拠法選択に関する現代的アプローチを代表するものだからである。

III　カリー教授による利益分析（interest analysis）

1　カリー教授の功績

　カリー（Brainerd Currie）教授は、ジョージア州の大学を卒業し、さまざまなロー・スクールで教えて、ピッツバーグ大学ロー・スクールの学部長まで務めた。50代前半で早世しており、その経歴だけを見れば、アメリカにはもっと有名なロー・スクールを出て、それらの教授や学部長、あるいは途中から連邦裁判所裁判官などを歴任している法学者は多数いるので、目立つ存在ではない。しかしながら、彼が1950年代から60年代にかけて発表した一連の論文は、渉外裁判法（抵触法）分野で燦然と輝く存在となった[20]。何しろ、アメリカにおいて伝統的なアプローチを廃棄し、「抵触法革命」を起こした主役とされているのである。前項で述べたニュー・ヨーク州最高裁の新しい判例も、カリー教授の言説の影響を受けたものであり、次のような評価がなされている[21]。

　　「アメリカ合衆国において、1人の法学者が、学界の議論ばかりでなく、裁判所の理由づけにまで影響を与えた点で、カリーの業績に勝るものはきわめて稀である」。

2　カリー教授の利益分析──その特色

　1912年に生まれ、大恐慌の後、1935年に大学を卒業したカリー教授は、1920年代から隆盛を極めたリーガル・リアリズムの影響を受けた法実証主義者だった。そして、アメリカの場合、法実証主義（legal positivism）は、ホームズ裁判官が喝破したように、「法とは裁判所が法だと宣言したものだ」とする考えを意味していた。しかも、そこでの裁判所は、法政策

---

[20]　なお、彼の息子がDavid Currieシカゴ大学教授であり、抵触法分野の代表的ケースブックの編者の1人でもある（なお、彼は、憲法の学者としても名高い）。David P. Currie, Herma Hill Kay, Larry Kramer & Kermit Roosevelt, Conflict of Laws (West, 8th ed. 2010). これを本書では Currie casebook と略して利用している。

[21]　Spillenger 66.

を実現するための機関であり、必然的に、それが州の裁判所であるなら当該州の法政策を実現する1つの機関ということになる。

そのような立場からすると、裁判所の準拠法選択ルール、すなわち裁判所が適用すべき法についても、カリー教授によれば次のような考え方が基本となる[22]。

① 裁判所が適用すべき法は、原則として、当該裁判所を設置した州の法（法廷地法）になる。

② 裁判所で争う両当事者の間で、適用すべきだとされる法が異なる場合、法廷地法を選択することにより、法廷地法の目的とする法政策（それをカリー教授は、governmental interest と呼んだので、そこから利益分析と呼ばれるようになった。そのまま、彼の考え方を governmental interest analysis ともいう）が実現されるようなら、そうすべきである。

③ しかし、法廷地法を選択しても、法廷地法の目的とする法政策が実現されないようなら、そして他州の法を適用すると当該他州の法政策が実現されるようなら、その州法を適用すべきである。

これらの定式を見れば、カリー教授の利益分析が、法廷地法の適用に有利に働くことがわかる。ただし、利益分析の大きな功績は、適用すべき法が異なる場面に「真正の抵触」（true conflicts）と「虚偽の抵触」（false conflicts）があり、渉外関係事案であっても、法が異なることによって大きな問題となる場面は実は少ないことを明らかにしたところである。そのことを、彼は、先に紹介した1878年の Milliken v. Pratt というマサチューセッツ州裁判所の判決で証明した[23]。

【Milliken v. Pratt（Mass. 1878）】

この事件では、妻の契約能力が問題となった。妻（マサチューセッツ州民）によって保証契約が結ばれたが、債権者（メイン州法人）の州では、

---

22) Hoffheimer at 188.
23) 前掲108頁。Milliken v. Pratt, 125 Mass. 374 (1878). See Brainert Currie, Married Women's Contracts: A study in conflict-of-laws method, 25 U. Chi. L. Rev. 227 (1958), reprinted in B. Currie, Selected Essays on Conflict of Laws (1963) ch. 2.

妻の無能力ルールを廃止して契約能力を認めていたのに対し、マサチューセッツ州法では妻の無能力ルールが維持されていた。そして債権者がマサチューセッツ州裁判所に妻を相手取って訴えを提起した際に、いずれの州法を適用すべきかが問題となった。

カリー教授によれば、ここで問題となる要素は、以下の4つである。
　①債権者のドミサイル（法人であるなら設立地または主たる営業地）
　②債務者である妻のドミサイル
　③契約締結地（または契約の履行地）
　④訴えが提起された地

論理的に見て、それぞれに2つの州が関係していれば、4の2乗で16通りの場合が考えられる。

そのうち2つの場合は、州内事件であって、そもそも法の抵触はない。具体的には、マサチューセッツ州の原告が、同州の被告に対し、同州で結ばれた契約に基づき、マサチューセッツ州裁判所に訴えるケースである（同じことをメイン州でやっても同じである）。それがマサチューセッツ州ならマサチューセッツ州法、メイン州ならメイン州法が適用される。

次に、残る14通りの場合について考えると、妻の無能力を定めるマサチューセッツ州の法政策は、同州にドミサイルのある妻だけを保護しようとしているのであって、メイン州の妻が関係する場合には適用されない。逆に、妻を契約無能力の地位から解放し、自立的な地位を認める新たな政策をとったメイン州の法政策は、やはりメイン州の妻だけを想定している。そのように考えると、14通りのうち、実は10通りの場合については法の抵触はなく（虚偽の抵触しかない）、真正の抵触があるのは4通りしかない。

本件は、真正の抵触のあるケースであり、前頁の②の原則によって、メイン州の利益を犠牲にしても、法廷地法を適用して、法廷地法の法政策（妻の保護）を実現すべきだった（実際には、マサチューセッツ州裁判所は契約締結地がメイン州だという形式的な理由で、伝統的アプローチによってメイン州法を適用した）。

カリー教授によれば、典型的な例として、仮に債権者も妻もドミサイルはマサチューセッツ州にある場合、たまたま契約締結地がメイン州だったというだけでメイン州法を適用するのは、いずれの州の法政策も実現する

ことのない無意味な誤った判断となる。
　ともかく、このようにして、カリー教授は、一見すると法の抵触があるように見える場面でも、その大半は虚偽の抵触であって、法の目的を考えた解釈をすれば、おのずから適用すべき法が決まる場面が多いことを明らかにした。

【虚偽の抵触の事例】
　カリー教授の大きな功績の1つに、準拠法選択が問題となる場面に、実は3つの場合があることを明らかにした点がある[24]。
　第1は、真正の抵触（true conflicts）のケースである。前記の Milliken v. Pratt（Mass. 1878）事件が示すように、そこでは、妻の無能力制度を維持して（マサチューセッツ州の）妻を保護しようとするマサチューセッツ州の法政策と、妻の無能力制度を廃止して（メイン州の）妻に自律的地位を与えると同時に（メイン州の）債権者を保護するというメイン州の法政策が抵触していた。言い換えれば、当事者が異なる法の適用を主張しているだけでは真正の抵触があることにはならない。それぞれの法が達成しようとする法政策（政策目的・利益）の分析をへて、しかもそれが当該事件でどう関係するかの分析をすることにより、はじめて法の抵触の有無が判断される。そして、カリー教授は、真正の抵触のケースについては、裁判所は法廷地法を適用すべきだとした。裁判所が法廷地州の機関である限り、それは当然のことである。
　第2に、しかしながら、虚偽の抵触（false conflicts）のケースが実は多い。虚偽の抵触とは、「異なる州法の適用を当事者が主張しているものの、そのいずれをとっても実際には結果が同じ」という意味ではない[25]。実際に、A州法とB州法のいずれかを選択することで結論も異なる。その意味では「抵触は存在する」。だが、カリー教授が主張したのは、それぞれの法の目的を分析する（利益分析を施す）と、それぞれの法を適用することがそれぞれの州の法政策の実現と関係しない場合が相当にあり、利益分析によって「虚偽の抵触」がわかるというものである。

---

24) Hoffheimer at 188-189.
25) Spillenger 70, n. 9.

たとえば、1892年のCarroll事件を例にとろう[26]。この事件では、当事者はいずれもアラバマ州にドミサイルがあり、過失もアラバマ州で起きていたが、たまたまミシシッピ州で損害が生じた。問題は、当時、ミシシッピ州には、同僚被用者の法理（fellow servant rule）と呼ばれる判例法理（コモン・ロー上のルール）があり、同僚被用者の過失によって生じた不法行為については、使用者（Y鉄道会社）を訴えることができないとされていたこと、他方で、アラバマ州議会は、このような判例法理を不合理だとして数年前にそれを廃止する法律を制定していたことである。アラバマ州最高裁は、不法行為地はミシシッピ州であるとして、伝統的ルールに則り、ミシシッピ州法を適用して訴えを退けた。

しかし、カリー教授によればこれは典型的な「虚偽の抵触」事件である。すなわち、ミシシッピ州の法政策は、ミシシッピ州の会社の責任を制限すること（あるいは、ミシシッピ州の労働者に対し、より注意を促すともいえる法政策）であるが、本件の場合、ミシシッピ州法を適用してもその法政策が実現されるわけではない（会社はアラバマ州法人であり、過失をおかした労働者もアラバマ州民だったからである）。それに対し、アラバマ州の利益（法政策）は少なくともいくつかある。第1に、アラバマ州民である労働者に対する救済を図ること、第2に、アラバマ州法人とその被用者に対し、一定の注意義務の基準を示すこと、そして第3に、アラバマ州で事業を行う会社に対し、被用者の行動を適切に監督するインセンティブを与えること。本件の場合、アラバマ州法を適用することは以上のような法政策の実現に資する。これに対し、先に述べたようにミシシッピ州法を適用しても、ミシシッピ州法の法政策を実現することにはならない。要するに、適切な利益分析の後には、一方の法の適用しか選択肢は残らない。つまりは虚偽の抵触しかないからである。

第3に考えられる場合として、いずれの法を適用しても、いずれの州の法政策の実現に資さない場合もありうる（unprovided for case、法政策の実現を指示しないケースと呼ばれた）。この場合について、カリー教授は、それが実際にはごくまれな場合であること、どちらの法政策実現にも資さな

---

[26] 前掲101頁。Alabama Great Southern R.R. Co. v. Carroll, 11 So. 803 (Ala. 1892). Spillenger 70.

III カリー教授による利益分析 (interest analysis)

い場合には、原則に立ち返って法廷地法の適用しかない、あるいは、forum non convenience（便宜でない法廷）の法理によって訴訟棄却とするという考えを示した。

このようにカリー教授の利益分析は、それまで複数の州（国）が関係する事案について、異なる法のいずれかを選択する場面で、常に法の抵触があるとされてきたものを再検討し、そのいわゆる「利益分析」をへて、大半の場合には虚偽の抵触しかなく、本当に難しい場面は「真正の抵触」の場面に限定されることを理論的に明らかにした。利益分析自体は、制定法や判例の解釈であり、これまで裁判所が行ってきた作業である。その基礎の上に立って、本当に難しい場面を限定し、しかも一定の解決方法を明示したところに大きな意義があった。

さらにもう1点強調すべきは、カリー教授の「利益分析」は「利益衡量論」ではなく、明確にルールとしていずれの法を適用すべきかを指示するものだったということである[27]。

【カリー教授の利益分析への批判】

ところが、このように画期的なカリー教授の利益分析にも批判はなされた。考え方自体は大きな影響を与えたものの、ごく少数の州しかこの利益分析をそのままの形で採用するところがなかった。さらに、カリー教授自身も、後に一部の批判を容れて修正を施した部分があることを見ても、正鵠を射た批判が含まれていたことが明らかである。これらの批判を整理すると次のようになる[28]。

伝統的アプローチの立場をとる人たちからは、事案ごとの利益分析では、準拠法選択に関する予測可能性が失われるとの批判がなされた。ただし、これはカリー教授の想定内の批判であり、そもそも伝統的アプローチ自体が、例外則などの頻用により実は予測可能性を著しく損なっていたから、強い批判とはならなかった。それよりも、「利益分析では、あからさまに裁判所が解釈の名のもとに一種の法政策的判断をしているのではないか」との批判の方が、より根本的な課題を提起していた。

---

27) Spillenger 73-74.
28) Spillenger 74-79.

カリー教授の提起した抵触の3つの形の中で、虚偽の抵触に関する分析は見事なものだとの評価があったものの、他の2つ、真正の抵触と、いずれの州法の法政策も実現しないという意味で抵触のないケースについて、法廷地法を選択するという解決には疑問が提起された。それは何よりも、法廷地漁り（forum shopping）を誘ううえに、後者については、カリー教授も、実際に起こるのは稀だとしてほとんど問題視せず、どうして法廷地法になるかの正当化も十分でなかった。また、その基盤にある法廷地法主義について、裁判所も州の政策を実現する機関だからというだけでは、アメリカ国内における州際取引の推進や州際間の司法的協力関係をないがしろにしかねず、他州の司法手続に対し十分な信用と信頼を与えよと命ずる合衆国憲法に違反するのではないかとの疑いも提起された[29]。

さらに、利益分析の核心たる「州の利益・州の法政策」の確定自体が困難ではないかとの批判もなされた。それが制定法である場合、議会の意思が常に明白かつ単一だとは限らない。制定の経緯や議会における議論を調べるだけで、あるいは制定法の目的規定だけで明確な目的・利益が認定できるかという難問があった。さらに、それが制定法ならまだしも、判例法（common law）のルールである場合、そもそもコモン・ローは当該州を越えて、歴史的に長い時間の中で先例を通じて形成されてきたものである。後者については「州の政策目的」や「州の利益」を強調すること自体に対する違和感が残った。

カリー教授の考え方は、原則として法廷地法を選択するのが当然であり、例外的に強い理由がある場合だけ州外法（外国法）を適用するというものだった。特に真正の抵触がある場合、言い換えれば、他州にも何らかの正当な法適用の利益があることを認めながら、自州の利益との「比較衡量」はせず、常に法廷地法（自州の法）を適用するという原則には、（つまりは慣れ親しんだ法を適用すればよいのであるから）実際にはその恩恵を被るはずの裁判官たちも公然とそうすることにはためらいを感じたようである。そこで、後になって、カリー教授は、真正の抵触の場合、自州法を再検討し、より控えめに節度のある解釈をして、実は虚偽の抵触しかない場合で

---

29) Hoffheimer 190.

あるか（つまり、実質的な利益として他州法しか関与していないのではないか）をあらためて考慮すべきであると、一定の譲歩を示した。ただし、それぞれの州の利益を明らかにして比較衡量するというアプローチには依然反対した。

以上を要するに、カリー教授による「利益分析」はその名称から連想されるような「利益衡量分析」ではない。そうではなく、複数の州（国）が関係する紛争において適用される法については、それぞれの州法がどのような利益を保護しようとしているかを考慮することによって、実は「虚偽の抵触」しかない場合が大部分であることを明らかにした点に最大の功績がある。それに比べて、「真正の抵触のケースや、実はどちらの州も利益（利害関心）のないケースでは、法廷地法を選択するのを原則とする」という点については、十分な説得力がないとされたわけである。

IV　利益分析の修正型

そこで、カリー教授の「利益分析」への修正型が提案され、実際に、州裁判所がそれを適用するに至った。振り返ってみれば、1950年代から60年代、さらに70年代にかけて、アメリカ抵触法（準拠法選択に関する法）は、学者による理論とそれを採用しようとする裁判所の間で、理論と実務の間での交流が最も盛んだった時代だったといえる。

【バクスター教授の法益阻害度比較法理】
スタンフォード大学のバクスター教授の業績は、独占禁止法分野の方が有名かもしれない。だが、アメリカの多くの法学教授がそうであるように、日本なら1つの狭い専門領域にとどまる法学者が普通だとしても、アメリカではそれにとどまる必要がない。彼もまた、独禁法と関係があるといえばいえるが、準拠法選択に関するルールについても現在にまで残るような新たな提案をして見せた。1963年のことである[30]。

---

30)　William F. Baxter, Choice of Law and the Federal System, 16 Stan. L. Rev. 1 (1963).

彼の考えの基本はカリー教授の利益分析に基づく。虚偽の抵触の場合、当然ながら、真に当該州法を適用する利益を有する州は1つだけであるから、それが適用される（いずれの州の裁判所に事件が係属しても、利益分析をとる限り同じ法が適用されるはずである）。バクスター教授は、真正の抵触の場面でも、同様に、いずれの州の裁判所でも同じ準拠法が適用になるような法理を編み出した。それが「法益阻害度比較法理」（comparative impairment doctrine）である。それは次のような意義を有する。

　「仮にその州法が適用されない場合、当該州に対する法益の阻害度がどれほどのものかを考える。そして、複数の州について同じ考察をして、より阻害度の大きい州法を適用すべきである」。

つまり、準拠法として選択されない場合に、最も法益阻害度の大きい州法を選択すべきだというのであり、そこには二重に否定の要素を含む[31]。「選択されない」場合に「ネガティブな影響を、より受ける」ということである。

それなら、それをひっくり返して、「当該州法を準拠法として選択した場合、最もその利益の大きい州法を適用すべきだ」とすればよいかというと、絶対にそうはならない。それはまさに、カリー教授が嫌った「利益衡量」論になってしまう。バクスター教授によれば、利益衡量はできないし、またすべきでないが、当該州法が適用されない場合の、当該州にとっての損失（法益の阻害度）は観念できるし、またその比較ならできると論じたのである。そして、実際に、カリフォルニア州の裁判所とルイジアナ州の裁判所がそれを受け入れた。理論的には、このような手法をすべての州がとるなら、真正の抵触のケースについても、同じ準拠法選択に至るはずであり、単なる法廷地法優先主義とそれに伴う法廷地漁り（forum shopping）を回避できる。

カリフォルニア州最高裁がこの法理を採用したのは、1976年のBernhard v. Harrah's Clubである[32]。

---

31) Hoffheimer 208-209.
32) Bernhard v. Harrah's Club, 546 P.2d 719 (Cal. 1976).

【Bernhard v. Harrah's Club (Cal. 1976)】

　被告は、ネバダ州のカジノである。このカジノは隣接のカリフォルニア州での宣伝広告により、カリフォルニア州民を多数招き入れていた。カジノでは酒が振る舞われ、酔った状態で運転したカリフォルニア州民が、ネバダからの帰途、カリフォルニア州に入った後で交通事故を起こし、カリフォルニア州民（被害者）にけがを負わせた。被害者（原告）はカリフォルニア州裁判所にネバダ州のカジノを被告として訴えを提起した。

　第1審裁判所は原告敗訴。実は、ネバダ州では、アルコールを提供した居酒屋等（カジノもそれに入る）の免責を定める制定法を有していた。第1審裁判所は、このネバダ州法を適用して原告を敗訴させた。しかしながら、カリフォルニア州最高裁は原審を破棄し、カリフォルニア州法を適用して原告勝訴とした。そして、その判決において明確にバクスター教授の法理を採用し結論を導いた。

　すなわち、カリフォルニア州の法益は、酔っ払い運転による事故からの州民の保護である。それは、隣接州の居酒屋等にまで州法の効果が及ばない限り達成できない。言い換えれば、本件にカリフォルニア州法を適用しない場合、カリフォルニア州の法益が被る損害の程度はきわめて大きい。それに対し、ネバダ州法では、すでに運転者に対しアルコールを提供することを軽罪（misdemeanor）にしている。同時に、本件でネバダ州法が適用されなくとも、ネバダ州で生じたネバダ州民に対する事故には影響を与えない。また、ネバダ州の居酒屋等は本件のような事態に対し賠償責任保険による対処もできる。要するに、ネバダ州法を適用しない場合に失われるネバダ州の法益は相対的に見て小さい。したがって、カリフォルニア州法を適用すると明確に宣言したのである。

　しかし、本件の結論をだけ見ると、結局、カリフォルニア州最高裁は自州の法廷地法を適用している。その結果は、カリー教授による利益分析でも、あるいは、それどころか伝統的なアプローチで不法行為地法とすること（この場合、運転者にアルコールを提供したこと自体を不法行為としても、事故はカリフォルニア州で起きているのでそこを不法行為地とすること）でも変わらない。だが、2年後の1978年、カリフォルニア州裁判所はバクスター教授の「法益阻害度比較法理」を用いて、今度は他州法を選択し適用

する機会を得た[33]。

【Offshore Rental Co. v. Continental Oil Co.（Cal. 1978）】

　原告はカリフォルニア州の会社であり、ルイジアナ州所在の被告会社との間で取引の交渉をするために役員を派遣した。ところが、滞在中に、当該重役は、被告会社内で被告の従業員の過失によりけがをした（それ以上の詳しい事情は、判例集からも明らかになっていない）。それが被告会社の従業員による過失であることは明らかだったようで、被告の会社は重役自身には損害賠償を行った。ただし、問題はそれで終わらなかった。

　カリフォルニア州には、役員クラスの被用者（key employee）が損害を受けた場合、その影響を受けた会社自体も賠償請求ができるとの古い制定法があり、会社はそれに基づいてカリフォルニア州裁判所に訴えを提起し500万ドルの賠償請求をした。これに対し、被告は、ルイジアナ州にはそのような法はないとして争った。

　カリフォルニア州最高裁は、本件では真正の法の抵触が存在するものの、カリフォルニア州の法政策を適用しないことによる損失の方が、ルイジアナ州法を適用しないことによる損失よりも軽微であるとして、ルイジアナ州法を選択適用し原告を敗訴させた。

　なぜなら、カリフォルニア州の制定法は古びたもので他の州に類似の法はなく、それどころかカリフォルニア州でそれを適用した例も長年の間存在しない。したがって、それを適用しなくともカリフォルニア州法への阻害度は相対的に小さいとしたのである。

　ただし、バクスター教授による「法益阻害度比較法理」を採用したのは、カリフォルニア州とルイジアナ州だけだといわれる[34]。その理由は、1つには、ある州法を適用しない場合にどのような法益が損なわれるかの程度

---

　33)　Offshore Rental Co. v. Continental Oil Co., 583 P.2d 721（Cal. 1978）.
　34)　Hoffheimer 210. ルイジアナ州の判例として、Kanz v. Wilson, 703 So.2d 1331（La. App. 1st Cir. 1997）（イリノイ州で人生の大半を過ごした女性が、死亡前5年をルイジアナ州のナーシング・ホームで過ごし、そこで死亡した。女性が残した預金の扱いについて、ルイジアナ州の裁判所は、女性の死亡時のドミサイルがルイジアナ州にあったと認定したうえで、本件に関係する他州に比べ、ルイジアナ州の法が適用されない場合の法益阻害度が最も大きいと判断して、ルイジアナ州法を適用した）。

を判断するという作業が難しいところにあり、より重要なのは、(それはバクスター理論を理解していないからだと反論もされるだろうが)結局のところ、いわば表からではなく裏から、異なる州法の実体的利益を衡量しているのではないかという疑いの残る点である[35]。

したがって、リッチマン、レイノルズ両教授などは、あえて異端を支持すると述べて、表から異なる州の法政策を利益衡量することを認めるべきだと論じている[36]。裁判所は、その裁判所が属する州の法ばかりでなく、他州の法についても解釈できるというのである。しかしながら、このような意味での「利益衡量論」は、どの州の裁判所も採用していない。

V　レフラー教授の法理──よりよい法 (better law) のアプローチ

1966年、アーカンソー大学のレフラー (Robert A. Leflar) 教授は、2つの論文を発表し[37]、better law approach (よりよい法のアプローチ) と呼ばれるようになる法理を明らかにした。「よりよい法」を選択するというのではあまりにも単純で無内容に聞こえるが、そうではない[38]。それは、最大で5つの州の裁判所がこのアプローチを採用したところにも、十分に意義のあったことが明確に示されている[39]。

彼は、準拠法選択について、一般的な法理を打ち立てるのではなく、何千という裁判例を検討した結果、実際の裁判所は、次の5つの要素を考慮して、準拠法を選択していると論じた。

---

35)　Hoffheimer 213 では、Offshore Rental Co. v. Continental Oil Co. 判決について、そのような批判があてはまると論じている。
36)　『アメリカ抵触法 (下)』140-141 頁。Hoffheimer 213.
37)　Robert A. Leflar, Choice Influencing Considerations in Conflicts Law, 41 N.Y.U.L. Rev. 267 (1966); Do, Conflicts Law: More on Choice-Influencing Considerations, 54 Cal. L. Rev. 1584 (1966). なお、医療と法について日米の比較研究で知られるレフラー教授は、Robert B. Leflar であり、彼の息子である。
38)　Spillenger 113.
39)　Spillenger 114. 5つの州とは、ミネソタ、ウィスコンシン、ロード・アイランド、ニュー・ハンプシャー、アーカンソーの諸州である。Hoffheimer 210 では、3つの州としている。

① 結果の予測可能性
② 州際および国際的な秩序の維持
③ 裁判所の任務をできるだけ簡素化し負担の少ないものとすること
④ 法廷地の政策的利益を促進すること
⑤ よりよい法（the better rule of law）の適用

　彼は、これらの総合的判断を行った結果が、実は各州の裁判所による準拠法選択の実相であると論じ、それを具体的な例を示して明らかにした。そして、実際にいくつかの州が明示的にレフラー教授の「よりよい法」アプローチを採用したのである[40]。

【Clark v. Clark（N. H. 1966）】[41]

　ニュー・ハンプシャー州最高裁は、この事件で明示的に「よりよい法」アプローチを採用した。事案は、ニュー・ハンプシャー州民が運転者かつ被告であり、同州民がその同乗者かつ原告であって、ヴァーモント州で事故を起こし、同乗者がけがをしたというものである。そして、ヴァーモント州には好意同乗者免責法が存在した。

　裁判所は、前記5つの要素を順に考慮し、ニュー・ハンプシャー州法を適用することにした（同州には好意同乗者免責法はないので、不法行為責任が認められ、結果的に同州の保険会社からの支払いがなされた）。第1の予測可能性は不法行為訴訟にはあてはまらない[42]。2番目の、「州際および国際的な秩序の維持」とは、実はその法を適用することについて何ら利益を有しないような州（国）の法の適用を排除するための要素であり、本件では、明らかにニュー・ハンプシャー州はその法を適用する利益を有している。裁判所の負担を問題とする3番目の要素は、裁判所が法廷地の法を適用する限りでは何ら障害とならない。そのうえで、裁判所は、4番目の要素と5番目の要素によって、本件では、ニュー・ハンプシャー州法を適用すべ

---

40) アメリカにおいては、学説はそれ自体に価値はあるものの、実際に裁判所がそれを採用したり引用したりすることで、価値が飛躍的に高まるという認識がある。あくまでも司法の実践と結びついた学説が評価されるということである。
41) Clark v. Clark, 222 A.2d 205 (N.H. 1966).
42) 不法行為については、その性質上、予測可能性を重視する必要性が薄いという意味である。予測して不法行為を行うのを保護する必要はない。

きだとした。同州は、同州民が同州法に則って損害回復をする政策的利益を有しており、しかも、好意同乗者免責法は時代遅れの産物であると結論づけた（保険制度がない時代の、免責ルールだというのである）。

ただし、本件で出された結論（ニュー・ハンプシャー州法の適用）は、ニュー・ヨーク州のアプローチであれ、カリー教授の利益分析であれ、およそあらゆる現代的アプローチで同様の結論になるという点には留意する必要がある。

【Mikovich v. Saari（Minn. 1973）】[43]

ミネソタ州裁判所は、レフラー教授の「よりよい法」アプローチを積極的に採用した州として知られる。だが、自州の法を極端に「よりよい法」だと判断するものだとして批判も浴びた[44]。本件もその例にあたる。

事案はやはり好意同乗者免責法に関する。カナダのオンタリオ州民が自動車でミネソタ州滞在中に事故を起こし、オンタリオ州民である同乗者にけがをさせた。すでに先に見た判例でも明らかなように[45]、オンタリオ州には好意同乗者免責法が存在した。現代的な利益分析アプローチによれば、このようなケースでは、それでもオンタリオ州法が適用になるはずだが、ミネソタ州最高裁はミネソタ州法を適用すると宣言した。

まず、「よりよい法」アプローチの最初の3つの考慮要素については、ニュー・ハンプシャー州裁判所と同様に本件の決め手とはならないとした。そこで4番目の「法廷地の政策的利益を促進すること」が問題となるが、本件で、ミネソタ州としては、損害の配分に関する利益という意味で（オンタリオ州民間の争いに）利益はないが、「裁判所において正義を実現する」という利益があると宣言した[46]。さらに、好意同乗者免責法が詐欺的

---

43) Mikovich v. Saari, 203 N.W.2d 408（Minn. 1973）.
44) Spillenger 116. なお、ミネソタ州は、現在では「よりよい法」アプローチではなく、「最も密接な関連地」（most siginificant contacts）アプローチを採用しているという。Hoffheimer 229, n. 3.
45) 前掲142頁。
46) これではあらゆる場合に法廷地法を適用することが正義だとされかねない。たとえば、本件では、けがをした被害者はミネソタの病院に入院しており、その費用負担に関する限りで、賠償責任を認めることに、ミネソタ州にも一定の利益があるというように、もっと狭い射程での考慮をすることも可能だったという批判がある。Hoffheimer 230.

保険請求を防止する目的を有しているとしても、本件にはあてはまらず、通常の判例法（common law）による不法行為法が「よりよい法」であるとした（好意同乗者免責法は、guest statute と呼ばれることからもわかるように、州議会による法律の定めであり、通常の判例法ではこのような免責は認められていない、という趣旨である）。

【Jepson v. General Gas. Co. of Wisconsin（Minn. 1994）】[47]

そのミネソタ州最高裁が、それまでの批判に応えて、より妥当な「よりよい法」アプローチを示したのが1994年の本件である。

原告は、アリゾナ州に住んでいる間に、自動車事故でけがをした。ノース・ダコタ州で事業をしていて、そこで複数の自動車を所有していた。ノース・ダコタ州の方が自動車保険の保険料も明らかに安価だったからである。事故が起きて無保険車傷害特約が問題となった場合、その保険金について、複数の車両に保険をつけているケースで保険金額を加算することをstackingというが、ミネソタ州はそれを認めており、ノース・ダコタ州では認めていなかった。原告は、それを知ったうえでミネソタ州に移住し、ミネソタ州裁判所に訴えた（それを示唆する判示部分がある）。ともかく、原告はミネソタ州法の適用を求めた。

しかし、ミネソタ州最高裁はそれを否定し、本件ではノース・ダコタ州法を適用した。「よりよい法」アプローチの、1番目と2番目の要素について、裁判所はいずれもノース・ダコタ州法適用に有利な要素だと判断した。また、原告が法廷地漁り（forum shopping）の結果として、ミネソタ州裁判所に訴えを提起したとも述べた。最大の注目点は、何が「よりよい法」かについて次のように判示したことである。

　　「時として、異なる法は、客観的に見て、いずれがよい法でも悪い法でもなく、単に、違った法が行われているという場合がある」[48]。

要するに、本件では、「よりよい法のアプローチ」のうち5番目の要素

---

47) Jepson v. General Gas. Co. of Wisconsin, 513 N.W.2d 467 (Minn. 1994).
48) Jepson v. General Gas. Co. of Wisconsin, 513 N.W.2d 467, 473 (Minn. 1994).

は容易に判断できないケースであることを認め、他の要素を考えて、ノース・ダコタ州法を選択したわけである。

【よりよい法アプローチの難点】

　レフラー教授の「よりよい法のアプローチ」(better law approach) は、1960年代以降、少なからぬ影響力を及ぼした。その特色は、実際の判例分析の中から抽出したとされる5つの要素の総合判断が実際の裁判実務で行われているという指摘にあり、それは訴訟類型によって形式的画一的に準拠法が定まるとする伝統的アプローチではなく、やはり現代的アプローチの一種として位置づけられる。

　しかし、その呼称が「5要素総合判断アプローチ」ではなく「よりよい法のアプローチ」とされていることからもわかるように、カリー教授ら他の現代的アプローチと比較して、明確に実体法の比較衡量（一種の利益衡量）をしているところ、つまり5番目の要素を取り込んだところに大きな意義がある。同時に、その点が批判の対象ともなった。

　「よりよい法のアプローチ」には、その後次のようにさまざまな批判が加えられた。

　(1) 予測可能性に乏しい　　しかし、これは総合判断アプローチであれば覚悟して受ける批判であり、さらに他の現代的アプローチにもあてはまるから、それほど強い批判とはいえない。

　(2) 法廷地法を選択するのに有利なアプローチである　　これもまた、カリー教授の利益分析アプローチにもあてはまるものであり、それに比べれば、「よりよい法」であるとして他州法を適用する場面を増やすから、一定の反論が可能である。

　(3) 厳しい批判は、渉外関係事件であれば、「よりよい法」として他州法を選択し適用する裁判所が、実際には多数を占めるであろう州内事件では、それができないところである　　たとえば、A州で好意同乗者免責法（これはどこでも制定法の形で定められている）があったとする。好意同乗者免責法を持たないB州民が訴えてきた場合、A州裁判所が「よりよい法アプローチ」でB州法を適用しB州民を勝訴させたとしても、A州民だけが絡んだ事故では、A州裁判所はA州法の好意同乗者免責法を適

用せざるをえない[49]。

　これがコモン・ロー（判例法）に基づく事件であれば、州内事件でも、裁判所は、他州の法の動向を参酌し、これまでの判例を変更して「よりよい法」を選択することができるが、制定法の場合それは難しい。何らかのアンバランスな対応が出現する[50]。

　(4) 最大の批判は、何が「よりよい法」かである　　レフラー教授自身は、「その時点における社会経済的要素を勘案した利益が増進され、当事者には不意打ちにならないようなもの」というように、裁判官は、一定の客観的基準に従ってそれを定めることができると考えていたが、批判者は納得しなかった。同時に、それは法の内容についてその妥当性を衡量するものであり、カリー教授以来、現代的アプローチのもとで、単なる「利益衡量」にならない準拠法選択ルールを追求していたことから大きな一歩を明確に踏み出すものだった。

　ただし、それらが5つの要素の中の1つに過ぎないところが、レフラー的アプローチの巧妙さだとも評価できる。裁判官は、具体的事件を前にして、まさにさまざまな要素を勘案して準拠法選択をしていると彼は主張したのである。その中には、実体法の内容に関する相対的な優劣も含まれる。実際、準拠法選択が大きな問題になった好意同乗者免責法のケースや、妻の行為無能力制度、あるいは一定の公益団体に認められた不法行為免責や、不法行為で死亡した事案での（あまりに低額の）損害賠償額制限立法などは、時代の変化の中で、いかにも時代遅れ（anachronistic）と容易に判断される事例が多かったのである。

---

49) もっとも実際には、B州民はB州で訴えを提起するであろうから、この問題は生じにくい。ただし、B州裁判所に、被告に対する裁判管轄権がない場合、A州でしか訴えられないケースはありうる。

50) ただし、裁判所が渉外事件で「よりよい法」を宣言すれば、アンバランスが顕在化し、議会に対する大きな圧力となって同州での「よりよい法」の実現に資すると考えることもできる。

VI 第 2 次リステイトメントのルール

1 その基本的性格

　抵触法（準拠法選択）に関する第 2 次リステイトメントが完成したのは 1969 年である[51]。第 1 次リステイトメントが 1934 年に公表された際には、すでにその伝統的ルールへの批判が高まっており、いわば過去の体系が崩れゆく中で、時代遅れになりつつあるものをまとめたかの感を呈していた。それに対し、第 2 次リステイトメントは、カリー教授の利益分析を筆頭とする現代的アプローチがさまざまにかつ華やかに展開した時代の風を受けて、その影響下に作成された。しかも第 2 次リステイトメントが公表されたことにより、諸州の裁判所に対する現代的アプローチの影響をさらに加速させた[52]。その影響は、たとえば、不法行為の準拠法選択ルールについて、22 州が採用したといわれることでも明らかである[53]。

　しかし、他方では、第 2 次リステイトメントに対しても厳しい批判がある。多くの州の裁判所がそれを引用したのは、要するに、このリステイトメントの内容が「八方美人的なもの」であり、どのようにでも適用できる（よくいえば）柔軟性を備えていたからだというのである[54]。実際、第 2 次リステイトメントが最終的に公表される 1971 年までには、作業の開始から 18 年を要した。その内容は、一方で現代的アプローチを採用すると明確に宣言しながら、個々の条文において一定の推定規定を置き、その実質が伝統的なアプローチに近いものであったことが指摘されている。つまりは妥協の産物だったといえる。

---

51) 第 2 次リステイトメントの邦訳が一部についてなされている。アメリカ抵触法研究会『〈邦訳〉アメリカ抵触法第二次リステイトメント』民商法雑誌 73 巻 5 号 133 頁、73 巻 6 号 124 頁、74 巻 1 号 136 頁、74 巻 2 号 14 頁、74 巻 3 号 148 頁（1976）（79 条までをカバーしている）。

52) 第 2 次リステイトメントの、当初の草案では、むしろ伝統的アプローチの影響が残っていたとされる。それが学者らからの厳しい批判を浴びて、最終版では、現代的アプローチを鮮明にした。See, e. g., Hoffheimer 240-241.

53) Hoffheimer 240.

54) たとえば、Spillenger 104-105。

第2次リステイトメントの最も重要な条文は第6条である[55]。

【第2次リステイトメント第6条】

第6条は、第1項で、「準拠法選択について州裁判所は、憲法の制約の下で、州議会が定めるルールに従う」との自明の理を規定する。制定法があるようなら、裁判所はそれに従わざるをえない。ところが、アメリカでは準拠法選択ルールも原則として判例法で形成されてきたのであるから、実際的な問題は、州議会による制定法の定めがない場合であり、このケースがアメリカでは多数だった。

第2項では、その場合について、次の7つの要素を総合判断して、適切な準拠法を選択すると定める。

(a) <u>州際および国際的な秩序の要請</u>（the needs of the interstate and international systems）

(b) <u>法廷地の州において、当該事件に関係する法政策</u>（the relevant policies of the forum）

(c) <u>他の関係する州における、当該事件に関係する法政策</u>と、当該争点についてこれらの州が有する利害関係の程度（the relevant policies of other interested states and the relative interests of those states in the determination of the particular issue）

(d) <u>当事者が有する正当な期待の保護</u>（the protection of justified expectations）

(e) <u>当該法分野の基礎をなす根本的な法政策</u>（the basic policies underlying the particular field of law）

(f) <u>結果の確実性、予測可能性および統一性</u>（certainty, predictability and uniformity of result）

(g) <u>適用されるべき法の判断と適用が容易であること</u>（ease in the determination and application of the law to be applied）

これが第2次リステイトメントの掲げる準拠法選択の一般原則である。しかし、この文言だけを見てもその意義は十分に理解しがたい。ポイント

---

55) 2d Restatement §6.

は次のような点にある。

(1) これら7つの要素のうちに、法廷地の州の法政策、他の関連する州の法政策、当該法分野の基本的な法政策が入っているところに最も注目すべきである。これはカリー教授に始まる「利益分析」を採用したことを意味し、第2次リステイトメントの原則が基本的に「伝統的アプローチ」ではなく「現代的アプローチ」だということを示す。

(2) 第2次リステイトメント第145条は、不法行為事件における準拠法選択原則を定める規定であるが[56]、そこには「第6条で定める原則に基づき、事件および当事者に最も密接な関係を有する」(the most significant relationship to the occurrence and the parties under the principles stated in §6) 州法を選択すると明記されている。要するに、第6条第2項で掲げられている7つの要素は、「最も密接な関係を有する」州法を探求するための指針である。

(3) これら7つの要素をレフラー教授の5要素による総合判断と比べてみよう。レフラー教授は、以下の5つの要素を裁判所は総合判断して準拠法を選択してきたと述べていた。

① 結果の予測可能性
② 州際および国際的な秩序の維持
③ 裁判所の任務をできるだけ簡素化し負担の少ないものとすること
④ 法廷地の政策的利益を促進すること
⑤ よりよい法 (the better rule of law) の適用

これを第2次リステイトメント第6条第2項と比較すると、4つ目までは、7つの要素に含まれていることがわかる。しかし、第2次リステイトメントでは、「いずれの州法がよりよい法であるか」という価値判断は、準拠法選択にもち込まないことにしたわけである。そうではなく、当該事案に「最も密接な関係」を有する州法を選択すると宣言した。

(4) ただし、第2次リステイトメントでは、紛争類型ごとに細かな規定を定め、そこでは原則として適用される州法はこれだという推定規定を置いた。実は、その内容が、伝統的アプローチによる原則を維持する例が多

---

56) 2d Restatement §145 (1).

かった。

 たとえば、人身損害を伴う不法行為、それが死亡の結果を伴う場合、さらに不動産を侵害する不法行為などは、すべて、原則は不法行為地法だと明記された[57]。そうだとすると、先に述べたように、第2次リステイトメントは、一方では現代的アプローチに媚びを売りながら、他方では伝統的アプローチにも実質的な生き残りの余地を与える点で、まさに「妥協の産物」だったといわれても仕方がない。しかし、別の視点から見れば、裁判所にとっては、具体的事件を前にして、きわめて都合のよい典拠を提供してくれたともいえる。

 ここでは第2次リステイトメントの起草者の1人である、リース（Willis L. M. Reese）教授の説明、あるいはその正当化を紹介する[58]。

【リース教授の説明】

 リース教授によれば、そもそもアメリカ法律協会（American Law Institute）が、判例法の再記述（リステイトメント）を策定しようと考えた1920年代において、最初に候補に上ったのが抵触法（準拠法選択ルール）だったという。1923年に作業が開始された当時、主任起草者となったビール教授ばかりでなく、他の多くの法律家も、抵触法は比較的少数の単純なルールを条文の形で提示できるものだと考えていた。不法行為事件なら不法行為地法、契約事件なら契約締結地法というように。要するに、まさにそのような判例法のルールを再記述するにふさわしい分野だと見られていたのである。そして、ビール教授は、その正当化を、当事者が有する（自然権に近いような）既得権をいずれの州も尊重すべきであり、形式的画一的な少数のルールを明確化することにより、それが達成できると考えた。そのような思考法は、リーガル・リアリズムが勃興する以前の19世紀末に主流となった古典的法思想をまさに体現していたのである[59]。

---

57) 2d Restatement §§146, 147 & 175.
58) Willis L. M. Reese, Conflict of Laws and the Restatement Second, 28 Law and Contemporary Problems 679 (1963).
59) このような古典的法思想の生成と衰退については、M・J・ホーウィッツ（樋口範雄訳）『現代アメリカ法の歴史』（弘文堂・1996）に詳しい。

VI 第2次リステイトメントのルール

だが、とリース教授は続ける。1960年代から振り返ってみると、実際には、抵触法は、1920年代において、すでに判例法が成熟しそれを再記述（restate）するにふさわしい分野ではなかった。その後ただちに、このように単純化し過ぎたルールを適用するのでは、うまくいかないことが明らかになった。

まず、1934年に第1次リステイトメントが公表された後、抵触法に関わる判例が増加した。実際の紛争の中で試されることになったリステイトメントの内容は、あまりに形式的で問題だとされるようになった。時代背景としては、20世紀前半に、アメリカでは自動車などの交通と産業の発展があり、人も物も州境を越えて移動する範囲が爆発的に広がった。それに伴い、州際的な要素を含む紛争が激増し、それらが裁判所にもち込まれる例も増加した。ところが、第1次リステイトメントは、実はそれ以前のごく少数の判例だけを素材にして、あるいは判例よりもビール教授の学説的指導のもとに成立したものだということが明白になり、大きな批判を浴びることになった。

1950年代に第2次リステイトメントが作られることになったとき、真っ先に取り上げられたのも抵触法分野だった。リース教授は、この時点では、「後医は名医」といわれるのと同じように、第1次リステイトメント当時とは比べものにならない有利な点があったと述べる。それは第1次リステイトメントに対し、どのような批判が学者からなされたかをすでに十分知っていたこと、リステイトメントの記述どおりではないたくさんの判例や、議会制定法が定められたこと、さらに多くの論文や書物が刊行されたこと、要するに、第1次リステイトメント当時よりも情報量においてはるかに優位に立っていたという事情である。

しかしながら、同時にそれは困難も意味した。判例や論文等による情報の増加は、それぞれ主張の異なる議論の増加となり、従来の単純なルールの形式的適用を拒んだ結果、相当の不確実性を生んだからである。今や、抵触法の分野は、きわめて広大かつ複雑であって、少数のルールで記述できるようなものではないことが明白になった。そこで、射程距離の短い多数のルールが第2次リステイトメントとして記述されることになったのである。しかも、その1つひとつの内容も、形式的固定的なものではなく、

柔軟で新たな事態に対応できるようなものが望ましいとされた[60]。

　「第2次リステイトメントの明確な目標の1つは、誤解を与えないことでなければならない」。
　「したがって、一般原則としては、いずれにせよ誤るのであれば、将来において間違いだったとわかるような固定的で細密なルールの形よりも、その適用が流動的で不確実なルールだという意味での誤りの方がずっとよい」。

　この結果、具体的事案で裁判所がいかようにも使いやすいような（典拠としやすいような）第2次リステイトメントができあがった。そして第6条第2項に掲げたような要素を総合判断して「最も密接な関係」を有する地の法を選択する一定の（あるいは相当の）裁量権が裁判所に委ねられたわけである。

2　第2次リステイトメントと不法行為

　不法行為の準拠法選択について、第2次リステイトメントは3段階のルールを用意した。第1段階は、前に掲げた第6条、とりわけその第2項であって、不法行為に限らず、そこに掲げた7つの要素を勘案して、最も密接な関連地の法を適用することになる。ところが、第2段階として、特に不法行為については第145条が「不法行為事件の準拠法選択に関する一般原則」を定めたので、それも合わせて考慮する必要が生じた。
　第145条は、第1項で、不法行為事件によって生ずる権利や責任については、「第6条で定める原則に基づき、事件および当事者に最も密接な関係を有する」(the most significant relationship to the occurrence and the parties under the principles stated in §6)州法を適用する（州法が選択される）と述べながら、第2項で、それを判断する4つの接点（要素）を掲げている。
　(a)損害の発生地（the place where the injury occurred）
　(b)損害を発生させた行為地（the place where the conduct causing the

---

60)　以下、2つの引用は、Reese, supra note 58, at 681。

injury occurred）

(c) 当事者のドミサイル、住所、国籍、法人設立地（the domicil, residence, nationality, place of incorporation and place of business of the parties）

(d) 当事者の関係が事前に生じている場合なら、その関係が生じた地（the place where the relationship, if any, between the parties is centered. These contracts are to be evaluated according to their relative importance with respect to the particular issue）

しかし、ルールはこれにとどまらない。第3段階として、不法行為の類型ごとに一定の推定規定が置かれた。たとえば、人身損害を伴う過失による不法行為については、第146条が、他の州法がより密接な関連を有しない限り損害発生地の法が適用されると定める。第166条では、ある人の過失が当事者の過失とみなされるか否かについて、通常は（usually）損害発生地の法によると規定する。また、第167条では、当事者死亡後の訴権が存続するか否かは、推定規定を置かず、不法行為に関する一般原則を定めた第145条のルールによって準拠法が決まると明記している。このように不法行為の争点を特定した条文が30箇条以上置かれた。

したがって、第2次リステイトメントでは、不法行為の準拠法選択について、大原則を定める第6条、不法行為についての一般原則を定める第145条、さらにそれぞれの争点に関して規定する特定の条項を、総合的に考慮して判断することが必要となる。ところが、裁判所は必ずしもそうしていないという。特定の争点を規律する条項は、上記の例にもあるように、（推定規定としてではあるが）損害発生地法＝準拠法とする伝統的ルールを原則とするものが多いこともあって、むしろ新たなアプローチに即時に則り、第6条と第145条に照らして判断するものが多かった[61]。

いくつか実際の判例を見てみよう。

【Hataway v. McKinley（Tenn. 1992）】[62]

原告の娘は、テネシー州のメンフィス州立大学の学生として、授業の一

---

61) Hoffheimer at 244.
62) Hataway v. McKinley, 830 S.W.2d 53 (Tenn. 1992).

環でスキューバ・ダイビングを行う旅行に参加し、アーカンソー州の渓谷に赴いた。それを率いたのが被告である。だが、事故が起こって娘が死亡し、娘の親が不法行為による死亡訴訟（wrongful death action）をテネシー州裁判所に提起した。下級審では、不法行為地であるアーカンソー州法を適用し、結論として陪審審理を用いた第1審は原告敗訴、控訴審ではそれを破棄する判決が出された。なおアーカンソー州法では比較過失法理が採用されていて、被告の過失が原告の過失より大きい場合にはその割合に応じた損害賠償が認められるのに対し、テネシー州法では、寄与過失法理が維持されており、少しでも原告側に過失があれば損害賠償は認められなかった[63]。上告を受けたテネシー州最高裁は、このような法の抵触があることを前提として、100年以上、同州では不法行為地法（この場合アーカンソー州法）を形式的に適用してきたが、他州の動向を踏まえて、第2次リステイトメントの法理を採用すると宣言し、本件において、より密接な関連地は明らかにテネシー州であるとして、テネシー州法を適用して判断するよう原審に差し戻す判決を下した。

　注目すべき点は、以下のとおりである。

　テネシー州では、1992年のこの判決まで100年以上の間、不法行為事件について伝統的ルールに則り不法行為地法（損害発生地法）を画一的に適用してきたが（実際、原審もまさにそのようにした）、州最高裁は、本件以降、第2次リステイトメントを採用すると宣言した[64]。

　第2次リステイトメント第175条では、不法行為による死亡訴訟での争点について法の衝突（抵触）がある場合、「まず第6条によって、より密接な関連を有する州を探求するものの、それがない場合、原則として損害発生地の法を適用する」と明記している。しかし、本件では、より密接な関連を有する州が存在すると判断した。

　具体的には、損害発生地はアーカンソー州であるが、当事者双方はテネシー州民であり、当事者の関係が形成されたのもテネシー州である。これ

　63）　比較過失および寄与過失法理については、『アメリカ不法行為法』219頁。
　64）　諸州の法を検討し、不法行為地法を適用するという伝統的ルールを採用しているのは15州に減少し、もはや多数の州が採用しているとはいえないとする。Hataway v. McKinley, 830 S.W.2d 53, at 56 (Tenn. 1992).

に対し、たまたま事故が発生したのがアーカンソー州だけだというのであって、アーカンソー州は、本件についてアーカンソー州法を適用する十分な利益を有していない。したがって、適用すべきはテネシー州法だと結論づけた。

【アリゾナ州の 2 つの判決】

次に、アリゾナ州の 2 つの判例を見てみよう。

第 1 例は、1979 年の Gordon v. Kramer である[65]。この事件では、ともにアリゾナ州民である原告と被告が、車で旅行に出かけた。まずテキサス州へ、そこからアイオワを経てノース・ダコタ州、さらにユタ州を経由して、最終的にはアリゾナ州ツーソンへ戻ってくる旅である。ユタ州を運転中、被告は居眠り運転をして事故を起こし、助手席にいた原告が重傷を負って、長期間ユタ州の病院に入院した。原告はアリゾナ州裁判所に不法行為訴訟を提起したが、事故地であるユタ州には好意同乗者免責法があり、第 1 審はユタ州法を適用して、略式判決により訴えを棄却した。なお、車は被告がノース・ダコタ州で購入したもので、名義は被告の母となっており、登録も保険購入もノース・ダコタ州でなされた。また、両当事者が居住するアリゾナ州には好意同乗者免責法はなかった。アリゾナ州最高裁は、本件ではアリゾナ州法を適用すべきだとして、破棄差戻しの判決を下した。

アリゾナ州は、すでに 1960 年以来、伝統的ルールではなく、第 2 次リステイトメントのルールを採用していることをまず確認し[66]、本件不法行為について参照すべきものが、第 145 条、第 6 条、そして人身損害に関する不法行為についての第 146 条であるとした。

第 146 条は、より密接な関連を有する州がない場合、原則として損害発生地の法を適用すると明記しているものの、本件では、ユタ州よりも密接な関連地が存在すると判断した。そして、第 6 条の規定する諸要素のうち、(e)当該法分野の基礎をなす根本的な法政策 (the basic policies underlying the particular field of law) が最も重要な関連性を有しており、不法行為法の基

---

65) Gordon v. Kramer, 604 P.2d 1153 (Ariz. 1979).
66) Schwartz v. Schwartz, 103 Ariz. 562, 447 P.2d 254 (1960); Moore v. Montes, 22 Ariz. App. 562, 529 P.2d 716 (1975).

本的法政策は、不法行為の抑止と被害者への補償にあり、(ユタ州の) 好意同乗者免責法を適用するのはこのいずれの利益も促進しないと結論づけた。

そして、本件では、損失負担の配分について法の抵触があり、両当事者がアリゾナ州民である以上、その点でも最も重要な関連性のある州はアリゾナ州であって、同州法を適用すべきだとした。

第 2 例は、1988 年の Bates v. Superior Court であり[67]、結論的には不法行為地法の適用がなされた (ただし、この事件では、不法行為地法＝法廷地法だった)。事案は 1975 年の自動車事故に遡る。事故によって重大な脊椎損傷を負った原告はミシガン州で加入した自動車保険の対象となって、保険で医療費が支払われることになった。当時、原告はミシガン州民、保険会社は全国で保険を販売していたが、本社はオハイオ州にあった。その後、原告はアリゾナ州に移住し、保険金は支払われ続けていたが、1985 年に保険会社はフェニックスの医師によって病状の再検査を求め、症状が安定しているとの結果を得て、オハイオ州本社の決定として支払いを中止した。そのため継続して治療を受けていた原告は、アリゾナ州裁判所に、契約違反と並べて「不誠実な契約違反という不法行為」を請求原因として訴えを提起した[68]。保険会社は、ミシガン州が最も密接な関連地であると主張した。ミシガン州では、第一当事者保険について、不誠実な契約違反という不法行為は認められていないのに対し、オハイオ州およびアリゾナ州ではそれを認める判例法があった。原審はミシガン州法を適用し、この不法行為とそれに基づく懲罰賠償を否定する略式判決を出し、上訴を受けたアリゾナ州最高裁では、アリゾナ州法、オハイオ州法、ミシガン州法のいずれを適用するのが適切かについて判断が求められた。

アリゾナ州最高裁は、第 2 次リステイトメントの第 6 条、第 145 条、第 146 条を検討し、本件では、第 146 条の原則である、人身損害を伴う不法行為については損害発生地 (不法行為発生地) の法が適用されるというルールに従うのが最善とした。

---

67) Bates v. Superior Court, 749 P.2d 1367 (Ariz. 1988).
68) アメリカの相当数の州では、特に保険契約について、保険会社による不誠実な契約違反 (bad faith breach) を不法行為として訴えることが認められている。この場合には、填補賠償に加えて、懲罰賠償が認められることもある。『アメリカ契約法』77 頁以下。

具体的には、本件では、保険の支払中止が不誠実な契約違反という不法行為にあたると主張されており、それはまさに原告がアリゾナ州民として被害を受けているので、当該論点について最も密接な関連地はアリゾナ州になる。したがって、第1審の略式判決を破棄し、アリゾナ州法を適用して判断するよう差し戻した。

【Johnson v. Spider Staging Corp.（Wash. 1976)】[69]

原告はカンザス州においてビル清掃業を営んでおり、被告が製造した梯子を使って作業中、転落して死亡した。梯子を製造した被告会社はワシントン州の法人であり、そこで製造していた。原告の遺言執行者は、この梯子に瑕疵ありとして、製造物責任による不法行為死亡訴訟（wrongful death action）をワシントン州の裁判所に提起した。背景には、カンザス州での不法行為死亡訴訟法には賠償額の上限を5万ドル（約500万円！）とする規定があったのに対し、ワシントン州では無制限という事情があった。しかしながら、第1審裁判所は、forum non convenience 法理によって裁判管轄権自体を否定するとともに[70]、仮にそれが肯定される場合でも、準拠法は事故の生じたカンザス州法だと結論づけた。ワシントン州最高裁は、本件について forum non convenience 法理の適用を否定し[71]、さらに準拠法はワシントン州法であるとして原審の判断を破棄した。

被告は、本件では事故地であるカンザス州法を適用するのがワシントン州の抵触法ルールだと主張したが、ワシントン州最高裁は、近年の判例により[72]、不法行為地法を適用するとの伝統的ルールは廃棄されたと述べた。そのうえで、第2次リステイトメントの第6条および第145条の掲げる諸要素を勘案し、本件におけるカンザス州との接点とワシントン州との接点を列挙し、数のうえでは拮抗しているとした。

---

69)　Johnson v. Spider Staging Corp., 555 P.2d 997 (Wash. 1976).
70)　Forum non convenience 法理の意義については、前掲79頁参照。
71)　本件については、製造物責任の有無が争点となっており、被告がワシントン州法人であり、製造も設計もそこで行われ、証拠の入手などを考えても、ワシントン州裁判所の裁判管轄権を forum non convenience（不便な法廷）とはいえないとした。
72)　Werner v. Werner, 84 Wash.2d 360, 370, 526 P.2d 370 (1974); Potlatch No. 1 Fed. Credit Union v. Kennedy, 76 Wash.2d 806, 459 P.2d 32 (1969); Baffin Land Corp. v. Monticello Motor Inn, Inc., 70 Wash.2d 893, 425 P.2d 623 (1967).

しかし、カンザス州法の定める損害賠償制限ルールはカンザス州の被告を保護するための法政策であり、他方で、ワシントン州が無制限ルールを定めるのは不法行為抑止を重視しているところにある。本件の被告はワシントン州法人であってカンザス州の追求する法政策に無関係であり、ワシントン州法の賠償無制限ルールを適用することは、ワシントン州の法政策を実現するのにつながるとして、ワシントン州法こそが準拠法としてふさわしいと結論づけた。

【Phillips v. General Motors Corp.（Mont. 2000）】[73]

2000年のモンタナ州最高裁決定は、現在のアメリカの多くの州における準拠法選択を示す興味深い実例である。事案は複数の州に関連し錯綜しているが、原告はモンタナ州法の適用を主張し、被告であるアメリカでも有数の自動車会社GMはカンザス州法の適用を求めた。発端は1997年カンザス州で起きた自動車事故であり、この事故で両親、兄（13歳）が死亡し11歳の子だけが生き残った。原告は、死亡した3人の遺産管理人兼生き残った子の後見人であり、州籍の相違を理由に、モンタナ州連邦地裁に製造物責任訴訟を提起した。関連する州は少なくとも次の4つ（モンタナ州、ミシガン州、ノース・カロライナ州、そしてカンザス州）に及ぶ。

① 被告は自動車で有名なミシガン州の法人である。本件で問題となった1985年製シボレーのトラックの設計も製造もミシガン州で行った。

② 被害者は、1995年にこのトラックを中古車としてノース・カロライナ州で購入した。その時点では、彼らのドミサイルはノース・カロライナ州だった。

③ 被害者らは、その後勤めの関係でモンタナ州に移り、1997年12月、クリスマス休暇でノース・カロライナの親族を訪ねる途中、カンザス州で自動車同士の衝突事故に遭い、自らの自動車のガソリン・タンクが炎上して大きな被害を負った。この時点で被害者4人はモンタナ州民だったが、生き残った子は、現在はまたノース・カロライナ州の親族の許にいる。

④ 被害者を代表する原告は、GMを被告とする製造物責任訴訟をモン

---

73) Phillips v. General Motors Corp., 995 P.2d 1002 (Mont. 2000).

タナ州連邦地裁に提起したが、原告・被告の主張には、適用すべき法に大きな隔たりがあった。州籍の相違を理由とする訴訟が連邦裁判所に提起された場合、連邦裁判所は、同じ訴訟がその州の裁判所に提起されたとしたらいかなる実体法が適用されるかを判断し、それと同じ法を適用すべきものとされている[74]。そこで、連邦地裁は、モンタナ州最高裁に対し、本件のようなケースでモンタナ州の準拠法選択ルールによればいずれの実体法を適用することになるのかを尋ねる certification（論点について確認を求める手続）[75]の申立てを行った。それに応えたのが本件のモンタナ州最高裁判決である。

そこでの論点は、第1に、モンタナ州法の準拠法選択ルールとして第2次リステイトメントを採用するか否か、第2に、その結果として、いずれの州法が適用になるのか、さらに第3点として、モンタナ州では、他州法の適用がなされる場合であっても、「公序」を理由に自州法（モンタナ州法）を適用することがあるか、特に、本件についてそれがあるか、というものだった。

(1) モンタナ州最高裁は、第1点について、まず第2次リステイトメントに従うと宣言し、最も密接な関連を有する地の法を適用すると明言した。

伝統的ルールは、1892年の Caroll 判決に示されているように[76]、不法行為について不法行為地法という原則を定め、既得権理論を基にして、「法的確定性、予測可能性、そして法廷地によって変わることのない中立性」（certainty, predictability, and forum neutrality）というメリットがあるとされてきた。だが、実際には、例外法理が多用され、予測可能性もないとしてすでに多くの州がそれを廃棄し、<u>1998年末時点で、伝統的ルールに従う州は11にまで減少し、なおそれを維持する州も、例外法理があるのでそれを形だけ維持しているに過ぎない</u>。

これに対し、第2次リステイトメントは、最も密接な関連性のある地の法を適用するとして、具体的な争点に関連する関連州の抵触法に関する法

---

74) Citing Federal Ins. Co. v. Scarsella Bros., Inc., 931 F.2d 599 (9th Cir. 1991). なおこの問題については後掲205頁参照。

75) Certification 手続については、田中英夫『英米法総論（下）』394・626頁（東京大学出版会・1980）参照。

76) Alabama Great Southern R.R. Co. v. Carroll, 97 Ala. 126, 11 So. 803, 805 (Ala. 1892).

政策を柔軟に勘案する道を示した。モンタナ州では、すでに契約紛争において、第2次リステイトメントのルールを採用することを示していたが[77]、当裁判所として、不法行為事件についても同じルールを採用する。

(2) 本件について、最も密接な関連性のある地の法はいずれか。原告はモンタナ州法だと主張し、GM（被告）はカンザス州法を主張する。その間には現実に次のような法の抵触が存在する。

(a) カンザス州法は、製造物責任訴訟について、被告に対し多様な防御方法を提供する。たとえば、製品が一定期間安全に使用できるとされる期間より後で生じた損害について免責し、安全規制の法規を遵守していた場合の責任も否定する。ただし、これらの法政策は、あくまでもカンザス州での製品の安全や、カンザス州民に対する安全性を定めるためのものであって、製品がカンザス州で購入されたわけでもなく、本件のようにカンザス州民以外について問題となった事案を想定したものではない。

(b) カンザス州法の製造物責任法では、原告側の過失の割合に応じて、過失相殺が行われる（比較過失法理）。本件の場合、原告側の過失は、カンザス州において生じたものに限定されるはずだが、被告はそのような主張はしていない。しかも、カンザス州最高裁は、製造物責任訴訟だけは、製品の安全性を重視して、比較過失法理の適用を制限している。したがって、仮にカンザス州法を適用しても、この点では、「危険の引受け」、「製品の誤使用」、「不合理な使用」というような防御方法を被告は利用できない。要するに、カンザス州は、モンタナ州民に生じた損害やノース・カロライナ州で販売された製品について、原告にも損害負担を求める利益をもたない。ここでも、製造物責任に関するカンザス州の法政策は、カンザス州民の保護、またはカンザス州内で販売された製品の規制にある。

(c) カンザス州法では、損害賠償額に制限を設けている。人身損害について、非経済的損害（日本でいう慰謝料）は25万ドルまで、死亡した場合には10万ドルまでとし、賠償責任保険の制度的安定をその理由としている。ただし、これもカンザス州における保険制度の維持が法政策の目

---

77) Casarotto v. Lombardi, 268 Mont. 369, 886 P.2d 931 (Mont. 1994), rev'd sub nom. on other grounds, Doctor's Assocs., Inc. v. Casarotto, 517 U.S. 681 (1996), reaff'd on reh'g, Casarotto v. Lombardi, 274 Mont. 3, 901 P.2d 596 (1995).

的である。

　(d) 最後に、カンザス州法では、懲罰賠償も50万ドルまたは過去5年間における被告の最大年間収益のいずれか小さい方に上限を設定している。その法政策も、一定の範囲で、被告の行為の制裁および抑制を目的としており、やはり、被害者がカンザス州民でなく、カンザス州で販売されていないトラックについて直接の関係をもたない。

　当事者の主張していないノース・カロライナ州法およびミシガン州法についていえば、ノース・カロライナ州は今なお伝統的ルールを維持している少数派に属しているので、ノース・カロライナ州法自体、本件のように、ノース・カロライナ州以外で生じた製造物責任訴訟に適用されないことになる（たとえ、自州民が関係している場合ですら）。それは、何よりもノース・カロライナ州の利益の関連性の程度の低さを証明する。ミシガン州法については、被告はその関連性を主張しているものの、ミシガン州裁判所は、本件のように、事件がミシガン州と関連性を有するか否かを判断する際に、被告であるメーカーがミシガン州の企業であるというだけではミシガン州法を適用する利益は小さいと先例で示している。また、一般に、製造物責任訴訟で、製造業者の属する州法を適用するのは、他州の被害者にとってアンフェアであるとされている。したがって、本件についてミシガン州法も適用できない。

　そこで、モンタナ州法について検討すると、本件被害者はモンタナ州民であり、モンタナ州での製造物責任法は、州民の安全性を重視して、損害賠償について上限を定めず、製造者の責任を厳格責任として、完全な損害の填補を命じている。本件はまさにその法政策が最も密接な関連性を有する事案であり、モンタナ州法を適用するのが適切である。

　(3) 第3点として、準拠法選択におけるモンタナ州での「公序」の役割については、第2次リステイトメントのルールを採用すると宣言した以上、その考慮要素の中に従来「公序」として扱われてきた要素はすでに含まれており、あえて特別な「公序」ルールを適用する必要はなく、それについて論ずる必要もない。

　以上のように述べて、モンタナ州最高裁は、本件について（モンタナ州所在の）連邦地裁が適用すべき法はモンタナ州法であると判示した。その

分析内容には、アメリカにおける不法行為事件での準拠法選択ルールの現状がよく示されている。

要するに、不法行為について準拠法選択を行う場合、大多数の裁判所は、形式的に不法行為地法を選択するのを原則とする伝統的ルールを捨てて、現実に起きた事件の争点について関連性を有する州の中で、それらの法政策を検討し準拠法を選択する第2次リステイトメント法理を採用している。

3 第2次リステイトメントと契約

伝統的ルールは、契約事件に適用する準拠法を、原則として、契約締結地の法（lex loci contractus, the law of the place of contracting）だとしていた。ただし、契約の履行に関する部分については、履行地の法を準拠法とした。当事者がそれらと別の州法を指定しても、それは無効とされた。だが、このような伝統的ルールが、不法行為と並んで形式的に過ぎるとして厳しく批判されたのは、すでに見たとおりである[78]。

第2次リステイトメントは、当事者が準拠法を指定した場合と指定していない場合に分けて、次のような原則を掲げた。

【第187条──当事者による指定の尊重】

第187条は「当事者が選択した州法」と題して、契約に関する準拠法選択の一般原則を定める。伝統的ルールとはまったく正反対に、当事者が準拠法を指定しているなら、それを原則として適用するというものである[79]。契約は両当事者の意思の合致を示し、契約法は、通常、その意思を実現するためのものである。当事者の関係について適用すべき法の選択がなされるなら、それもまた当事者の意思であり、法（裁判所）はそれを尊重すべきだということになる。なお、この場合指定された州法とは、抵触法を含むのではなく、直接、当該州の実体法を指すものとされた[80]。

このような考え方は、とりわけ契約の解釈や履行のあり方について適合する。それらが争点となる場合、第187条第1項は、当事者による準拠法

---

78) これについては、前掲105頁。
79) 2d Restatement §187. 以下の記述については、Spillenger 127-130。
80) 2d Restatement §187 (3).

選択を尊重するとした[81]。

これに対し、契約の有効性が争われる場合、当事者が有効だといっても錯誤その他の理由で無効になる場合もある。そこで、有効性の判断が争点になる場合、第187条第2項では、原則はやはり準拠法指定を尊重するとしつつ、次の2つの場合は例外的に、当事者による指定を無視してよいとした[82]。

　(a) 選択された州が、当事者および当該取引に何ら実質的な関係をもたず、当事者が選択したことにその他の合理的な基礎が存在しない場合。

　(b) 次条（第188条）において、当事者の選択がなければ適用される法の属する州が、指定された州と比べ相当に重大性の大きな利害関係（materially greater interest）を有し、かつ指定どおりの州法を適用することが、その（第188条にいう）州の基本的法政策に反する場合。

しかしながら、通常の場合、これらの例外にあたるような指定を行うのは不合理であるから（そして契約当事者は合理的な行動をとる場合が多いから）、圧倒的多数のケースでは、当事者が選択した法が適用されるわけである。

そして、当事者はまさに契約を有効なものとして締結するはずであり、準拠法選択にあたっても、契約を有効にするような法を選択したと推定される。逆にいえば、当事者が指定した法によれば契約が無効となるようなケースでは、指定された法は適用されない。それは当事者の錯誤とされる[83]。

ところが、次のようなケースもある[84]。

【DeSantis v. Wackenhut Corp. (Tex. 1990)】

1990年のテキサス州最高裁判決である。事案の概要は次のとおり。

CIA勤務経験もある被告（DeSantis）は、フロリダ州法人で業界第3位の警備会社（原告）に勤務することになり、1981年に、テキサス州ヒューストン地区担当主任となった。その際の雇用契約には、雇用中および雇用

---

81) 2d Restatement §187 (1).
82) 2d Restatement §187 (2).
83) 2d Restatement §187 cmt. e.
84) DeSantis v. Wackenhut Corp., 793 S.W.2d 670 (Tex. 1990).

終了後も2年間の競業禁止義務が明記され、当該契約中に、紛争が生じた場合の準拠法はフロリダ州法とするという規定もあった。

その後、被告は1984年までその職務に就いていたが、それを辞めて新会社を設立し、ヒューストンを中心に警備サービス提供事業を始めた。原告から競業禁止特約に基づいて、テキサス州裁判所に競業差止めを求めたのが本件である。第1審裁判所は、競業差止めの地理的範囲を制限したうえでこれを有効として差止命令を出した。控訴審もそれを支持した。しかし、テキサス州最高裁は、本件で適用されるべきはフロリダ州法ではなくテキサス州法であるとして、テキサス州法上、本件のような競業禁止規定は裁判上実現できない（unenforceable、簡単にいえば無効[85]）として、差止命令を解除した。

本件のような競業禁止特約について、フロリダ州法はその有効性を認めていたが、テキサス州法では無効とされていたので、明らかに法の抵触が存在する。問題は、本件契約において、フロリダ州法を準拠法とする旨の準拠法指定条項があったところである。テキサス州最高裁は、次のような理由で、この準拠法指定条項に従うことはできないとした。

テキサス州は第2次リステイトメントを採用しており、ここでは、当該特約の有効無効が問題となっているから、第187条第1項ではなく、第2項が問題となる。前記のように、第2項の場合についても、原則は、当事者の指定を有効とすることになるが、本件は例外にあたる。まず(a)号については、原告はフロリダ州に本社がある同州設立法人であるから「選択された州が、当事者および当該取引に何ら実質的な関係をもた」ないとはいえない。しかし、(b)号が本件では適用される。すなわち、準拠法指定条項がなければ、第188条により、本件で最も密接な関連性を有する州は明らかにテキサス州である。そして第187条第2項(b)号では、当事者による準拠法選択があったとしても、「指定された州（フロリダ州）と比べ相当に重大性の大きな利害関係（materially greater interest）を有し、かつ指定どおりの州法（フロリダ州法）を適用することが、その（第188条にいう）州

---

[85] Unenforceable とは、裁判上、当該契約内容が認められないことを指す。当事者が自主的に遵守していれば、それ自体は有効とされるので、厳密には無効と訳すことはできない。「裁判上、権利の実現やそれに基づく主張が認められない」という意味である。

（すなわちテキサス州）の基本的法政策に反する場合」は別と明記している。本件のような競業禁止特約は、自由な競争を重んじるテキサス州の基本的法政策に反する。

このような例を見ると、第2次リステイトメント第187条の規定は明らかに当事者の準拠法選択の自由を重視しているものの、具体的な事案を前にした裁判所には、それが「基本的法政策」に反するようなものである場合には、その自由を制約する裁量があることが示されている[86]。

【第188条――当事者の指定がない場合】

これに対し、当事者による準拠法指定のない契約については、第188条が定める[87]。それによれば、まさに第2次リステイトメントの原則である第6条の掲げる原則に従い、当該契約および当事者に最も密接な関連性（the most significant relationship）をもつ州法が適用されることになる。その判断に際し、第188条第2項では、(a)契約締結地、(b)交渉地、(c)履行地、(d)契約の目的物の所在地、そして(e)当事者のドミサイル、居住地、国籍、法人設立地および営業地がどこであるかも考慮すべき要素だとした[88]。また、契約締結地と履行地が同じ州にある場合は、原則として適用すべき法はその州法だとも規定した[89]。

第6条第2項では、すでに述べたように[90]、次の7つの要素を総合判断して適切な準拠法を選択すると定めていた。

(a) 州際および国際的な秩序の要請（the needs of the interstate and international systems）

(b) 法廷地の州において、当該事件に関係する法政策（the relevant policies of the forum）

(c) 他の関係する州における、当該事件に関係する法政策と、当該争点についてこれらの州が有する利害関係の程度（the relevant policies of other interested states and the relative interests of those states in

---

86) Spillenger 131-132 参照。
87) 2d Restatement §188.
88) 2d Restatement §188 (2).
89) 2d Restatement §188 (3).
90) 前掲170頁参照。

the determination of the particular issue)
- (d) 当事者が有する正当な期待の保護（the protection of justified expectations）
- (e) 当該法分野の基礎をなす根本的な法政策（the basic policies underlying the particular field of law）
- (f) 結果の確実性、予測可能性および統一性（certainty, predictability and uniformity of result）
- (g) 適用されるべき法の判断と適用が容易であること（ease in the determination and application of the law to be applied）

　契約事件については、これらのうち(a)(d)(e)(f)の4つ（下線を付した項目）が特に関連性が深いとされる[91]。その意味は、当事者による期待や予測可能性を裏切らないような法選択が重要だということである。契約の場合、まさに予測可能性や正当な期待の保護が重視され、契約を有効にするような法、契約で定めた権利義務を有効とするような法こそが、最も密接な関連性を有する地の法であり、適用すべき法だとされる。

【個別の契約類型について】

　第2次リステイトメントでは、契約事件について、第187条および第188条で一般原則を述べた後、個別の契約類型や争点について特別規定を置いている。いずれも、推定規定であり、それ以上に最も密接な関連地の法が別に存在すれば、そのとおりにはならないし、もちろん当事者が準拠法選択条項を定めていればそれが優先する。

　推定規定の例を挙げると、たとえば、契約の有効無効が争点とされる場合、不動産売買なら不動産所在地法、動産売買なら動産の引渡地の法、金銭貸借については支払地の法、サービス提供契約なら主たるサービス提供地の法というようになる。当事者の能力については、ドミサイルのある地の法によって能力が認められれば、他の州でもそれが認められ、契約の方式性（たとえば、一定類型の契約について書面を要求する詐欺防止法）などは契約書作成地の法で有効とされるなら他の州でもそれが認められる[92]。

---

91) Hoffheimer 261.
92) Hoffheimer 262.

【動産売買契約と UCC】

　アメリカ法において、法の抵触が問題となることが多いのは、法制度が50州と連邦に分かれ、異なる法の関連する場面が実際に多いからである。それだけに、州境を越えた通商が盛んになるにつれて、特に商事法分野で法の統一へ向けた努力がなされてきた。

　アメリカの場合、法の統一には2つの方法があり、1つは、50の州議会が同じ内容の法律を制定するという手段であり、これが統一州法運動である。具体的には、Uniform Act（統一法）や Model Code（模範法典）というような範となる法案を作成し、それを各州議会が採用することになる。

　もう1つの方法は、州議会ではなく、裁判所に向けて、ある分野の法のルールを記述したものを採用するよう働きかける運動であり、これはRestatement 運動（リステイトメントによる法の統一運動）と呼ばれた。この運動は、契約法や不法行為のような実体法について一定の成功を収めたから、準拠法選択についての同じルールを各州裁判所が採用するなら、それによって「法の統一的適用」が実現する。それこそが、抵触法リステイトメントの目的だったわけである。

　そもそも抵触法に関する伝統的ルールそのものが、そしてそれを表現した第1次リステイトメント自体が、法の統一的適用を目指していた。たとえば、どこの裁判所で争われようとも、不法行為事件なら不法行為地法、契約事件なら契約締結地法というように形式的基準が定まっているなら、各州における実体法の異なる事態がアメリカでは日常茶飯事だとしても、裁判で適用されるのは（それがいずれの州で行われようとも）常にある一カ所の実体法に定まる。

　しかし、繰り返し見たように、アメリカでは（抵触法に関する）伝統的ルールによる「法の統一的適用」の実態に批判が集まり、現代的アプローチに転換した。それは、結局のところ、アメリカ国内において、いかに州ごとに実体法が異なっているかの反映である。形式的な抵触法ルールによって適用される法が、具体的事案を前にして、あまりに不合理と思える結果をもたらす場合、裁判所は何らかの例外ルールを考案して別の州法を適用し、具体的妥当性を重視した。それによって、形式的適用による予測可能性（どの裁判所に訴えても、明確に、一定の州法が適用されること）という

目的が現実には達成されていないことが明白になり、むしろそれぞれの州の法政策を考慮する要素を正直に認めた現代的アプローチに転換したわけである。

ただし、先に述べた統一州法運動の中で、統一商事法典（UCC, Uniform Commercial Code）だけはまれに見る成功を収めた。すべての州が、その全体であれ一部であれ、UCC を採用したからである。UCC はさまざまな契約に適用されるが、その中心となるのは動産の売買契約である（動産売買を規定する UCC 第2編は、不動産売買契約やサービス提供契約には適用されない。その場合、多くの州では第2次リステイトメントによる準拠法選択ルールが適用される)[93]。

UCC が準拠法選択を定めるのは第1編であるが、これについてはすべての州が採用している。また、動産売買契約に関する第2編もルイジアナ州を除くすべての州が採用した。したがって、それらの州の間に「法の抵触」はないはずであり、一見すると、この分野では抵触法（準拠法選択ルール）が働く余地がないように見える。

しかし、次の3つの場面では、それでも法の抵触が生ずる[94]。

まず、UCC には2つの版が存在する。1951年に採択され、1952年に刊行された旧版（しかも、その後もいくつかの改正を経ている）と、2001年に採択され、2003年に刊行された新版である（現行の版と呼べないのは、実は1つもまだ採択した州がないからである）。そのため、それぞれの州がどの時点での版を採用しているかによって、今後は法が異なる可能性がある。

次に、たとえ同じ内容の条文を採用している場合であっても、それを解釈するのはそれぞれの州の裁判所である。解釈が異なれば、法が異なることになる。

さらに、これは当然のことだが、アメリカ国内ではなく、外国では UCC と同じルールを採用しているとは限らない。むしろ異なる場合が多い。そうだとすると、そこでも抵触法の出番が出てくる。

---

93) Hoffheimer 257-258. そこでは、契約に関する準拠法選択ルールについて、第2次リステイトメントを採用している州は24州であり、その他の州でも、多くは似たような現代的アプローチをとるとする。

94) Hoffheimer 258.

実際には現行版と呼んでもよい旧版では、第1編の第1-105条で準拠法選択のルールを定めている[95]。同条第2項では、第三者が関係してくる5つの場合（たとえば、物品の売主の債権者が有する権利については、第2-204条で物品所在地法により詐害的とされるか否かを判断する）について特別規定を定めるほか、一般原則としては、第1項で次のようなルールを定める。

第1に、当事者の準拠法指定条項は、当該取引と指定されている州（国）に「合理的関連性」（reasonable relation）がある限り有効とされ、指定された州法（またはその国の法）が適用される。その合理性判断は、合衆国憲法の違憲判断における合理性審査基準のように[96]、実際には、契約当事者が不合理な取り決めをすることはまずないとされて、緩やかに審査されるので、実際上ほぼすべての場合に法選択条項の有効性が認められる[97]。

第2に、準拠法指定がない場合、またはあったとしても「合理的関連性」をもたず無効とされる場合には、当該取引と「しかるべき関連性」（appropriate relation）のある限り法廷地の州法が適用される。

この「しかるべき関連性」については、それを緩く解する州では、ほとんど常に法廷地法が適用されることになる。厳格に解釈する州では、「最も密接な関連性」を要求するので、結局、第2次リステイトメントのルールによって準拠法を定めるわけである[98]。

なお、2003年版のUCC第1-301条では、消費者が一方当事者である場合を除いて、たとえ当該取引が指定された州と「合理的関連性」をもたない場合であっても、当事者の準拠法指定条項を有効と定めた[99]。さらに、当事者による定めのない場合については、法廷地州の抵触法によって定まる法が適用されるとして、UCCの定める準拠法選択ルールと一般的な準

---

95) 澤田寿夫編修代表『解説　国際取引法令集』150頁以下（三省堂・1994）に、UCC第1編および第2編の翻訳が掲載されている（翻訳は筆者が行った）。
96) アメリカ憲法における合理性審査が、厳格審査基準、中間審査基準に比べて、はるかに緩やかな要件であることについては、『アメリカ憲法』282・441頁。松井茂記『二重の基準論』76-78頁（有斐閣・1994）。
97) See, e. g., Robert J. Nordstrom & Dale B. Ramerman, The Uniform Commercial Code and the Choice of Law, 1969 Duke L. J. 623, 625 (1969).
98) Hoffheimer 258-259.
99) 一方の当事者が消費者である場合には、「合理的関連性」を要求する。

拠法選択ルールの乖離をなくす措置をとった。しかしながら、それは、実質的には大部分の州で第2次リステイトメントのルールによるということであり、また、2003年版を採用した州が皆無なので、実際上、まだ意味をもっていない。

VII 法選択ルールと合衆国憲法

1 はじめに――合衆国憲法との関係

アメリカでは、不法行為を論じていても会社法を論じていても、合衆国憲法上の視点が登場する場面がある[100]。それは抵触法の場面でも同様である。すでに見たように、ある州の裁判所に被告に対する人的裁判管轄権があるというためには「フェア・プレーと実質的正義という伝統的な観念に反しないといいうるような最小限の関連」のあることが求められている。そして、それは合衆国憲法第14修正のデュー・プロセス条項が求める要件だとされてきた。

同様に、ある州の裁判所が、渉外事件において当該州の法を適用する場合にも[101]、それが他州の当事者（通常は被告）に対しあまりに不利益となるときは、合衆国憲法上の制約に服するのではないかという問題が出てくる。

本項での結論をあらかじめ提示すると、以下のようになる。

① 法選択のあり方について、アメリカ合衆国憲法上の制約は存在する。ただし、人的裁判管轄権について問題となるのが、被告に対する関係（最

---

[100] たとえば、第14修正のデュー・プロセス条項が問題になる例として、不法行為で認められる懲罰的損害賠償に制約がかかることや、会社法でも、法人自体がデュー・プロセス条項の対象たる「人」に含まれるから、会社への規制がデュー・プロセス違反とされることがありうる。なお、アメリカの準拠法選択ルールと合衆国憲法の関係についての先行研究として、松岡博「アメリカ国際私法における法選択に対する憲法上の制限」同・前掲注2）（第4章）117頁以下。

[101] 理論的には、法廷地の裁判所が、法廷地法ではなくどこの法を適用しても、憲法上の制約の問題は生ずる。だが、現実には、憲法上の議論が提起されるのは、ほとんど常に、裁判所が法廷地法を適用する場面であり、それによって当該法廷地を選択した原告（当該州民）を有利に扱っているのではないかと疑われる場面だった。Spillenger 151, n. 1.

小限の関連性）だったのに対し、法選択については、人（被告）ではなく、当該事案（紛争）と、（法廷地法が適用される場合に問題とされるので）適用される法廷地との関連性が重要になる[102]。

② 合衆国憲法で問題となる条文としては、第4編第2節の特権免除条項（Privileges and immunities clause、ある人がどの州に属するかで差別してはならないと定める規定）、第14修正のデュー・プロセス条項（何人からも、法のデュー・プロセスによらずに生命、自由または財産を奪ってはならないという規定）、そして第4編第1節の十分な信頼と信用条項（それぞれの州においては、すべての他州の公の法律、記録および司法手続に対し、十分な信頼と信用を与えなければならないとする規定）がある[103]。

③ このうち特権免除条項については、連邦最高裁がそれによって準拠法選択を違憲とした例はない。これに対し、後者2つの条項によって、ある特定の裁判所が法廷地法を選択したことを違憲とした例がある。ただし、これら2つの条項は別々の役割を果たすのではなく、次第に同様の意義をもつように融合し、1980年代には、法廷地州との間に、「最低限の関連性」ではなく「密接な関連性」（significant contact）を必要とすること、それがない場合に法廷地法を選択して自州民に有利な扱いをすることを違憲とするという基準が示されるようになった。

④ しかしながら、実際には、これら2つの条項によって裁判所による法選択を違憲とする例はきわめて稀である。

以下で、これらについてより詳しく説明する。

2 デュー・プロセス条項

連邦最高裁が、準拠法選択について、デュー・プロセス条項による制約がかかることを宣言した古典的先例が1930年のDick判決である[104]。なお、裁判所が司法手続を経て法選択を行っているのであるから、ここでのデュー・プロセスの意味は手続的デュー・プロセス違反にはなりえない（きちんとした裁判手続がとられていれば、手続的な意味でのデュー・プロセス

---

102) Spillenger 151.
103) 特権免除条項、デュー・プロセス条項の意義については、『アメリカ憲法』219・270頁。
104) Home Insurance Co. v. Dick, 281 U.S. 397 (1930).

違反になるはずがない)。したがって、問題となったのは実体的デュー・プロセスと呼ばれるものであり、1930年という時期が、契約の自由など経済的自由の規制に対し、実体的デュー・プロセス条項に反するとして、連邦最高裁が数々の違憲判断を示した時期であることに留意されたい[105]。

【Home Insurance Co. v. Dick（1930）】

事案の概要は次のとおりである[106]。

メキシコ国民である訴外Aがメキシコで船舶（ボート）を購入した。何らかの事故に備えて、メキシコの保険会社から損害保険も購入した。保険契約には、損害が生じた時点から1年以内に請求するという要件も明示されていた。メキシコの保険会社は、これを再保険に出し、ニュー・ヨーク州の保険会社がそのリスクを引き受けた。その後、Aはテキサス州民であるDick（原告）に船を売却し、Dickはメキシコ領海内で事故を起こして、船は沈没した。しかし、1年以内に保険請求せず、その後になって、テキサス州裁判所にメキシコの保険会社を被告として訴えを提起した。テキサス州には、保険契約について、保険事故から2年以内に請求をしなければならないとの条項を無効とする制定法があったからである。また、同じ訴えで、ニュー・ヨーク州の保険会社に対して有するメキシコの保険会社の債権について差押手続も行い、ニュー・ヨーク州保険会社への対物的裁判管轄権（in rem jurisdiction）[107]もテキサス州裁判所にあると主張した。

論点は、このようなケースで、テキサス州は、テキサス州法を適用して、メキシコ法とその法のもとでなら認められるはずの保険契約請求1年という要件（一種の短期消滅時効）を無効にすることができるか否かである。無効となれば、結果的にニュー・ヨーク州保険会社はこの損害の補塡をしなければならなくなるので、その法選択が「法のデュー・プロセスによらずに……財産を奪ってはならない」とする憲法条項に違反するとの主張がなされた。そして、連邦最高裁はその主張を認めた。

---

105) これについては、『はじめてのアメリカ法』251頁、2つのデュー・プロセスの意義についてなお詳しくは、『アメリカ憲法』270頁。
106) Spillenger 152-155に要点をついた説明がある。
107) その意義については、前掲21頁参照。

「保険契約が結ばれたのはメキシコである。再保険はメキシコまたはニュー・ヨークで結ばれており、いずれにせよテキサス州とは何の関係もない。原告がテキサス州民という事実とテキサス州に訴えが提起されたことだけが同州に関係する事実である。……したがって、テキサス州は、本契約条項について影響を与える立場にない。合意された内容より重い義務を課そうとして、(テキサス州法を適用して) 一定の財産を差し押さえようとするのは、デュー・プロセスによらずに財産を奪ってはならないとする憲法上の保障を侵害する」[108]。

この Dick 判決およびその後の判例が示すのは、以下のような点である[109]。

裁判所が行う法選択について、法廷地法が選択された場合、法廷地が当該紛争 (または争点) に何ら関係ないか、または最小限の関連性しかもたない場合、このような法選択自体が、合衆国憲法上のデュー・プロセス条項に反する。裁判管轄権の発生には十分とされる minimum contact (最小限の関連性) ではなく、法廷地法の選択適用には significant contact (密接な関連性) が必要とされる。

しかし、実際には、デュー・プロセス違反で違憲判断が示される例は、その後なかった。さらに Dick 判決以後、連邦最高裁は、次に述べる「十分な信頼と信用条項」に基づく違憲判断とデュー・プロセス違反を区別せず、後者に特有の意義づけを失わせるに至った。言い換えれば、2つの憲法条項を合わせて論ずるようになった。

その中で重視されたのは、unfair surprise (不公正な不意打ち) をいずれかの当事者 (通常は被告) に負わせることになるか否かである。問題となっている取引の元々の当事者にとって、このような法選択が行われて (原告が提訴した) 法廷地法が適用されることが、とうてい予見不可能な場合に、合衆国憲法上の制約がかかるということである。

ただし、全国的に (あるいは多数の州で) 事業を行っている企業が被告となる場合については、当該紛争が法廷地とほとんど関係がない場合であ

---

108) Home Insurance Co. v. Dick, 281 U.S. 397, 407-408 (1930) (Brandeis J.).
109) Spillenger 154-156.

っても、法廷地の州でも一定の事業を行いそれによる利益を得ている以上、その法廷地法の適用を受けてもやむをえないとする立場がとられている。

3 十分な信頼と信用条項

Full faith and credit shall be given in each State to the public acts, records, and judicial proceedings of every other State.（合衆国憲法第4編第1節：それぞれの州においては、すべての他州の公の法律、記録および司法手続に対し、十分な信頼と信用を与えなければならない）。

　これが合衆国憲法第4編第1節に規定される「十分な信頼と信用条項」(full faith and credit clause) である。この条項により、ある州は他州の判決に対し「十分な信頼と信用」を与えなければならない。だが、この規定からは、判決ではなく、他州が行った法選択についてまで「十分な信頼と信用」を与えるべきかは必ずしも明確でない。ただし、他州の「法律」が関係する事件について、他州の法律に「十分な信頼と信用」を与えなければならないとあるから、この条項を無関係といえないことは確かである。
　そして、連邦最高裁は1930年代以降の一連の判決で、この条項もまた法選択に一定の憲法上の歯止めとなることを明言した[110]。しかしながら、実際にはこの条項によってある州裁判所の法選択を違憲とする例は稀だった。次に紹介する1930年代の1件、そして1980年代の1件という2つの例外を除いて、連邦最高裁は、いずれのケースでも裁判所が法廷地法を適用するのを合憲としたからである。

【1930年代の3つの判決】
　まず、その例外的ケースを紹介する。1932年の Bradford Elec. Light Co. v. Clapper 判決では[111]、ニュー・ハンプシャー州裁判所が、法廷地法であるニュー・ハンプシャー州法を適用したことが問題とされた。被告は

---

110) なお、先の Dick 判決では、メキシコ法（つまり外国法）の適用とテキサス州法の適用の間での法選択が問題となっていたから、他州の司法手続への配慮を求める「十分な信頼と信用条項」が問題となる余地はなかった。Spillenger 156-157.
111) Bradford Elec. Light Co. v. Clapper, 286 U.S. 145 (1932). 以下の説明は、Spillenger 156-161 による。

ヴァーモント州の電力会社であり、被用者をニュー・ハンプシャー州に派遣して仕事をさせていたときに感電死したので、遺族が会社を訴えたものである。当時すでに労災補償制度が作られていたが、ヴァーモント州法の制度では、労災補償しか選択できず、不法行為訴訟を提起することができなかったのに対し、ニュー・ハンプシャー州法では、いずれかを選択することができた[112]。そこで、遺族は、ニュー・ハンプシャー州裁判所にニュー・ハンプシャー州法の適用を求めて訴えたのである。ところが、連邦最高裁はそれを認めた州裁判所の判決を破棄し、本件でニュー・ハンプシャー州法を適用するのは、「十分な信頼と信用条項」に反するとした。

その根拠は、本件を不法行為と見るのではなく、雇用契約の事件と見るところにあった。本件の被害者と会社の関係は、ヴァーモント州法による労災補償制度のもとで成立しており、たまたま事故がニュー・ハンプシャー州で起きたに過ぎない。しかしながら、ニュー・ハンプシャー州も同州内での労災事故減少の利益は十分に有しているから、本件の違憲判断についてはその後疑問が提起されている[113]。

1935 年には、Alaska Packers Assoc. v. Industrial Accident Commission 判決が出され[114]、カリフォルニア州裁判所がカリフォルニア州法を適用したことをめぐって、それを合憲とする判断が示された。カリフォルニア州の法人が雇用した外国人船員がアラスカ州で負傷し、カリフォルニア州の裁判所に労災補償請求を行った。カリフォルニア州裁判所がカリフォルニア州法を適用して補償を認めたところ、雇用していた会社から、本件でアラスカ州の労災補償制度を適用しないのは「十分な信頼と信用条項」に反して違憲だとの反論がなされた。連邦最高裁はこれを認めなかったが、その際、先の Clapper 判決の見直しを行い、「十分な信頼と信用条項」に厳格に則って自州法（本件でいえばカリフォルニア州法）の適用を違憲と判

---

112) いずれにせよわが国のように、不法行為訴訟と別に労災補償制度があるのではなく、労災補償制度を利用した場合、不法行為訴訟は提起できないことになっている点に留意する必要がある。『アメリカ不法行為法』298・377 頁。

113) Spillenger 157-158. 少なくとも、ニュー・ハンプシャー州法適用は、憲法上も許される範囲ではなかったかと説く（憲法上はどちらの州法を選択しても許されるという議論である）。

114) Alaska Packers Assoc. v. Industrial Accident Commission, 294 U.S. 532 (1935).

断すると、「法の抵触が生じた場合、常に他州の制定法を適用し自州の制定法を適用できないというばかげた結果になる」[115]との言明を残した。要するに、裁判所が法廷地法を適用するのは、憲法上、他州が法廷地の州よりもはるかに大きな法適用の利益を有していない限り認められるとしたのである。

1939 年の Pacific Employers v. Industrial Accident Commission では[116]、さらに一歩を進めて、憲法論としては、法廷地の利益を他州の利益と比較するまでのことはないとした。つまり、ある裁判所が自州法を適用するのは、法廷地が当該紛争に十分な関連性を有する限り、憲法上認められると述べたのである。この事案も労災補償に関するもので、雇用者・被用者ともにマサチューセッツ州民であり、事故は被用者が派遣されたカリフォルニア州で起こった。本件の場合、被用者はカリフォルニア州裁判所にカリフォルニア州の労災補償制度の適用を求めて訴えを提起した。そして連邦最高裁はそれを認めた。

仮に、マサチューセッツ州に訴えが提起され、裁判所がマサチューセッツ州法を適用したとしても、連邦最高裁は、憲法上は問題ないとしただろう。言い換えれば、このような事案について、連邦最高裁は、少なくとも合衆国憲法レベルの問題としては、法廷地漁り（forum shopping）をやむをえないものと認め、さらに訴える場所と適用される法によっては、法廷地法として制定法が（まさに governmental interest の発現として）域外適用されることも認めたわけである（Alaska Packers 事件では、カリフォルニア州制定法による労災補償が、アラスカ州での事故にまで及んでいる）。

4　2つの憲法条項の融合

1930 年代終わりの時点では、準拠法選択についても、デュー・プロセス条項および十分な信頼と信用条項による憲法審査が存在するとされていた。前者では、当事者に対し不当な不意打ち（unfair surprise）になるような法の適用が排除され、後者では、法廷地法を適用するには、当該紛争と

---

115) Alaska Packers Assoc. v. Industrial Accident Commission, 294 U.S. 532, 547 (1935) (Stone J.).
116) Pacific Employers v. Industrial Accident Commission, 306 U.S. 493 (1939).

法廷州との間に憲法上十分な利害関係があることが求められるとされた[117]。

しかし、連邦最高裁は、その後、この２つの条項の使い分けに腐心することはなく、とりわけ州を超えて営業活動を行う事業者が当事者である場合、いずれの法が適用されても「不当な不意打ち」にならず、「憲法上十分な利害関係」が必要であるとして、これら２つの条項を区別することなく利用し、かつそれによって違憲判断をすることが稀になった。それは、さまざまな保険契約に関するその後の判例で明らかとなる。

【その後の判例】

1954年のWatson v. Employer's Liability Assurance Corp.では[118]、マサチューセッツ州の保険会社がイリノイ州のメーカーに製造物賠償責任保険を販売したが、この契約には、当該製品で被害を被った消費者は保険会社自体を直接訴えることができない旨の条項が入っていた（それは、マサチューセッツ州でもイリノイ州でも有効な条項だった）。ところが、ルイジアナ州民が、製品を使用し損害を受けたとして、ルイジアナ州裁判所に保険会社を被告として訴えた。ルイジアナ州では、このような直接訴訟禁止条項を無効としていたからである。移送を受けた連邦地裁は、ルイジアナ州法適用をデュー・プロセス条項および十分な信頼と信用条項違反で違憲無効としたが、連邦最高裁はそれを破棄し、ルイジアナ州法適用を合憲とした。

製造物賠償責任保険は、事故がどこで起ころうともカバーするはずのものであり、ルイジアナ州は自州民を保護する正当な利益を有しているからである。

続く1964年のClay v. Sun Insurance Office, Ltd.では[119]、イギリスの保険会社から損害保険を購入したイリノイ州民が、フロリダ州に移住した後で生じた保険事故が問題となった。保険契約には、事故発生から１年以内に保険金を請求しなければならないとの条項があり、それはイギリス法上もイリノイ州法上も有効だったが、フロリダ州法はそのような規定を無効

---

117) Spillenger 162.
118) Watson v. Employer's Liability Assurance Corp., 348 U.S. 66 (1954).
119) Clay v. Sun Insurance Office, Ltd., 377 U.S. 179 (1964).

としていた。被保険者は、事故から1年以上を経た後、フロリダ州裁判所にフロリダ州法を適用するよう求めて訴えたのである。

連邦最高裁はデュー・プロセス違反となるとした原審を覆し、保険会社は被保険者が当該物品をもってどこにでも行くのを予期すべきであり、フロリダ州でも事業を行っている以上、フロリダ州法の適用が違憲とされることはないと述べた[120]。

【1980 年代の 3 つの判例】

1981 年には、Allstate Insurance Co. v. Hague 判決が出される[121]。バイクの事故と、相手方の自動車が無保険の場合を補償する保険の範囲に関する事件である。

バイクに乗っていて事故にあった被害者（死亡）はウィスコンシン州民であり、ミネソタ州に近いところではあったが、ウィスコンシン州で事故は起きた。ただし、被害者は過去 15 年間ミネソタ州側の職場で働いていた。

事故の後、被害者の配偶者（原告）はミネソタ州に引っ越し、再婚してそこに居住している。

被害者はウィスコンシン州で事故にあったバイクを含めて3台の車を所有し、バイク保険・自動車保険に3件加入していた。事故の相手方が無保険の場合を補償する保険金額はそれぞれ1万 5000 ドルを上限としていた。ミネソタ州では、これら3つの保険の「積み上げ」（stacking）が認められていたが、ウィスコンシン州では認められていなかった。

当然ながら、原告（被害者の配偶者）はミネソタ州裁判所にミネソタ州法適用を求めて訴えを提起し、4万 5000 ドルを要求した。

ミネソタ州裁判所は、レフラー教授のいわゆる「よりよい法のアプローチ」（better law approach）によって、ミネソタ州法を適用し原告の訴えを認めた[122]。これは違憲な法の適用だとする保険会社の主張は退けられた。

---

120) 裁判所が法廷地の州法を適用することについて、連邦最高裁が憲法上の制約をかけることに消極的であるのを明確に示しているとのコメントがある（原告には法廷地漁りが可能となるが、それはやむをえないとしている）。Spillenger 164.
121) Allstate Insurance Co. v. Hague, 449 U.S. 302 (1981).
122) 前掲 165 頁参照。

そして、連邦最高裁も5対3で合憲判断を下したのである。判決では、ミネソタ州が憲法上十分な利害関係のあることが強調されているが、中でも、被告となった保険会社が全国的な事業を展開しており、特にミネソタ州でも幅広く営業活動をしていたことが重視されている。

この判決は、学者からは大いに批判されているものの、連邦最高裁が、ある州の裁判所が自州の法を選択し適用することについて、合衆国憲法を根拠として介入することにつき明らかに消極的であり、きわめて稀な事例だけに限定していることの現れだとされる[123]。

ただし、時に違憲判断が示されることもあるのを示したのが1985年のPhillips Petroleum Co. v. Shuttsである[124]。本件では、11州において天然ガスを採掘する事業者が、土地所有者約3万人（50州の州民、さらに外国人も含む）に対し、一定の使用料（royalties）を支払う契約を結んでいたが、その一部に不払部分のあることがわかり、3万人を代表するクラス・アクション（集合訴訟）がカンザス州で提起された。ただし、3万人のほとんどはカンザス州と何の関係もなかった（カンザス州における天然ガス・リースも全体の1%だった）。カンザス州裁判所は、カンザス州法を適用し判決を下したが[125]、連邦最高裁は、カンザス州に密接な関係があるとはいえない（no siginificant contact）人に対しカンザス州法を適用するのは違憲無効だと判示した[126]。

もっとも、この事件にはその後の動きがあり、他州と比べて最も長い出訴期限を3万人すべてに適用する点が問題とされ、再び連邦最高裁に判断が求められた。1988年のSun Oil Co. v. Wortmanにおいて[127]、連邦最高

---

123) Spillenger 165-166.
124) Phillips Petroleum Co. v. Shutts, 472 U.S. 797 (1985).
125) 50の州法や外国法まで個別の原告に応じて適用するのでは、裁判所の負担が重すぎると考えたからだと推測されている。Spillenger 166-167.
126) ただし、連邦最高裁は、本件についてクラス・アクションとして訴えること自体は認めた。被告は、3万人のほとんどがカンザス州に無関係な以上（最低限の関連性をもたないので）、憲法上、カンザス州裁判所に裁判管轄権自体が認められないと主張していたが、ここでの憲法上の保護は被告に対し考慮されるものであり、原告には、クラスから外れる自由が認められているのでこのような議論は受け入れられないとした。いずれにせよ、本件でのカンザス州法適用に関する被告の主張も、主要な力点は、何とかクラス・アクションの形で訴えられるのを阻むという戦略によるものだったことに注意する必要がある。
127) Sun Oil Co. v. Wortman, 486 U.S. 717 (1988).

裁は、出訴期限は手続の問題であるとして、全員一致でカンザス州法適用を合憲とした。

以上をまとめると、法選択、とりわけ裁判所が自州の法を選択し適用する点について、デュー・プロセス条項および「十分な信頼と信用条項」が一定の憲法上の制約として存在するものの、それらはいずれも大きな制約とはなっていない。特に後者は、他州の主権への配慮に基づく要素があるものの、実際には、他州やその機関が被告となる場合であっても、当該紛争について一定の密接な関係（siginificant contact）のある限り、自州の法を適用することは違憲とされていない[128]。

5　その他の憲法問題

アメリカ合衆国憲法上、準拠法選択が問題となるのは、デュー・プロセス条項や十分な信頼と信用条項に関わる場面だけではない。

まず、合衆国憲法第4編第2節に定める、いわゆる特権免除条項が問題となる可能性がある。同条は、Section 2. The citizens of each State shall be entitled to all privileges and immunities of citizens in the several States.（各州の市民は、それぞれの州においてその市民が有するすべての特権および免除を享受する）とあるから、明らかにこの条項は、ある州民と他州民との間の差別を禁ずるものであり、裁判所が自州法を適用することがそのような他州民差別にあたるとする主張自体は可能である[129]。同様に、第14修

---

[128] See, e. g., Nevada v. Hall, 440 U.S. 410 (1979)（州の公務員（ネバダ州立大学職員）が公務中にカリフォルニア州で起こした交通事故について、カリフォルニア州裁判所がカリフォルニア州法を適用してネバダ州政府の責任を認めた）, Franchise Tax Board v. Hyatt, 538 U.S. 488 (2003)（カリフォルニア州民がネバダ州に移住したが、カリフォルニア州民だった時期の課税逃れを追及された際、逆に徴税官から不法行為を受けたとして、ネバダ州裁判所にカリフォルニア州課税当局を訴えた。カリフォルニア州では徴税官に不法行為免責を認めていたが、ネバダ州では免責を過失による不法行為に限定していた。ネバダ州裁判所は、本件でもネバダ州法を適用し、過失による不法行為についてだけ免責を認めた。連邦最高裁は、これを「十分な信頼と信用条項」に反しないと判断した）.

[129] たとえば、Skahill v. Capital Airlines, Inc., 234 F.Supp. 906, 908-909 (S.D.N.Y. 1964) では、マサチューセッツ州民がヴァージニア州で起きた飛行機事故で死亡し、遺族が訴えを提起したが、準拠法とされたヴァージニア州法には3万ドルというきわめて低額の賠償額制限を定める制定法があり、その適用がデュー・プロセス条項、十分な信頼と信用条項、平等保護条項、さらに特権免除条項にも反すると主張した。だが、裁判所は、本件事故がニュー・ヨーク州と何ら関係がない点を強調し、そのような賠償制限のないニュー・ヨー

正中の平等保護条項も、nor (shall any State) deny to any person within its jurisdiction the equal protection of the laws (州は、その権限内にある何人からも、法の平等な保護を奪ってはならない) と述べて、広く差別を禁じているから、裁判所が自州法を優先的に適用するなら、この条項をもち出して議論することも可能である。

しかし、実際には、連邦最高裁レベルで、他州民を不利に扱うとして準拠法選択をいずれかの条項に基づき憲法違反とした例はまったくない[130]。

なお、合衆国憲法第6編第2項にある最高法規条項 (Supremacy Clause) は、

"This Constitution, and the laws of the United States which shall be made in pursuance thereof; and all treaties made, or which shall be made, under the authority of the United States, shall be the supreme law of the land; and the judges in every state shall be bound thereby, anything in the Constitution or laws of any State to the contrary notwithstanding"（この憲法、これに準拠して制定される合衆国の法律、および合衆国の権限のもとで締結され、また今後締結されるすべての条約は、国の最高法規である。各州の裁判官は、州の憲法または法律中に反対の定めがある場合でも、それらに拘束される）

と規定しており、連邦法と州法との抵触がある場合には、必ず連邦法が優越すると明記する。これは憲法の定める準拠法選択ルールと見ることができる[131]。さらに、いわゆる「眠れる通商条項」（dormant commerce clause）のもとでも、同様に連邦の専占領域とされる分野について州法の規定を排除することがあり、ここでも憲法上の準拠法選択が行われているといえる[132]。

ク州法を適用することはできないとし、ヴァージニア州法適用を違憲とする主張も退けた。
130) Hoffheimer 348. Spillenger 172. なおこれらの条項の果たしてきた意義一般については、『アメリカ憲法』219頁および441頁以下を参照。
131) Spillenger 177.
132) Spillenger 177. 最高法規条項や眠れる通商条項一般については、『アメリカ憲法』170・193頁。

なお、連邦裁判所において、州籍の相違に基づく裁判管轄権が認められるケースでは、準拠法選択について Erie doctrine（エリー事件のルール）と呼ばれる法理があり、当該連邦裁判所が所在する州の裁判所が適用するのと同一の州法が選択されることになっている。この点については、次章で扱う。

以上を要するに、法選択と合衆国憲法の関連については、デュー・プロセス条項および「十分な信頼と信用条項」が一定の制約条件となっているものの、これまでの判例を見ると、連邦最高裁によって、積極的な介入をする根拠とはされていない。

第8章　連邦裁判所とエリー判決の法理

I　はじめに——エリー判決の法理

　第7章で扱った法選択の問題においては、連邦制を採用し50の州が存在するアメリカにおいて、州裁判所がいずれの州法を選択して適用するかが念頭に置かれていた（州法対州法の問題である）。これに対し、連邦裁判所に係属した事件については、そもそも連邦法を適用するか州法を適用するか、その回答がいずれかだとして、それはなぜか、さらにその意義は何かについて、さまざまな論点が存在した。この分野で最も有名な判例が1938年のErie Railroad v. Tompkinsであり[1]、明示された法理をErie doctrine（エリー判決の法理）と呼ぶが、それから4分の3世紀あまりを経た現在でも、なお未解決の論点が存在する。

　まず明らかにすべきは、次の3点である。

　①　エリー判決の法理は、実は州裁判所相互間の法選択ルールとは性質を異にする。そもそも法選択ルールの問題ではないとさえいわれる[2]。法理の眼目は、「州籍の相違に基づく事件（A州民とB州民との間の訴訟）について連邦裁判所に訴訟が提起される場合[3]、当該連邦裁判所が適用する法は州法であり、連邦裁判所が所在する州の裁判所に訴えが提起された場合と同じ州法が適用される」というものだが、それが前章までで述べてきた法選択ルールと異なるというのは次のような意味である。

---

1) Erie Railroad v. Tompkins, 304 U.S. 64 (1938).
2) Spillenger 337.
3) アメリカの連邦裁判所は、合衆国憲法上認められた事件しか扱えない。その中の1つが、A州民とB州民が争う事件、いわゆる州籍の相違事件（diversity of citizenship case）である。『アメリカ憲法』111頁。

すなわち、このような法選択は、かつての伝統的アプローチによるような「紛争が生じた地だから」（たとえば、不法行為なら不法行為地法）というものではなく、現代的アプローチによる利益分析や最密接関連地を定めることによって決まるものでもない。合衆国憲法、または憲法のもとで定められた連邦法（この場合、最も重要なのは、何と 1789 年の裁判所法 34 条、今日では Rules of Decision Act と呼ばれるもの）によるのであり、その解釈が根拠となっている。前章までに詳述した抵触法革命と何ら関係がないのである。

　しかしながら、エリー判決の法理が「抵触法革命」とも法選択との問題ともまったく無関係といってしまうことはできない。アメリカにおける渉外裁判法（conflict of laws）の教科書でも必ずこの問題に 1 章が割かれるのには、次のような理由がある。

　第 1 に、州籍の相違に基づく事件は、今なお連邦裁判所に係属する事件の中で相当数を占めており、その場合に適用すべき法選択のルールを知ることは、それがどのような根拠に基づくものであれ重要である。

　第 2 に、エリー判決の法理を理解することは、1938 年以前にそれとは正反対のルールが行われていたこと、その後も 1 つのルールで解決済みとならず、今なお重要な問題が残されていること、さらにその背後には、アメリカ法制度の根幹をなす連邦制度のもとで、連邦裁判所が果たすべき役割についての基本的な論争があるという点の理解を要する。そしてアメリカにおける連邦制度を理解するためには、州と州との関係を理解するだけではなく、当然、連邦と州の関係についても理解する必要がある。

　第 3 に、エリー判決の法理を適用するとどうなるかといえば、連邦裁判所が所在する州の裁判所に提起された場合と同様の扱いをすることになるのであるが、この場合に依拠すべき「州法」には、当該州の「抵触法・法選択ルール」も含まれており、結局、それぞれの州において伝統的アプローチから現代的アプローチにどのような形で移行してきたか（場合によっては、ごく少数ながら伝統的アプローチをとる州もなお存在すること）が関係する。州籍相違の場合における連邦裁判所の準拠法選択の判断過程、つまりエリー判決の法理を適用することは、州法レベルの法選択ルールの問題に帰着するのである。

② 連邦裁判所で適用される法が、すべてエリー判決の法理によって、連邦裁判所所在地の州法になるわけではない。繰り返し述べているように、ここで着目しているのは、本来州の裁判所で処理されるべき（にもかかわらず、たまたま原告と被告が異なる州の州民である）「州籍の相違」事件についてである。要するに、AとBの争いについて、両者が同じ州民なら連邦裁判所に行けないような事件（不法行為であれ、契約であれ、財産権をめぐる事件であれ）が、合衆国憲法上、たまたまAとBが異なる州民である場合に、連邦裁判所に裁判管轄権が認められている[4]。憲法制定当時は、Aの州裁判所またはBの州裁判所での裁判と比べ中立性の観点から優れていると考えて、連邦裁判所に提訴できることにしたとされる。

したがって、連邦法上の権利義務が問題となるいわゆる連邦問題事件 (federal question case) では、当然ながら連邦法が適用される。同様に、海事事件について連邦裁判所の裁判管轄権が認められており、その場合に適用される法も連邦法（しかも連邦裁判所による判例法＝federal common law）だとされる[5]。合衆国が当事者となる訴訟についても、通常その根拠となる連邦法があって、それに基づいて開始されるからそれぞれの法の定めによって準拠法も定まる。たとえば、合衆国を相手とする不法行為訴訟、日本でいうところの国家賠償請求訴訟は、1948年のFederal Tort Claims Act（連邦不法行為請求権法）によって認められており、そこでは、事故の生じた地の州法が適用されるとあるものの、他方で、準拠法とされる州法が何であれ懲罰賠償は認められないなど明確な規定がある[6]。

さらに州籍の相違事件について「エリー判決の法理」によって州法が適用されるといっても、それは実体法についてだけであり、手続は連邦民事訴訟規則に従って行われる。ただし、何が実体問題であり手続問題であるかには大きな争いがあり、それをめぐっていくつも重要な判例が現れた。それについては後に述べる。

③ エリー判決の法理には、大きくいえばアメリカ法の根幹に関わる部

---

4) 合衆国憲法第3編。『アメリカ憲法』110頁以下。
5) Spillenger 364.
6) The Federal Tort Claims Act (June 25, 1948), ch. 646, Title IV, 62 Stat. 982, 28 U.S.C. § 1346 (b).

分がある。それには、次のような3つの側面がある[7]。

　第1に、1938年のエリー判決以前には、general law（一般法）がどこかに存在し、それを連邦裁判所が適用すると考えてきた。州籍の相違事件について、それまでの先例とみなされてきたのは、後に紹介する1842年のSwift v. Tysonであるが[8]、そこでは為替手形取引に関する事件が、当事者の州籍の相違により連邦裁判所に係属し、連邦最高裁は、これら商事的分野では「一般的な法」が存在するはずであり、いずれかの州法ではなく、連邦裁判所はそれを適用すべきだと明言していた。この場合の一般法は、「連邦裁判官も州裁判官も共同して探求する、アメリカ全体に普遍的な法」[9]であると理解されており、当時の法理論では、そのような法の存在が違和感なく受け入れられていた[10]。しかしながら、このようないわば超越的な「一般法」の存在は、19世紀後半から20世紀にかけての社会状況の変化とリーガル・リアリズムの隆盛の中で、強く疑われるようになり、「法とは、州であれ連邦であれ、いずれかの政府と関係を有するもの」とする現実的かつ法実証主義的な考え方に取って代わられた[11]。そのような背景において、1938年のエリー判決が現れたのであって、エリー判決の法理は、アメリカにおける法思想の重大な変化の象徴だとされる。

　第2に、アメリカの連邦制度のもとで、連邦裁判所が州籍相違事件の場面で適用する法についても、連邦と州の役割分担という問題が強く意識されていた。繰り返し述べているように、エリー判決の法理では、当該連邦裁判所が所在する地の州法を（実体法については）適用することにされたが、それ以前は、すぐ前に述べたように連邦裁判所では州法ではない「一般法」を適用するものとされていた。この「一般法」なるものは、法思想

---

7) Spillenger 318-319.
8) Swift v. Tyson, 41 U.S. 10 (1842). アメリカ法判例百選（19事件）40-41頁〔浅香吉幹〕参照。
9) アメリカ法判例百選（19事件）41頁〔浅香吉幹〕からの引用である。
10) 一般法は、コモン・ロー（判例法）でもあるが、それはアメリカの先例ばかりでなくイギリスその他の先例や、法律的な著作の中から「発見」することのできるものだとされていた。Spillenger 325-326.
11) それら超越的な法の体系があるとの考え方を「古典的法思想」と呼んで、アメリカにおける隆盛とその衰退を描いたのが、M・J・ホーウィッツ（樋口範雄訳）『現代アメリカ法の歴史』（弘文堂・1996）である。

的には連邦政府の立法権限も超越する「コモン・ロー」と観念されたものの、実際的には連邦裁判所が形成した判例法（コモン・ロー）として存在することになった。

しかし、エリー判決の法理は、そのような意味での連邦法を適用するのではなく、たまたま州籍の相違があったために連邦裁判所に係属しただけに過ぎないとして、州籍相違事件では、州裁判所で適用されるべき法を連邦裁判所も適用すべきだと明言した。アメリカの連邦制度のもとでは圧倒的に多くの分野の法が州法として存在しており、ここで連邦と州の役割分担に例外を作るべきでないとしたわけである（従来の法理のもとでは、forum shopping（法廷地漁り）など弊害も生まれていた）。

第3に、エリー判決の法理は、連邦政府内での権力分立法理にも深く関係する。先にも述べたように、エリー判決以前の「一般法」とは、連邦政府の立法権限をも超越した存在とされていた。だが、それはアメリカにおける権力分立原則からして本当に認められるものだろうか。たしかに、判例法主義を基本とするアメリカ法（あるいは英米法）では、裁判所が「法を作る」のは当然のこととして認められている。しかし、連邦議会が、当該事案について、明示的または黙示的に連邦裁判所に法形成を委ねている場合はともかく、そうでない場合に連邦裁判所が積極的に「法を作る」ことは、当然に認められるか。

エリー判決の法理は、それ以前の法理について、三権分立という観点からも大きな疑問を提起したものである。

以下、このような概括的説明（法思想としての一般法の存在の有無、連邦制度のもとで連邦法と州法の役割分担、さらに連邦議会と連邦裁判所の間の権力分立原則との関係という3つの要素があること）だけではわかりにくいので、歴史的な先例をたどることにより、以上の論点をより明確にする。

II　エリー判決以前とエリー判決、そしてその後

1　エリー判決以前

エリー判決以前の最も有名な先例は、1842年のSwift v. Tysonであり、

ストーリィ（Joseph Story）裁判官の判示が常に引用される。

【Swift v. Tyson（1842）】[12]

ニュー・ヨーク州で振り出されたある手形の引受人が被告（ニュー・ヨーク州民）であり、現在、手形を所持しているのが原告（メイン州民）である。原告はニュー・ヨーク州を管轄する連邦地裁裁判所に訴えて、この手形に基づく支払いを求めた。これに対し、被告の抗弁は、当該手形が既存債務の弁済として振り出されたものであり、それはニュー・ヨーク州法上、有効な約因とならないので、支払う義務はないというものだった[13]（なお、原告はそのような事情について善意の所持人とされている）。そして、その際に依拠されたのが、1789年裁判所法第34条（Rules of Decision Actとも呼ばれる）である。それは以下のような規定である[14]。

> The laws of the several states, except where the constitution, treaties or statutes of the United States shall otherwise require or provide, shall be regarded as rules of decision, in trials at common law, in the courts of the United States, in cases where they apply. （連邦裁判所で適用すべき法は、合衆国憲法、条約、連邦法が別段の定めにより指示する場合を除いて、コモン・ロー上の訴訟では、それを適用すべき場合には、それぞれの州の法を決定のルールとして適用すべきである）。

本件のように連邦裁判所が「州籍の相違」に基づく裁判管轄権を行使するケースでは、連邦裁判所に対して憲法その他による明示の指示はないから、この規定が適用され、その結果、それぞれの州の法（The laws of the several states）を適用すべきであり、本件では、それはニュー・ヨーク州

---

12) Swift v. Tyson, 41 U.S. 10 (1842).
13) 英米契約法では、当事者の合意だけでなく、それに加えて新たな対価関係（約因）がない限り、契約は裁判上実現できるものとならない（簡単にいえば有効とならない）。典型的には、贈与の約束は書面があっても取り消すことができる（取引だけを契約は保護する）。そこで、従来すでに存在する債務について債務者が新たに支払う約束をした場合、その約束に対する新たな約因はないから無効とする州があった。約因法理については、『アメリカ契約法』82頁。
14) Section 34, Judiciary Act of 1789.

法になるというのが被告の主張だった。

　しかし、連邦最高裁において、ストーリィ裁判官はこのような主張を否定した。まず、前記の条文について、The laws of the several states とは、それぞれの州の「法律」を指すのであり、本件のような論点についてニュー・ヨーク州議会による制定法は存在しないから、第34条の適用はないとした。そのうえで、本件は全国的な商取引の根幹に関わる事件であり、ニュー・ヨーク州法によって（あるいはそれぞれの州法によって）解決すべき問題ではないと述べた。そうではなく、商取引の慣行や英米法世界全体の判例や議論から抽出される「一般法」によって決すべき問題であり、流通証券に関する商事法の一般原則からして、既存債務も有効な約因となるので、被告の主張は採用できないと明言した。

　かくして、その後100年近くにわたって、たまたま当事者間に州籍の相違がある場合、州裁判所ではなく連邦裁判所に訴えると、州裁判所とは異なる判断が示されることになった。同じ問題であっても、連邦と州で2種類の法が存在するわけであるから、forum shopping（法廷地漁り）を助長することになる。

　ただし、この当時もその後19世紀も末に至るまで、これは大きな問題として意識されなかった[15]。

　第1に、すべての州法に基づく訴えが連邦裁判所に提起できるわけではない。まさに州籍の相違がなければならない。そして、経済の発展によって州際取引が頻繁に行われるまでは、実際にそのような事件は、後代に比べればまだ少なかった。

　第2に、この当時、実体法こそ連邦裁判所は「一般法」という名の連邦判例法を基準としたが、手続法は州法に従っていた（手続について連邦民事訴訟規則が制定されるのは1938年のことになる）[16]。

　第3に、根拠となった裁判所法第34条が厳然として存在したから、それぞれの州では、それぞれの州の判例法を制定法にすれば、連邦裁判所も州法を適用せざるをえなかった。Swift v. Tyson 判決でも、ニュー・ヨーク州議会が手形所持人の権利について制定法を定めてあれば、連邦最高裁

---

15)　Hoffheimer 298.
16)　後掲218頁。

もそれに従ったはずである。

　第4に、連邦議会も、連邦裁判所の定めた「一般法」の内容を変更する法律を制定することは可能だった。一般法がいかに観念上「超越的存在」であろうとも、現実に連邦議会が何らかの立法をした場合はそれに拘束されるのは当然とされていた。

2　エリー判決──その直前の状況とエリー判決

　ところが、20世紀に入ると、連邦裁判所が「一般法」を認定することに大きな疑問が提起されるようになる[17]。

　まず、どこに存在するかわからない法源から「一般法」を演繹すること自体、正当化できないとされた。リーガル・リアリズムは、裁判官が法を発見するのではなく、まさに法形成をしていることを明らかにした。どこかに存在する「一般法」をただ口述しているという考えは支持できなくなった。

　次に、連邦裁判所が、一般法の適用範囲と、連邦制度のもとで州法が規律すべき範囲とを整然と分けることが、アメリカの連邦制度のもとで正当化できるかに疑問が提起された。不法行為法や財産権法など、通常はまさに州法が規律すべき事項についても、州籍の相違事件だというだけで、州法と異なる「一般法」を連邦法として宣言するわけである。連邦裁判所がリードしてこれらの分野における法を「統一」するという野望がその背景にある。ところが、アメリカの連邦制度のもとでは、州はすべての事項について規制できるが、連邦議会は合衆国憲法で列挙された事項についてのみ法の制定権限を有する。連邦議会すらできないことを、なぜ連邦裁判所ができるのか。

　さらに、19世紀末から20世紀初頭にかけての連邦裁判所、とりわけ連邦最高裁は、州裁判所よりも保守的な傾向を示した。新たな社会状況のもとで、州裁判所が新しい法理を打ち出したのに、連邦裁判所がそれに抵抗する傾向を示した。それは連邦裁判所のいう「一般法」の内容に対する疑問を生じさせた。

---

17)　Spillenger 328-330.

最後に、たまたま当事者間に州籍の相違があるだけで、当事者には、州裁判所と連邦裁判所の選択が可能になる。しかも、その際に適用される実体法が異なるわけであるから、当然に結論も異なる。Forum shopping（法廷地漁り）が堂々と行われるようになると、それを可能にしている法理自体に批判が集まった。

　そして、これらの要素をすべて兼ね備えたような事件が起こった。1928年の Black & White Taxicab & Transfer Co. v. Brown & Yellow Taxicab & Transfer Co. である[18]。

【Black & White Taxicab v. Brown & Yellow Taxicab（1928）】

　ケンタッキー州の鉄道会社が、駅の周囲でのタクシー営業を Brown & Yellow タクシー会社に独占させる契約を結んだ。Black & White タクシー会社はそれを無視して、当該駅の前で客を乗せ始めた。独占を認められていたB&Y タクシー会社は、契約侵害（債権侵害という不法行為。具体的には、鉄道会社との間で結んだ契約による利益を B&W タクシー会社が侵害しているという訴訟原因）を主張して B&W タクシー会社を訴えることにした。だが、ケンタッキー州法では、公共運送事業者（鉄道会社）がこのような独占権を認めるのを禁じており（このような内容の契約を無効としていた）、州裁判所では勝てそうになかった。そこで、B&Y 会社は、テネシー州法人として再設立し、事業内容も名前もそのままで、州籍の相違を創出し、B&W 会社を被告として連邦地裁に訴えを提起した。連邦地裁は、ケンタッキー州法ではなく「一般法」を適用し、独占を認める合意を有効として、独占の利益を得る B&Y タクシー会社を勝訴させた。連邦最高裁も6対3でそれを認めた[19]。

　この判決ほど、先に掲げたいくつもの批判があたっているものも少ない。州法の否定する独占を連邦裁判所が認める保守性、それが契約法の領域の

---

18) Black & White Taxicab & Transfer Co. v. Brown & Yellow Taxicab & Transfer Co., 276 U.S. 518 (1928).
19) 反対意見を著したホームズ裁判官は、「一般法」なるものが存在するというのは虚偽（fallacy）であり、どこにもそのようなものは存在しないと喝破した。Black & White Taxicab & Transfer Co. v. Brown & Yellow Taxicab & Transfer Co., 276 U.S. 518, 533 (1928) (Holmes, J. dissenting).

話であり、伝統的に各州法に委ねられていたはずの分野でありながら、一般法を盾にとって連邦裁判所が介入したこと、あからさまな法廷地漁りを許したこと（元々、両当事者はケンタッキー州法人だったのに、一方が解散し隣の州で再設立するという法技術だけで、連邦裁判所への提訴が認められ、しかも勝訴という目論見が実現したこと）、さらにその結論を何に基づくのでもなく「一般法」を適用するとして正当化したこと、これらに対する強い批判は、それから10年後のエリー判決を生み出すことになった。

【Erie Railroad v. Tompkins（1938）】[20]

　本件は、鉄道事故であり不法行為事件である。1934年、ペンシルバニア州民である原告は同州内の鉄道線路に沿って帰宅中に、走ってきた列車からの突起物（ドアがきちんと閉まっていないでバタンバタンと開閉していたとされる）によってはね飛ばされ、右腕に重傷を負った。鉄道会社はニュー・ヨーク州法人であり、被害者は、州籍の相違を根拠としてニュー・ヨーク南部地区連邦地裁に損害賠償請求訴訟を提起した。

　事故の起きたペンシルバニア州では、原告は線路敷地内を通行していたので、州法上 trespasser（不法侵入者）と分類され、不法侵入者については、鉄道会社は故意またはそれに近い重大な過失（wanton negligence）がない限り責任を負わない。これに対し、連邦裁判所で適用してきた法（一般法）によれば（実際には多くの人が線路端を通行し黙認されていたので）通常の過失基準によって被告の行動が判断される。要するに、州法と連邦判例法（Swift v. Tyson判決のいうところの一般法）との間に抵触があり、連邦裁判所では（州籍の相違事件について）後者を適用するのがこれまでのルールだった。だからこそ、原告も連邦地裁に訴えを提起したのである（そして、地裁、控訴裁判所段階では、まさにそれが功を奏して、鉄道会社の過失を認め原告勝訴の判断が示されていた）。

　ところが、連邦最高裁は6対2でこれまでの判例法を変更し、州籍の相違事件で連邦裁判所の適用すべき法は、それが所在する地（本件ではニュー・ヨーク州）の州法を適用すべきだと判示した。これが「エリー判決の

20）　Erie Railroad v. Tompkins, 304 U.S. 64 (1938). アメリカ法判例百選（20事件）42-43頁〔浅香吉幹〕。

法理」として、現在にまで続く新たな法理となった。事案としては、ニュー・ヨーク州法（法選択ルールを含む）を適用して審理をし直すよう破棄差戻しとなった。

エリー判決は、州籍の相違によって連邦裁判所に事件が係属した場合、適用すべき実体法は（当該連邦裁判所が所在する）州法によって定まる法であると宣言したことと並んで、連邦最高裁が「一般法」なるものの存在を明確に否定したところに、大きな意義があるとされる[21]。ただし、後者は、もはやアメリカのロー・スクールの学生にもピンとこないらしい[22]。一般法なる概念がそれほど普遍化していた時代を現代では感じ取れないからである。しかし、かつてはそうでなかった[23]。加えて、Swift v. Tyson というほぼ100年前の連邦最高裁の先例でそれが確認されていた。

1938年において、連邦最高裁がそれを真っ向から否定するには、相当の論拠が必要だったはずである。

第1の論拠は、1789年裁判所法第34条（Rules of Decision Act）の解釈変更である。前にも述べたように[24]、州籍の相違に基づく事件で連邦裁判所が適用すべき法（rules of decision）は、当該条項により The laws of the several states（各州の法）とされており、この laws とは法律（制定法）だけを指すと1842年の判例でストーリィ裁判官は明言した。しかし、この laws を「判例法（コモン・ロー）」まで含むと解釈すれば、まさにこの条文の規定により、連邦裁判所は州法（制定法のある場合だけではなく、判例法である場合を含めて）を適用すべきことになる[25]。

しかし、多数意見を執筆したブランダイス（L. Brandeis）裁判官は、さ

---

21) Spillenger 323.
22) Spillenger 323-324.
23) 「コモン・ロー」はまさに共通法・一般法であり、どこかに普遍的な法が存在し、それを裁判官が発見して宣言するという考えは、かつては常識だった。
24) 前掲210頁参照。
25) 実際、Reed 裁判官の結果同意意見はそのような論拠によっており、憲法論を展開する必要はないとしていた。ただし、1789年当時、the law of the several states と the laws of the several states とは明確に使い分けられており、前者は、州のコモン・ローを意味するのに対し、たとえば the laws of California といえば、カリフォルニア州議会が制定した「法律」だけを指すのが一般的だった。それは少なくとも南北戦争前まで続いていたという。Spillenger 325.

らに歩を進めて、これまで「一般法」を適用してきたことを憲法違反と宣言した。問題は、どのような憲法条項に反するかである[26]。

第1に考えられるのは、平等条項違反である。同じ不法行為が行われても、被害者（原告）にとって、加害者（被告）が同じ州民なら得られないチャンス（連邦裁判所に訴えて異なる法の適用を受ける機会）を、加害者が別の州民の場合の被害者だけが得ることになる[27]。同様に、被告にとっても、州籍の相違がある場合だけは、州の裁判所に訴えられても連邦裁判所に移送できることになっているので、異なる取扱いがなされる。要するに、特権免除条項または平等保護条項に反する可能性がある[28]。

しかし、すでに前章で述べたように、（州法についてではあるが）法の選択ルールについて連邦最高裁が憲法を根拠に介入することには消極的だった。そもそもアメリカにおいて平等の問題が大きな焦点とされてきたのは、人種差別や性差別であり、同じ州民であるか他州民であるかの区別（差別）は、特に現代において重要な問題ではない。そうだとすると、この第1の根拠は強い論拠とならない。

そこで第2に、ブランダイス裁判官が強調したのは、アメリカの連邦制に伴う連邦と州の役割分担という視点だった。アメリカでは、連邦政府は限られた権限しかもたない。憲法で認められた権限しか有しないのが連邦議会であり、それ以外はすべて州議会の権限となる。エリー判決の事例でいえば、そこでは不法行為の成否が争われており、アメリカの不法行為法はまさに州法によって形成されている。

連邦議会には、過失の基準を定めるような法律を制定する権限はないのであるから、当然に連邦裁判所にもそれは認められない[29]。したがって、これまでそれを認めてきたSwift法理は違憲とせざるをえない。

ただし、このようなブランダイスの議論には説得力があるものの、特に

---

26) 以下の記述は、Spillgenger 331-335 による。
27) Erie Railroad v. Tompkins, 304 U.S. 64, 74-75 (1938).
28) 特権免除条項については、前掲202頁。一般的に、アメリカ合衆国憲法上の特権免除条項や平等保護条項の意義については、『アメリカ憲法』219・440頁参照。
29) 連邦裁判所が有する権限は、連邦議会が有する権限の程度によって画されるとする（最大限、それと同一でそれを超えることはできないとする）議論を、principle of coextension と呼ぶ。Spillenger 333.

このエリー事件では重大な見落としがあった。というのは、問題が不法行為法一般の過失基準ではなく、鉄道会社の過失が問われていたからである。鉄道会社は common carrier（運送事業者など）の代表であり、当然、州境を越えて事業を行う。州際通商であれば、連邦議会の立法権限の範囲内であり、実際にも鉄道事業者の従業員保護のために1906年の Federal Employer's Liability Act（連邦鉄道事業者責任法）[30]以来、連邦議会による法制定がなされてきた[31]。

したがって、第3点として、権力分立という視点が正当化のために必要とされる。すなわち、連邦裁判所が自ら法を作る（昔ながらに発見するといっても、同じことである）ことについては、連邦議会の立法権限という枠があるばかりでなく、実際に連邦議会がそれを行使しない場合には、三権分立の観点から、連邦議会がそれに先んじた行動を抑制することが考えられる。

以上のように、エリー判決において、州籍相違の事件で、連邦裁判所が「一般法」という名の連邦法を適用することが合衆国憲法違反になるとするためには、連邦制度に基づく連邦裁判所の権限の限界論と、連邦政府内部での議会と裁判所の権力分立法理を組み合わせて議論を展開する必要があった。

3　エリー判決以後の状況

エリー判決では、州籍の相違事件を根拠として連邦裁判所に提訴がなされた場合、当該連邦裁判所で適用すべき法は、一般法という名の連邦法ではなく、当該連邦裁判所が所在する州の裁判所に事件が係属した場合、適用すべき法だという結論が明示された。

しかし、それですべての問題が解決されたわけではなかった。

一方で、合衆国憲法上、一般法（連邦法）を適用するのが違憲とされる場面では、州法を選択することが合衆国憲法上求められる。仮に、このような意味で州法と連邦法の抵触が存在する場合、州法が優越する。

---

30)　The Federal Employers Liability Act (FELA), 45 U.S.C. § 51 et seq. (1908).
31)　したがって州際通商に携わる鉄道事業者に対し、連邦議会が一定の安全規制を定めることは可能であり、それをもって不法行為の判断基準とすることもできることになる。

他方で、合衆国憲法上、連邦議会には連邦裁判所を設置する権限が認められており、当然、それに付随して連邦裁判所の手続を定める権限も認められてきた。たとえば、連邦議会は、1934年授権法（Rules Enabling Act of 1934）に基づき[32]、連邦裁判所において適用すべき手続について連邦最高裁にルールを定める権限を認めた。その結果作られたのが、エリー判決と同年の1938年に定められたFederal Rules of Civil Procedure（連邦民事訴訟規則）である。

簡単な例でいえば、どのような内容の訴状を提出し、それに対していかなる答弁書をいつまでに提出する必要があるかというような問題について、連邦裁判所が州裁判所の手続に従う必要があるかといえば、エリー判決は、そのような趣旨はまったく含んでいなかった。言い換えれば、手続法について仮に連邦法と州法の抵触があったとしても、連邦法が優越する。

ただし、問題は、何が「手続問題」で何が「実体法の問題」であるかが、時に曖昧であることである。連邦民事訴訟規則がカバーするような問題なら、これは明確に「手続問題」だといえるかもしれない。しかし、裁判の現実では、それ以外の問題についても、一方当事者は「手続問題」と主張し、他方当事者は「実体問題」だと反論するような事例が少なからず出現した。

合衆国憲法上の権限が連邦裁判所にないと明確にいえるような事例であれば、それは「実体」問題であり、州法が適用される。しかし、憲法上の要請とまではいえない場合、連邦裁判所が自ら定める法を適用すれば、そして明確に（州裁判所とは）異なる結論を導くなら、法廷地漁りの引き金となる。そのような場合、連邦裁判所は州法を適用してそんな事態を避けるような司法的判断をすべきケースがある。以下、これらの問題に直面したエリー判決以後の主要な判例を紹介する。

【Klaxon Co. v. Stentor Manufacturing Co. (1941)】[33]

1941年、連邦最高裁は、エリー判決のルールを一歩進めて、いずれの

---

[32] The Rules Enabling Act of 1934, ch. 651, Pub.L. 73-415, 48 Stat. 1064, enacted June 19, 1934, 28 U.S.C. § 2072.

[33] Klaxon Co. v. Stentor Manufacturing Co., 313 U.S. 487 (1941).

州法を適用すべきかについての法選択ルール（抵触法）についても、州籍相違事件を扱う連邦裁判所は、同裁判所所在の州の裁判所における法選択ルールに従うべきだとした[34]。

事案は、ニュー・ヨーク州法人からデラウェア州法人への事業譲渡契約に関する（契約はニュー・ヨーク州で締結された）。その中に、一定の特許権につき、後者が最善の努力（best efforts）をして製造販売に努め、利益についてその一部は前者に属する旨の条項があった。10年後にこの契約条項に違反したとの前者による訴えがデラウェア地区連邦裁判所に提起された（州籍の相違に基づく）。10万ドルの賠償を認める陪審評決が出された後、問題になったのは、その賠償額について、ニュー・ヨーク州法による6％の法定利息が付けられるか否かである。本件でニュー・ヨーク州法が適用になる以上（契約締結地がニュー・ヨーク州であることに留意されたい。伝統的ルールでは、州裁判所に訴えられた場合なら準拠法はニュー・ヨーク州法となる）、連邦地裁も控訴裁判所も、6％の利息を付すことは実体法の問題であるとして、ニュー・ヨーク州法に基づく利息付与を認めた。

ところが、連邦最高裁は、本件がデラウェア地区連邦地裁に提訴されているからには、デラウェア州の法選択ルール（抵触法）によって、デラウェア州とニュー・ヨーク州いずれの法が適用になるかを明らかにすべきだと述べた。そうでなければ、同じデラウェアにありながら、連邦地裁と州裁判所のどちらに訴えるかにより準拠法が異なり、結論も違うことになる可能性が出てくる。それは法廷地漁り（この場合は、デラウェア州地裁とデラウェア地区連邦地裁との間での forum shopping）を招くというのである。

この判決の注目点は次の2つである。第1に、州際問題が争われた場合、いずれの州法を適用するかを定める法選択ルール（the law of choice of law）は、法廷地法だとされてきた。言い換えれば、本件がニュー・ヨーク州裁判所に係属すれば、裁判所はニュー・ヨーク州の法選択ルールによって、適用すべき法を定める。その意味で、法選択ルールは「手続法の問題」とされてきた。したがって、本件が連邦地裁に係属している以上、当該連邦地裁が独自に（まさに手続問題であるとして）、連邦法としての法選択ルー

---

34) その理論的分析については、Spillenger 338-341 が詳しい。

ルを適用してもよかった。むしろそれが伝統的な考え方に沿う。ところが、本件で、連邦最高裁は、エリー判決の趣旨に則るなら、州籍の相違に基づいて連邦地裁が判断を求められる事件については、法選択ルールも当該地域の州裁判所のルールに従うべきだとした(法選択ルールが一般的には一種の「手続法の問題」だとされていても、州籍相違事件における連邦裁判所は、所在する場所の州法上の法選択ルールを適用するということである)。

第2に、では法選択ルールについてエリー判決の法理と同様の扱いをすることが合衆国憲法上の要請であるかといえば、必ずしもそうはいえない。連邦議会は明らかに連邦地裁において適用すべき法選択ルールについて立法権限を有しており(なぜなら、それは法廷地法の一部をなす手続問題であると考えられており、連邦地裁の手続に関する立法権限が連邦議会にあることは当然とされていたから)、連邦裁判所が連邦の「一般法」を適用しても、連邦政府に限定的に認められている権限を逸脱するとはいえない。さらに、権力分立の観点を加えても、アメリカでは、法選択ルール(抵触法)は議会の法律ではなく、判例法で定められてきており、連邦裁判所が独自の法選択ルールを適用しても大きな問題とならなかったはずである。そうだとすると、本件はエリー判決の趣旨に沿ってはいるものの、エリー判決のように合衆国憲法上州法の適用が求められるというものではなく、この判断自体が、連邦最高裁による新たなルール設定だと見ることができる。

【Guaranty Trust Co. v. York (1945)】[35]

エリー判決の法理が、不法行為による損害賠償のようなコモン・ロー上の訴えではなく、エクイティ上の訴えにも適用されるかが問われたのがこの事件である。

ここでは、受託者である Guaranty Trust Company が信託違反をおかしたとの主張に基づく訴えが、やはり州籍相違に基づき、ニュー・ヨーク南部地区連邦地裁に提起された。信託会社は、ニュー・ヨーク州法上すでに出訴期限は過ぎているとして略式判決の申立てを行い、第1審裁判所はそれを認めた。だが、控訴裁判所は、ニュー・ヨーク州法(同州の出訴期限

---

35) Guaranty Trust Co. v. York, 326 U.S. 99 (1945).

法）ではなく、それよりも緩やかな（連邦法上の）エクイティ上の時効（laches）を適用し、訴えの提起を認めた。本件は手続法に関するものであり、しかもエクイティ上の訴訟であるので、エリー判決の法理は不適用としたのである。

しかしながら、連邦最高裁は、本件ではニュー・ヨーク州法を適用すべきだと明言した。判決によれば、論点が手続問題であるか実体問題であるかは、この場合（つまり州籍相違事件について連邦裁判所が適用すべき法を定める場合）、以下の基準によって定まる。

 "does it significantly affect the result of a litigation for a federal court to disregard a law of a State that would be controlling in an action upon the same claim by the same parties in a State court?"36)（州裁判所で同じ当事者により同じ請求がなされた場合に適用される法を無視しても、連邦裁判所での訴訟の結果に大きな影響を与えないか否か）

この基準が、これ以後 outcome determination test（結果に影響するか否かで、手続か実体かを区分するテスト）として有名になった。英米法では、一般的には、時効は実体問題ではなく、その名も出訴期限法（statute of limitations）と呼ばれるように「手続法」だとされてきたが、この局面では、その適用の有無によって裁判の結論を左右するわけであるから、「実体問題」だとされて連邦裁判所所在の州法を適用することになったのである。

【Byrd v. Blue Ridge Rural Electric Cooperative（1958）】37)

Klaxon と Guaranty Trust が、結論としていずれも州法の適用を指示し、エリー判決と同様の方向性を示したのに対し、本件では、連邦法の適用が認められた。州籍相違事件における連邦裁判所で適用すべき法は、「実体法」の問題については州法、「手続法」問題については連邦法だとすると、ここでは「手続」の問題だとされたことになる。

---

36)　Guaranty Trust Co. v. York, 326 U.S. 99, 109 (1945).
37)　Byrd v. Blue Ridge Rural Electric Cooperative, Inc., 356 U.S. 525 (1958).

事案は、労働災害の性質を帯びた不法行為事件であり、原告（ノース・カロライナ州民）が被告（サウス・カロライナ州法人）を訴えた。被告は、本件で適用になるサウス・カロライナ州法上、原告が州の労災補償法上の「被用者」であれば、不法行為訴訟を提起できないはずであり、労災補償だけが唯一の救済手段になると主張した。さらに、サウス・カロライナ州の先例では、被用者にあたるか否かは陪審ではなく裁判官が決定すべき事項だと論じた。これに対し、連邦法上、労災補償制度の対象たる被用者か否かは陪審が決定すべき事項とされていた。

本件で問題となったのは、裁判官か陪審によるか、という部分について、州法を適用すべきか連邦法を適用すべきかという点である。そして、連邦最高裁は、連邦法だと結論づけた。

この判決は、エリー判決の法理による州法重視の傾向に一定の限界があることを示した。Guaranty Trust 判決による outcome determination test（結果に影響するか否かで、手続か実体かを区分するテスト）に依拠した場合であっても、陪審によるか裁判官によるかでは、結論に大きな影響があるともいえたからである。しかし、判決によれば「連邦制度は、連邦裁判所による適切な裁判管轄権の行使を求めた当事者に対し、適正な裁判を行うための独立した司法制度を提供している。その制度の中心的な要素として、コモン・ロー上の訴訟において、裁判官と陪審との間で適切な役割分担を行い、……事実問題について陪審に委ねるという点を含む」[38]と述べて、この論点は明らかな「手続」問題であり、連邦法によって規律されるとした。

【Hanna v. Plumer（1965）】[39]

連邦民事訴訟規則に含まれる問題については、州法ではなく、連邦法に基づく同規則のルールを適用してよいと明示したのが1965年のこの判決である。

事案は、マサチューセッツ州民が起こした交通事故に関する。事故によって被害を受けたオハイオ州民が原告となり、マサチューセッツ地区連邦

---

38) Byrd v. Blue Ridge Rural Electric Cooperative, Inc., 356 U.S. 525, 537 (1958).
39) Hanna v. Plumer, 380 U.S. 460 (1965).

地裁に損害賠償請求訴訟を提起した。加害者はこの事故の後死亡してしまったため、同じマサチューセッツ州民である遺言執行者を被告として、州籍相違事件として訴訟が行われた。ただし、マサチューセッツ州法では被告に対する訴状の交付送達が求められていたのに対し、連邦民事訴訟規則4条では、被告の住所への郵送による送達も有効と認められており[40]、本件原告は後者の方法によって訴状を送達した。

連邦裁判所では、第1審も控訴審も被告の主張を認めて本件では有効な訴状の送達がなされていないとしたが、連邦最高裁は、連邦議会の制定した規則制定授権法（Rules Enabling Act＝連邦裁判所のさまざまな手続について連邦最高裁に規則を定める権限を委ねる法律）に基づいて制定された1938年の連邦民事訴訟規則が明示する事項については、連邦法のルールを適用すべきだとした。

何が手続かについて争いのある場合、規則制定授権法による連邦議会の指示に基づく規則が定める事柄については、州法が異なる定めをしているとしても（相互に避けがたい抵触＝unavoidable conflict が存在する場合でも）、合衆国憲法上の最高法規条項の趣旨からして、連邦法が優先すると明示したわけである。

【Walker v. Armco Steel Corp. (1980)】[41]

アメリカの判例の変遷を見ると、「連邦最高裁が一定のルールを明確に示した」と記述するのが難しいと感ずることが少なくない。まるでそれを見透かしたかのように、ある判例で明確なルールが作られたと思われた直後に、この「一定のルール」を適用するのが難しい事案が登場し、連邦最高裁に新たな回答を迫るからである。

本件 Walker 事件もまた連邦民事訴訟規則の定める事項に関わるものであり、前記 Hanna 判決では、連邦民事訴訟規則を適用するのがルールとしていたはずでありながら、結論として、本件で連邦最高裁は州法を適用せよと命じた。

---

40) Fed. R. of Civi. P. 4.
41) Walker v. Armco Steel Corp., 446 U.S. 740 (1980).

事案は、提訴による時効の中断の有無を争点とする[42]。オクラホマ州民の原告が[43]、外国法人である被告に対し、州籍相違事件であるとして、オクラホマで起こった事故について製造物責任訴訟を提起した。だが、被告は、オクラホマ州法上の2年の出訴期限が経過していると反論した。オクラホマ州法上は、訴状の送達が被告になされる時点をもって訴えの提起とする。これに対し、連邦民事訴訟規則3条では、「裁判所に訴状を提出することをもって訴えの提起とする」[44]と明記していた（出訴期限の適用についてもこの時点を考慮すべきだと主張された）。そして本件原告は後者に依拠して訴えを提起し、その時点ではかろうじて2年の出訴期限内だった。

1965年のHanna判決が著名な先例として存在するのであるから、連邦最高裁の結論は当然に「連邦民事訴訟規則による」となりそうである。

しかしながら、本件では出訴期限が問題になっているのであり、明らかにoutcome determinative（裁判結果に影響するもの）であるから、Guaranty Trust判決という重要先例からすれば「州法」という答えもありえた。しかも、実は、本件については、1949年のRagan v. Merchants Transfer & Warehouse Co. という先例が存在した[45]。この判決では、Guaranty Trust判決の影響下で、ほとんど同様の事案について連邦民事訴訟規則3条の適用を否定し、州法によって訴訟提起がいつかを定めるべきだとしていたのである。

したがって、本件Walker事件に際し、連邦最高裁は、㋑Ragan判決を変更して、連邦民事訴訟規則3条を適用する、㋺Hanna判決の判示事項を覆すか、または少なくともその射程距離を制限する、といういずれかを選択しなければならないように見えた。ところが実際に連邦最高裁が採用したのは第3の道であり、それは、本件ではunavoidable conflict（避けがたい抵触）がそもそも存在しないというものだった。すなわち、連邦民事訴訟規則3条の「提訴時期」とは、州法上の出訴期限（時効）中断の効果を持つか否かに関わるものではないとして、そこに抵触はないから、結論

---

42) 以下について、Spillenger 350-352 参照。
43) Spillenger 350 にカンザス州とあるのは誤りである。
44) Fed. of R. Civi. of P. 3.
45) Ragan v. Merchants Transfer & Warehouse Co., 337 U.S. 530 (1949).

として「州法上の送達方法による」ことになると述べたのである。

　この論旨は必ずしも説得力があるとはいえない[46]。しかしながら、Hanna判決において、連邦民事訴訟規則適用が優先されるのは、その内容と州法の内容に unavoidable conflict（避けがたい抵触）がある場合との条件を付けていたわけであるから、本件で、州法と連邦法の間に直接的な抵触（direct collision）がないと解することができるのであれば、それぞれの当事者の依拠する連邦最高裁の先例をいずれも満たす形で結論を出すのが可能だったわけである。そして、本件で問題となった連邦民事訴訟規則3条は、州法上の訴えの出訴期限を定める趣旨で制定されたものではないから、州法上の出訴期限との「直接の抵触」はないとされた。

4　エリー判決後の現状要約と最近の判例

　エリー判決とは、要するに、本来は州法上の問題であって州裁判所で裁かれるべき事件が、当事者の州籍の相違を理由に連邦裁判所に係属した場合、いずれの法を適用すべきかという課題に一定の回答を与えたものである。その現状は次のように要約することができる[47]。

　実体問題については州法（より正確にいえば、当該連邦地裁が所在する州の裁判所で適用される州法）、手続問題は連邦法による。

　ただし、何が「手続問題」で何が「実体問題」であるかについて判断の難しいケースがある。その際、いずれの法を適用するかについて考慮すべき3つの要素が明らかになってきた[48]。

　第1に、そこで抵触しているかに見える州法と連邦法の根拠を尋ねるべきである。州法については、今やそれが制定法（州議会の制定した法）であるか判例法であるかは問題とならない。だが、連邦法については、それが有効な制定法（連邦議会の定めた法）であるなら、エリー判決の法理ではなく、連邦法の優越により（合衆国憲法上の最高法規条項の定めにより）[49]、当然に連邦法が適用される。

---

46)　Spillenger 351.
47)　これについては、Spillenger 352-355 参照。
48)　Hoffheimer 305.
49)　最高法規条項については、『アメリカ憲法』170頁以下参照。

第2に、そこで抵触しているかに見える州法と連邦法のうち、後者が連邦民事訴訟規則など、規則制定授権法（Rules Enabling Act）に基づいて裁判所が定めた規則である場合、エリー判決以降の判例法理によって、原則としてそれらの規則（つまりは連邦法）が適用される。ただし、連邦の規則を限定的に解釈することにより、州法との抵触が「直接の抵触」（避けがたい抵触）ではないとすることができるようなら、州法を適用すべきだということになる。

　第3に、すでに連邦最高裁の先例があれば、それに従う。Guaranty Trust 判決が示すように、州法上の出訴期限が問題となっているケースでは、州法が適用される。それら先例がない場合には、1928年の Black & White Taxicab 事件が明らかにしたように、当事者を forum shopping（法廷地漁り）に走らせるようなルールは、法の衡平な運用に反する（unequitable administration of the laws）ので、やはり州法を適用すべきだという結論になる（この2つの要素を勘案して判断する手法を、連邦民事訴訟規則等の明確な指示がない場合にエリー判決の趣旨を適用する方法だとして unguided Erie（指針のないケースでのエリー・タイプの事件）に関する方法と呼ぶ）。Unguided Erie という場合にとられる結論で重視されているのは、実体と手続の区分についても柔軟に outcome determination test（結果に影響するか否かで、手続か実体かを区分するテスト）を適用するのがよい、すなわち連邦法を適用することで結果が異なるようなら、先の弊害を生みかねないので、州法を適用すべきだとするエリー判決以来の判断がある。

　また、州法適用という結論を導くうえでは、合衆国憲法の大原則として、連邦政府の権限がそもそも限定されているという理由のあてはまるケースがある。たとえば、不法行為法の一般的要件は州法で定められてきたものであり、かつ州法で定めるべきものである。それについて連邦法を適用する（実は創造する）のは、合衆国憲法上もその違反が疑われる（エリー判決は、まさにそのように述べた）。

　これらの要素を勘案したのが、エリー判決後の一連の判例だということができる。以下、この問題を扱った比較的最近の判例を紹介する[50]。

---

50) Spillenger 355-363.

【Burlington Northern R. Co. v. Woods (1987)】[51]

　本件では控訴手続に付随するルールが問題とされた。連邦控訴手続規則 (Federal Rules of Appellate Procedure) では[52]、控訴がほとんど根拠のないものであり、実際にも控訴が棄却に終わった場合、裁判所の裁量で制裁としての賠償や訴訟費用負担を敗訴者に課すことを認めている。これに対し、アラバマ州では、一律に賠償額の10％を制裁負担金としていた。原審である連邦控訴裁判所は後者を適用して10％の制裁的賠償を課したが、連邦最高裁は、アラバマ州の手続法が一律の非裁量的制裁を定めていることは、連邦の手続で裁判所の裁量に委ねていることと「直接の抵触」があるとして、連邦控訴手続規則を適用するよう指示した。

　ここでは、連邦裁判所としての一貫した司法の運用という利益が重視されており、連邦最高裁が定めた手続規則を適用するという結論が導かれた。

【Stewart Organization, Inc. v. Ricoh Corp. (1988)】[53]

　コピー機その他の販売に関する販売代理契約に関し、代理店である原告が訴訟を提起した事件である。原告はアラバマ州に所在する連邦地裁に訴えを提起したが、契約中に、一切の訴訟はニュー・ヨーク所在の裁判所に専属するとの管轄条項があった。だが、原告はアラバマ州法上、専属管轄条項は無効だと主張した。これに対し、被告は専属管轄条項の有効性を主張するとともに、連邦裁判所の手続移送に関する連邦法（司法上の便宜や、当事者および証人の利益を勘案して連邦裁判所間の移送を認める法律）[54]に基づいて、ニュー・ヨーク南部地区の連邦地裁への事件移送を申し立てた。州法を適用して専属管轄条項を無効とし、そのままアラバマ州所在の連邦地裁で事件を処理すべきか、連邦法を適用してニュー・ヨーク州所在の連邦地裁への移送を認めるかが争われたわけである。

　連邦最高裁は、本件では、連邦裁判所間の移送を認める裁量権の行使について、連邦法と州法との間に直接の抵触ありとして、アラバマ州法では

---

51) Burlington Northern R. Co. v. Woods, 480 U.S. 1 (1987).
52) Federal Rules of Appellate Procedure Rule 38 (Frivolous Appeal).
53) Stewart Organization, Inc. v. Ricoh Corp., 487 U.S. 22 (1988).
54) 28 U.S.C. §1404(a).

なく連邦法の適用を認めた。ただし、この判例の解釈としては、そもそも有効な連邦法が存在するとして、連邦法の優越を認めたものと解することもできる[55]。

【Gasperni v. Center for Humanities, Inc. (1996)】[56]

原告はジャーナリストであり写真家であって、戦場その他のスライド・フィルム 300 枚を被告に提供したところ、被告がそれを滅失したため、ニュー・ヨーク州所在の連邦地裁に州籍の相違に基づく訴訟を提起した。陪審審理が行われ、陪審は損害賠償として 45 万ドルを認めた。被告は、new trial（新たな事実審理）の申立てを行い、その際の根拠として、ニュー・ヨーク州法上、陪審の認定した賠償額については、「合理的な賠償額よりも相当に逸脱している（deviates materially from what would be reasonable compensation）場合」に裁判官が介入できるとする判例法上のルールがあると指摘した。他方、連邦法上、陪審の定めた賠償額に裁判官が介入するのは「良心にショックを与えるほどの場合（shocking the conscience）」に限るとの判例法が存在した。

連邦最高裁は、本件についてはニュー・ヨーク州法のルールを適用すべきだとした。この判決は正当化の難しいものだとされているが（陪審の権限に関するものであるため、Byrd 判決[57]を先例として引用しながら、結論としては、Byrd 判決とは逆に州法の適用を支持している）[58]、ここでは、エリー判決以来の、法廷地漁りのおそれが重視されたと見ることができる。

【Semtek International Inc. v. Lockheed Martin Corp. (2001)】[59]

原告は被告を相手取って、契約違反を理由に、カリフォルニア州の州裁

---

55) Hoffheimer 303 や Understanding 330 はそのように解する。これに対し、Spillenger 356-357 は、直接の抵触の認定が重要だとして、連邦法の存在は決定的要素でないとする。なお、本件の背景には、専属管轄条項について、近年、アメリカの裁判所がその有効性を認める方向に転換したことも影響していると考えられる。これについては、前掲74頁参照。
56) Gasperni v. Center for Humanities, Inc., 518 U.S. 415 (1996).
57) 前掲 221 頁参照。
58) たとえば、Understanding 330 では、most confusing（最も理解の困難なもの）と評されている。
59) Semtek International Inc. v. Lockheed Martin Corp., 531 U.S. 497 (2001).

判所に訴えを提起した。被告は、州籍の相違を理由に、同地区にある連邦地裁への事件移送を申し立てて認められた。すると連邦地裁はカリフォルニア州法上2年の短期出訴期限を徒過しているとして、訴えを棄却した。ところが、原告は、同様の訴訟をメリーランド州裁判所にも提起した（メリーランド州における出訴期限はより長期のものだったからである）。しかも、この場合、被告はメリーランド州に州籍があり、そちらの訴訟には原告との間で州籍の相違がなかった（言い換えれば、被告から連邦裁判所への移送申立てはできない）。しかしながら、メリーランド州裁判所は、先の連邦裁判所の判決ですでに棄却判決が出されており、その既判力（請求排除効）[60]が及ぶとしてこの訴訟も棄却した。

　本件は、この点について争われた。実は、カリフォルニア州法では出訴期限を理由とする棄却判決は本案について請求排除効がないとされていた。仮に、最初の判決がカリフォルニア州裁判所によって出されていれば、他州判決への尊重を命ずる合衆国憲法の「十分な信頼と信用条項」により、メリーランド州も当然それに従うことになり、カリフォルニア州判決自体に請求排除効がないのであるから、実際の事案のように訴訟を簡単に棄却することができなくなる。

　しかし、先の訴訟は連邦裁判所の判決であり、その効果に「十分な信頼と信用」は及ばない。しかも、連邦民事訴訟規則では[61]、連邦裁判所の判決について、明確に定められた3つの例外を除いては（そして出訴期限を理由とする判決はそこに含まれていない。したがって、出訴期限を理由とする棄却判決についても）本案判決であるとして請求排除効ありと定めていた。要するに、本件では、カリフォルニア州法を適用する場合と連邦民事訴訟規則を適用する場合との間に「抵触」が存在した。

　連邦民事訴訟規則に一定の規定が存在する以上、当然それに従うことになりそうだが、連邦最高裁は全員一致で本件についてカリフォルニア州法を適用し、連邦裁判所の判決による既判力（請求排除効）は及ばないと判示した。

　その背景には、エリー判決以降、とにかく州裁判所に訴えた場合と同地

---

60)　既判力（請求排除効）の意義については、後掲238頁以下参照。
61)　Fed. R. of Civ. P. 41 (b).

区の連邦地裁に訴えた場合で、結論が異なる事態を避けようとする考え方がある。さらに、そもそも連邦民事訴訟規則制定の根拠となっている規則授権法（Rules Enabling Act）も、州法上の「実体的な権利」に影響を与えないという条件で連邦民事訴訟規則制定が認められていることがあり、本件で連邦民事訴訟規則を単純に適用することは、まさにカリフォルニア州判決について認められる（再度の請求を許すという）「実体的な権利」に影響する状況があった[62]。

【Shady Grove Orthopedic Associates v. Allstate Ins. Co.（2010）】[63]

この連邦最高裁判決は5対4であり、あらためて手続か実体かというエリー判決以来の区分の難しさを示した。

事案は保険契約について保険会社による契約違反があったというものである。原告はクリニックで、交通事故に遭った訴外Aの治療を行った。Aは被告保険会社の保険に入っており（保険契約の定める準拠法はニュー・ヨーク州法）、原告は被告保険会社に対し約500ドルの治療費を請求した。ところが、保険金は円滑に支払われず、しかもこの事件だけではなく同様の対応をこの保険会社がしていることがわかった。また、原告はメリーランド州法人であり、被告はイリノイ州を本拠としていた。そこで、原告は州籍の相違に基づく訴えをニュー・ヨーク東部地区連邦地裁に提起した。その際、連邦民事訴訟規則23条によりクラス・アクションとして、請求総額を500万ドル以上にしたが、その中には、支払遅延に対する制裁的な賠償も含まれていた。これに対し、被告は、ニュー・ヨーク州法（制定法）上、クラス・アクションは許されるものの、制裁的な意味を有する賠償を含むことはできないとされているので本件訴訟を棄却すべきだと反論した。

連邦最高裁は、5対4の僅差ではあるが、本件について連邦民事訴訟規則23条に依拠することを認めた（請求総額が500万ドル以上であることを認

---

62) 本件については、Spillenger 360-363 の他、Patrick Wooley, The Sources of Federal Preclusion Law after Semtek, 72 U. Cin. L. Rev. 527（2003）参照。
63) Shady Grove Orthopedic Associates v. Allstate Ins. Co., 559 U.S. 393, 120 S.Ct. 1431（2010）．アメリカ法判例百選（21事件）44-45頁〔浅香吉幹〕。

め、連邦民事訴訟規則上のクラス・アクションとしての訴え提起を認めた)。ただし、多数派も意見が分かれており、何が判決理由にあたるのかは必ずしも明確ではない。多数意見を執筆したスカリア (Scalia) 裁判官は、本件で問題とされている 23 条は手続のルールであり、連邦裁判所でそれが優先して適用されるのは当然としたが、多数意見に加わったスティーブンス (Stevens) 裁判官は、州法の認める実体法的権利に影響を与えるようであれば、それは規則授権法でも裁判所の手続規則として制定するのを認めていないので、23 条の適用もできなくなるものの、本件はぎりぎり手続規定であって実体的権利に影響するものでないとして、連邦民事訴訟規則によるクラス・アクション認定を認めてよいとした。

　おそらく、仮にニュー・ヨーク州がそもそもクラス・アクション自体を認めていないとすれば、やはりクラス・アクションはまさに手続規定であって、それを認める連邦民事訴訟規則と認めない州法との間には避けがたい抵触があり、その結果 23 条適用という結論になるはずである。したがって、本件において、ニュー・ヨーク州法上クラス・アクションを認めつつ一定の条件を付けているとしても、結論としては、多数意見のように連邦民事訴訟規則の適用を認めるのが、先例に照らしても適切だと考えられる。

　だが、いずれにせよ州籍相違事件で連邦裁判所が適用すべき法について、連邦法か州法かという課題が、今なお難しい事件を生んでいることを示している。要するに、実体か手続かについて、連邦最高裁は 1 つの形式的な基準で決定できるものではないとして、それぞれの具体的事件で含まれる要素を勘案して、結論を導いている[64]。

---

64) アメリカの民事手続において、手続問題か実体問題かの判断が、裁判所の規則制定権と連邦議会の間の権力分立原則との関係で揺れ動いている様子を描くものとして、高橋脩一「『実体法』の実現における『手続』の役割―アメリカ連邦裁判所の民事手続制定過程を巡る議論から」法学協会雑誌 123 巻 3 号 1 頁 (2015) (以下連載予定) 参照。エリー判決の意義を問い直す最新の論文の例として、Michael S. Green, The Twin Aims of Erie, 88 Notre Dame Law Review 1805 (2013); William & Mary Law School Research Paper No. 09-245. Available at SSRN: http://ssrn.com/abstract=2297508。

III　エリー判決と連邦コモン・ロー

　エリー判決は、Swift v. Tyson 判決以降１世紀近くの間信じられてきた general common law（コモン・ローとしての一般法）または federal common law（連邦法としてのコモン・ロー＝判例法）の存在を否定したものである。たしかに、どこかに一般法が存在し、それを連邦裁判所の裁判官が「発見」するという、伝統的かつ素朴な考え方はこれによって否定された。しかし、この判決で否定されたのは、州籍の相違に基づく事件が連邦裁判所に係属した場合に適用すべき法について、それは federal common law ではないということである。連邦裁判所が所在する州の裁判所が適用する州法を適用すべきだとした。本来は州裁判所で判断すべき事件が、たまたま当事者の州籍が異なったために、より中立的な連邦裁判所に裁判管轄権が認められて、そこでの裁判となっただけであり、まさに中立的、かつ厳正に「州法」が適用されてしかるべきだと、エリー判決は述べたわけである。

　ただし、アメリカでも、エリー判決は federal common law（連邦法としてのコモン・ロー）を一律に否定したものだとする見解もあったが、現在はそうだとされていない。一定の分野において、さらに州籍の相違に基づく事件の場合であってすら、連邦法としてのコモン・ロー（判例法）は存在し、それを連邦裁判所が発展させる（作り上げる）ことができると考えられている。

1　連邦コモン・ローが存在する領域[65]

　①　連邦の制定法を解釈する権限は連邦裁判所にあり、その解釈は、連邦の判例法として有効である。言い換えれば、連邦問題を根拠とする裁判が連邦裁判所に係属する場合、そして、連邦法の解釈を求められる場合、連邦裁判所が判例法として解釈を示すのは当然とされる。

---

65)　Hoffheimer 305-306.

②　同様に、州政府と別の州政府の間の紛争も、連邦裁判所に係属し、それに関する判断は連邦コモン・ローとなる。
③　合衆国憲法によって海事事件についても連邦裁判所に裁判管轄権が認められている（admiralty juridiction）。この場面でも連邦コモン・ローが形成される。
④　同様に合衆国政府が当事者である訴訟も連邦裁判所で審理できる。ここでも連邦コモン・ローが作られる。
⑤　同じことは外交関係に関するような事件についてもいえる。

ただし、このように列挙すると、「合衆国憲法によって連邦裁判所に対し裁判管轄権が許されている領域では、州籍の相違事件を除いて、連邦コモン・ローが存在する」、言い換えれば、憲法上の裁判管轄権の存在と連邦裁判所による実体法としての判例法の形成が直接結びついているように見える。しかしながら、連邦最高裁はそのように単純に結論づけていない点に注意を要する。それを示すような判例を次項で紹介する。

2　連邦コモン・ローの存在を示す先例

合衆国憲法第3編第2節には、連邦裁判所の司法権が及ぶ対象、裁判管轄権の範囲が定められている[66]。なおこの列挙は限定列挙の趣旨であり、連邦裁判所の裁判はこれらの事件に限定される。

それによれば、連邦裁判所の司法権の及ぶ範囲は、以下の9項目である（＊は最も重要なもの）。

①＊　合衆国の法律および合衆国の権限に基づいて締結され、または今後締結される条約のもとで生ずる、コモン・ローおよびエクイティ上のすべての事件（いわゆる連邦問題事件）。
②　大使その他の外交使節および領事が関係するすべての事件。
③　海事事件および海事裁判権に属するすべての事件。
④＊　合衆国が当事者となる争訟。
⑤　2以上の州の間の争訟。
⑥　1つの州と、他州の市民の間の争訟[67]。

---

[66]　詳細は、『アメリカ憲法』110頁。
[67]　なお、この⑥については、すでに述べたように、18世紀末に制定された第11修正に

⑦＊ 相異なる市民の間の争訟（いわゆる州籍相違事件）。
⑧　同じ州の市民の間の争訟で、相異なる州から譲与された土地について争うもの。
⑨　ある州またはその市民と、外国または外国人との間の争訟。

このうち、③の海事事件と⑦の州籍相違事件とでは、連邦裁判所が適用すべき法について、エリー判決以降、明確に大きな違いがある。

前者については、連邦議会による法律がない場合、実体法を含めて連邦裁判所が連邦コモン・ローを作り出すことは当然視されており、それについて疑問が提起されたことはない。だが、州籍相違事件については、実体法について連邦裁判所が所在する地の州裁判所が適用する法を適用することとされている。

なぜこのような差違が生ずるかといえば、海事事件では、全国的な統一性（national uniformity）が必須であるとされてきたのに対し、州籍相違事件で連邦裁判所に裁判管轄権が認められたのは、単に異なる州籍の州民の争いを裁くため、中立的な裁判所が必要とされたからであり、そもそも州法が異なるのを基本とする連邦制度のもとで、州籍相違事件だけ実体法も連邦法によるという趣旨ではなかった（少なくともエリー判決以降は）[68]。要するに2つの裁判管轄権に基づく事件の取扱いが異なる点を説明するのは、連邦政府が統一的なルールを適用すべき重要な分野だといえるか否かにある。そして、単に連邦裁判所に裁判管轄権が認められているという事実だけでは、必ずしもそうだとはいえないということである。

このような点を確認させる判例が次に紹介する一連の判決である。

【Clearfield Trust Co. v. United States（1943）】[69]

事案は合衆国財務省が給与支払いのために送付した小切手に関わる。こ

よって、ある州の市民が他州を連邦裁判所に訴えることは否定されたので、ほとんどその意義を失っている。前掲112頁参照。州が原告となって他州の市民を訴える場合には、自州の裁判所に訴えればよいわけであり、連邦裁判所を利用する必要が必ずしもないからである。ただし、州の裁判所では被告について人的裁判管轄権の要件を満たさず、連邦裁判所に訴えるほかないケースはありうる。

68) Spillenger 364.
69) Clearfield Trust Co. v. United States, 318 U.S. 363 (1943).

の小切手が盗まれ、サインが偽造されて換金され、小切手はそれを知らないClearfield Trust会社の許に落ち着いた。だが、給与を受け取るべき者からの申立てで、この偽造が明らかになり、1937年1月、合衆国政府は小切手使用により支払った金銭の返還を求めて、信託会社を訴えた。

　連邦地方裁判所（第1審）は、本件についてペンシルバニア州法が適用されるとした（合衆国政府敗訴という結論となった）。しかし、連邦最高裁は全員一致で、本件は特に連邦の利益が関与する事案であって、州法ではなく連邦法が適用されると判断した（合衆国政府勝訴となった）。

　その際、判示理由として、前記④にあるように本件が「合衆国を当事者とする訴訟」として裁判管轄権が認められているから、というのではなく、事案が、連邦政府の発行した有価証券に関わるものであって、その取扱いについての判断は合衆国全体で統一的なルールを形成する必要が大きいというところに求められた[70]。

　それから13年後、今度は、合衆国政府を当事者とせず、民間人同士での争いで同様の争点が問題となる。そしてこの事件は州籍の相違に基づいて連邦裁判所で争われた。

【Bank of America v. Panell（1956）】[71]

　事案は一定の債券について、瑕疵があることを知らず換金して支払った当事者（原告）が、同様に瑕疵を知らないで金銭を受領した被告を訴えたものである。原告はカリフォルニア州の銀行であり、ペンシルバニア州民の被告を、ペンシルバニア地区連邦地裁に訴えた。被告が善意で債券を呈示し金銭を受領したことについて、いずれの当事者に立証責任を負わせるかが重大な争点となり、連邦地裁は、州法（ペンシルバニア州法）を適用して立証責任は被告にあると判断し、結論として原告勝訴とした。だが、連邦控訴裁判所は、この判断は連邦法によるとして、原審を破棄した。

　連邦最高裁は、全員一致で、前記争点について州法を適用すべきだとし

---

70) Spillenger 365-366. Hoffheimer 306-307. なおこのような判断には、エリー判決以前のものではあるが、United States v. National Exchange Bank of Providence, 214 U.S. 302 (1909) という先例も存在した。

71) Bank of America v. Panell, 352 U.S. 29 (1956).

たが、州籍の相違事件だからという理由ではなく、本件の有価証券をめぐる訴訟の争点である立証責任の配分について、連邦法による統一的なルールを適用すべきほどの問題ではないからだとした。要するに、逆にいえば、州籍の相違事件についても、事案の性質によっては連邦コモン・ローの適用がありうると認めたことになる。言い換えれば、裁判管轄権の根拠規定によって、（連邦議会による制定法が存在しない場合）適用すべき実体法が連邦コモン・ローになるか、それとも州法になるかが、一律に決まるわけではないということである。ただし、傾向としては、合衆国全体で統一的なルールを要するような連邦的要素が強い要請としてある場合に連邦コモン・ローとなるわけであり、州籍の相違があるから連邦裁判所へというケースでは、エリー判決本来の法理によって、州法の適用となる場合が多いといえる。

【Kamen v. Kemper Financial Services, Inc.（1991）】[72]

　本件はミューチュアル・ファンドの投資顧問会社を被告として、株主代表訴訟が提起されたものである。投資顧問会社の活動は連邦法である投資会社法（Investment Company Act）によって規律されており、連邦裁判所の裁判管轄権は連邦問題事件であることに求められていた。本件では、原告が訴訟提起の前提としてファンドの取締役会に対し投資顧問会社を訴えるよう求める手続に訴えることに意味がないとして、ただちに自ら訴えた点が争点となり、連邦最高裁は、それが本件訴訟の棄却原因となるか否かは、連邦コモン・ローではなく、州法によって判断すべきだとした。州籍相違事件以外であっても、州法の適用がまず原則となり、それを覆すような連邦の利益が認められてはじめて連邦コモン・ローの適用となることを示した事例である。

　以上のように、エリー判決によって、「抽象的に存在する一般法としての連邦コモン・ロー」が存在するという前提は廃棄されたものの、これによって連邦コモン・ローがすべて否定されたわけではないことがわかる。連邦裁判所は、連邦議会が法律を制定していない場合に、それでも合衆国

---

72)　Kamen v. Kemper Financial Services, Inc., 500 U.S. 90 (1991).

全体で統一的なルールが必要だとされる場合については、連邦コモン・ローを作り出し、適用することがありうるわけである。

第9章　他州判決・外国判決の承認・執行

I　はじめに——アメリカの判決の既判力（res judicata）

　本書冒頭でも述べたように、アメリカの抵触法（conflict of laws）の講義では、渉外事案（多くは外国ではなく複数の州に関係する事件）についてまず裁判管轄権が問題となり、次にその事案に適用すべき法について「抵触法革命」と呼ぶべき動きの結果、他の国には見られないような複雑な様相を示していることが示され、最後に、そのような過程を通して生み出された判決が、当該州以外のところでどのように扱われるかが検討される。この最後の課題が、他州判決・外国判決の承認・執行の問題となる。
　最初に3点注意すべき事柄がある。
　第1に、ここでは、アメリカの判決が他国で承認・執行されるかは問題とされない。それはあくまでも他国の主権の範囲に属することであるから、アメリカとして云々できる問題ではない。むしろ他国の判決をアメリカの裁判所が承認・執行する際のルールが問題とされる。同様に、ある州で他州の判決を承認・執行する際に生ずる課題も取り上げられる。アメリカの場合、後者の方が日常的に生ずる。
　第2に、その場合、アメリカの他州の判決を承認・執行する場合と、他国の判決の場合とでは、アメリカ合衆国憲法上、取扱いに大きな差異がある。前者については、合衆国憲法第4編の（他州判決への）「十分な信頼と信用条項」が存在することによって、原則として承認・執行することが求められる。
　これに対し、外国判決についてはそのような規定はない。したがって、本章の記述もこれら2つを分けて、それぞれの承認・執行のルールを概観

する。

　しかし、第3点として注意すべきは、アメリカでは、他州判決・外国判決の承認の問題を、自州内での判決に関する既判力等の問題と連動させて論じていることである。そもそも自州において判決が出された場合、当該当事者がもう一度提訴してきても、裁判所は既判力（res judicata）を理由に新たな訴えを取り上げない。それは、他州の判決が出され、当該当事者が今度は州を違えて同じ訴えを提起してきた場合と並べて考えることができるとするのである。

　そこで、本項では、アメリカにおける既判力の法理について、まずその基本的な知識をごく簡単に確認する[1]。

1　古い言葉・新しい言葉

　1つの事件について先行判決が後の判決に効果を及ぼす場合、一般にそれを判決効と呼ぶ。アメリカでは、これを指す用語として、prior (former) adjudication（先行判決）、respect for judgments（先行判決の尊重）、res judicata（既判事項・既判力）、preclusion（先行判決の排除効）など、さまざまな呼称がある。この判決効には2種類の区分があるとされる[2]。

　第1は、先行判決の存在によって、後の請求（提訴）自体が排除されるというもので、請求排除効（claim preclusion）と呼ばれる。伝統的には、これを res judicata（既判事項・既判力）と呼んできた[3]。

　第2に、後の請求全体ではなく、先行判決で確定したある争点について、再度持ち出すのを許さない場合がある。このような場合を争点排除効（issue preclusion）と呼ぶ。わが国でいう争点効である。この意味で用いられてきた相対的に古い用語としては、collateral estoppel（付随的禁反言）という言葉がある。

---

　1)　以下について、Spillenger 186-234 参照。小林秀之『新版 アメリカ民事訴訟法』244頁以下（弘文堂・1996）。
　2)　Res judicata は、請求排除効と争点排除効の両方を含む判決の効力全体を表す場合がある。
　3)　ただし、先行判決で敗れた被告から後に訴えが提起された場合、再度の審理を許さないことを請求排除効と呼ぶよりも既判力と呼ぶ方がより適切な語感がするという点もあって、res judicata という言葉も今なお頻繁に用いられている。

2 請求排除効 (claim preclusion; res judicata)

先行判決について後の請求排除効が認められるためには、次の3つの要素を満たす必要がある。

第1点：後の請求が、先行判決の請求と同じものであること。

第2点：後の請求における当事者が、先行判決の当事者と同一であること。

第3点：先行判決が本案に関する終局判決であること。

第1点。請求が先行判決の請求と同じか否かの判断は、現在、大多数の州では the same transaction test (the same conduct, transaction, or occurrence：同じ行為、取引、事件に関わるか否かによる同一事実に基づくか否かのテスト) を採用している。だが、少数の州では、それよりも狭く、同じ証拠に基づく場合だけ、あるいは主たる問題となっている権利が同じ場合だけを同一の請求とする。古くは後者の方が伝統的な立場とされてきた。例として、正当に駐車していた車を市当局がレッカー移動して持って行ったというケースで、動産回復訴訟 (replevin) という訴訟で敗訴した原告であっても、再度、憲法上のデュー・プロセス違反 (デュー・プロセスなしの財産剝奪) を根拠に訴えるのは、それぞれ立証するための証拠が異なるとして可能だという事例があげられる[4]。

しかし、近年の圧倒的傾向は、同一の事実に基づくか否かのテストである。新たな傾向が勢力を増してきた背景には、まず裁判手続の効率性 (efficiency) に優れているという点がある。同じ事実に基づく紛争なら1回で解決を図るのが合理的である。同時に、被告に対する公正さ (fairness) も指摘できる。同じ事件で何度も訴えられるのは、被告にとって大きな負担となり、場合によっては、嫌がらせ的な手段として訴訟が利用されることにもなりかねない。

第2点。当事者が同一であること[5]。同一当事者間で同じ請求について

---

4) Spillenger 192-193.
5) Spillenger 193-199. なおこの範囲の決め方は、必要的共同訴訟のような当事者参加を強制する制度との関連で考察する必要もある。一般にアメリカ法は、参加を強制することが少なく、独自に訴えを提起する権利があるという立場をとる。そうだとすれば、同一の当事者という要件をいかに捉えるかが、同じ内容の訴訟の繰り返しを防ぐという観点からいっそう重要になる。Spillenger 199.

繰り返し訴訟で争うのを許すのは、裁判の効率性に反する。同時に、異なる判断がなされるようであれば裁判の一貫性も害する。

なお、この要件は請求排除効において必須の要件であるものの、後に述べるように争点排除効では必ずしも要求されない。この点には特に注意を要する。

多くの場合自明であるはずの当事者が「同一」であるか否かについて問題となるのは、privity（承継関係）と representation（代表）のケースである。前者は、先行判決における当事者との間で一定の承継関係にある者（the person who is in privity with or is a privy of the party in the prior adjudication）を指し、典型例として、先行判決の当事者が死亡し、それを承継する立場の遺言執行者（遺産管理人）は同一の当事者とされる。アメリカ法の場合、不動産取引の承継者（不動産の譲受人）も、先行判決で認められた real covenant（物的約款、土地とともに随伴する約款）について同一の当事者とされる点にも留意すべきである[6]。

これに対し representation（代表）とは、労働組合が先行判決で訴えて敗訴した後に、組合員が同じ請求を再度試みる場合のように、先行判決における当事者が後の訴訟の当事者を代表しており、すでに適切な代表として裁判所の判断を仰いでいる場合である。この場合、当事者は同一であるとされて請求排除効が認められる[7]。

承継関係と代表関係は似ているように見えるが、承継関係の場合、後の

---

[6] Spillenger 194 には、X の隣地所有者 Y が長年の利用により通行地役権を取得しており、それが判決で確定している場合、X から土地を譲渡された Z は、X と同一の当事者とみなされるという例があげられている。これは物的約款ではないものの、土地に付随した物権的義務が、当然、譲受人にも承継されるという例である。

[7] ただし、代表法理によって後の訴訟を安易に制限するのを戒める最近の判決として Taylor v. Sturgell, 553 U.S. 880 (2008)。ここでは原告の友人で航空機ファンの人が情報自由法（Freedom of Information Act）に基づき、1930 年代のアンティークな飛行機を復元するため、連邦航空局に当時の飛行機の仕様を開示するよう求めた。だが開示を拒まれ、訴訟に訴えたが敗れた。その後、友人である原告（やはり航空機ファン）が、同じ弁護士を利用し、最初の訴訟で利用した書類等も使って、再度、開示請求、それが拒まれた後、連邦裁判所に提訴した。連邦控訴裁判所は、すでに「実質的代表」（virtual representation）があるとして、請求排除効を認めたが、連邦最高裁はそれを覆し、実質的代表というような法理を拡張するのを拒んだ。ある訴訟の当事者でない限り、当事者以外の人はその裁判に拘束されないという原則を重視したものだと考えられている。

訴えの当事者は前訴の当事者の権利義務を承継しているのに対し、代表関係では、後の訴えの当事者は初めから独立の権利義務を有しており、それを前訴の当事者（先の例でいえば労働組合）が代表しているという関係にある[8]。

第3点。先行判決が本案に関する終局判決であること。「終局判決」というとわが国では上訴が済んで確定したものを想定するが、アメリカではenforceable（裁判所によって実現可能となった状態）と同義であり、第1審判決でも、執行力を有するのが原則とされるので、上訴されていてもなお終局判決とされる点に注意を要する[9]。

さらに、「本案に関する」（on the merits）という要素が焦点となるが、実際にはその範囲を確定するのは難しい。むしろ、同義反復のような定義であるものの、「請求排除効を認めるべき場合について、先行判決が本案に関するものということになる」[10]。

逆にいえば、ここでは手続上の問題による却下判決か、本案まで踏み込んだうえでの棄却判決かというような定義的区分はなされない。むしろ当事者にとって二度目の機会を与える必要があるか否か（すでに訴えのための主張を行う十分な機会が与えられたか否か）、訴訟を合理的効率的に遂行するうえで再度の機会を与えるべきか否かという、機能的な判断がなされている[11]。その結果次のような点が導かれる[12]。

① アメリカの民事訴訟における summary judgment（略式判決、正式事実審理前に下される判決）は、それが確定すれば「本案について」の判決とされる。言い換えれば、それによって敗訴した当事者には請求排除効が及ぶ（「本案」について、事実審理で証明する機会は与えられていないが、それ

---

8) 仮に労働組合が訴えていなければ、組合員自身が最初に訴える可能性がある。承継関係ではそのようなことはない。
9) Hoffheimer 382. 浅香吉幹『アメリカ民事手続法〔第2版〕』147-148頁（弘文堂・2008）。
10) Spillenger 200.
11) もっとも、裁判管轄権のない裁判所に訴えたために棄却（却下）されたような事例では、適切な裁判所に再度訴えることができるのは当然とされている。Spillenger 200. ここではそのような意味で、まったく「本案」について審理をしてもらう機会のなかったケースではないものについて、「本案について」の判決といえるか否かの基準が、形式的というより機能的に捉えられていることを指す。Spillenger 200-201 n. 13参照。
12) Spillenger 200-202.

までの手続で十分な証拠がないとされていること自体、すでに「本案について」の判決とするに十分だとされる)。

② 同様に、連邦民事訴訟規則12条にあるように(従来はdemurrer＝妨訴抗弁と呼ばれたもの)[13]、訴状だけを見て、これ以上争いを続ける必要なしとされて棄却(却下)された事案も「本案について」の判決である[14]。

③ 同様に、陪審審理の後で、裁判官が(陪審に判断を委ねず)自身で判断するdirected verdict(指示評決)による判決や、陪審の評決を覆して判断するjudgment notwithstanding verdict(judgment n.o.v.＝評決無視の判決)も、もちろん「本案について」の判決である。

④ 欠席判決(default judgment)はどうかといえば、これもまた「本案について」の判決となる。

⑤ さらに、当事者の代理人たる弁護士や当事者自身が訴訟手続の中で不適切な行為をしたため、制裁として課される敗訴判決もまた、制裁が有効に機能するためには再度の訴えを否定する必要があることから、請求排除効を有する(「本案について」の判決となる)。

⑥ 最後に、当事者が訴えを継続する行為をやめたので相手方が棄却判決を求め認められた場合(involuntary dismissalと呼ばれる[15])も「本案について」の判決である。

これらの例を見ると、実際には「本案について」判断されていない場合も多い。だが、先に述べたように、それぞれのケースで請求排除効を認めて再訴を許さないとする判断がなされた結果、これらは「本案について」の判決とされる。

3 争点排除効 (issue preclusion)

先行判決によって後の訴えを排除するのが請求排除効(既判力)だとすると、争点排除効とは、訴えを排除するのではなく、先行判決で確定した「争点」(issue)についてのみ後の訴えでもち出すのを排除する法理を指す。

---

13) Fed. Rules of Civil Procedure 12(b)(6)では、dismissal of a complaint for failure to state a claim(請求を十分述べていない訴状であるための棄却)と呼ばれる。

14) ただし、この場合、裁判所が訴状の訂正(amendment)を認める場合がある。

15) Fed. Rules of Civil Procedure 41(b).

Collateral estoppel（付随的禁反言）の法理とも呼ばれる[16]。

これには2つの類型がある。第1は、先行判決の当事者AとBが、まさに後の当事者AとBであって、先行判決の争点を再度問題とするのを許さないケースである。たとえば、Aの不法行為でBが損害を受けたとして訴えてAの過失が認められ、B勝訴の判決が確定したとする。その後、当初の訴訟では予期できなかった後遺症がBに発生した場合、そしてそれに対する新たな訴えが請求排除効によって排除されなかった場合、すでに先行判決で確定していたAの過失について争点としない（そのまま認める）ようなケースが考えられる。

第2のケースは、先の例でAの過失が認められB勝訴の判決が出た後、同じ事故で被害を受けたCが訴えを提起し、その訴訟でAが自らの過失を否定するのを認めないというケースである。第1のケースは、何しろ当事者AとBは同一であるから、当然、後の訴訟ではまず請求排除効が問題となり、その段階で決着が図られる場合が多い。それに対し、第2のケースでは、後の訴訟の当事者は明らかに異なるから、請求排除効は問題とならない。アメリカの多くの州では、このような場合にも争点排除効が認められており、その分、争点排除効が大きな役割を果たしている。

争点排除効は、判決に関するリステイトメントによれば、次のように表現されている[17]。

「事実または法律の争点について、有効かつ終局的な判決によって、実際に争われて確定し、その認定が判決に必須の要素である場合、当該当事者の間での後の訴訟において、それが同一の請求原因に基づくと否とを問わず、当該認定は拘束力を有する」[18]。

そして争点排除効が認められる要件は次の4つである。
第1点：争点排除効が求められている争点は、先行判決で確定したの

---

16) 以下の記述について、Spillenger 206-228。
17) Restatement (Second) of Judgments §27 (1982).
18) ここでは当該当事者間において (between the parties) とあるので、当初は、先行判決の当事者AとBについて、新たな訴訟が提起された場合を主として想定していたと考えられる。

と同一の争点でなければならない。

第2点：その争点について、「実際に争われて確定した」（actually litigated and determined）ものでなければならない。

第3点：その争点が、先行判決の必須の要素（essential to the judgment）でなければならない。

第4点：争点排除効が主張されている相手方当事者が、先行判決時において、その争点について争う「十分かつ公正な機会」（a full and fair opportunity）を有していなければならない[19]。

【争点排除効のポイント】

以下、これらの要素について説明を補足する。

第1点。先行判決で確定したのと同一の争点（the same issue）であること。法的問題であると事実問題であるとを問わない。たとえば、交通事故の加害者（被告）がスピード違反をしており、州法上、その事実だけで過失ありと認定された場合、同じ事故で被害を受けた別の原告が訴えを提起した場合、争点排除効によって、被告の過失が自動的に認定される（もちろん、当該州で、別の原告が争点排除効の恩恵を受けることができるとされていることが前提となる）。同様に、被告が無免許運転であったという事実が先行判決で認定されている場合、それだけで当該事故の過失立証に不十分だとしても、無免許という事実について争点効が認められる。

第2点。その争点について、「実際に争われて確定した」（actually litigated and determined）ものであること。この要件があるために、請求排除効の認められる場合と異なるケースが出てくる。

具体的には、先行判決が欠席判決によって出された場合、争点排除効は認められない。またinvoluntary dismissal for failure to prosecute（当事者

---

[19] この要素は、明らかに先行判決の当事者AとBの両方ではなく、後の訴えにおいて、先行判決で不利な認定を受けた（たとえば）Aが同じ事実や法律問題を提起するのを妨げるための条件を述べている。言い換えれば、争点排除効の主張を受ける相手方の当事者は先行判決の当事者であるが、主張する当事者Cは先行判決の当事者ではない。現在、アメリカでは多くの州でこのようなケースでの争点効を認める（この点については、後掲247頁参照）。ただし、そのための要件としてAに、その争点について争う「十分かつ公正な機会」（a full and fair opportunity）があったことを求めることにより、争点効が認められる範囲を適正な範囲に制限している。

が訴えを継続する行為をやめて、その結果、被告からの棄却判決の申立てが認められた場合[20]）も、ある争点が、「実際に争われて確定した」とはいえないとして、伝統的な立場では、争点排除効が否定されてきた（これらいずれのケースでも、先に述べたように請求排除効は認められる[21]）。

さらにこの点では陪審審理に基づく判決について、一定の考察が必要となる。原告勝訴の評決が出された場合、通常、すべての立証責任は原告にあり、それをすべて満たしたからこそ勝訴となったのであるから、すべての争点について争点排除効が認められる。だが、逆に原告敗訴の評決が出された場合、しかもそれが一般評決（general verdict）の場合には[22]、どの要件の立証ができなくて原告が敗訴したかがわからない。したがって、いずれの争点についても争点排除効は認められない。ただし、個別の争点について判断を明示する個別評決（special verdict）のケースや、裁判官が特に陪審に質問をしてそれに答えさせたようなケースでは、当該争点について、「実際に争われて確定した」結果であるとして、争点排除効が認められる。

第3点。その争点が、先行判決の必須の要素（essential to the judgment）であること[23]。古典的なケースとしては、先行判決において、原告の寄与過失（contributory negligence）により、被告勝訴に終わった場合がある（かつての寄与過失法理のもとでは、原告＝被害者に過失が少しでもあれば、原告敗訴となった）[24]。先行判決で、被告についても一定の過失があったと認定されたとしても、その認定は判決の「必須の要素」ではない（むしろ、原告の過失だけで判決をするに十分である）。したがって、被告の過失の認定には争点排除効が認められなかった。

他の例として、事故の被害者である原告が先行判決で敗訴に終わったが、その理由が2つあげられていたとしよう。1つは、原告にも寄与過失があ

---

20) Fed. Rules of Civil Procedure 41(b).
21) 前掲243頁。
22) アメリカの陪審裁判（民事事件）では、通常、陪審の評決は、原告勝訴か敗訴のいずれかと原告勝訴の場合の賠償額だけ、つまり結論だけを報告する内容のものが多い。これを一般評決と呼ぶ。これに対し、争点毎に評決内容が分かれているような場合を個別評決と呼ぶ。いずれにするかは裁判官の裁量による。『アメリカ契約法』42頁。
23) 以下の説明について、Spillenger 211-213。
24) 『アメリカ不法行為法』226頁。

ったこと。もう1つは、原告の損害が事故との因果関係ありとの証明ができなかったことである。これらはいずれか1つで、原告敗訴とするに十分な認定である。後に、原告が当該事故に関与した別の被告を訴えた場合、これら2点の認定について争点排除効が認められるか。

判決に関するリステイトメントは、その第1次では、いずれの認定にも争点排除効を認めたが、第2次は、どちらの認定にも争点排除効を認めない立場をとった[25]。論理的には、いずれかの理由で原告敗訴となるわけであるから、どちらの認定も判決の「必須の要素」とはいえなくなる（判決に関する第2次リステイトメントの方が論理的である）。しかし、アメリカの多くの裁判所は、この点では第2次リステイトメントを支持していない。むしろ、先行判決で丁寧に認定がなされている限り、言い換えれば、当事者にどちらの争点についても、それを争う「十分かつ公正な機会」（a full and fair opportunity）が与えられている限り、争点排除効を認めるとする。

第4点。争点排除効が主張されている相手方当事者が、先行判決時において、その争点について争う「十分かつ公正な機会」（a full and fair opportunity）を有していたこと。逆にいえば、このような要件が満たされれば、先行判決の当事者と後の訴えの当事者は同一の当事者でなくてよい。先行判決時において、後の訴えで争点排除効が主張されている相手方当事者が、すでに当該争点について争う「十分かつ公正な機会」を有していればいいというのである。

ただし、次の2点に注意する必要がある[26]。

まず、この点もまた請求排除効と争点排除効の大きな違いとなる。請求排除効では、先行判決と後の訴えの当事者は同一であることが原則だった。

次に、実は、かつては争点排除効を認めるためにも当事者はすべて同一であることが要件とされていた。ところが、現在では、当事者同一性の要件（これを相互互換性 mutuality と呼ぶ。かつては、争点排除効を主張する当事者は、仮に先行判決で当事者となって不利な判断が示された場合に、その拘束力を受ける人だけが主張できるとされていた[27]）を要しないとするのが多

---

25) Restatement (Second) of Judgments §27, comment i (1982).
26) Spillenger 213.
27) 浅香・前掲注9) 152頁。

くの州の立場である。相互互換性を不要とし（nonmutuality と呼ぶ[28]）。これは、先行判決で不利な判断がでた場合に拘束力を受けないにもかかわらず、自らに有利な判断が出された場合だけ援用できるという意味である）、先行判決の一方の当事者だけが同一であって、その当事者に対し争点排除効を適用することが認められる。言い換えれば、先行判決で争って敗れた争点をその当事者が再度提起するのを禁ずる。

【争点排除効の拡大――相互互換性不要】

　争点排除効の適用に際し、当事者同一性の要件を不要とする点については、多くの裁判官も弁護士も法学者も支持しているという[29]。1942年のカリフォルニア州判決で、トレーナー（Traynor）裁判官も、むしろ伝統的に当事者が完全に同一の場合だけに争点排除効を限定したこと自体、満足な正当化ができないと述べたほどである[30]。

　しかし、この変化の背景には、訴訟に対する見方の変化があるといわれる[31]。かつて民事訴訟とは、当事者間の紛争（それも典型的には当事者は単数か、少数が想定されていた）を解決することに主眼が置かれ、まさに当事者間において一定の争点が確定すればそれで十分なものだった。そうだとすれば、そこで確定された事実や法が、他の当事者の紛争に波及することなど想定されない。

　ところが、20世紀半ば以降、より現代的な訴訟のあり方として、多数当事者が関係し、ある事件での解決が、その他の当事者にも影響を与えることが予想され、かつ裁判所側としても、当事者が異なるだけで幾度も同じ争点について認定する手続をとることがあまりに不効率だと感じるようになった。アメリカが訴訟社会と呼ばれるようになり、限られた司法の資源によってそれに対処するためにも、一定の要件を満足することを条件と

---

28) かつては、nonmutual collateral estoppel（互換性のない付随的禁反言の法理）と呼ばれていたが、nonmutual issue preclusion（互換性のない争点排除効）と呼ぶのが最近の傾向である。

29) Spillenger 213-214.

30) Bernhard v. Bank of America Nat, Trust & Savings Ass'n, 122 P.2d 892, 895 (Cal. 1942) (Traynor J.). カリフォルニア州において、それまでの相互互換性の要件を廃して、争点効の適用範囲を拡張した判決である。

31) Spillenger 214-215.

して、先行する事件で確定した争点について、後の訴訟で争うことを排除することが合理的だと見られるようになった。

したがって、当事者の相互互換性を不要とする（争点効を拡張して適用する）典型的な場面とは、多数の当事者が関与する事例となる。それにも争点排除効を攻撃側で利用するケースと防御側で利用するケースの2種がある。

まず防御側（被告側）が利用する典型例は次のような事例である。自らのもつ特許を多数の事業者が侵害していると考えたXが、まずYを訴えたが、自らの特許自体が無効だとされて敗れた。同じXが今度は同様の訴訟をZに提起したとする。このようなケースで、連邦最高裁はZに対し争点排除効の申立てをすることを認めた（すでに原告の特許無効は確定されており、本件は略式判決で終了すべきだとする申立てである）。特許事件は連邦裁判所の専属管轄事件とされており、連邦問題事件について、相互互換性を不要とする立場を明らかにした[32]。ここでは多数の被告が存在する場合が想定されている。

これに対し、攻撃側（原告側）が争点排除効を申し立てるのは、原告が複数または多数いる場合である。やはり連邦最高裁がそれを認めた事例として1979年のParklane Hosiery v. Shoreがある[33]。この事件では証券詐欺が問題となり、ある会社の取締役や役員を被告として合衆国政府による提訴がなされた。合衆国政府勝訴の確定判決が出された後、今度は同じ事案について多数の投資家から私的訴権に基づく訴訟が提起された。そして、その際に、先行判決で認定された役員らの非行について、争点排除効の申立て（再度争うことを認めないとの申立て）がなされ、連邦最高裁はそれを認めた。

したがって、連邦問題事件について先行判決がある場合、連邦最高裁は連邦コモン・ローとして、後の訴訟で別の原告または被告が、先行判決の

---

32) Blonder-Tongue Laboratories, Inc. v. University of Illinois Foundation, 402 U.S. 313 (1971). なお連邦問題事件では相互互換性不要とするのは、連邦コモン・ローとしての判断である。州籍の相違事件では、連邦裁判所は、エリー判決の法理に従い、同裁判所が所在する州の裁判所が州法上どのように扱うかに従うことになる。これらの問題については、前掲205頁参照。

33) Parklane Hosiery v. Shore, 439 U.S. 322 (1979).

当事者に対し争点排除効の申立てをした場合、それを認めるわけである。そして、現在では多くの州もそれと同様の立場をとっている[34]。

ここでの要点は、このような拡張が認められるのは、あくまでも争点排除効による不利益を受ける当事者が、先行判決時において、当該争点について十分に争う機会を得ていたからであり、それでこそ争点排除効を認めてもデュー・プロセスに反しないことになる。

【カリー教授の批判】

法選択ルールにおいて「利益分析」という画期的手法を提言したカリー教授は、このような争点排除効の拡張に対し次のように批判した[35]。

彼は次の仮設例を掲げる。鉄道事故が起きて 50 人の乗客が損害を負った。それぞれが鉄道会社を訴えたが、最初の 25 件まではすべて鉄道会社勝訴の判決に終わった（もっとも、鉄道会社はこれらを先行判決として、それぞれの原告に対し争点排除効の申立てはできない。それぞれの原告は、先行判決の当事者ではなく、当該争点について自ら争う「十分かつ公正な機会」を与えられていないからである）。

ところが、26 件目の原告は陪審から原告勝訴の評決を得てその判決が確定したとする。すると 27 件目から 50 件目までの原告は、こぞって争点排除効を主張し、因果関係や過失の存在について、もはや鉄道会社は反論できないと申し立てるだろう。これはいかにも不公平な裁判ではないか。

なおカリー教授は、この設例で、被告の鉄道会社に対する不公正な効果を問題とする以上に、判決の正しさへの疑念を生むことを心配していた。先の例でいえば、同じ事故について 25 件の訴訟で鉄道会社が勝訴し、26 件目で敗訴したということは、明らかに 26 件目の判断の方が異例となる（正しいか誤りかといえば、誤りの確率が高い）。それにもかかわらず、相互互換性不要の争点排除効は、26 件目だけを正しい判決として、27 件目以降の原告に利益を与える。それは不正確な判断が、何らチェックなしに拡

---

34) 州法の状況については、Steven P. Nonkes, Note, Reducing the Unfair Effects of Nonmutual Issue Preclusion Through Damages Limits, 94 Cornell L. Rev. 1459, 1467-1468 (2009)。

35) Brainerd Currie, Mutuality of Collateral Estoppel: Limits of the Bernhard Doctrine, 9 Stanford L. Rev. 281 (1957), cited in Spillenger 217-218.

散することにならないか。

カリー教授による批判には説得力があるように見えるが、裁判所はそれに追随することがなかった。その理由は、仮設例では50人の原告を想定しているものの、そこで批判の前提となっている一貫しない判断がありうることを真正面から承認すれば、実は、先行判決の判断につき、後の訴えで争点排除効を認める根拠さえ疑わしいことになりかねないからである。要するに、極端にいえば、同じ理屈で争点排除効はすべて否定され、相手方当事者が異なる限り、先行判決で敗れた当事者は同じ主張と立証の試みをすることができると考えざるをえなくなる。

ただし、カリー教授による批判がまったく的外れということではない。それは争点排除効を拡張する際にも慎重な考慮が必要だという点を強く示唆している。たとえば、先の50人が巻き込まれた鉄道事故でいえば、27件目の原告が（26件目の原告勝訴判決に基づき）争点排除効を主張した場合、被告の鉄道会社は、同じ事件について他に鉄道会社を勝訴させた多数の例があることをもち出し、自動的に争点排除効ありとする判断を妨げることができるとされている。

II 他州判決の承認・執行

1 はじめに

以上を前提として、アメリカにおいて、他州および他国の判決の承認・執行の有り様を説明する。まず取り上げるのは、他州判決の承認・執行である。

Iで見たように、請求排除効や争点排除効を論ずる前提には、先行判決と後の訴えという2つの裁判手続があり、前項では、それが同じ州で起きた場合を想定していた。そして一定の要件のもとで、後の訴えについてそもそも訴えの提起が否定される場合があること（請求排除効）、そして訴え自体は許されてもそこでの一部争点について再度争うことを認めない場合があること（争点排除効）を確認した。これらの判決効を認める背景には、裁判による紛争解決を効率的に行う利益（efficiency）と、何度も同じ訴え

や争点を提起される被告に対する公正さ（fairness）という考慮が存在する。

【合衆国憲法上の十分な信頼と信用条項】
　アメリカの場合、他州判決の承認・執行という問題は、次のような特色を有する。
　第1に何しろアメリカは50の州プラス首都ワシントン（コロンビア特別区）、さらにいくつかの準州に分かれているので、他州判決の承認・執行も、日常茶飯事といえるほど数多く生起する。
　第2にそこでは合衆国憲法第4編第1節の「十分な信頼と信用条項」が重要な役割を果たす。

　　Full faith and credit shall be given in each State to the public acts, records, and judicial proceedings of every other State. （合衆国憲法第4編第1節：それぞれの州においては、すべての他州の公の法律、記録および司法手続に対し、十分な信頼と信用を与えなければならない）。

　この条項は明確に「judicial proceedings of every other State」（他州の司法手続）に対し、「十分な」すなわち完全な信頼と信用を与えることを義務づけている。これは、自州の先行判決と同じ扱いを与えるという意味であり、だからこそ前項で行った自州判決の効力の検討が有益となり、また関連性を有する。
　第3に他州判決の承認・執行について、以上のような原則があるのに対し、外国判決については、「十分な信頼と信用条項」の適用はない。そのため、アメリカの場合、合衆国憲法上、他州判決と外国判決とでは異なる取扱いがなされる。
　次に、これら3点をより詳しく説明する。

2　他州判決の承認・執行をめぐる論点
　合衆国議会は、「十分な信頼と信用条項」を実施するために、すでに1790年に制定した法律の中で、「ある州の判決は、合衆国内におけるすべ

ての裁判所において、同じ十分な信頼と信用（the same full and credit）を与えなければならない」と明記した。さらに、1818 年の Hampton v. McConnell において[36]、連邦最高裁のマーシャル裁判官は憲法の趣旨を明確にした。すなわち「十分な信頼と信用」という意味は、単に重要な証拠としての扱いをするのではなく、まさに自州の判決と「同じ効果」を認めなければならないという意味だと明言したのである。

したがって、現在では、Ⅰにおいて述べた請求排除効や争点排除効がそのまま適用になるわけであるが、他州判決の承認・執行の場合、むしろ他州判決で勝訴した当事者が、通常はその効果を当該州に及ぼすために（たとえば、当該州に所在する被告の財産に強制執行をかけるために）司法手続を利用する場合が多いので、その前提として迅速に他州判決をそのまま承認してもらうことが重要となる。

この場合、外国判決（外国での勝訴判決）を得た当事者については、当該州において新たに訴訟（外国判決の承認・執行を求める訴訟）を起こす必要がある。後に述べるように、そのためには当該州において訴訟提起できる要件、すなわちまず裁判管轄権が存在することを立証しなければならない。そのうえで、原告として外国判決の存在を摘示し、略式判決（summary judgment）の申立てを行う。これに対し、他州判決については、ただちに執行を求めることができる[37]。要するに、他州判決の場合、手続が簡略化される。

以下、他州判決の承認・執行について課題とされる点を要約する[38]。

① 自州判決と同様に扱われる他州判決に金銭賠償判決と宣言判決が含まれる点に疑問はない。問題は差止命令だった。1998 年の Baker v. General Motors では[39]、ミシガン州で出された差止命令についてミズーリ州でも効果をもつか否かが問題となった。当初の事案は不当解雇訴訟であり、当事者間の合意により、被用者は合衆国内のいずれの裁判所でも証言しないという合意が裁判所の差止命令の形で出された。ところが、後に

---

36) Hampton v. McConnell, 16 U.S. (3 Wheat.) 234 (1818).
37) Hoffheimer 380. なお先行判決が連邦裁判所の判決である場合、他の地区の連邦裁判所では、単に判決の登録（regisler）を行うだけで執行を求めることができる。
38) 以下、Hoffheimer 380-387 による。
39) Baker v. General Motors, 522 U.S. 222 (1998).

ミズーリ州で製造物責任訴訟が提起され、先行判決の原告（GM の技術者）に証言が求められた。連邦最高裁は、他州判決による差止命令にも「十分な信頼と信用条項」の適用はあるが、その差止内容が他州の権限（この場合、証言拒絶を認めるかに否かを判断する権限）にまで及ぶ場合には、その限度で適切な範囲を逸脱していると結論づけた。したがって、他州の差止命令については、原則は適用可能、しかし、実際には差止内容によって効力が否定されることもあるという微妙な状況にある（なお、これに対し、外国裁判所の差止命令は、アメリカでは原則として承認されない）。

② 行政審判のような形での行政決定について、「十分な信頼と信用条項」の適用はない。あくまでも「司法手続」に与えられるものであり、仮に行政決定に対し不服申立てがなされて裁判所で判断がなされれば、その段階で他州判決として尊重される[40]。

③ この場合の他州判決とは、「本案に関する有効な確定判決」である必要がある。裁判管轄権を欠く判決は憲法上有効といえないから、「十分な信頼と信用」は与えられないはずである。

ところが、外国判決についてはそれが徹底されているが、他州判決については「十分な信頼と信用条項」の存在が一定の影響力を有する。すなわち、たとえば、当該裁判所には本来裁判管轄権がないのにもかかわらず、当事者がそこで出廷して争ったうえで裁判所が管轄を認めて何らかの判断を下した場合、他州は「十分な信頼と信用」を与えなければならない[41]。

④ ただし、破産事件は例外だと明言した連邦最高裁判例がある。1940年の Kalb v. Feuerstein である[42]。破産状態で立ち退き請求をされ、しか

---

40) Tennessee v. Elliott, 478 U.S. 788 (1986).（テネシー州立大学における職員解雇について行政法判事の決定（解雇は人種によるものではないという判断）には、それが州裁判所で争われていない限り、十分な信頼と信用条項の適用はないと判示）。なお行政法判事（administrative judge）は判事とあるものの裁判官ではなく、行政決定の一部をなす手続の担当者とされている。

41) Durfee v. Duke, 375 U.S. 106 (1963).（土地の権原紛争がまずネブラスカ州で争われた。問題の土地は、ネブラスカ州とミズーリ州の境にあり、ミズーリ川の氾濫によっていずれかの州に帰属するような土地だった。ネブラスカ州では、それを踏まえた審理が行われたが、そこで敗れた当事者は、今度はミズーリ州裁判所に同じ訴えを提起した。連邦最高裁は、この事件で敗者による訴えを否定してよいとする判断を下した）。

42) Kalb v. Feuerstein, 308 U.S. 433 (1940).

もウィスコンシン州裁判所に訴えられた当事者が、州裁判所では事物裁判管轄権を争わず、担保権実行手続が確定した。ところが、破産手続開始（破産事件はアメリカの場合連邦裁判所の管轄となる）によって自動的に州裁判所の手続は停止していたはずだとして、連邦最高裁は、この州裁判所の手続の有効性を認めなかった（もっとも、この判例は多くの抵触法学者によって批判されているという[43]）。

⑤　他州判決の尊重が原則であるから、他州判決が詐欺によってえられたと主張することや、当該州の公序に反するという主張は、まずほとんど認められない。それを示す古典的な事例が1908年のFauntleroy v. Lumである[44]。当時、ミシシッピ州では綿花を対象とする先物取引は無効とされ、犯罪として禁止していた。原告はそのような禁止のないミズーリ州において契約に基づく勝訴判決を得て、ミシシッピ州での承認・執行を求めた。ミシシッピ州裁判所はそれを拒んだが、連邦最高裁は、他州判決に対しては判決の下された州と同じ効果をすべての州で認めるべきだとしてミシシッピ州の判決を覆した。要するに承認・執行が求められた州の公序に反するという例外は、他州判決の承認・執行の場面では認められない[45]。

⑥　他州判決で矛盾するものが2つある場合には、最新の他州判決に対して、十分な信頼と信用が与えられる。

⑦　他州判決についても、その確定後、何らかの理由でその執行が求められず、長期の時間が経過する場合がある。このような場合については、判決であっても一定の期限があるとされ、先行判決の出された州の出訴期限法によって判断される。

⑧　「十分な信頼と信用条項」は州裁判所を対象とするものであるが、1790年の制定法以来、連邦裁判所も、先行する州裁判所の判決に対し

---

43) Hoffheimer 382.
44) Fauntleroy v. Lum, 210 U.S. 230 (1908).
45) したがって、他州で認めた同性婚を承認しなくてよいとした連邦法は、このような伝統には真っ向から反していたわけである。もっとも婚姻は離婚と異なり、アメリカでも裁判所によって定まるものではないから、一応、取扱いの相違は正当化できる。なお、明確に認められている例外として、労災補償の例外というものがある。Hoffheimer 383-384. 他州で労働災害について補償を受けながら、別の州でそれで不足する分の労災補償を求める場合、連邦最高裁は例外的にそれを認めてきた。Thomas v. Washington Gas Light Co., 448 U.S. 261 (1980).

「十分な信頼と信用」を与えてきた。

同様に、先行する判決が連邦裁判所である場合、州裁判所は、「他州判決」と同じく「十分な信頼と信用」を与える。

3 特に注目すべき点

繰り返しになるが、アメリカにおける他州判決の承認・執行については、以下の諸点に特に注目すべきである。

第1に、他州判決は自州判決と同様に扱うものとされており、公序による例外も認めない点が重要である。掲げられる教室設例では次のようなものさえある[46]。

[設例1]　A州では売春を合法化した。B州では犯罪とされている。B州民がA州に行き女性と売春契約を結んだ。その後、契約違反を理由にA州で勝訴判決を得て、自州のB州でその判決の執行を求めた。公序を理由とする例外は認められないので、執行が認められる。

第2に、他州判決の承認・執行の例外として、裁判管轄権がないのに当該判決が出された場合がある。そのような判決は本来無効であり承認・執行とはならない。ところが、その場合ですら、当事者が裁判管轄権を争う十分な機会があったのにそれを利用しなかったときは、後に他州でその承認・執行を求められた場合、異議を申し立てることができないという。これも教室設例では次のような例があがっている[47]。

[設例2]　A州の治安判事裁判所（justice of the peace court）においてXに対し500万ドルの請求を求める訴えが提起された。治安判事裁判所の訴額は限定されており、上限が1000ドルだったとする。あまりのことなのでXは無視した。欠席判決により確定判決が出された。原告はB州において、Xの銀行口座の差押えを求めてきた。XはA州判決の無効を主張して異議を唱えたが、A州判決は有効なものとされ、差押えは認められる。

---

46) Hoffheimer 388 Example 5 and 391 Explanation 5.
47) Hoffheimer 388 Example 4 and 390-391 Explanation 4.

第3に、他州判決とは本案についての終局判決を指すが、Iで述べたように、アメリカの場合、「本案について」とされる範囲が広く、かつ「終局判決」も「裁判上執行できる」という意味であり、第1審判決が即時に裁判上執行される場合が多いので、その点でも他州判決の承認・執行の範囲が広くなる。以上を要するに、アメリカにおいては他州判決の承認・執行は容易にかつ広範に行われる。

III　外国判決の承認・執行

1　はじめに[48]

　すでに述べたように、外国判決の承認・執行については、合衆国憲法上の「十分な信頼と信用条項」の適用がないために、他州判決の承認・執行とは異なる態度がとられている。しかし、それが重要な留意点であることは間違いないとしても、実は基本的な考え方は同一である。すなわち、外国判決が基本的に公正な手続・内容である限り、既判力（res judicata）を有し、アメリカの裁判所もそれを承認・執行する。ただし、州裁判所の中で相互主義をとって、当該外国がアメリカの判決を承認・執行しない場合には、承認しない立場をとるところがある。もっともそのような例は実際にはごく稀である。

2　承認・執行の対象となる外国判決

　この点で重要な古典的先例は1895年の Hilton v. Guyot である[49]。ニュー・ヨークとパリで共同事業を営んでいた当事者間に紛争が生じ、フランスの裁判所はフランス人当事者の勝訴判決を出した。その後、アメリカの連邦裁判所に、その承認・執行が求められた。
　連邦最高裁は、それ以前には、外国判決は単に被告が債務を負う一応の証拠（prima facie evidence）に過ぎないとしてきたが、その立場を改め、以下のような条件が満たされる限り、他州判決と同様に「既判力」を有す

---

[48]　以下の記述について、Hoffheimer 363。
[49]　Hilton v. Guyot, 159 U.S. 113 (1895).

るとした。

① (当該外国において) 裁判管轄権のある裁判所で、十分かつ公正な審理の機会があったこと。
② 当該外国判決が、通常の司法手続の結果であること。
③ 当事者に対し適切な召喚状の送達、または任意の出廷がなされたこと。
④ 当該外国において、外国人 (アメリカ人) を含む訴訟であっても、なお公正な裁判手続が行われる制度となっていること。

そして、この事件の場合、これらの条件が満たされているとしてフランス人当事者の勝訴 (つまりフランスの判決の承認・執行) を認めるはずだった。ところが、最後に、この当時、フランスではアメリカの判決の承認・執行がなされていないとして、相互主義をもち出し、最終的には、アメリカ人の当事者を勝訴させた (相互主義は、今ではごく少数の州が採用するだけである)。

結果はともかく、この判例によって、外国判決の承認・執行が求められた場合の基本的原則が明らかにされた。外国判決の承認・執行についてアメリカの裁判所が拒むことのできる場合は、次のような場合に限定される[50]。

㋑ そもそも外国の裁判所にアメリカから見れば裁判管轄権が認められないはずであるケース。
㋺ 外国判決が詐欺によって得られたものであるケース。
㋩ アメリカで承認・執行が求められた州において公序 (public policy) に反する内容であるケース。たとえば、後の1995年の判例 Matusevitch v. Ivanovich では[51]、イギリスにおいて名誉毀損を容易に認める点が、表現の自由を重んじるメリーランド州の公序に反するとされている。
㋥ 相互主義の原則が適用され、当該外国の裁判所がアメリカの判決の承認・執行を拒否している場合には (ただし、ごく少数の州に限定

---

50) Hoffheimer 368-369.
51) Matusevitch v. Telnikoff, 877 F.Supp. 1 (D.D.C. 1995).

されている)、アメリカの裁判所も外国判決の承認・執行を拒むことができる。

ただし、繰り返しになるが、外国判決の承認・執行を拒むのはあくまでも例外にとどまり、外国判決が出された手続において陪審制がとられていないことや、証拠法の原則が異なっていることなどは、外国判決の承認・執行を妨げる要因とならない。基本的に公正かつ適切な手続を経てなされた外国判決については承認・執行が原則となる。

3 外国判決の承認・執行に関する統一州法

1895年以降、Hilton v. Guyot 判決で明示された外国判決の承認・執行に関するルールは、その後、多くの州がそれにならった(ただし、相互主義を採用するか否かは見解が分かれた)。そこで統一州法委員会は、1962年に Uniform Foreign Money-Judgments Recognition Act を策定し、それを明文の法律として州議会が採用するよう働きかけた。それに応えたのは30州以上にのぼった[52]。最新版は2005年のもので、名称も Uniform Foreign-Country Money Judgments Recognition Act (UFCMJRA) となっている。すでに20州程度が採択している[53]。それによれば、外国判決についても他州判決と同様に承認・執行が行われる。ただし、2つの例外が認められる。前者は、承認・執行を否定する例外であり、後者は、承認・執行を否定する裁量権を、承認・執行を求められた裁判所に認めるものである。

(1) 当該外国判決に至る手続が適正手続(due process)を満たすものであり、事物裁判管轄権および人的裁判管轄権を有するものであること[54]。逆に、そのようなものでないケースでは承認・執行とならない。

(2) 以下のような外国判決は必ずしも承認・執行する必要がない(通常、それぞれのアメリカの裁判所に承認・執行するか否かにつき裁量権が認められ

---

52) 統一州法委員会による Foreign-Country Money Judgments Recognition Act Summary を参照されたい。http://www.uniformlaws.org/ActSummary.aspx?title=Foreign-Country+Money+Judgments+Recognition+Act

53) 統一州法委員会の Legislative Fact Sheet-Foreign-Country Money Judgments Recognition Act によれば、19州プラスコロンビア特別区が採択している。

54) Uniform Foreign-Country Money Judgments Recognition Act (UFCMJRA) §4(b).

ると解釈されている)[55]。

① 敗訴した被告が、防御のための適時の通知を受け取っていなかった場合。
② 詐欺によって判決が得られた場合。
③ 判決の請求原因が、公序に反するもの。
④ 当該外国判決と矛盾する別の外国判決が存在する場合。
⑤ 仲裁条項や裁判管轄権条項を無視して出された判決の場合。
⑥ 外国の裁判所が被告にとって著しく不便な法廷である場合。

さらに、これら2つの例外と並んで、伝統的に次のようなケースも、この統一州法のもとでは、外国判決の承認・執行ができない[56]。

第1に、外国判決の承認・執行に関する以上の記述は、金銭賠償判決を対象としており(統一州法の名称からもそれは明らかである)、刑事判決や課税処分に関する判決は対象とならない。

第2に、差止めを命ずる判決もやはり対象外である[57]。

ただし、Hilton v. Guyot 事件で最終的にフランス人当事者を敗訴させた相互主義については、この統一州法では排除されている(アメリカの判決の承認・執行をしない外国判決も承認・執行する)。もっとも、統一州法を採択した州によっては、独自に相互主義を加えたところがある。しかし、一般的には、学者の間でも相互主義原則には批判が強い。アメリカでも再度の訴訟を引き受けざるをえなくなること自体、無用の訴訟を増加させると主張されるうえに、そもそも Hilton v. Guyot 判決で相互主義のような外交関係に属するような判断を裁判所がすべきだったか否かが疑問とされている。

---

55) Uniform Foreign-Country Money Judgments Recognition Act (UFCMJRA) §4(c).
56) Hoffheimer 370.
57) 外国判決の内容が差止命令である場合の対応については、後掲331頁参照。

第10章　家族関係事件の取扱い

I　家族関係に関する渉外紛争

　アメリカの抵触法（conflict of laws、本書でいう渉外裁判法）のテキストでは、家族関係に関する渉外紛争は、教材の終わりの方で独立に1章を設けて別個に取り扱う例が多い。それにはいくつかの理由がある。
　第1に、アメリカ国内であれ国外であれ、人の移動がいっそう活発に行われるようになり、家族関係の紛争が渉外関係化する場面は増加する一方である。しかも、ある州や国が定める法や、その地での裁判結果を逃れるために移動する例も実際に少なくない。そのため、日本の国際私法で問題となる事案と同様に、家族関係事件は、渉外裁判法の中で独立に取り扱うべき現実的な重要性を有する。
　第2に、歴史的に見て、家族関係は特殊な取扱いがなされてきたことがある。まず、英米法では、婚姻関係という地位を一種の「もの」とみなして、婚姻をめぐる争いは対人的訴訟ではなく「対物的訴訟」（in rem actions）と位置づけてきた[1]。そのため、裁判管轄権の有無も、「婚姻ドミサイル」という特別なドミサイルによるとされてきた。適用すべき法も、裁判管轄権のある地、すなわち婚姻ドミサイルのある地で訴訟が提起されているわけであるから、当然、（ドミサイルを重視して）法廷地法となる。さらに、他州判決・外国判決の承認については、婚姻は裁判によらないの

---

[1]　離婚訴訟についても同様に考えられてきた。したがって、離婚の場合も、有効な裁判管轄権があるとされるためには当該州に当事者のドミサイル（婚姻に関するドミサイル）があるか否かによる。しかし、その意義をめぐって、1940年代の有名な2つのWilliams判決が現れる。後掲272頁参照。ただし、離婚訴訟では、人的裁判管轄権を認めるためのデュー・プロセスという憲法上の要請も問題とされた。

でその対象とならないのに対し、離婚は必ず裁判によるので、まさにそれが渉外裁判法の重要問題となった[2]。しかも、たとえば子の監護権が争われる事例を考えると、いったん他州（外国）で離婚に伴い監護権が定められたとしても、それは常に変更のありうる裁判とされ、別の州で新たな裁判が提起された時点での「子どもの最善の利益」が問題となる。単純に他州（外国）判決を承認・執行すればよいともいえない。家族関係の紛争は、感情を伴う争いの性格が強く、取引に関する紛争とはまったく別種のより複雑な考慮が必要となることもあり、歴史的に見ても特殊な取扱いがなされてきた。要するに、渉外裁判法で特別な1章を割くべき要素があると考えられてきたのである。

第3に、付随的な理由として、家族関係事件については、裁判管轄権の有無、適用すべき法、さらに他州判決・外国判決の承認・執行をいかに考えるべきか、という渉外裁判法の3要素について、あらためて考察する必要が生じ、渉外裁判法を学ぶ者にとって、その全体を再復習する機会を提供する。

以上のような要素の結果、家族関係に関する渉外事案については、特別に1章が割かれるとともに、内容的にも独自の考慮が必要となる。本章の最初に、その現状の要点を列挙しておこう。

【アメリカの家族関係に関する渉外裁判法の要点】

① 婚姻は判決によらないで成立するので、他州判決・外国判決の承認・執行の対象とならない。ただし、婚姻無効の判決が他州（外国）で出された場合、その判決については承認・執行が課題となる。なお、アメリカの婚姻について現時点での最大の問題は、同性婚を認めるか否かである。伝統的な立場では、他州で有効に成立した婚姻（同性婚）であっても、合衆国憲法の「十分な信頼と信用条項」のもとで他州判決として当然有効性を承認することにはならない（繰り返しになるが、婚姻は判決によらないからである）。

---

[2] これに対し、わが国のように「協議離婚」を認める（世界的に見れば特殊な）ところでは、「協議離婚」とは裁判による離婚ではないので、アメリカにおいてそもそも外国判決の承認・執行の対象となるか否かが問題となる。

②　離婚については常に判決による必要があるので（日本のように協議離婚という制度はないから常に離婚判決が必要なために）、離婚判決について、有効な裁判管轄権、適用すべき準拠法、さらにそれが他州（外国）のものであっても承認・執行するか否か、という渉外裁判法の三大テーマのすべてが課題となる。連邦最高裁は、1942 年の Williams 判決によって[3]、一方の当事者だけがドミサイルを有する地での離婚判決（要するに一方的判決による離婚判決：ex parte divorce）も有効と認め、他州も「十分な信頼と信用条項」によりそれを尊重すべきだとした。かつては有責主義をとっていた州も、今ではすべてのところで破綻原因を離婚事由として認めているので、離婚を認めやすいネバダ州に行って離婚してくるというような必要性は大きく減少したものの、離婚をめぐる問題が家族関係に関する渉外裁判法の中心課題であることには変わりがない。

③　外国の離婚判決については、「十分な信頼と信用条項」の適用はない。離婚の容易な外国で得た離婚判決を承認することについて、アメリカの裁判所は、他州判決による離婚に比べてはるかに慎重である。

④　離婚に伴い、離婚後扶養料（アリモニー）や子どもの監護権、子の扶養料その他それに付随する問題が生ずる。離婚判決のそれらの部分（離婚以外の部分）については、有効な裁判管轄権を認めるための通常のルールが適用される。すなわち、通常の人的裁判管轄権のルールが適用されるから、一方的な手続による判決（ex parte divorce）を得て離婚自体は成立したとしても、他州では（人的裁判管轄権がなければ）それら離婚にまつわるそれ以外の部分を自動的に承認することはない。

⑤　他州で有効な裁判管轄権のもとで有効な離婚判決がなされた場合、それ以外の州では、それらについて「十分な信頼と信用」を与えなければならない。ところが、たとえば、子どもの監護権や子の扶養料に関する部分の判決は、その後の事情変更により、常に変更可能な判決という性格を有し、他州の判決に終局性（確定性）があるといえない。そうだとすると、別の州で何度でも裁判が繰り返されることになる。そこで、アメリカでは、これらの子に関わる問題に対し、それに対処するため後に紹介するような

---

[3]　Williams v. North Carolina, 317 U.S. 287 (1942) (Williams I). アメリカ法判例百選（79 事件）160 頁〔北坂尚洋〕。

統一州法や連邦法で対応してきた。

⑥　最後に、現在、最重要課題とされる同性婚問題について。同性婚に関連して判決が出された場合、それを他州で承認すべきか否かが問題となる。アメリカの連邦議会は 1996 年に Defense of Marriage Act（DOMA）を制定し、同性婚拡大の動きを止めようとした（他州で有効とされた同性婚を有効と認める必要はないと明記した）[4]。連邦最高裁は、2013 年に連邦法上同性婚に法的効果を認めないとする部分について違憲無効判決を出した[5]。その意義や、今後の動きについて注視する必要がある。

II 以下で、これらの諸点について、より詳しく説明する。

II　婚　姻

1　婚姻と渉外関係の原則

すでに繰り返し述べているように、アメリカ法上、婚姻は裁判によることなくできるが離婚は裁判なしではできないところが最も重要な出発点となる。離婚判決が他州でなされた場合、合衆国憲法上、他州の司法手続に対し「十分な信頼と信用」を与えねばならないから、当該州では公序に反するとされるような離婚であっても承認しなければならないのに対し、婚姻は司法手続によっていないため、「十分な信頼と信用条項」の適用対象とならない。言い換えれば、当該州で他州の婚姻の効果を認めないことも十分可能である。

ただし、第 5 章で述べたように[6]、アメリカ法では、婚姻の有効無効が争われた場合の準拠法は伝統的に婚姻挙行地法（lex loci celebrationis; the law of the celebrating）であるとされ、その地で有効な婚姻は他州でも有効にするという原則がとられた。第 2 次リステイトメントでは、婚姻の有効性判断の準拠法を最密接関係地の法として、原則の定め方を現代型アプロ

4）　前掲 262 頁でも、すでにふれたことがある。
5）　United States v. Windsor, 570 U.S. ___, 133 S.Ct. 2675 (2013). 概要については、『はじめてのアメリカ法』278 頁。
6）　前掲 115 頁参照。

ーチに改めたものの、実質的には、婚姻の有効性をできるだけ認めようとする方向性（たとえば、婚姻挙行地法でたとえ無効であっても、一方の当事者のドミサイルがある地の法や、婚姻後２人で居住した州で有効とされるなら、婚姻を有効とする原則）がとられてきた。

歴史的に見て、重要な課題となったのは、以下の３つである[7]。

① Ａ州では、いとこ同士の婚姻を（近親婚に含まれるとして）禁じている。Ｂ州では禁止していない。Ｂ州で婚姻したカップルがＡ州に移住してきた。彼らの婚姻は無効となるかといえば、通常はＡ州でも有効な婚姻と扱われる。

② 一夫多妻を認める地域がある。アメリカでは、これは有効とされていないが、一夫多妻制を認める外国で婚姻した当事者がアメリカに移住し、その婚姻をめぐって争点が生じた場合（たとえば、夫が無遺言で死亡し、相続について配偶者や子の範囲が問題となるようなケース）、有効な婚姻と認めてきた例があるという[8]。

③ アメリカではかつて異人種間の婚姻（白人と黒人の婚姻）を禁じたり、さらに犯罪としたりする例があった。だが、これは憲法違反とされて[9]、他州で有効に成立した異人種間の婚姻の効力を否定する例は今では存在しない。

ただし、③は別として、①や②のケースでは、カップルがまさにその居住する州の法規制を免れるために、一時的にＢ州または一夫多妻制を許す国に行ったという場合、別異に解される余地がある。実際上、このような脱法目的があったか否か、また相当期間その地で居住したか否かが大きな判断要素となっているという指摘がある[10]。要するに、ある州法上は認められない婚姻について、その適用を避けるという目的だけで、それを認める他州に移動し婚姻して元の州に帰ってくるという形のもの——これを evasive marriage（脱法的婚姻）とか migratory marriage（渡り鳥的婚姻）と呼ぶ——でない限り、他州（婚姻挙行地）で有効に成立した婚姻をすべ

---

7) Spillenger 276-278. 前掲 115 頁参照。
8) Spillenger 277.
9) Loving v. Virginia, 388 U.S. 1, 12 (1967). 参照、『アメリカ憲法』287 頁。
10) Spillenger 277-278.

ての州で有効と認めるのが、従来の原則だった。

このような原則を真正面から覆そうとしたのが同性婚問題である。

2　同性婚の他州における有効性

現在、アメリカでは同性婚を法的に認めるかが大きな問題となっている。すでにマサチューセッツ州やニュー・ヨーク州など 35 州以上で同性婚は有効とされているが[11]、それらの州で婚姻した「夫婦」が同性婚を認めない州に帰ってきた場合、どう扱われるかが課題となる。連邦議会は、1996 年に Defense of Marriage Act（DOMA：婚姻防衛法）を制定し、他州で認めた同性婚を無効としてよいと定め、さらに連邦法との関連では無効と明記した（連邦法上の社会保障給付や相続税などでは配偶者として扱われない）。しかしながら、2013 年、United States v. Windsor 判決で連邦最高裁はこの法律を違憲とした[12]。ただし、異人種間の婚姻を禁ずる法律を違憲とした 1967 年の判決と異なり、この判決は、同性婚を禁止する州法自体をすべて違憲と判断したわけではない。連邦法上無効としたのを覆しただけである。同性婚を認める A 州で婚姻をした「夫婦」が、同性婚を禁止する B 州に戻ってきた際に、B 州において州法上いかに扱うかという課題が残されている。

【DOMA および mini-DOMA 法】

1996 年に連邦議会が DOMA（婚姻防衛法）を制定したことには 2 つの意義がある。

第 1 に、その時点ではまだ婚姻とは男女間のものだとする人が多数を占めていたということである。何しろその 10 年前の 1986 年には Bowers v. Hardwick 判決[13]において、連邦最高裁は同性愛行為それ自体を犯罪とするジョージア州法を合憲としていた。5 対 4 ではあったが、多数意見は、

---

11) http://www.pewforum.org/2015/02/09/same-sex-marriage-state-by-state/（2015 年 2 月 18 日閲覧）によれば、同性婚は 37 州とコロンビア特別区で適法とされ、13 州でそれを禁ずる法律または州憲法が存在する状況となっている。

12) United States v. Windsor, 570 U.S. ___, 133 S.Ct. 2675 (2013). なお参照、『はじめてのアメリカ法』280 頁。

13) Bowers v. Hardwick, 478 U.S. 186 (1986).

同性愛を強姦よりも悪い恥ずかしい犯罪だと断言した。1996年時点での世論調査は、アメリカ人の68％が同性婚に反対し、わずか27％だけが賛成していることを示していた。そもそもDOMA自体、連邦議会の上院で85対14、下院でも342対67という圧倒的多数で成立したのである。

　第2に、しかしながら、このような連邦法の制定自体が、同性婚に対する世論が急激に変わりつつあることを示していた[14]。2003年、Lawrence v. Texasでは成人が互いに同意のうえで密かに行う同性愛的行為について、最高裁は、そのような自己決定も実体的デュー・プロセス条項により憲法上保護される自由であると認めた[15]。2011年の世論調査ではアメリカ人の53％が同性婚を承認すると回答していた。そのような変化の中で、2003年時点で同性婚を真正面から認める州は1つもなかったのに[16]、2013年の最高裁判決の時点では12州と首都ワシントン地域で同性婚がすでに適法だと認められていた[17]。

　2013年のUnited States v. Windsor判決は[18]、この動きを加速した。たしかに、この判決は、同性婚に対し連邦法上の効果を認めない（具体的には、40年以上連れ添った同性婚者に対し、相続税免除の連邦所得税法の適用を認めなかった）点を違憲としただけである。しかし、実際には、各州において州憲法や州の法律で同性婚を認めないと定める規定の違憲判断を求める訴訟の提起を促す結果となり、Windsor判決のわずか1年後には、20

14) 以下の記述について参照、Wilson R. Huhn, The Growing Acceptance and Legal Recognition of Same-Sex Marriage in America Constitutes a Victory for Reality-Based Thinking (April 22, 2012). U. of Akron Legal Studies Research Paper No. 12-10。Available at SSRN:http://ssrn.com/abstract=2043764 or http://dx.doi.org/10.2139/ssrn.2043764.

15) Lawrence v. Texas, 539 U.S. 558 (2003). たとえば、ジェフリー・トゥービン（増子久美＝鈴木淑美訳）『ザ・ナイン―アメリカ連邦最高裁の素顔』（河出書房新社・2013）には、最高裁裁判官のロー・クラークの中にも同性愛者が増加し、裁判官も、身近な存在として接する中で、偏見が弱まっていった様子が記述されている。

16) Civil unionとかcivil partnershipと呼んで、同性愛者に、婚姻のうち一定の効果を認める州が存在したにとどまる。

17) 同様の傾向はヨーロッパ諸国でいっそう顕著である。2000年のオランダを皮切りに、ベルギー、スペイン、ノルウェー、スウェーデン、ポルトガル、そして2013年のフランス、イングランドなどが同性婚を承認した。See, J. Thomas Oldham, Review of Marriage at the Crossroads (May 13, 2013). Family Law Quarterly, 2013; U. of Houston Law Center No. 2013-A-5. Available at SSRN: http://ssrn.com/abstract=2262917

18) United States v. Windsor, 570 U.S. ___, 133 S.Ct. 2675 (2013).

州とコロンビア特別区で同性婚を認めるという状況になった[19]。2015 年初めの段階で、50 州のうちすでに 37 の州で同性婚が認められている。

そのような中で問題となっているのが、mini-DOMA（各州段階での婚姻防衛法）の存在である。

この法律は、同性婚を認めないとする州民が多数を占める（一時は）約 30 もの州で制定されたものであり[20]、連邦法の DOMA に倣って、婚姻を男女の間のものだけだと明記し同性婚を禁ずると明記した。同時に、これらの州法は、通常、他州で有効に成立した同性婚についてもその州では効力を否定する趣旨であると解釈されてきた[21]。つまり、アメリカの州際私法上、先に述べたように、婚姻については婚姻挙行地法を準拠法とし、その地で有効に成立した婚姻をすべての州で尊重する態度がとられてきたにもかかわらず、同性婚については、州憲法または州議会の制定法によって、当該の州では効力を否定すると宣言したわけである。

【他州で有効に成立した同性婚の効力】

現状では、同性婚を認める州で「婚姻」していたカップルが、同性婚を認めない州に移住した場合、婚姻の効力を否定される可能性が強い。そのような事態を防止するにはいくつかの道がある。

① 同性婚を認めない州において、それを新たな立法または憲法改正で覆す方法。だが、その道が通常の立法過程でも困難であること（同性愛者が少数であり、それに理解を示す人も少数だからこそ、これらの州では mini-DOMA が成立した）、あるいはさらに困難にするために州憲法の中に同性

---

19) See e. g., Washington Post, The changing landscape on same-sex marriage, (Masuma Ahuja, Robert Barnes, Emily Chow and Cristina Rivero) Updated: March 23, 2014. この時点では 17 州だったがその後 2 州増えた。

20) 2005 年時点のものではあるが、Andrew Koppelman, Recognition and Enforcement of Same-Sex Marriage-Interstate Recognition of of Same-Sex Marriages and Civil Union: A Handbook for Judges, 153 U. Pa. L. Rev. 2143, at 2165 (2005) に mini-DOMA と呼ばれる各州法が整理されている。

21) ただし、各州法はこの点について明確に規定していないものもあると論ずるものとて、Michael E. Solimine, Interstate Recognition of Same-Sex Marriage, the Public Policy Exception, and Clear Statements of Extraterritorial Effect, 41 Cal. W. Int'l L. J. 105, 106 (2010).

婚禁止規定が挿入されたことを考えると、この方法は必ずしも現実的ではない。

② そこで司法判断によって覆す手段が多くの州でとられている。この場合、mini-DOMA を合衆国憲法違反とする必要がある。第 14 修正のデュー・プロセス条項が保障する自由に、基本的人権としての婚姻の自由が含まれ、それを州の mini-DOMA が侵害しているという実体的デュー・プロセス違反の主張が考えられる[22]。もしも、連邦最高裁がそのような判断を示せば、すべての州の mini-DOMA は違憲無効となる。

③ そうではなく、同性婚を有効とする州で婚姻したカップルが、同性婚を否定する州に移住しただけで婚姻の効力を否定する場合を捉えて、これにあてはまるカップルの基本的自由あるいは既得権を侵害するために違憲無効とすることもありうる。

④ さらに、そもそも婚姻という特別な関係についてだけは、たとえ判決に基づいたものでなくとも合衆国憲法上の「十分な信頼と信用条項」を適用し、③と同様の結果を得るべきだとする議論もある[23]。

このうち③④の解決法は、一方で、婚姻のあり方はそれぞれの州が定める問題だとする伝統的立場を尊重しつつ、他方で、有効な婚姻を認められたカップルの地位を安定化するという、婚姻に関するこれまた伝統的な州際私法の立場を維持するための方策である。②の方法が認められる可能性もあるが、現時点では③④の道がとられる可能性も強い。

III 離　婚

1　アメリカにおける離婚と渉外関係

かつて英米では、離婚するためには特別に当該離婚を認める私法律（private act）を議会で制定してもらうことを必要とする時代があった。そ

---

22) アメリカにおける実体的デュー・プロセス法理の、このような利用については、『アメリカ憲法』287 頁参照。

23) このような議論を展開するものとして、Steve Sanders, Is the Full Faith and Credit Clause Still 'Irrelevant' to Same-Sex Marriage?: Toward a Reconsideration of the Conventional Wisdom, 89 Ind. L. J. 95 (2014)。

の当時、離婚は「富者の特権」とすら呼ばれた。しかし、アメリカでは、19世紀の比較的早い時代に、離婚は裁判所の判決を得れば認められるようになった。アメリカ渉外裁判法（州際私法）において、離婚が特に重要な課題とされてきたことには、次の3つの事情がある。これらはそれぞれアメリカにおいて本書で扱ってきた（渉外的な）裁判管轄権の有無、その場合に適用される法（準拠法の選択）、そして他州判決の承認・執行の場面に大きく関係する。

　第1に、連邦制度をとったアメリカでは、離婚も州法で定められるとされ、しかもその州法の内容が統一されることが決してなかった。そこで、ある州の判決で認められた離婚判決の効果が州境を越えただけで失われると、（元の）配偶者はもちろんのこと、子の権利にも大きな影響を及ぼすことになる。

　　　「アメリカは自由で、人々の移動も激しい国家である。婚姻であれ離婚であれ、ある人の地位がある時点でたまたまどの州に存在するかで変わるようなら、耐えられないような混乱が生まれるだろう」[24]。

　第2に、したがって、他州の判決に対し「十分な信頼と信用」を与えなければならないとする合衆国憲法第4編の規定が特に重要な意義をもつようになった。それによって初めて、各州の離婚法は異なるかもしれないが、ある地で有効な離婚判決を取得すればその効果が他州でも認められると保障されたのである。

　第3に、しかしながら、そもそも離婚を望む当事者は、裁判所において離婚判決を得る必要がある。その場合、最大の問題は配偶者の一方（たとえば男性）が他方（女性）を捨てて失踪してしまった場合である。このようなケースで、女性が離婚判決を求めるために、遺棄した男性に対する離婚判決を求めようとしても、被告が所在不明では人的裁判管轄権を得るのが不可能になる。そこで、そのような場合でも（つまり、相手方当事者が他州に逃げた場合でも）、離婚判決を可能とする法理の必要性が存在した。

24）　Spillenger 282. 本書の以下の記述も、同書によるところが大きい。

このような事情を背景にして、アメリカでは渉外的な離婚訴訟が数多く生ずるような法制度が元々とられていたこと、離婚判決を他州で承認・執行する必要性も同様に多数生じたことによって、離婚に関する渉外裁判法がきわめて重要な意義をもった。

2 離婚法と裁判管轄権

アメリカでは、各州に異なる離婚法が存在し、それが統一州法等で「統一」されることはなかった。しかしながら、大勢として見れば、かつての有責主義離婚法から破綻主義離婚法への移行が行われた。特に20世紀後半（1970年代）以降である。その過程で、どこかの州で破綻主義を取り入れると、その地で有効な離婚判決を取得し、本来の州に戻ってすでに有効な離婚をした当事者として生活することが行われた。有責主義から破綻主義への移行は、このような連邦制度特有の仕組みのもとで加速された面がある。

同時に、先に述べたように、離婚判決を求めるための裁判管轄権の要件も緩和されるようになった。相手方が失踪して遺棄された配偶者という場合でなくとも、そもそも他州に相手方当事者が移ってしまうと、有効な人的裁判管轄権の要件を満たすのが困難になるのでは、離婚を望む残された当事者は困ることになる。また、両当事者が争わない離婚訴訟では、被告のためのデュー・プロセスを重視する裁判管轄権の要件自体、それに執着する必要性が薄くなる。したがって、20世紀におけるアメリカの離婚判決の大きな変化は、以下の2つの発展または変化によるところが大きい。すなわち、第1に、離婚要件に関する実体法がいくつかの州で有責主義から破綻主義に変わったこと（あるいは、破綻主義を正面から認めなくとも、有責原因を緩やかに認める州が現れたこと[25]）、第2に、裁判管轄権の要件も、一定の条件を満たす離婚判決について緩和し、さらにそのような離婚判決にも「十分な信頼と信用」を与えたことである[26]。

---

25) その代表がネバダ州とフロリダ州であり、次に紹介する Williams 判決も、離婚しやすいネバダ州での離婚判決が問題となった。See Currie casebook, at 566.

26) Spillenger 283.

【2つの Williams v. North Carolina 判決】

　他州で認められた離婚判決の承認に関する古典的かつ画期的判例が、1940年代に出された2つの Williams v. North Carolina 判決である。事件は二度連邦最高裁で審理され、最初の1942年のものを Williams I[27]、二度目の1945年のものを Williams II[28] と呼ぶのが通例であり、ここでもそのような表記をする。

　まず1940年時点で、連邦最高裁はこの問題について次のような先例を有していた。1906年の Haddock v. Haddock である[29]。連邦最高裁は、結論として、ニュー・ヨーク州での離婚訴訟について、1871年に夫が先行して取得したコネチカット州における離婚判決をニュー・ヨーク州の裁判所が承認する必要はないとした。先行する他州の離婚判決がある場合、デュー・プロセスの欠如を理由に裁判管轄権がないとしてその効力を直接否定することは普通できないものの、被告が関与しないで得られた離婚判決であることが間接的に明らかな場合には、少なくとも合衆国憲法上の「十分な信頼と信用」を認めないことが許されると、連邦最高裁は述べた。要するに、コネチカット州では（一方的離婚判決に基づいた）離婚が有効だとされても、ニュー・ヨーク州では婚姻中と認めることがありうるとしたわけである。

　アメリカで、破綻主義離婚法が成立するのは1970年代以降になるが、すでに20世紀前半において、ネバダ州を代表として、有責原因を簡単に

---

27) Williams v. North Carolina, 317 U.S. 287 (1942) (Williams I). アメリカ法判例百選（79事件）160頁〔北坂尚洋〕。
28) Williams v. North Carolina, 325 U.S. 226 (1945) (Williams II). アメリカ法判例百選（79事件）160頁〔北坂尚洋〕。
29) Haddock v. Haddock, 201 U.S. 562 (1906). それによれば、夫は、1868年、ニュー・ヨーク州での婚姻当日に妻を捨て、後にコネチカット州に定住し、そこで離婚訴訟を提起し1871年に判決を得た（ただし、訴状の送達は妻のかつての住所宛ての郵送であり、妻が裁判に出頭することはなかった）。約30年後の1899年、今度は妻がニュー・ヨーク州で離婚訴訟を提起したところ、夫はすでにコネチカット州で離婚判決を得ていることを抗弁として提出した。有責主義に基づく当時の離婚訴訟では、どちらの当事者が何を理由に離婚判決を得たかがアリモニー（離婚後扶養料）の可否など、大きな意味をもったようである（なお、夫はこの間に相当の相続財産を得ていた）。後者の裁判では、夫に訴状の直接送達がなされており、ニュー・ヨーク州裁判所が、先行するコネチカット州の判決に対し、十分な信頼と信用を与えて承認すべきか否かが争点となった。

認める州が現れた。また交通の発達で、遠い州への移動も容易になった。そのような背景のもとに Williams 判決が出された。

　この事件では、ノース・カロライナ州民の A と B が、それぞれ別の男女と婚姻関係にあったが、1940 年 5 月にネバダ州ラスベガスに行き、ネバダ州法上定められた 6 週間の滞在後、それぞれ離婚訴訟を提起しそれが認められた後、さらに 2 人で婚姻（再婚）した。そのうえでノース・カロライナ州に帰り夫婦として暮らしていたところ、重婚罪で訴追され、有罪判決を受けて収監された。「夫婦」は、ネバダ州で得た離婚判決を抗弁として提出したが、ノース・カロライナ州裁判所は、これらの離婚判決には「十分な信頼と信用」を与えられないとした。そこで連邦最高裁に上告がなされた。なおネバダ州の離婚訴訟において、相手方配偶者（ノース・カロライナ州にずっと居住し、ネバダ州に行ったこともない配偶者なので、stay-at-home spouse＝本来の州にとどまっていた配偶者と呼ばれる）は、訴状の直接送達を受けることもなく、もちろんネバダ州裁判所に出頭することもなかった。いわば欠席判決のような形で、一方的離婚判決（ex parte divorce、一方の当事者しか出頭しない形での離婚判決という意味である）が出された。

　ところが、連邦最高裁は、Williams I 判決において、重婚罪を否定した。理由は以下のとおりである。

　①　ネバダ州の離婚判決について、適正な裁判管轄権は認められるか。イエス。なぜなら、離婚訴訟では、婚姻ドミサイルのある地に裁判管轄権が認められる。そして、配偶者の一方がある州に移住すれば、婚姻ドミサイルもそれに従って移動する。本件では、重婚罪に問われた当事者はネバダ州でのドミサイルを取得しており、したがって、ネバダ州で離婚訴訟を提起することができる。

　②　有効な裁判管轄権のもとでネバダ州裁判所が下した離婚判決は合憲であり、したがって、ノース・カロライナ州裁判所は「十分な信頼と信用」を与えなければならない。

　Williams I 判決は、Haddock v. Haddock という先例を覆し、一方的離婚判決でも、ネバダ州で有効な判決である限り、ノース・カロライナ州もそれを尊重して承認すべきだとした。離婚が有効なら重婚罪は成立しない。

　しかしながら、問題はこれで終わらなかった。ノース・カロライナ州は、

破棄差戻しとなった裁判において、今度は、ネバダ州裁判所の裁判管轄権の要であるドミサイル概念を問題とし、重婚罪を維持したのである[30]。再度、連邦最高裁に上告がなされ、それが Williams II 判決となる。そして、連邦最高裁は、今回は重婚罪を認めた。それは要するに、以下の理由による。

ⓐ そもそもドミサイル概念は、大きな意味では共通であるとしても、これまた州によってその概念が異なる。本件の2人について、ネバダ州ではネバダ州のドミサイルを認めたとしても、ノース・カロライナ州のドミサイル概念とは一致しない場合がある（そもそも、ノース・カロライナ州側は、明らかにこの2人はネバダ州に定住する意思はなく、単に有責原因を緩く解釈してくれるネバダ州法を利用するために、言い換えれば、離婚原因を厳しく解釈するノース・カロライナ州法を潜脱するためにネバダ州に滞在したと見ていた）。

ⓑ そうすると、ノース・カロライナ州から見れば、ドミサイルのないネバダ州には裁判管轄権がなく、有効な裁判管轄権のない裁判は無効であるから、「十分な信頼と信用条項」の適用もない。したがって、ノース・カロライナ州では重婚罪が成立する。

ⓒ これに対し、ネバダ州裁判所でドミサイルについてその存在が認定されているから、争点排除効が生じているはずだ（後のノース・カロライナ州での裁判でドミサイルについて否定することはできない）との議論については[31]、先に述べたような争点排除効を成立させる要件が本件では欠けていた[32]。すなわち、(i)ネバダ州の裁判において、この点は実際に審理されることがなかった。何しろ一種の欠席判決だったのだから。(ii)ネバダ州の裁判は離婚裁判であるから、ノース・カロライナ州は当事者として参加していないし、その機会もなかった。本件のようなケースでは争点排除効の適用を受けない。

このようにして、連邦最高裁は、最終的には2人の重婚罪の成立を認め

---

30) 新たに訴追したわけではないので、二重の危険（double jeopardy）の禁止にはあたらない。刑事事件に関する二重の危険については、『はじめてのアメリカ法』178頁以下参照。
31) Spillenger 288-290.
32) 争点排除効については、前掲243頁。

た。

　ネバダ州やフロリダ州のように、この当時、有責主義を維持しながらそれを緩やかに解釈していわば離婚訴訟ビジネスを行っていた状況に対し、連邦最高裁が示した対応は、次のように理解することができる。

　第1に、離婚訴訟は一種の対物的訴訟として、婚姻ドミサイルのある州に裁判管轄権が認められる[33]。婚姻ドミサイルは、本来、夫婦に共通のドミサイルであるが、一方の配偶者が別の州に移住し、離婚を求めた場合が問題となる。その場合、従来は、相手方配偶者が同意するか、または相手方配偶者に対してもその州の人的裁判管轄権が認められるなら、離婚を求めた配偶者のドミサイルのある州に離婚に関する裁判管轄権が認められてきた。

　ところが、1942年のWilliams I 判決は、このようなルールを改めて、当該州に離婚を求める配偶者がドミサイルを移すだけで、一方的訴訟によって離婚する裁判管轄権を認めた。ただし、ドミサイルがなければならないので、単なる旅行や短期滞在では十分でないという制約はある。しかし、このようにして得た離婚判決についても「十分な信頼と信用」が与えられる[34]。

　第2に、離婚訴訟で適用される準拠法は、婚姻ドミサイルのある地の州法とされ、それが同時に裁判管轄権のある州とされるわけであるから、結果的に、法廷地法が適用されてきた[35]。

　第3に、1945年のWilliams II 判決により、一方的訴訟による離婚判決を他州で承認するか否かについて、一部の例外が作られた。離婚訴訟の場合、裁判管轄権の要はドミサイルの存否になるが、ドミサイルなる法律概念の意義・内容は州によって異なるため、他州では、離婚判決を得た州でのドミサイルの存在を否定し、その結果、有効な裁判管轄権が成立していないとして、離婚判決を承認しないことが例外的に認められた。

---

33)　以下の記述について、Hoffheimer 394. 判決の表記も、X v. Y ではなく、In re Marriage of X（X の婚姻に関する事件）という表記もされた。

34)　1942年のWilliams I 判決以前においても、実は、多くの州では、他州への礼譲（comity）を理由にして、他州の一方的離婚判決の効果を承認していた。Currie casebook, 574 n. 1, and Holt, Any More Light on Haddock v. Haddock, 39 Mich. L. Rev. 689 (1941).

35)　この点は、抵触法革命を経た現代においても同様である。Understanding 409-410.

その結果、たとえばネバダ州では有効な離婚判決が、ノース・カロライナ州では無効となるという事態が例外的に生ずることになったが、一方的判決による離婚判決については、それもやむをえないとされた[36]。

【裁判で主張する機会を得た離婚や合意に基づく離婚の場合】

一方的訴訟による離婚判決については、相手方配偶者へのデュー・プロセスという観点から問題が大きいとしても、その条件が満たされる場合（つまり、相手方配偶者にも裁判での主張の機会が与えられている場合やそもそも離婚を了解している場合）には別異に解する余地が出てくる。それを示したのが1948年のSherrer v. Sherrerである[37]。本件では、マサチューセッツ州で婚姻した夫婦について、妻がフロリダ州に子どもと移って3ヶ月を経過した後、そこで離婚訴訟を提起した。夫は、フロリダ州の訴訟に応訴したが、フロリダ州の裁判管轄権自体は争わなかった。ところが、その後、夫はマサチューセッツ州で別訴を提起し、この離婚は無効だと主張した。マサチューセッツ州裁判所では、先行するフロリダ州の判決は妻のドミサイルがそこにあると認められないとして（Williams IIに倣って）、夫の主張を認めたが、連邦最高裁はそれを覆した。フロリダ州の訴訟に夫は現れており、フロリダ州裁判所に有効な裁判管轄権が認められる以上、その判決に「十分な信頼と信用」を与えなければならないとしたのである。

この判決は、離婚判決を認めた裁判に参加している限り、デュー・プロセスは満たされることを示すと同時に、多数の州で有責主義離婚しか認めない当時の状況であっても、実質的に、同意による離婚（有責原因を容易に認める他州で得れば十分）という道があることを示唆していた。したがって、離婚について両当事者の合意がある限り、有責主義を強行法的に適用することができないことになり、合衆国全体として1970年代以降の破綻

---

36) 連邦最高裁としては、一部の州の離婚ビジネスを推奨するわけではないこと、しかし現実には、離婚に厳しい州をいったん離れて、ネバダ州のような州で離婚する人が多数にのぼっていることとの間で、このような判断になったと見ることができる。Spillenger 286. なお、Williams I 判決の反対意見で、ジャクソン裁判官は、これが食料品店の債務支払いを求める通常の損害賠償訴訟なら、ネバダ州には被告に対する人的裁判管轄権がないとされるのに、婚姻関係を終了させる離婚判決なら、容易に裁判管轄権を認めることは納得しがたいと述べていた。

37) Sherrer v. Sherrer, 334 U.S. 343 (1948).

主義へ移行する素地となった[38]。

【外国での離婚判決の承認】

　以上に述べたようなアメリカ国内の他州で得た離婚判決の承認問題と、アメリカ人夫婦の一方が外国に行ってさっと離婚判決を得て帰国した場合とでは、まったく取扱いが異なる。

　何しろ外国の離婚判決については、合衆国憲法上の「十分な信頼と信用条項」の適用がない。そこで、ほとんどの州では、たとえばアメリカとメキシコとの国境の町（メキシコ側）に行き、1日で離婚判決を取得してきたようなケース（Mexican divorce、メキシコでの離婚と呼ばれた。また即席離婚、quickie divorces とも呼ばれた）では、たとえ配偶者双方が裁判所に出頭して、離婚はもちろん当該外国の裁判管轄権についても争わなかったようなケースであっても、アメリカの裁判所は、離婚判決を承認することに消極的な態度を示した。

　その中で唯一の例外がニュー・ヨーク州であり、1965年のニュー・ヨーク州最高裁判判決 Rosenstiel v. Rosenstiel は悪い意味で有名である[39]。この夫婦は、テキサス州と接するメキシコの町へ行き、2日間で離婚判決を得た。後に、女性の再婚相手が、この離婚が無効であるとして、再婚自体を無効にする訴訟を提起したため、このメキシコでの離婚判決をニュー・ヨーク州で承認するか否かが争点となった。そしてニュー・ヨーク州最高裁は、メキシコでの離婚を承認すると結論づけた[40]。

　なぜニュー・ヨーク州でこのような例外的対応がなされたかといえば、それは同州がアメリカでも最も厳しい有責主義を採用していたからであ

---

38) 多数の州が破綻主義を採用している現代では、他州で離婚判決を得るという必要性が大きく減殺した。同様に、他州で離婚判決を得た場合についても、州裁判所がそれを承認する例が多数となった。See Spillenger 298. 現代の問題は、むしろ離婚そのものではなく、離婚にまつわる他の問題（たとえば子どもの監護権など）が渉外事件化しているところにある。

39) Rosenstiel v. Rosenstiel, 209 N.E.2d 709 (N.Y. 1965).

40) 批判として、David P. Currie, Suitcase Divorce in the Conflict of Laws, Simons, Rosenstiel. and Borax, 34 U. of Chicago L. Rev. 26 (1966)。アメリカでいうドミサイルがない外国の離婚判決を承認した例は他にないと指摘するものとして、Note, Jurisdiction: Recognition of Bilateral Mexican Divorces, 51 Cornell L. Q. 328 (1965-1966)。

る[41]。ニュー・ヨーク州では、つい最近まで不貞（adultery）だけが離婚原因とされていた。すなわち 2010 年まで、明確な破綻主義を採用せず、回復しがたい破綻（irretrievable breakdown or irreconcilable differences）が離婚原因に入っていなかった。そこで、ニュー・ヨーク州民で一定の余裕のある人たちは、ネバダ州に一定期間滞在するよりも、より簡単に離婚できるメキシコへの旅行を選んだのである。ニュー・ヨーク州の下級裁判所では、その判決の効果を認める判断を積み重ねており、州最高裁も 1965 年の時点でそれを覆すわけにはいかなかった。その結果、最も離婚に厳しい州において、外国で容易に得た離婚判決を最も緩やかに承認するという皮肉な事態が生まれた[42]。

　ただし、ここで確認しておくべきは、このような先例のあるニュー・ヨーク州を例外として、アメリカの州裁判所は、外国での離婚判決の承認については慎重だということである。少なくとも、たとえ両者が合意している場合であっても、短時日で得た外国離婚判決は承認されにくい（もっとも、ここで想定されているのは、アメリカ人夫婦が外国へ行って離婚判決を得てくる場合だという点に留意する必要がある）。

【離婚にまつわる他の諸問題——divisible divorce】

　離婚は、他の多くの法律問題を惹起する。主要なものは次の 4 つである[43]。

　　① 子どもがいる場合の、監護権の帰属（child custody）
　　② その子どもへの扶養料（child support）
　　③ 離婚時の配偶者への財産分与（division of property）
　　④ 配偶者への離婚後扶養料（alimony）

　これらは離婚の成立とは別個に争われることも多い。そして、最も重要な点は、アメリカ法では、Williams I 判決によって、離婚訴訟自体はそれが一方的手続であっても、当該州にドミサイルが認められる限り、有効な裁判管轄権のもとで裁判がなされたとして、原則的に他州でも「十分な信

---

41) Spillenger 297-298.
42) Spillenger 298.
43) Spillenger 300.

頼と信用」が付与されるの対し、前記4項目を含めた離婚にまつわる他の諸問題を訴訟で争う場合には、被告に対する有効な人的裁判管轄権がある場合だけ、有効な裁判が行えるとされているところである。

すなわち、アメリカでは離婚に伴う各種紛争は、別個の争点とされて、それぞれが争われる場合、離婚訴訟の場合と異なり、本則に戻ってデュー・プロセスの要請を満たす人的裁判管轄権を必要とする。この状況を divisible divorce（離婚にまつわる問題毎に分離した取扱いをすること）と呼ぶ[44]。それを示した代表的先例が、1948年の Estin v. Estin である[45]。

【Divisible divorce の例】

Estin v. Estin では配偶者への離婚後扶養料が問題となった。ニュー・ヨーク州民である夫婦が結婚の6年後の1943年、夫婦ともに参加した訴訟により、ニュー・ヨーク州で別居判決を得た。その際、ニュー・ヨーク州裁判所は、夫が妻を遺棄したとして、毎月180ドルの扶養料を支払うよう命じた。夫は1944年にネバダ州に行き、翌年まで滞在して、ネバダ州で離婚判決を得た。その際の訴訟の通知は擬制送達（現地の新聞等での公告）によってなされ、妻がネバダ州の訴訟に参加することはなかった。そして、この離婚判決には離婚後扶養料の支払いを命ずる定めはなかった。夫はその後扶養料支払いを停止した。そこで元妻が、ニュー・ヨーク州裁判所に訴えて扶養料の支払いを求めたのが本件である。夫は、ネバダ州の離婚判決の結果、原告に扶養料を支払う必要はないと論じた。

連邦最高裁は、ネバダ州での離婚判決については「十分な信頼と信用」を認めつつ、扶養料支払いについては、ネバダ州での裁判に拘束されないとした。言い換えれば、妻が参加せず一方的になされた離婚訴訟は、少なくとも離婚後扶養料の点では「十分な信頼と信用」を付与できないとしたわけである[46]。

---

44) Hoffheimer 396.
45) Estin v. Estin, 334 U.S. 541 (1948).
46) 同様の趣旨を、離婚判決による離婚後扶養料ではなく、別居した段階での扶養料請求にも適用した例として、Vanderbilt v. Vanderbilt, 354 U.S. 416 (1957)（カリフォルニア州で別居した夫婦。妻はニュー・ヨーク州に移り、夫はネバダ州で一方的判決を得た。ここでもこの判決に離婚後扶養料の定めはなかった。妻は、ニュー・ヨーク州で扶養料請求訴

同様の趣旨を子の監護権の場面で明らかにしたのが 1953 年の May v. Anderson である[47]。1947 年、3 人の子のいるウィスコンシン州民である夫婦が離婚を決意する。その時点で妻は 3 人の子と一緒にオハイオ州に移っていた。夫はウィスコンシン州で離婚訴訟を提起し、合わせて子どもの監護権も求めた。ウィスコンシン州裁判所はそれを認めたが、妻はこの訴訟に出頭することはなかった。そこで、元夫が、子どもを取り返すべくオハイオ州の裁判所に人身保護令状（habeas corpus）を出すよう求めたのが本件である。夫はウィスコンシン州裁判所での判決を承認して、ただちに子どもを引き渡すべきだと主張した。

　連邦最高裁は、ウィスコンシン州裁判所には離婚自体について有効な離婚判決を出す裁判管轄権があるが、子どもの監護権の部分については、ウィスコンシン州裁判所に妻への人的裁判管轄権が認められない限り、十分な信頼と信用を与えるべきでないと判断した[48]。

【子どもの監護権をめぐる渉外紛争】

　子どもの監護権に関する判決について、他州でその承認・執行を求める場合、裁判管轄権の認定が厳しいこと（本則どおり、被告へのデュー・プロセスにかなった人的裁判管轄権を要求すること）に加えて、その判決が、その後の時間的経過の中で、必ずしも終局判決と呼べなくなるという事情がある。子どもは成長するものであり、現実の親子関係が変化するため、かつての子どもの監護権に関する判決の内容を変更すべき場合がある。ほとんどの州で、子どもの監護権を判断するための基準は best interests of the child（子どもの最善の利益）とされており、何が最善の利益であるかは、新たな裁判の行われた時点で判断せざるをえないからである。

　したがって、ある州における子どもの監護権を決定した判決は、当該州

訟を提起し、夫がニュー・ヨークに有していた財産を差し押さえた。連邦最高裁は、この訴えを認め、ネバダ州は、妻の人的裁判管轄権がない限り、扶養料請求の権利を奪うことはできないと判示した。離婚判決は出せるが、扶養の義務は別としたわけである）。
47) May v. Anderson, 345 U.S. 528 (1953).
48) しかし、この判決によって問題は解決したわけではない。むしろ、子どもの監護権をめぐって州を越えた奪い合いを促進することにもなりかねない。Geoffrey C. Hazard, May v. Anderson: Preamble to Family Law Chaos, 45 Va. L. Rev. 379 (1959).

においてさえ、その後、それについて再度争うことが可能である。そして「十分な信頼と信用条項」のもとで、他州判決に対し、その他州の裁判所が有すると同じ効果を与えるべきだとすれば[49]、その判決の承認が争われた州の裁判所でも、その時点での「子どもの最善の利益」を判断して、元の判決を変更できることになるのであるから、他州の裁判所もそうすべきだということになる。そしてそれ自体は、州際の請求排除効の原則にも争点排除効の原則にも抵触しない[50]。

ところが、このような考え方のもたらす現実的効果は、ある州の裁判で子どもの監護権について敗訴した当事者が、子どもを連れて他州に逃れ、再度、自らに子どもの監護権を認めるよう求めて他州で訴えることとなった。そして他州での生活が一定期間に及べば、「子どもの最善の利益」とは、何よりも安定した継続的な生活環境の維持だとする心理学者の支援を受けて、他州の裁判所は、子どもの監護権の変更を命ずることが予想される[51]。それに不満な相手方（もう1人の親）は、今度は別の実力行使で対抗し、州を越えて訴訟が限りなく起こされることになりかねない。

このような困難を克服するために、アメリカでは4つの法律が制定された[52]。

① 「子どもの監護権に関する裁判管轄権についての統一法」（UCCJA, Uniform Child Custody Jurisdiction Act（以下、UCCJA））

② 「子どもの監護権に関する裁判管轄権と執行に関する統一州法」（UCCJEA, Uniform Child Custody Jurisdiction and Enforcement Act（以下、UCCJEA））

③ 連邦法による「親による子の誘拐防止法」（PKPA, Parental Kidnapping Prevention Act）

④ Hague Convention on the Civil Aspects of International Child Abduction（国際的な子の奪取の民事面に関する条約）、いわゆるハーグ条約を国内実施するための「国際的な子の奪取に関する救済法」

---

49) 28 U.S.C. §1738.
50) 前掲240頁参照。あくまでも終局判決について、これらの効力が認められる。
51) Spillenger 304.
52) Spillenger 304. そこには3つとあるが、2つの統一州法を別に扱う。

（International Child Abduction Remedies Act）（これも連邦法である）以下、これらについて説明する。

【UCCJA および UCCJEA】

これら2つの統一州法は、合衆国統一州法委員会が作成したモデル州法であり、各州議会がそれをそれぞれの州の法律として採用することによって、アメリカにおいて各種分野の法の統一を図るものである。子どもの監護権をめぐって、異なる州で同じことを何度も争う事態が頻発し、まず1968年にUCCJAが、そしてその改正版であるUCCJEAが1997年に公表された。重要な点は、いずれのモデル法もすべての州で採択されたということである。それは子の監護権をめぐる争いが州際紛争の中でも重要かつ解決困難なものだとする認識がアメリカ全土で共有されていたこと、そして結束してそれにあたる必要があるとの意識を示すものである。

まず、UCCJAの制定目的は、ある州の裁判所で子どもの監護権訴訟に敗れた親が、子を連れて他州に逃れ、他州で再度子どもの監護権を自らに認めるよう訴える事態を防止することだとされた[53]。

そのためにとられた方法は、1つの州にだけ子どもの監護権を争う裁判管轄権を認めること、他州の裁判所はその判断を尊重し、他州において子どもの監護権の変更をしないことというものだった。1981年までにすべての州がこの法律を採択した。

しかし、UCCJAは一定の成果を収めたものの、以下のような弱点があることが明らかになる。それは、裁判管轄権の根拠を4つ並べ、かつ本来1番目に掲げたものを管轄の根拠とすれば専属管轄となり、1つの州だけが裁判管轄権を有するという状況を実現できるところ、他の3つの管轄の根拠であっても、その州で先に提訴されれば、他の州での裁判に優先するとしたことによる。そのために、対立する親が異なる州において早く提訴するという裁判所への競争（race to the court）が生じた。

UCCJAが認めた4つの裁判管轄権とは次のようなものである。

ⓐ 子の「本拠」があるとされる州（home state）

---

[53] Uniform Law Commission, Child Custody Jurisdiction and Enforcement Act Summary. See http://www.uniformlaws.org/.

ⓑ 子の監護権紛争と密接な関係（significant connection）を有する州
　ⓒ 子がその州に存在し、子の福祉が危険にさらされて緊急事態が生じている場合のその州
　ⓓ 他の州がいずれも裁判管轄権を有さない場合には、子が現に存在する州

　すなわち、起草者としては、子の本拠たる州（home state）が裁判管轄権を有すべきだと考えたものの、他方で、他の根拠での裁判管轄権の成立を否定しなかった。その結果、複数の州で裁判が起こるのを防止できなかったわけである。

　1997年のUCCJEAは、このような弱点を有するUCCJAを改めたものであり、完全にUCCJAに取って代わるものだと位置づけられている。そして2014年のマサチューセッツ州を最後に50州すべて（連邦直轄地である首都ワシントンを含む）で採択された。

　だが、時間的順序としては、この間に1980年の連邦法PKPAが制定されているので、それについて次に記述する。

【PKPA】

　親による子の連れ去りを「誘拐」（kidnapping）と明記し、その防止を図る「親による子の誘拐防止法」（PKPA, Parental Kidnapping Prevention Act）は、連邦議会で1980年に制定された[54]。

　その目的は、合衆国憲法上の「十分な信頼と信用」を与えるべき他州の判決はどれかを明らかにするところにあり、それによってUCCJAと同様に、子どもの監護権をめぐって複数の州の裁判所が対立する事態、そしてそれをもたらす親による子の他州への連れ去りを防止することである。

　その内容はUCCJAときわめて似ており、子どもの監護権をめぐる裁判管轄権を基礎づける要素はここでもUCCJAと同じ4種類が定められている。だがUCCJAとは異なる大きな相違点が2つ存在した[55]。

　第1に、PKPAは子の本拠たる州（home state）に明確な優位性を認め

---

54) Parental Kidnapping Prevention Act, 28 U.S.C. § 1738A.
55) Uniform Law Commission, Child Custody Jurisdiction and Enforcement Act Summary. See http://www.uniformlaws.org/

た。他の根拠よりも常に優位するが、緊急事態だけは別であり、暫定的に当該州の裁判が行われることがあるとした（何よりも子の安全を優先するためである）。

　第2に、ある裁判所が子どもの監護権を定めた場合、その裁判所はその後も継続的な裁判管轄権を行使し続けるとされた。言い換えれば、他州の裁判所はすでにその州で係属中の裁判となっているわけであるから、勝手に子どもの監護権を変更する裁判ができないことになる。

　このようにして、PKPA は、子どもの監護権について複数の州の裁判所が異なる判断を示すような状況、そしてそれを目的として親が他州に子を連れ去るような行為を防止しようとした。

【ハーグ条約と「国際的な子の奪取に関する救済法」(International Child Abduction Remedies Act)】

　子どもの監護権をめぐる争いは合衆国内にとどまらない。外国へ子を連れ去った親が、その国で再度、自らに子どもの監護権を認めるよう訴えることが、アメリカ国内と同様に生ずる。このような事態に対し、Hague Convention on the Civil Aspects of International Child Abduction（国際的な子の奪取の民事面に関する条約（以下、ハーグ条約））が 1980 年に作られ、アメリカ合衆国は 1988 年にそれを批准した。同時に国内実施のための法律として、「国際的な子の奪取に関する救済法」(International Child Abduction Remedies Act)[56]を制定した。

　ハーグ条約は、外国への子の連れ去り（子の奪取）を防止し、そのような事態が生じた際には、元の国へとりあえず子を返す (remedy of return) ことを定めるものである。決して、子どもの監護権の実体的判断をするものではなく、いったん子を元の国へ返すという迅速な救済を用意して、子の奪取（外国への連れ去り）を防ごうとする。もちろん、その効果は、この条約を批准している国の間でしかないわけであるが、すでに 90 ヶ国以上が批准しており、日本も 2013 年に批准した[57]。

---

56) International Child Abduction Remedies Act, 42 U.S.C. 11601 et seq.
57) 参照、外務省「国際的な子の奪取の民事上の側面に関する条約（ハーグ条約）」。http://www.mofa.go.jp/mofaj/gaiko/hague/

アメリカの場合、先の連邦法によれば、アメリカ人が外国から子を連れ去ってきた場合、連れ去られた親が原告となって、子が所在する州の裁判所または同地域の連邦裁判所に訴えを提起することとされている。連れ去りの事実が認定されれば、ただちに元の国への返還命令（remedy of return）が出される。

　問題は、例外的に返還命令が出されない場合があることである。それは、連れ去った親が、子どもへの危害を加える親からむしろ救い出すための行動だったと認められる場合であり、ハーグ条約自体、子の返還が「身体的または心理的な危害その他子を耐え難い状況に置くような重大な危険」がある場合には、例外を認めている。

　条約の制定時には、連れ去るのは男親で、母親から救済の申立てがあることを主として想定していた[58]。だが、現実はむしろ逆であり、しかも連れ去った母親が、男親による虐待を主張するケースが少なくない。連れ去りの理由に立ち入った判断を常に求められると、ハーグ条約が想定していたできるだけ早急の返還命令により原状回復をしてから元の国で本格的な紛争解決をするという根幹が崩されることになるが、他方で、子どもを危険にさらしてよいわけがない。これについては、何らかの条件を付与したうえでの返還命令（たとえば元の国へ子を返すが、請求してきた親のもとではなく、裁判所の審理まで他の機関に子を預けることを条件とする）などの工夫がありうるとされている。

　もう1点、アメリカで問題とされたのは、ハーグ条約による救済の前提として、連れ去られた親に監護権が必要だとされていることである[59]。面会交流権（visitation right）で足りないことはいうまでもない。単独の監護権または共同監護権（joint custody）のある親が、子を外国へ連れ去られたという事実が必要である。ただし、子どもの監護権が何を意味するかは国によって異なるうえに、アメリカで具体的に問題となったのは、出国禁止命令（ne exeat order）が出されていること自体が、監護権に代わりうるか否かである。

　連邦最高裁は、2010年のAbbott v. Abbottで次のような判断を示し

---

58) Spillenger 309–310.
59) Spillenger 311–312.

た[60]。本件の夫婦は夫がイギリス人、妻がアメリカ人で、その間に 1995 年に子どもが生まれた。夫の転勤でチリに居住中に離婚し、元妻に子どもの単独監護権が認められ、元夫には週末の面会交流権と夏休みの間の面会交流権だけが与えられた。ただし、離婚判決の中で、チリから子どもを連れて出国しないという条件が付けられた。2005 年、元夫が面会交流権の拡大を求めて訴えを起こしたところ、元妻は子どもを連れてアメリカへ出国した。元夫は、アメリカの連邦裁判所に訴えを提起し、子どもをチリに即刻返還するよう求めた。

連邦最高裁は 6 対 3 でこの訴えを認めた。たしかに、元夫の権利は面会交流権だけであるが、ハーグ条約とその国内適用法上、本件の出国禁止の権利は、監護権に相当するとした[61]。

【UCCJEA】

以上のような経緯の中で、1997 年、UCCJEA という新しい統一州法が制定される。そしてすでに述べたように、このモデル法は現在までにすべての州で採択され[62]、UCCJA に取って代わった。その特色は次の 3 点である[63]。

第 1 に、PKPA と同じく子の本拠たる州（home state）の優位を認め、それ以外の州は子どもの監護権に関する訴訟において、子の本拠たる州に裁判管轄権を譲ると明記した。子の本拠たる州とは、当該訴訟の前に 6 ヶ月間、親と子が居住していた州（6 ヶ月未満の子の場合は出生から居住していた州）とする。例外は、一時的な緊急事態の場合の裁判管轄権であり、

---

60) Abbott v. Abbott, 130 S.Ct. 1983, 560 U.S. ___ (2010).

61) ただし、本件は差し戻されている間に子が 16 歳になったため、裁判は停止となった（子をチリに返還することはなかった）。ハーグ条約の適用は子が 16 歳未満の場合に限っているからである。

62) さらに 2013 年には、1996 年のハーグ条約（Hague Convention on Jurisdiction, Applicable Law, Recognition, Enforcement, and Co-operation in respect of Parental Responsibility and Measures for the Protection of Children）に適合するように改正がなされたが、この改正版は、まだこの条約に関する国内執行法が制定されていないので、各州に採択される段階になっていない。See Child Custody Jurisdiction and Enforcement Act (2013), http://www.uniformlaws.org/

63) Uniform Law Commission, Child Custody Jurisdiction and Enforcement Act Summary. See http://www.uniformlaws.org/

その場合だけは子の本拠たる州以外であっても裁判管轄権が認められるものの、それはあくまでも安全を確保する期間に限定される。

第2に、これも PKPA と同様に、子どもの監護権に関する訴訟が係属した裁判所が、いったん判決を出した後も、継続して専属的な裁判管轄権を行使する（continuing jurisdiction）。

第3に、UCCJEA の名称が示すように、enforcement（判決の他州における執行）についても初めて規定した。ある州で子どもの監護権に関する判決が出された場合、他州の裁判所は、その判決で定められた監護権や面会交流権を承認し執行する義務を負う。

そのための基本的な手続は、他州の判決の承認・執行を求める当事者が他州判決の登録（register）を請求する。争いなく登録がなされると、当該州において、相手方の親はその判決に抵抗すれば裁判所侮辱（contempt of court）に問われるなど、実効的な救済方法が提供される。ただちに子とともに裁判所に出頭するよう命令が出されるなど、人身保護請求と同様の迅速な手続が行われる。子の所在を探求することなど、必要なら検察官の協力も得ることができるとされている。

【子および配偶者に対する扶養義務と渉外関係】

アメリカ法では、とりわけ有責主義配偶者が離婚後も元の配偶者に扶養料を支払う義務があるとされてきた。歴史的には alimony と呼ばれる離婚後扶養料である[64]。同様に、離婚後も未成年の子がある場合には、子の扶養義務は存続するので、子どもの監護権をもたない親であっても、子の扶養料（child support）を支払う義務がある。

そこで、これらの義務を負う親が、元配偶者および子とは別の州に移った場合、他州においてこれらの扶養料をいかに支払わせるかが課題となった。これらの義務は、離婚判決とともに定められることが多いので、ある州の判決の他州における承認・執行の問題となり、合衆国憲法上の「十分な信頼と信用条項」に関係する[65]。

ただし、扶養料の内容は、義務者である親の状況の変化や、扶養料を受

---

64) 他に、maintenance という言葉もある。一般的には spousal support と呼ぶ。
65) 以下の記述について、Spillenger 312-315。

ける子や配偶者の状況の変化によって、変更可能と考えられてきたので、前項までに述べた子どもの監護権と同様に、他州の裁判所も先行する元の州の判決を変更する権限があるとされた。逆にいえば、「十分な信頼と信用」を与えなくてよいわけである。だが、子どもの監護権がそうであったように、そうだとすると、州を変えて何度でも訴訟が起こる事態が生ずる。

統一州法委員会は 20 世紀初めから、典型的には男親が配偶者や子を遺棄し何ら扶養しない場合を想定してこの問題の解決に努めてきた。1910 年に作成されたのが「遺棄と扶養懈怠に対処するための統一法（Uniform Desertion and Non-Support Act）である。だが、この統一州法では、親が他州に逃れた場合を想定しておらず、その後、交通の発達その他で、他州への移動が容易になるにつれて、その不備が明らかになった。そこで、1950 年に作成されたのが Uniform Reciprocal Enforcement of Support Act（URESA：扶養の相互的執行に関する統一法）である。そして 1958 年改正版が Revised Uniform Reciprocal Enforcement of Support Act（RURESA：扶養の相互的執行に関する改訂統一法）と呼ばれ、50 州すべてが採択した。

この法律のもとでは、遺棄された配偶者および子が他州で扶養判決の承認・執行を求める困難を慮って、扶養義務の履行を求める訴訟を遺棄された配偶者および子が居住する州の裁判所に提起すればよいことにした。その州の裁判所から、相手方のいる他州の裁判所に情報がいく仕組みである。だが、他州の裁判所は、新たに扶養義務の内容を審理することができたために、扶養義務を命ずる内容の異なる判決が複数存在する事態を防止できなかった。

そこで、統一州法委員会は 1992 年、RURESA に取って代わるものとして、Uniform Interstate Family Support Act（UIFSA：州際における家族の扶養に関する統一法）を制定した。その要点は以下のとおりである。

① 扶養命令を出すことのできる裁判所をある州に一元化し、その裁判所が出した決定を他州も尊重すること（十分な信頼と信用を与えること）とし、扶養内容の変更をするのもその裁判所だけとした（continuing jurisdiction）。またその州の裁判管轄権を他州にいる配偶者（扶養義務者）に及ぶよう、管轄権を拡大する規定（long-arm provision）を明記した。

② 扶養判決の他州での執行を求める場合、簡易な判決登録の制度を備

えた。

③ 1996年、連邦議会は、連邦政府の母子または父子家庭を援助するプログラムによる補助金を受けるために、各州が UIFSA を採択することを条件とした。そのためもあり UIFSA もまた 50 州すべてで採択されている[66]。

④ 元配偶者の扶養と子の扶養に関する決定とに関する決定では、取扱いに異なる点がある。前者は、元配偶者が扶養を必要としない状況になるまでは、継続して最初の決定を出した裁判所が専属的な裁判管轄権を有するのに対し、後者は、関係者（子ども、その監護権者、扶養義務者）が当該州にいなくなったようなケースでは、新たな州が裁判管轄権を有する場合がある。その場合、扶養内容を変更する決定の準拠法は法廷地法とされる。逆に、他州で、元の判決を執行する場合には、たとえば当該他州では子の扶養義務が 18 歳までとされる場合でも、元の判決の州で 21 歳までとされていれば、21 歳までの執行が求められる。

3 養子手続

アメリカ法では、家族法の大半は判例法であるが、養子手続だけは州議会の制定法によっている。また離婚と同様に、すべて裁判所の手続を経る必要がある。そこで、ここでは養子縁組ではなく養子手続と表記する。さらに、内容的にも、日本の普通養子縁組は、アメリカから見れば（そして実は世界の大多数の国から見て）「普通」ではない。日本では特別養子縁組と呼ばれる断絶型（養子と実方の血族との関係を断絶するもの）がアメリカでは（そしてほとんどの国で）普通である。言い換えれば、裁判所を通しての養子手続がなされると、元の親と子の関係は断絶し、養親と子の関係だけが親子関係となる。その目的は、本来の親のもとで育てられない子の

---

[66] UIFSA は、2008年に、アメリカ合衆国が前年に批准した国際的な扶養義務の履行に関するハーグ条約（Hague Convention on the International Recovery of Child Support and Other Forms of Family Maintenance）に適合するよう改正されており、この改正版は 2014 年 8 月現在 12 州で採択されている。Uniform Law Commission, Legislative Fact Sheet-Interstate Family Support Act Amendments (2008), at http://www.uniformlaws.org/内容は、従来、扶養義務に関し、アメリカ国内の他州での実現だけを考えて作られていた UIFSA を国際的な場面でも適用できるよう改正したものである。

養育にあるから、養子手続の対象は未成年者に限る。また、元の親の情報も裁判所記録に封印されて、開示されないのが原則である[67]。

養子手続も州境を越えて行われることが少なくない[68]。養子手続の対象となる子およびその実親、養親のすべてが同じ州にいれば、その裁判所に裁判管轄権があることに疑いはない。だが、それが異なる場合、まず養親のドミサイルのある州に裁判管轄権が認められ（なぜなら、その州で子がこれから生活することになるので、その州こそ子の最善の利益が判断できると考えられるから）、さらに仮に子がホームレスの状況なら、とりあえず子が所在する州にも養子手続の裁判管轄権が認められる。ただし、その場合にも、養子手続が開始されたことを実親に知らせることが必要だとされる。何といっても、アメリカの養子手続は実親の親としての地位をすべて失わせる効果をもつだけに、実親にも手続的デュー・プロセスの権利（通知と聴聞）が認められる。準拠法は、裁判管轄権が認められ裁判を行う法廷地法となる。

ある州の裁判所で出された養子決定について、他州は「十分な信頼と信用」を与えねばならない。他州で問題となる典型的なケースとしては、養親が死亡した場合に、その遺言または信託に「child」とある場合のその解釈である。相続については、先に述べたように[69]、相続財産が不動産の場合は不動産所在地法、動産の場合は被相続人が死亡した時点でのドミサイルがある州法を準拠法とするのが伝統的な立場である。しかしながら、この場合、法律よりも被相続人の意思こそが重要だとされているので、裁判所は、準拠法の問題をスキップして、遺言や信託の解釈で問題を解決することができる。一般的には、養子も child に含むと解釈されるのが通常である。

---

67) これらについて、樋口範雄「アメリカ養子法の課題—養子縁組に関する情報とプライヴァシー」家族〈社会と法〉6号99-124頁（1990）、同「アメリカ養子法」中川善之助=山畠正男編『新版・注釈民法(24)親族(4)』63-76頁（有斐閣・1994）参照。
68) 以下の記述は、Understanding 431 による。
69) 前掲112頁。

第11章　国際的な渉外関係

I　グローバル化の波はアメリカにも

　アメリカの渉外裁判法は、これまでアメリカ国内での渉外関係を主たる対象としてきた。日本の国際私法や国際民事手続法がもっぱら国外と関係する紛争を対象としてきたのとは大いに異なる。主たる理由は、アメリカが連邦制度をとって、50の州がそれぞれ別個の法と裁判所を備えているところにある。アメリカの弁護士にとって、州際という意味での渉外事件は日常茶飯事であり、日本と同様に本人訴訟が可能といっても、現実には訴えの入口の段階から非法律家では対処できないような問題があったから（どこの裁判所に行けばいいのか、どこの法が適用されるかなど）、それが100万人を優に超える数の法律家を必要とする素地をなしていた。ここでアメリカの渉外裁判法の特色を確認しておこう。

　第1に、アメリカのロー・スクールで修得する「法の抵触」（conflict of laws）で扱う対象の大半は、国内における渉外事件である。そして、複数の州にまたがる紛争に関し、まず裁判管轄権が認められるか、次に裁判管轄権の認められた裁判所で適用すべき準拠法は何か、その判決は他州でも承認・執行されるかという3つの課題について、幅広く議論が積み重ねられてきた。

　第2に、実は国内問題を中心とする視野の狭さとは逆に、アメリカで問題とされる「法の抵触」（conflict of laws）は私法に限られない広さを有している[1]。公法であれ私法であれ、まさに異なる「法」のいずれを適用す

---

1)　たとえば、刑事法分野でのアメリカにおける州際問題を紹介する最近の論文として Jenia I. Turner, Interstate Conflict and Cooperation in Criminal Cases: An American

べきかが課題とされてきた。日本において「国際私法」や「国際民事手続法」が「私法」や「民事紛争解決手続」だけに対象を限定してきたのに比べ、アメリカの方がその点では視野が広い。

　第 3 に、アメリカ渉外裁判法の法源は基本的に判例である。もちろん合衆国憲法上のデュー・プロセスの要請が、ある裁判所に渉外的な裁判管轄権をどこまで認めるかというような問題は、合衆国憲法の解釈によるのではあるが、これもその実質は連邦最高裁の判例による。同様に、準拠法の選択についても、日本の「法例」やその全面的改正法である「法の適用に関する通則法」のような法律ではなく、判例法の積み重ねによってルールが形成されてきた。

　第 4 に、伝統的に、アメリカの裁判所も学者も、渉外関係が国外に関係する場合であったとしても、基本的に国内の渉外関係（州際問題）で積み重ねてきた考え方をそのまま適用することに疑問を抱いてこなかった。もちろん、合衆国憲法上の「十分な信頼と信用条項」の適用は他州判決だけに及び、外国判決への適用はないというような明確な例外はある。だが、そのような例外を除けば、州際問題で発展してきた渉外裁判法を国際問題でも適用することができると考えてきた。たとえば、カナダのオンタリオ州の有する好意同乗者免責法（guest statute）の適用を考慮するにあたり[2]、ミシガン州の好意同乗者免責法の場合とまったく同様に判断していた[3]。

　しかしながら、グローバル化の波はアメリカにも及んできた。グローバル化（globarization）がアメリカ化（Americanization）を意味するという単純な考え方では対処できない事例が増加し、国内での渉外関係と外国を含む渉外関係とでは、取扱いを異にすべきだとする考え方が（ようやく）強まってきた。今更あらためてという感もあるが、国内での渉外裁判法と国際的な渉外裁判法とでは、次のように明らかな相違点がある[4]。

　まず、法も裁判制度も国内で統一されている多くの国では、この分野を

　　Perspective (July 28, 2014). 4 European Criminal Law Review 114 (2014); Available at SSRN: http://ssrn.com/abstract=2473248。
　2）　Babcock v. Jackson, 191 N.E.2d 279 (N.Y. 1963). 前掲 142 頁参照。
　3）　Spillenger 373.
　4）　Spillenger 374-375. ただし、そのままの要約ではない。

private international law（国際私法）と呼んで、国際的な民事訴訟だけを対象としており、しかもその多数派はヨーロッパ大陸法圏（Civil Law）に属していて、制定法の定める伝統的な準拠法選択ルールによっている。アメリカの「現代的なアプローチ」はアメリカ独自のものであり、国際的な訴訟において外国の法律家には理解の難しいものとされる。また、実際に適用しようとしても、外国の法政策の判断は（アメリカ国内の他州の法政策に比べて）容易でないということもあるかもしれない。

　国際的な渉外事件は、国内の渉外事件に比べ政治的・外交的問題を生じやすい。アメリカ渉外裁判法が、民事訴訟ばかりでなく広く法の抵触を対象とする点は、その要素を強める。たとえば、アメリカの規制法（独禁法や証券法など）を外国の企業に適用すれば、それはアメリカでは裁判所による準拠法選択にも見えるが、当然、規制を所管するアメリカ政府の問題ともなる。

　前記の問題は、ヨーロッパ大陸法の国々では、それぞれの国の立法管轄（legislative jurisdiction）の問題として論じられる。判例法主義をとるアメリカでは jurisdiction といえば裁判管轄権を意味することがほとんどだが、成文法主義の国々では、法律（立法）こそが法であり、その「法」が渉外的な場面で適用できるか否かが大きな問題となる。それが立法管轄権の問題である。しかも、規制法（公法）である場合、その域外適用（extraterritoriality）の是非の問題として論じられる。

　さらにアメリカ国内の渉外問題なら、それらはアメリカ合衆国憲法によって判断される事項となるが、国際的な場面では、二国間条約や多国間条約、あるいは国際法の諸原則によって判断がなされる。

　国際的な渉外事件では、アメリカ国内の渉外事件以上にその解決に困難が予想されるため、予めそのような事態が生ずる可能性を排除する傾向がある。具体的にいえば、アメリカ国内でも、準拠法選択条項（choice-of-law clause）や法廷地選択（管轄）条項（choice-of-forum clause）を契約中に明記し、裁判管轄権の有無や準拠法選択に関する争いを回避する傾向が強くなっている。国際的な渉外事件では、さらに一歩を進めて、裁判ではなく国際的な仲裁条項（compulsory arbitration clause）を挿入する場合が少なくない。

アメリカでも国際的な渉外事件に特有の法理がある。Act-of-State doctrine（国家行為の法理）は、アメリカ国内の渉外事件では出番がない。国内の state は州であり、決して国家ではないからである。また、国内の渉外事件では、いずれの州法を適用するかが最大の関心事となるが、国際的な渉外事件では、州法に対する連邦の専占法理（federal preemption）によって、そもそも州法の適用が排除される場合も少なくない。しかもそこでもっぱら適用される連邦法が、国際的な場面で域外適用してよいかという課題を生じさせる。

これらの事情によって、アメリカでも、国内の渉外事件についての渉外裁判法とは別個の考慮が国際的な渉外関係事件では必要だとようやく考えられるようになってきた。以下、それらの実例を説明する。

II 立法管轄権と域外適用

1 立法管轄権の意義

先にも述べたように、アメリカ国内では、jurisdiction といえば多くのケースで裁判管轄権を意味する。しかし、国際法では、legislative jurisdiction（立法管轄権）という言葉が、judicial jurisdiction（裁判管轄権）と並んで用いられる[5]。前者は、jurisdiction to prescribe（規範を定める管轄権）、後者は jurisdiction to adjudicate（裁判を行う管轄権）ともいう。

そして前者（立法管轄権）については、ヨーロッパ大陸法の国々でも、当然ながら、私法ばかりでなく公法（刑法、行政規制法）を含めて立法管轄権の範囲を問題としてきた。基本的な考え方としては、従来、その範囲はまさに領土内（territory）に限定されていた（アメリカの国内での裁判管轄権や準拠法指定の考え方の基礎に領土概念が長く存在していたのと同じである）。だが、経済その他の国際交流が進むようになると、立法管轄権の範囲も拡大した。国内法の域外適用が行われるようになったのである。たとえば、日本の刑法3条は「国民の国外犯」と題して、殺人罪を含め多数の

---

5) Spillenger 376.

犯罪について「この法律は、日本国外において次に掲げる罪を犯した日本国民に適用する」と明記する。もちろん、このような国外への法律の適用は、他国の主権と抵触する場合がある。そこで、いかなる場合に国内法の域外適用を認めるべきかが問題とされてきた。

すでに 1935 年、アメリカでも、ハーバード大学ロー・スクールの国際法プロジェクトでは、犯罪に関する立法管轄権の根拠に関する慣習国際法を次のように整理していた[6]。

【立法管轄権の根拠】
　① 属地主義原則（territorial principle：領土に基づく原則）──犯罪が行われた地を根拠に立法管轄権を認める
　② 行為者国籍原則（nationality principle）──犯罪の加害者の国籍を根拠に立法管轄権を認める
　③ 国益保護原則（protective principle）──犯罪によって損なわれる国益を根拠に立法管轄権を認める
　④ 普遍主義原則（universality principle）──一定のきわめて重大な犯罪についてはすべての国に立法管轄権を認める
　⑤ 被害者国籍原則（passive personality principle）──犯罪の被害者の国籍を根拠に立法管轄権を認める

そして、これら 5 つの根拠は、犯罪ばかりでなく、他の種類の法律の管轄範囲を議論するうえでも考え方の基礎となった。

この 5 つのうち第 1 と第 2 に関しては異論が少ない[7]。たとえば、犯罪が領土内で行われていれば、それをその国法で犯罪として扱うことは当然であろう。第 2 原則は刑法でいえば国外犯であるが、先の日本刑法 3 条も犯罪者の国籍原則によっていた。

しかしながら、残る 3 つの根拠については異論がありうるとされる。

---

[6] Harvard Law School Research in International Law, Jurisdiction with Respect to Crime, 29 American Journal of International Law 435, 445 (Supp. 1935).

[7] たとえば、see Restatement (Third) of Foreign Relations Law of the United States, Ch. 4, Introductory Note at 237。

2 立法管轄権の適用——重要な2つの古典的先例

この問題について、古典的先例とされるものは次の2つである。

1つは、アメリカの判例ではなく、1927年に当時の常設国際司法裁判所が下した Lotus 判決である[8]。フランスの蒸気船が公海上でトルコの船舶に衝突し、沈没させて両方の船員や乗客に死傷者を出した。フランスの船舶はトルコの港に入り、そこでトルコの官憲によりフランス船舶の船員が逮捕され有罪判決を受けた。フランスは常設国際司法裁判所にこの件をもち出し、この事件の裁判管轄権を有するのは船舶の旗国であるフランスだけだと論じた。常設国際司法裁判所は、トルコの船舶が沈没している以上、フランス人船員の業務上過失の「効果」(effects) はトルコ領に及んでいると判示して、トルコの裁判管轄権を認めた。この先例は、それまで厳密な属地主義原則が主流となってきた考え方に対し、問題となった行為の影響・効果がある国に及ぶ場合には、領土外の行為でも裁判管轄権が及ぶという「効果法理・効果主義」(effects doctrine) を明示するものとなった。

アメリカの裁判所においてこの法理を明示したもう1つの先例に、1945年の United States v. Aluminium Co. of America（通称 Alcoa 判決）がある[9]。Alcoa はカナダの会社であり、アメリカ以外の他の会社とカルテルを結んで競争を阻害したとして、アメリカ合衆国が訴えを提起した。アメリカの独禁法である Sherman Act 違反で訴えたのである。カルテルが結ばれたのはアメリカの領土外だったが、第2巡回区連邦控訴裁判所のラーニド・ハンド裁判官は、その反競争的「効果」がアメリカのアルミニウム市場に影響を与えているとして、アメリカ法の適用を認めた。要するに、「効果法理」を採用して、立法管轄権を拡大したのである。独禁法の域外適用を認めたことになるが、あくまでもその「効果」がアメリカの領域に及んでいるという論理に従っていた。その意味で、「効果法理」は属地主義原則の系（そこから派生するもの、あるいはそれに含まれるもの）とされる[10]。そして、渉外関係に関する第3次リステイトメントでは[11]、「領域

---

8) S. S. Lotus (France v. Turkey), PCIJ, Series A, No. 10 (1927). この判決については、Currie casebook 801 も参照されたい。
9) United States v. Aluminium Co. of America (Alcoa), 148 F.2d 416 (2d Cir. 1945).
10) Spillenger 378-379.
11) 参照、アメリカ対外関係法リステイトメント研究会は、「アメリカ対外関係法第3リス

外でなされた行為であっても、領域内において相当の効果・影響 (substantial effect) を及ぼすことを意図」しているものについては、立法管轄権が及ぶ (域外適用が認められる) と明記した[12]。

しかしながら、たとえば製造物が合衆国外で製造された段階で瑕疵があり、合衆国内で使用された際に消費者に被害を負わせた場合なら、「効果法理」は属地主義原則の一部として理解しやすい。ところが、それが独禁法違反の影響となると明確に目には見えないために、はるかに議論の種となりやすい。しかも、独禁法違反を提起できるのは、Sherman Act では合衆国政府に限定されていない (政府だけであれば、外交関係を担う合衆国政府として、他国の政策への一定の配慮も期待できる)。だが、アメリカでは、私的訴権が認められるうえに、3倍賠償まで認めて、訴訟の提起を促している。独禁法違反が国内で行われているなら、それも問題はないが、国外で外国の事業者が行ったことをとがめるとなると、さらにその国では同様の行為が独禁法違反とされていないとなると、国際的な摩擦が大きくなる。

したがって、アメリカの裁判所は、アメリカの法律 (連邦の法律と州の法律) がその域外適用について明示していない場合、「域外適用なしという推定原則」を適用してきたとされる。それを示す最近の例が次の判例である (だが、後に述べるように、この推定原則には強い疑問が提起されている)。

3 域外適用なしという推定原則？

1991年、EEOC v. Arabian American Oil Co. (Aramco 判決)[13]という判決において連邦最高裁は、「域外適用なしの推定原則」があることを明示した。事案は、アメリカに帰化した元レバノン人が、デラウェア州法人である石油会社 (主たる営業所をテキサス州とする会社) のサウジアラビア事業所に勤務していたところ、5年後の1984年に解雇されたことに端を発する。原告は、この解雇が自らの人種や宗教を理由とする差別的解雇であり、それを禁ずる市民的権利に関する法律第7編 (Civil Rights Act, Title

---

テイトメント」国際法外交雑誌88巻5号529頁 (1989) を皮切りに「資料」として翻訳掲載している。

12) Restatement (Third) of Foreign Relations Law of the United States §402.
13) Equal Employment Opportunity Commission v. Arabian American Oil Co., 499 U.S. 244 (1991). 以下、Aramco 判決と呼ぶ。

VII)に反するとしてテキサス南部地区連邦地裁に訴えを起こした。同じ訴えを受けた雇用均等機会委員会(EEOC, Equal Employment Opportunity Commission)も訴訟に参加しているが、まず、問題となったのは、雇用差別を禁ずる第7編がアメリカ以外の地での雇用に適用があるか否か(それがないとしたら、連邦裁判所には事物裁判管轄権がないことになる)という点だった。

連邦地裁は、アメリカ以外の地に適用なしとし、控訴裁判所もそれを認めて、訴えを棄却した。裁量上告を受けた連邦最高裁は、「アメリカ法の長い伝統によれば、連邦議会による立法は、それに反する意図が明確に表れていない限り、合衆国の領域内でのみ適用されるという趣旨である」[14]と明言し、そのうえで第7編の立法過程や文言を精査し、連邦議会が明らかに域外適用を意図していたとはいえないとした。要するに、アメリカの法律には「域外適用なしという推定」が働き、その結果、本件ではサウジアラビアでの解雇に市民的権利に関する法律第7編の適用はなく、そこに連邦問題(連邦法に関わる問題)が認められない以上、連邦裁判所に裁判管轄権がないので訴えを棄却した。

ところが、この判決に対しては、その結論自体に、そしてその基になった「域外適用なしという推定」原則についても強い疑問が提起されている[15]。

第1に、Aramco判決の状況は、ニュー・ヨーク州民が、たまたま好意同乗者免責法の残る州で自損事故を起こし、助手席に乗せていたニュー・ヨーク州民にけがをさせた場合の処理を想起させる。その際、伝統的な立場では不法行為地法を形式的に適用していたが、抵触法革命を経たアメリカの多くの州ではニュー・ヨーク州法を選択することにした[16]。事案において最も密接な関係を有するのは、明らかにニュー・ヨーク州だったからである。同様に、本件では、アメリカの会社がアメリカ人を解雇しており、それがたまたまサウジアラビアの地で生じたに過ぎない。この状況に雇用差別を禁止するアメリカ法を適用することが、サウジアラビアとの外交問

---

14) EEOC v. Arabian American Oil Co., 499 U.S. 244, 248 (1991).
15) See, e. g., Spillenger 382-384.
16) 前掲142頁参照。

題になるだろうか。そもそもサウジアラビアの関心事だろうか。

　第2に、「域外適用なしという推定原則」自体、この判決が出された1991年以前に一貫して適用されたわけではなく、それ以後も忠実に遵守されているものでもないという、根本的な批判がある[17]。1991年のこの判決で、連邦最高裁の多数意見は連邦法の解釈原則として「域外適用なしという推定原則」が「長い伝統」として存在すると明言したが、実際にはそうではないというのである。この判決以前に、法律自体が曖昧な場合に裁判所が域外適用を認めた例がいくつもあり、またこの判決以後も独禁法をはじめとして、法律が不明確な場合でも域外適用を認めているという批判がなされた。

　第3に、この1991年以前に「域外適用なしという推定原則」を宣言した判例を分析すると、その射程距離の限界が明らかだとする批判もある。たとえば、その古典的先例は、1909年のAmerican Banana Co. v. United Fruit Co. である[18]。ホームズ裁判官は、属地主義原則こそが大原則であり、問題となっている行為がアメリカ合衆国以外でなされている場合にアメリカ法を適用するのは、行為者にとって不意打ちになるという意味で正義に反するばかりでなく、他国の主権に干渉することになり、諸国間の礼譲にも反すると述べて、パナマで行われたアメリカの独禁法違反行為に対し、アメリカ法の適用を否定した。しかしながら、1909年当時は、渉外裁判法全体についてまだ属地主義が主流であって、領土に基づく裁判管轄権および準拠法選択が当然とされていた時代である。ホームズの言明も、そのような背景の下で理解すべきである。実際、その後、すぐ前に紹介した「効果主義」によって、独禁法の域外適用は大幅に拡大し、ホームズの言明は過去のものとなった。

　第4に、この1991年の判決で連邦最高裁はTitle VIIの域外適用を否定したが、「域外適用なしの推定」を覆すために原告が何を主張すべきかは明らかにしなかった。さらに、この判決を覆すために、連邦議会が迅速に行動し、同じ1991年、市民的権利に関する法律の改正を行い、Title VII

---

17) Spillenger 382. 同趣旨の指摘として、Curtis A. Bradley, Universal Jurisdiction and U.S. Law, 2001 University of Chicago Legal Forum 323, 333 (2001)。

18) American Banana Co. v. United Fruit Co., 213 U.S. 347 (1909).

について適切な場合には域外適用を認めると宣言した[19]。

【域外適用拡大の例】

　このように見ると、「域外適用なしという推定原則」がアメリカにおいて現在も生きているとするのは疑問が多い。むしろ、現代においては、効果主義を含む属地主義や行為者国籍原則ばかりでなく、他の立法管轄権の根拠によって域外適用を拡大する例が目立つ。代表的な例が、1988 年の United States v. Yunis 判決である[20]。

　この事案は、1985 年、レバノンのベイルートからヨルダンのアンマンを目指して飛び立とうとしていた航空機が乗っ取られた国際的事件に関わる。乗取犯はアラブ連盟会議が開かれていたチュニジアに進路をとれと命じたが、結局、周辺諸国のどこも着陸許可を出さず、約 30 時間後にベイルート空港に引き返した。人質を解放後、飛行機を爆破して乗取犯は逃走した。

　被告人である Yunis は、このハイジャック事件の主犯と目される人間であり、その後、地中海で逮捕されてアメリカ当局の管轄下に入った。そしてコロンビア特別区の連邦地裁で裁判にかけられることになった。犯罪として、アメリカの人質事件防止法や航空機破壊防止法（いずれも連邦法違反）[21]が根拠となっていたが、被告人側は、「アメリカの連邦裁判所に裁判管轄権はない、なぜならこれらの連邦法は非アメリカ人が外国で犯した行為に適用されないはずだ」と論じた。

　実際、ハイジャックされた飛行機は、レバノンから中東・北アフリカ地域を飛行しており、飛行中もアメリカ領土内に入ることはなかった。被告人はレバノン国籍であり、アメリカとの関わりといえば、人質の中に数人アメリカ国籍の人がいたことだけだった。

　合衆国政府は、立法管轄権の根拠として普遍主義原則と被害者国籍原則

---

19) Spillenger 384. この経緯は、権力分立制度のあるべき姿を示しているとも解釈されるものの、連邦最高裁が連邦議会の意図を曲解したのをただちに訂正したと理解することも可能である。

20) United States v. Yunis, 681 F.Supp. 896 (1988). 連邦地裁判決ではあるが、Currie casebook 796 にも取り上げられて、立法管轄権拡大の傾向を示す代表例とされている。

21) Hostage Taking Act, 18 U.S.C. §1203, and Destruction of Aircraft Act, 18 U.S.C. §32.

があると論じ、いずれによっても被告人の行為をアメリカ法で裁くことができると論じた。

まず、普遍主義原則（universality principle）とは、古くからある海賊行為（piracy）や、国家による大量殺人などの人道に対する罪、戦争犯罪など、きわめて残虐な一定の犯罪について、いかなる国にも立法管轄権を認める法理である（だからこそ普遍主義と呼ばれる）。この中に本件のような航空機ハイジャック犯罪が入るか否かが争点となったが、連邦地裁は、ハイジャックに関する条約や渉外関係法に関するリステイトメントを引用したうえで、ハイジャック犯罪はこのような立法管轄権を基礎づける犯罪だとした。

次に、連邦地裁は、被害者国籍原則（passive personality principle）、すなわち本件の人質となった者の中にアメリカ人が含まれていたことによっても、アメリカ合衆国の立法管轄権は基礎づけられるとした。判決の中では、この原則が立法管轄権を基礎づける5つの根拠の中で最も議論を呼ぶものであり、一般的には、これを認めると犯罪者は（空間的に見て）限度のない刑事責任を負うとして消極的にとらえられてきたことを認めつつも、本件では問題がないとした。1つには、ハイジャック防止条約でも、人質に自国民が含まれている場合、国内法の域外適用を認める裁量権を明確に認めていること、さらに、一般論としても、テロリストに対しては、被害者国籍原則を根拠として立法管轄権を認めることに積極的な傾向が見られると指摘した。

このように、この判例は、先に掲げた立法管轄権の5つの根拠のうち、従来は、議論の残った部分についても、（ハイジャックのような特殊な事例ではあるが）アメリカ法の域外適用を積極的に認める傾向があることを明確に示した。

4　具体的な域外適用分野

アメリカ法の域外適用が重要な問題となったのは、国際的な経済関係に影響を与える分野である。

【独禁法の域外適用】

まず近年における独禁法の域外適用が大きな問題となった。

すでに見たように、1909 年の American Banana Co. v. United Fruit Co. 判決で、連邦最高裁はアメリカ独禁法（通常反トラスト法と呼ばれる）の域外適用に否定的な姿勢を鮮明にしたが[22]、1945 年の Alcoa 判決において、連邦控訴裁判所は、他国で結ばれたカルテルでもアメリカに大きな影響を及ぼす場合はアメリカ法の適用内だとして「効果主義」を採用し、適用範囲を大きく拡大した[23]。そしてアメリカの立法管轄権、とりわけその法律の域外適用は、独禁法をはじめとする経済政策に関連した場面で、大きな国際問題となった。

アメリカ独禁法の場合、政府ばかりでなく私人にも訴権が認められていること、利用できる救済方法も 3 倍賠償が認められていることなど、他の諸国にはない重要な特色を有していたことがその背景にある[24]。

連邦最高裁が、「Sherman 法が域外適用されることは、すでに十分確立した原則である」と宣言したのは、1983 年の Hartford Fire Insurance Co. v. California である[25]。

ただ、この事件自体は、5 対 4 という判断が示すように、アメリカ独禁法の域外適用について最も難しい要素を含んでいた。訴えたのは、アメリカの個人およびいくつかの州政府（カリフォルニア州も含まれていた）であり、その主張の内容は、ロンドンの再保険会社が共謀してアメリカの保険市場の実務を変更させ、アメリカの消費者に不利な結果をもたらしたというものだった。これに対し、被告は、本件についてアメリカ独禁法の域外適用は認められず、したがってカリフォルニア北部地区の連邦裁判所に裁判管轄権がないと反論した。

難しいというのは、本件の被告がイギリスの保険会社を含んでいたこと、

---

22) 前掲 299 頁。
23) 前掲 296 頁。
24) 以下の記述について、Spillenger 385-392。
25) Hartford Fire Insurance Co. v. California, 509 U.S. 764, 814 (1983). （ただし、この言明はこの事件で少数意見に回ったスカリア裁判官による。スカリア裁判官は、本件で域外適用を認めた結論に反対しており、そのスカリア裁判官ですら、一般論として Sherman Act の域外適用は当然ありうると認めていたということになる）。

共謀とされた行為がイギリスで行われていたこと、さらにその行為はイギリス法上は適法とされるものと考えられたからである。単純に1945年のAlcoa判決の効果主義を適用すれば、アメリカの保険市場や消費者に影響を与える行為であるから、Sherman Actの域外適用を当然認めることになる。だが、この時点では、効果主義をただちに適用せず、域外適用を合理性のある場合だけに限る、あるいは重要な効果を与える場合に限定する立場も有力だった[26]。本件では、イギリス法のもとで適法とされる行為に対し、私人と州政府が主導権をとってアメリカの独禁法違反（連邦法違反）と認定しようというのであるから、アメリカにおける連邦制度のもとでの外交政策・経済政策的判断を誰が担うかという配慮を含めて、議論が分かれるのが当然である。連邦最高裁は、5対4ではあるものの、国内市場に影響を与える行為については、独禁法の域外適用を認めてよいとした。

ただし、連邦最高裁がどのようなケースにでも独禁法の域外適用を認めてきたわけではない。たとえば、2004年のHoffman-La Roche v. Empagran, S.A.では[27]、ビタミンの価格維持を図る国際的共謀（カルテル）が問題となったが、そこで被告とされた企業の中には、アメリカ以外の市場でのみ事業を行っているものも含まれていた。連邦控訴裁判所は、連邦議会の意図は、価格維持の共謀を国内と国外を問わず禁圧する趣旨だとして、そのような企業に対する域外適用も認めたが、連邦最高裁は全員一致でその解釈を覆した。国内の市場に対し重大な危害（significant harms）を及ぼすようなものでなければ、域外適用を認めないとしたのである。たしかに、アメリカ以外の国々でのみ効果を及ぼすものをなぜアメリカが規制しなければならないのかは、法廷意見を記したブライヤー裁判官ならずとも疑問に思うところであろう[28]。

---

26) 代表的な先例として、Timberlane Lumber Co. v. Bank of America, 549 F.2d 597 (9th Cir. 1976)。効果主義にも jurisdictional rule of reason（立法管轄権を及ぼすうえでの合理の原則）が適用されるとして、対象となる外国の法政策などさまざまな要素を衡量して、域外適用を認めるか否かを判断すべきだと判示した。
27) Hoffman-La Roche v. Empagran, S.A., 542 U.S. 155 (2004).
28) Hoffman-La Roche v. Empagran, S.A., 542 U.S. 155, 165 (2004). (カナダやイギリスや日本その他の外国当局が、それぞれの消費者を保護するためにどうすべきかにつき、一定の決定をしているのに、それをアメリカ法で補充してあげる必要がどこにあるのだろうかと、ブライヤー裁判官が疑問を呈している)。

【証券法の域外適用】

　独禁法に劣らず、国際経済的な側面で重要な法律に証券規制法がある。実際に国際摩擦を生ずる事例となる頻度が高く、しかもいったん生ずると経済的に大きな影響を及ぼす[29]。そしてアメリカの証券法や証券取引所法に、域外適用の可否についての明文規定はない。しかも、独禁法の場合と同じく、アメリカでは証券詐欺に対し私的訴権が認められている。したがって、その域外適用が認められるか否かは重要な課題となる。

　だが、これまでのところ連邦最高裁は、証券法の域外適用が独禁法と同様に認められるかについて判断したことはない[30]。現状では、第2巡回区連邦控訴裁判所の判例が権威を有しており、そこでは2つのテストによって域外適用を認めてきた[31]。1つは、「行為テスト」（conduct test）と呼ばれ、合衆国内で証券詐欺の単なる準備作業以上の行為が行われた場合、その後合衆国以外で証券詐欺がなされた場合であっても、アメリカの証券規制の対象となる。いま1つは、Alcoa判決に倣った「効果主義テスト」（effects test）であり、合衆国以外の地での行為であっても、合衆国内に「相当の影響」（substantial effect）を及ぼすようなら、アメリカ証券法の適用対象となる。全体としてみて、第2巡回区連邦控訴裁判所は証券法の域外適用に積極的だと考えられる[32]。

　ただし、ここでも当該行為が外国では適法とされる場合、アメリカ証券法の域外適用は真正面から法の衝突を生じさせるから、国際的な問題を起こしやすい。

【知的財産法の域外適用】

　近年、知的財産権の重要性がどこの国でも増加し、国際的な問題も生じやすくなっている。アメリカも著作権保護期間の延長や特許権重視の政策などで、その中心にいる様相を呈している。ただし、知的財産法の域外適

29）　Currie casebook 832.
30）　Spillenger 392.
31）　Currie casebook 832.
32）　Currie casebook 833 でも、第2巡回区連邦控訴裁判所は、Aramco 判決が代表する「域外適用なしという推定原則」を無視してきたと指摘する。

用という点では、次のように比較的単純な結論が出されている[33]。

すなわち、知的財産法の主要分野である、特許法および著作権法（これらはアメリカの場合、連邦議会による制定法である）は域外適用されない[34]。それに対し、商標法（trademark law, Lanham Act と呼ばれ、やはり連邦制定法である）については、域外適用がありうる。なぜこのような違いが生じたかといえば、それは単に歴史的な事情によるのであって、理論的なものではない。特許権と商標権の違いについていえば、「域外適用なしという推定原則」の存在を強調した 1991 年の Aramco 判決よりずっと前に、連邦最高裁は、1972 年の判決で特許法については域外適用なしと宣言し[35]、逆に 1952 年の判決で、商標を保護する Lanham Act について域外適用を認めていた[36]。これらが今も有効な先例として扱われている。

ただ単に異なる先例があるという理由ばかりでなく、これらの分野では、裁判所が一律の判断を示すよりも、まさに外交関係の一部として大統領や連邦議会が当該国家と交渉して解決に努める方が効果的であり、また具体的妥当性も図ることができるとする議論もある。そのような論者は、商標法についても、裁判所としてはむしろ「域外適用なしという推定原則」を尊重し、これらの分野の解決は連邦議会と大統領に委ねるべきだとする権力分立論を唱える[37]。

さらにこれらの分野では国際条約の役割が大きい点に留意する必要があ

---

33) 以下の記述は、Spillenger 393-395 による。
34) なお、わが国では、日本で製造しアメリカに輸出しようとした製品がアメリカの特許権を侵害していると主張された、いわゆるカードリーダー事件最高裁判決（最判平成14年9月26日民集56巻7号1551頁）がある。いったん準拠法選択の問題として扱われ、アメリカ法を準拠法と認めながら、結論としては日本法上の公序に反するとして、適用を否定した。わが国では、このような理論構成に批判が強いという（属地主義を説きながら、アメリカ法を準拠法と認め、さらに公序で適用を覆したこと）。たとえば参照、駒田泰土「カードリーダー事件最高裁判決の理論的考察」知的財産法政策学研究2号43頁（2004）。たしかに、アメリカで域外適用を否定しているものを、わざわざいったん準拠法として選択することには違和感も残る。
35) Deepsouth Packing Co. v. Laitram Corp., 406 U.S. 518 (1972).
36) Steele v. Bulova Watch Co., 344 U.S. 280 (1952). 松岡博「商標法の域外適用と属地主義」同『アメリカ国際私法の基礎理論』（第5章）207頁以下（大阪大学出版会・2007）参照。
37) Curtis A. Bradley, Territorial Intellectual Property Rights in an Age of Globalism, 37 Va. J. of International Law 505 (1997).

る。著作権に関するベルヌ条約はその代表であり、1989年にようやくアメリカはこれに加盟したが、この条約の加盟国は、それぞれの国で与える著作権保護と同じものを外国人にも認めることとされている。これでは不十分だとするアメリカ人がいたとして、アメリカの著作権法の域外適用を求めても、先に述べたように、アメリカの裁判所は著作権法の域外適用は認めていない。

　逆に、アメリカ人が、外国の著作権法の適用をアメリカの裁判所に求めたらどうかという問題もある（いわば外国法のアメリカにおける域外適用という問題である）。紛争解決をするための準拠法として、当該外国の著作権法を選択し適用することがあるかということでもある。結論としては、アメリカの裁判所は、このような適用に消極的である。アメリカの著作権法について域外適用に否定的であるのと同様に、これらの国際的・経済的政策問題を伴う課題は、裁判所ではなく、連邦議会や大統領が対処すべき問題だと考えられている。

　ただし、1998年の Itar-Tass Russian News Agency v. Russian Kurler, Inc. では[38]、タス通信がニュー・ヨークでロシア語新聞を発行する会社を著作権侵害で訴えた。このケースでは、外国法人が、ロシア法上の著作権侵害理由に、ニュー・ヨークで訴えており、第2巡回区連邦控訴裁判所は、元々の記事について原告に著作権があるか否かはロシア法を準拠法として判断するが、ニュー・ヨークで著作権侵害があるか否かはアメリカ著作権法によって判断すると判示した。このように知的財産権の侵害行為（と主張されている行為）がアメリカ国内で生じている場合、その部分については、著作権の域外適用ではなく、まさに域内での適用がなされる。

【アメリカにおける域外適用と準拠法選択の異同・関係】

　アメリカの国内での渉外関係では、「法律の域外適用」という問題は生じない。正確にいえば、問題は生じているのだが、裁判所で事案解決に最も適切な法を選択して適用する（法選択の問題）と考えられている。しかし、国内での渉外関係ではそのような用語法、あるいは考え方で処理され

---

38)　Itar-Tass Russian News Agency v. Russian Kurler, Inc., 153 F.3d 82 (2d Cir. 1998).

ており、国際的な問題になると法律の域外適用の問題として考えているというように、単純に区別することはできない。

すでに繰り返し述べたように、カナダのオンタリオ州で起きた交通事故について、当事者がニュー・ヨーク州民であり、ニュー・ヨーク州裁判所で訴えが提起された場合、オンタリオ州法とニュー・ヨーク州法の間に法の抵触があったときには、そのいずれを選択するかが問題とされてきたからである[39]。その結果、ニュー・ヨーク州法が選択されていれば、それはニュー・ヨーク州（不法行為）法の「域外適用」がなされていると見ることもできるが、そのような呼び方はなされなかった。

逆に、1991年の Aramco 判決で問題となった市民的権利に関する法律第7編（Title VII）の適用の可否を考えるにあたり、連邦最高裁は、当該事件で適用すべき法としてアメリカの Title VII か、もしくは解雇が行われたサウジアラビアの法のいずれが適切かを判断し、準拠法選択の問題として処理することも可能だったように見える[40]。その事件では、明らかにアメリカ法とサウジアラビア法の間に法の抵触があり、Title VII の適用はないと判断した以上、サウジアラビア法を適用することも一応考えられる。そのように考えれば、準拠法選択と域外適用の問題は、実は同じことであるのが明白になる。

しかし、裁判所は、Aramco 判決において連邦最高裁はサウジアラビア法を適用して結論を導いたのではなく、Title VII の適用がないため、連邦裁判所に裁判管轄権なしとして訴えを棄却した[41]。もちろん訴えを提起した当事者もサウジアラビア法の適用は望んでいなかった。サウジアラビア法では、人種その他の理由による解雇に対し有意義な救済が得られないからこそ、Title VII の適用を求めてアメリカの連邦裁判所に訴えたのである。

したがって、準拠法選択の問題と、アメリカにおける法の域外適用の問

---

39) 前掲 142 頁。
40) Aramco 判決については、前掲 297 頁。
41) アメリカの連邦裁判所は限られた裁判管轄権しかもたない。その主要なものの1つに連邦法に関する問題（連邦問題）を内容とする訴訟があり、逆にそれが事物管轄権の根拠である場合、連邦法の適用がないのであれば、連邦裁判所の裁判管轄権自体ないことになる。『アメリカ憲法』111-112頁参照。

題とは区別されねばならない。先に述べたように、州際・国際という区別ではなかった。同様に、前者が州際私法、後者が国際公法の問題であるとして、適用される法が私法か公法かという区分も成立しない。アメリカの渉外裁判法では、ヨーロッパ大陸的な国際私法（あるいは国際民事手続法）ではなく、まさにより広い法の抵触問題を扱ってきたからである[42]。

本書では、実際的な問題として、アメリカにおいて「法の域外適用」が問題とされる事象が、少なくともその主要な課題が、連邦議会による制定法で経済的規制に関わるものだということを確認することで、とりあえず十分とする。それが、具体的には独禁法（反トラスト法）や証券法、知的財産法などの分野であり、それぞれの事案の内容は異なるものの、アメリカ人または外国人の原告が、アメリカの規制法を適用してもらった方が、手続上も救済の内容でも有利であることが明白であると考えて訴えを提起するという共通要素がある。そのようなケースについては、準拠法選択の問題としてではなく、アメリカの「連邦法の域外適用」の可否という形で問題を処理している[43]。

外国人が外国人を相手取って、外国で起こった違法行為について、アメリカの裁判所でアメリカの連邦法の適用を受けることで、当事者がより有利な救済を得ようとしても、アメリカの裁判所はそれを受け付けない[44]。しかし、当事者のいずれかがアメリカ人（アメリカ企業）であったり、違法行為の効果がアメリカの経済に影響するようなケースでは、関連する連邦法の「域外適用」が問題となる。

---

42) Spillenger 395-398 でこの課題を扱っているが、結局、明確な区別はできないと認めている。今後の裁判所の態度も予想できないとしている。
43) その背景には、他国の主権に対する配慮とともに、アメリカ国内における権力分立原則への配慮がある。この点は、次に取り上げる「国家行為の法理」で、より明確になる。
44) まさに裁判管轄権の根拠がないからである。ただし、例外として、人道に対する罪のような極悪な国際犯罪について、universal jurisdiction（普遍主義に基づく立法管轄権）を認める例があるが（前掲300頁参照）、それはきわめて稀な事例である。

III 国家行為の法理（Act-of-State doctrine）

1 法理の古典的先例

　IIで見たように、アメリカの連邦最高裁は、「域外適用なしという推定原則」が広く適用されるような判示をしたことがある。その背景には、他国の主権に対する配慮と同時に、それが外交問題となる可能性がある場合、それらを主として担当すべき大統領や連邦議会への配慮（権力分立原則への配慮）が存在した。それと同様の配慮により、連邦最高裁が古くから認めてきた法理に、国家行為の法理（Act-of-State doctrine）がある[45]。

　古典的先例とされるのは、1897年のUnderhill v. Hernandezである[46]。原告はアメリカ国民であり、ベネズエラ政府に不当に拘束され、ようやく出国が認められてニュー・ヨークに帰ってきて本件訴訟を起こした。被告はベネズエラ政府を率いていた指導者で、原告にパスポートを発給せず、それによって生じた損害賠償を請求したのである。だが、連邦最高裁は、「すべての主権国家は他の主権国家の独立性を尊重する義務を負い、裁判所も他国がその領土内で行った行為を裁く立場にない」（Every sovereign state is bound to respect the independence of every other sovereign state, and the courts of one country will not sit in judgment on the acts of the government of another done within its own territory.）と明確に述べて、訴えを退けた。このような場合の救済は外交交渉に委ねるほかないとしたのである。

　この「国家行為の法理」は当時すでに慣習国際法で認められていたとされており、連邦最高裁はアメリカもそれに従うと宣言した。国際的な渉外関係で特別な配慮が働くとすれば、その最たる典型的事例は、外国政府自体を訴えるケースであり、連邦最高裁はそのような訴えを門前払いしたわけである。

　45）　以下の記述について、Spillenger 398-408。中野俊一郎「国家行為理論」高桑昭＝道垣内正人編『国際民事訴訟法（財産法関係）』31頁（青林書院・2002）。
　46）　Underhill v. Hernandez, 168 U.S. 250 (1897).

【Banco Nacional de Cuba v. Sabbatino (1964)】

　1964年、連邦最高裁は「国家行為の法理」を再確認する判決を出す。それが Banco Nacional de Cuba v. Sabbatino である[47]。1962年のいわゆる「キューバ危機」の前後に生じた事件であり、1960年、アメリカを敵視する政策をとったキューバ政府はキューバ国内に存在するアメリカ人の財産を接収した。本件は、アメリカ人が所有するキューバの会社がキューバの砂糖を卸売業者に販売する事業を営んでいたが、この砂糖も接収の対象となったことに始まる。仲介業者は販売代金をキューバ政府ではなく、この会社の清算手続を担当する管財人に送金した。そこで、キューバ政府から債権譲渡を受けた銀行が管財人を被告として、ニュー・ヨーク南部地区連邦地裁に販売代金返還を求めて訴えた。

　キューバによる一方的なアメリカ人の財産接収は国際法違反だと考えられていたが、連邦最高裁は8対1で、外国政府による、その領土内での接収が有効であるか否かを、裁判所は判断する立場にないと明言した。ここでは権力分立原則が強調され、このような事案に対処すべきは大統領と連邦議会であるとした。

　この判決にはアメリカ国内で強い批判がなされた。その理由の1つに、本件の特異性がある[48]。通常、「国家行為の法理」を適用するのは、たとえば本件で国際法上違法な接収を受けたとして原告が外国政府を訴える場合であり、そのようなケースでは被告がこの法理を主張する結果、訴え棄却となる。ところが、本件で訴えているのはキューバ政府と同視できるキューバの銀行であり、原告の主張する「国家行為の法理」を適用した結果、アメリカの裁判所で訴えが認められることになった。裁判所は、外国政府の国家行為について判断しないといいながら、客観的に見れば、その適法性を認めた結果になっているのである。

　しかし、それでも連邦最高裁は「国家行為の法理」を適用した。ここでも「法の抵触→準拠法選択」という筋道で判断するのを避けたわけである。

---

47)　Banco Nacional de Cuba v. Sabbatino, 376 U.S. 398 (1964).
48)　Spillenger 405.

【準拠法選択と国家行為の法理】

　本件で、仮に「法の抵触→準拠法選択」という論理で判断したらどうか。本件では明らかに法の抵触がある。アメリカ法上、一方的な財産没収は違憲である（公用収用に対しては、それが連邦政府や州政府による場合、正当な補償をしなければならない[49]）。これに対し、キューバ法では、キューバ政府による補償なしの接収は適法である。この接収について適用すべき法は、接収行為がキューバで行われていることからしても、キューバ法になると考えられる[50]。しかし、アメリカでは、国内他州の法や裁判には「十分な信頼と信用」を与えねばならないが、外国法や外国の裁判については、アメリカの「公序」に反するものは認めなくてよい（public policy exception）。そしてキューバ法を適用して本件の接収を認めることはアメリカの公序に反する。

　おそらく、このような筋道の判決を出せばアメリカ国民は喝采しただろうが、この判決でキューバとの難しい外交関係が一挙に解決するとは考えられない。むしろ、場合によっては、大統領の立場や交渉を難しくすることも十分にありうる。そのような配慮が「国家行為の法理」を正当化している[51]。

　また、この判決で注目すべき点として、Underhill判決など従来の「国家行為の法理」を認めた先例が、それらは国家間の礼譲（comity）、言い換えれば国際法的な根拠に基づくと強調していたのに対し、Sabbatino判決では、むしろアメリカ国内の基本的法原則である権力分立に基づくと述べている点がある[52]。要するに、国家行為の法理を国際法上の法理の適用と位置づけたのではなく、連邦コモン・ローだとしたのである[53]。

---

49) 公用収用とアメリカ憲法については、『アメリカ憲法』511頁。
50) アメリカの抵触法革命の中心にあったカリー教授の言説による場合でも、当該紛争に関係する相異なる法を有する政府の利益がどのようなものかを分析することが重要だとされるから（いわゆる利益分析、前掲152頁）、本件でのキューバ政府の利益は圧倒的に重要と見るべきであり、キューバ法の適用になると考えられる。
51) 本件の最高裁判断を擁護する例として、See Anne-Marie Burley, Law Among Liberal States: Liberal Internationalism and the Act of State Doctrine, 92 Colum. L. Rev. 1907 (1992)。
52) Currie casebook 890.
53) Spillenger 402.

2　その後の国家行為法理

　国家行為の法理が連邦コモン・ローであるなら、連邦裁判所は、自ずから自立的にその範囲を解釈することができる。実際に、連邦最高裁を頂点とする連邦裁判所は、国家行為の法理について常に統一的な適用をしてきたとはいえないものの[54]、全体として、その適用を慎重に行ってきた[55]。

　① この法理を適用してきた大半のケースは、外国政府による接収の場合に限られている。

　② しかも接収行為は、Sabbatino 判決もそうであったように、外国の領土内で行われた場合に限られる。

　③ さらに、1990 年の Kirkpartick v. Environmental Tectonics Corp. では[56]、連邦最高裁は全員一致で国家行為の法理の適用をさらに限定する判断を示した。

　事案は、ナイジェリア政府の政府契約をめぐって違法な獲得競争が起こったことによる。ある会社が、代理人に命じて政府高官に対する贈賄によって落札するよう仕向けそれに成功した。入札で敗れた会社がこれを知って、入札した会社とナイジェリア政府を告発した。アメリカの連邦検察官はこのような行為は Foreign Corrupt Practices Act（連邦海外腐敗行為防止法）に反するとして、ニュー・ジャージー地区連邦地裁に訴えを提起し、被告らはそれを認めた。その後、告発した会社が、Racketeer Influenced and Corrupt Organizations Act（いわゆる、RICO 法）等に基づいて、損害賠償を求めたのがこの事件である。被告たちは、今度は「国家行為の法理」を盾にとって争った。

　だが、連邦最高裁は、本件では国家行為の法理の適用はないとした。なぜなら、本件ではナイジェリア政府の国家行為（政府調達）を無効にすることが求められているわけではなく、それに至った動機（motive）に問題があるか否かが問われているだけだというのである。

　この裁判については、このような理由づけではなく、本件が私人間の争いであること、合衆国政府は海外における腐敗行為撲滅に大きな関心を有

---

54) See Currie casebook 892-896.
55) Spillenger 405.
56) Kirkpartick v. Environmental Tectonics Corp., 493 U.S. 400 (1990).

していること、さらにその点についてはナイジェリア法にも抵触していないこと、最後に、この裁判自体は商事的で私的な利益だけを問題としていることなどを理由にすべきだとする議論もある[57]。

だが、いずれにせよ連邦裁判所が単純に外国政府の行為であるから「国家行為の法理」の適用ありとしているわけではないことを示す。

【Bernstein letter の意義】

最後に、国家行為の法理に関連して興味深い事件に、1954 年の Bernstein v. N.V. Nederlandsche-Amerikaansche Stoomvaart-Maatschappij がある[58]。ユダヤ人の事業家が第二次世界大戦中にナチスと結託したオランダの会社に船舶等の財産を没収され、戦後その回復を求めた。被告側は「国家行為の法理」を援用して訴えの棄却を求めたが、その際、アメリカ国務省は、裁判所に書面を提出し、アメリカ政府としては裁判所が「国家行為の法理」を適用しないで、当該抗弁の有効性を判断することに異議を唱えないと明示した。

連邦控訴裁判所は、この書面の結果、「国家行為の法理」を適用する基盤は失われたとして、本案の判断に進んだというものであり、このように、外交関係を司る政府側が「国家行為の法理」に依拠しないと明示する書面を、この事件以後 Bernstein letter と呼ぶようになった[59]。たしかに、国家行為の法理が権力分立原則に基づくのであれば、そして外交を行う大統領への配慮に基づくというのであれば、大統領のもとでの国務省がそのような配慮は不要だと明示するなら、国家行為の法理適用の根拠は薄くなる。

その後問題とされたのは、このような Bernstein letter が国務省から発出された場合、裁判所は常に国家行為の法理を適用しないことになるのか、それともそれも裁判所の判断の一要素に過ぎないかである[60]。

---

57) Currie casebook 895.
58) Bernstein v. N.V. Nederlandsche-Amerikaansche Stoomvaart-Maatschappij, 210 F.2d 375 (2d Cir. 1954).
59) Spillenger 407.
60) 連邦最高裁は、First National City Bank v. Banco Nacional de Cuba, 406 U.S. 759 (1972) においてこの問題を取り上げたが、Bernstein letter があれば裁判所は自動的に国家行為

現状として、連邦裁判所の大半は、Bernstein letter の存在を、重要ではあるが決定的ではない証拠として扱い、最終的な判断は裁判所が自立的に行うことこそ権力分立原則にかなうと判断している[61]。

IV 外国判決の承認

1 国内他州判決の場合との相違

繰り返し述べてきたように、国内他州判決（sister state judgment、姉妹州の判決と呼ぶ）については、合衆国憲法第4編の「十分な信頼と信用条項」（Full Faith and Credit Clause）および、それを具体化させた連邦法（28 U.S.C. §1738）により、承認・執行が原則とされている。当該州の公序（public policy）に反するという理由での不承認はできない。

これに対し、外国判決については、これら憲法や連邦法の対象外である。したがって、承認するか否かは、国際的礼譲（comity）によるのであり、原則からいえば、全部不承認から全部承認までありうるわけであるが、現実的には、アメリカ合衆国の実務はその中間にある。ただし、実際には、中間というよりも、「一般的にいえば、世界のほとんどの国々の実務よりも、外国判決に対しずっと好意的な立場をとっている」と評価されている[62]。

2 先例とその後の発展

この分野で最も有名な先例は 1895 年の Hilton v. Guyot である[63]。手袋製造に関する国際的事業について、フランスの会社がアメリカ人を訴えてフランスで勝訴判決を得た。その後ニュー・ヨークの連邦裁判所に対し、この判決の承認・執行を求めたのが本件である。連邦最高裁は、結論とし

の法理を適用しないことになるという立場を支持したのは3名にとどまった。逆に明確に4名が反対を表明した。
61) Currie casebook 896. Spillenger 408.
62) Symeon C. Symeonides, American Private International Law 333 (Kluwer Law International 2008).
63) Hilton v. Guyot, 159 U.S. 113 (1895).

て5対4でこの訴えを退けた。

　数々の判例や学説を渉猟した判示において、多数意見は、外国判決が手続的に適正かつ公正に行われ、詐欺によって取得されたものでない限り、アメリカの裁判所が再度本案について審理することなく承認するのが原則であると述べながらも、本件では、フランスがアメリカの判決を承認・執行していないとして「相互主義」（reciprocity）により、フランスの判決を承認できないとした[64]。

　しかしながら、4人が反対したことでも明らかなように、最後に「相互主義」をもち出して外国判決を承認しないとすることには批判が強かった。そもそも、準拠法選択のレベルで外国法を選択し適用する場合、これまで相互主義は問題にしてこなかった[65]。

　そこで、その後、アメリカではほとんどの判例も学説も相互主義を採用していない。ただし、今でも、少数の州では、相互主義を外国判決承認の要件としている。たとえば、スウェーデンやオランダはアメリカの判決を承認していないため、ジョージア州やマサチューセッツ州の裁判所は、それを理由として、これらの国の判決を承認しない[66]。しかし、これはごく少数の例外であり、圧倒的多数の州は相互主義を採用せず、渉外関係法や抵触法のリステイトメントも、相互主義を要件としていない[67]。

【外国判決承認のための法源】

　具体的に、アメリカにおける外国判決承認の現状説明に入る前に、そもそも外国判決の承認の可否を決める法源は何かを確認しておこう[68]。

　まず、アメリカは、外国判決の承認に関する国際条約[69]に加盟していな

---

64) フランスの判決は、せいぜいで1つの証拠になるだけであり、そのまま承認できるものではないとした。Spillenger 424.
65) Spillenger 425.
66) Oleg Rivkin, Recognition of Foreign Country Judgments in the United States: a Primer, 02. 28. 2014 at http://www.cfjblaw.com/recognition-of-foreign-country-judgments-in-the-united-states-a-primer-03-05-2014/
67) Restatement (Third) of Foreign Relations Law (1986) and 2d Restatement §98.
68) Spillenger 426. Rivkin, supra note 66, at the first page.
69) たとえば、1971年の「民事及び商事に関する外国判決の承認及び執行に関する条約」（The Hague Convention on the Recognition and Enforcement of Foreign Judgments in Civil

い。したがって、国際法に淵源を有する法による規律はない。

そもそもアメリカの場合、条約に加盟しても、国内での効力をもたせるための法律を制定するのが通例であるが、もちろんそれもなく、さらに条約とは無関係に、連邦議会が制定する法律として、外国判決の承認について定める法律（連邦法）も存在しない[70]。

しかし、1938 年の Erie 判決[71]以前には、連邦裁判所において、州籍の相違に基づく事件について適用される実体法は一般コモン・ロー（と呼ばれた連邦判例法）とされていたから、すでに紹介した 1895 年の Hilton v. Guyot を含めて、その当時は、一種の連邦法が根拠法とされていたと考えられる。

だが、1938 年の Erie 判決の後、連邦最高裁は、このようなケースで連邦裁判所が州裁判所とは別個の「一般コモン・ロー」(general common law) を適用するのを明確に否定し、連邦裁判所が所在する地の州法が適用されると明言した。この理が、外国との渉外関係にも適用されるとすれば、適用されるのは州法となる。

実際、先に述べたように、未だにジョージア州では相互主義の壁を州法として築いている。その結果、ジョージア州の裁判所とそこに所在する連邦地裁に外国判決の承認・執行が求められた場合と、カリフォルニア州で求められた場合で、異なる対応がなされる。これは対外的には奇妙な事態であり、「外交問題に関係するので、特に連邦の利益が明確に表れる場合」だとして、しかも連邦議会はそのための法律を制定していないのであるから、すべての裁判所は、連邦判例法 (federal common law) に基づいて判

---

and Commercial Matters)。もっともこの条約への加盟国はごく少数である。これに関連した文献として、道垣内正人「ハーグ国際私法会議における国際裁判管轄及び外国判決承認執行条約作成の試み―その総括的検討」早稲田法学 83 巻 3 号 77 頁 (2008)。2005 年の合意管轄に関するハーグ条約 (Hague Convention on Choice of Court Agreements) についても、アメリカは署名だけはしたが批准はしていない。See conventionhttp://www.hcch.net/index_en.php?act=conventions.status&cid=98

70) ただし、2010 年に Securing the Protection of our Enduring and Established Constitutional Heritage (SPEECH) Act, 28 U.S.C. §§4101-4105（合衆国の憲法的伝統を守るための法律）と呼ばれる連邦法が成立し、名誉毀損に関する外国判決について、その承認が合衆国憲法の表現の自由に反する場合には承認できないことを明記した。この点は、後に本文でも説明する。

71) この判決の意義については、前掲 205 頁。

断すべきだという学説も当然に出てくる[72]。

さらにアメリカ法律協会（American Law Institute）は、この点について明確に連邦議会が制定法を作るべきだとして、2006年にその草案を公表した[73]。しかし、これも連邦議会で採択されるに至っていない。

したがって、結論的にいえば、現状ではほとんどの場合、州法が適用されると考えるほかない[74]。

そこで、アメリカでは州ごとに異なる対応をするのを避けて、統一的な対応を図るために3つの重要なモデル法またはリステイトメントが作成されている。

① The 1962 Uniform Foreign Money-Judgments Recognition Act（外国の金銭判決の承認に関する統一州法案、1962年版）

② The 2005 Uniform Foreign-Country Money Judgments Recognition Act（外国の金銭判決の承認に関する統一州法案、2005年版）

③ The Restatement (Third) of Foreign Relations Law's provisions on foreign judgment recognition（渉外関係法に関する第3次リステイト

---

72) Spillenger 426.
73) The ALI's Recognition and Enforcement of Foreign Judgments: Analysis and Proposed Federal Statute (2006). アメリカ法律協会で採択されたのは、前年の2005年である。
74) ほとんどの場合とは、外国判決がアメリカの連邦法上の権利に関係する場合、連邦裁判所は連邦問題としての事物裁判管轄権を有し、外国判決の承認の可否についても連邦法を適用するという例外があるからである。しかし、外国判決の承認がアメリカで争われる事件の多数は、そうではなく、争っている当事者がアメリカと外国で国籍が分かれており、それによって連邦裁判所の裁判管轄権が基礎づけられている。そのようなケースでは、アメリカの連邦裁判所に対し外国判決の承認・執行が求められた場合でも、連邦法ではなく、当該連邦裁判所の所在する州の裁判所で適用される州法が適用される。その意味は、外国判決の承認に関する法が、この局面では、実体法であって手続法ではないとされているということである。Erie判決以降、州籍の相違に関する事件で連邦裁判所が適用する法は、「実体法は州法、手続法は連邦法」とされているが、この場合の、手続か実体かの区分は柔軟かつ機能的であり、その適用によって結論が決まるようなもの（たとえば出訴期限）は実体法の問題とされている。外国判決の承認をするかしないかという判断はまさに結論に直結するから、実体法とされているわけである。ただし、そうであっても、仮に連邦議会が外国判決の承認に関する法律（連邦法）を定め、すべての裁判所に適用ありと明記すれば、州裁判所であれ連邦裁判所であれ、その法律によることになる。だが本文でも述べたように現状はそうではない。See e. g., Ronald A. Brand, Recognition and Enforcement of Foreign Judgments at 494-496, Federal Judicial Center: International Litigation Guide (April 2012) at http://www.fjc.gov/public/pdf.nsf/lookup/brandenforce.pdf/$file/brandenforce.pdf

メントのうち外国判決の承認についての部分。なお、2014年にこの部分は第4次リステイトメント試案が公表されたので、本書ではそれについても言及する)[75]。

このうち前者2つの統一州法案は、合わせれば優に半数を超える州議会（重複を除くと 35）が採択している。1962 年版については 31 州[76]、2005 年版についてはすでに 19 州とコロンビア特別区で法律として採用されている[77]。

これに対し、3番目のものは、各州の裁判所でリステイトメントの規定を適用することで、各州間の統一を図ろうとする。先の2つの統一州法のいずれも採用していない州の大半は、このリステイトメントの立場を採用していると考えられている[78]。

要するに、このような形でおおまかに統一された州法の原則によって、外国判決の承認・執行が定められているというのがアメリカ法の現状である。ただし、同じ統一州法を採択した州ですら、細かな解釈は異なるから、アメリカではどこでも厳密に同じルールで外国判決の承認・執行が行われているわけではない。

3 外国判決の承認に関する基本原則

厳密に統一されているとはいえなくとも、アメリカにおいて、外国判決の承認に関するルールの概要は次のようなものである。

---

75) Restatement (Fourth) of Foreign Relations Law of the United States Jurisdiction §§401-409 (Tendative Draft No. 1, 2014). (以下、Draft 4th として引用する)。
76) 31 州と首都ワシントン地区 (D.C.) およびバージン諸島である (Alaska, California, Colorado, Connecticut, Delaware, District of Columbia, Florida, Georgia, Hawaii, Idaho, Illinois, Iowa, Maine, Maryland, Massachusetts, Michigan, Minnesota, Missouri, Montana, Nevada, New Jersey, New Mexico, New York, North Carolina, North Dakota, Ohio, Oklahoma, Oregon, Pennsylvania, Texas, U.S. Virgin Islands, Virginia, Washington) (last visited 9/16/2014 at http://www.uniformlawcommission.com/)。
77) 19 州と首都ワシントン地区 (Alabama, California, Colorado, Delaware, District of Columbia, Hawaii, Idaho, Illinois, Indiana, Iowa, Michigan, Minnesota, Montana, Nevada, New Mexico, North Carolina, Oklahoma, Oregon, Virginia, Washington)。参照、http://www.uniformlawcommission.com/ (2015 年 2 月 22 日時点であり、2015 年度中に 3 州の増加が見込まれている)。
78) Rivkin, supra note 66, at the first page.

① 基本原則は、外国判決を承認するというものである。その根拠は国際間の礼譲（comity）に基づく。

② しかし、例外的に承認できない場合がある。それは、アメリカの個々の裁判所の裁量に委ねず、承認してはならない場合をこれまでの判例法のルールとして定めている。

③ 例外的に承認できない場合についても、承認してはならないと明確に定まるケースではなく、一定の場合に、承認するかしないかを個々の事件を担当する裁判所の裁量に委ねるケースがある。

以下、これら3つの場合に分けて説明する。ただし、その前に「承認」ということの意義を再確認する。外国判決の承認とは、アメリカでは当該州での執行の前提となる「承認」だけを意味しない。他州判決において説明したように、外国判決を引用して訴えの棄却を求める場合（請求排除効）があり、さらにある争点についてだけ、再度争点とするのを許さない申立て（争点排除効）をするのも「承認」に含む[79]。したがって、本書では、承認・執行とあたかも常に対になるごとく説明してきたが、「承認」はあっても「執行」を予定しない場合もある。ただし、外国判決をアメリカの当該州において執行したいと思う当事者が「承認」を求める場合には、当該判決がその外国において「執行可能な状態にある」のが必要であることは当然である[80]。

【基本原則は承認】

渉外関係法第3次リステイトメント481条[81]は、次の482条に規定する場合を除いて、「外国の最終判決で、金銭賠償を認めるもの認めないもの、人の地位について創設し確認するもの、財産権について決定するもの、のいずれについても、アメリカ合衆国内の裁判所において承認する」と明記し、基本原則は、外国の終局判決（final judgment）についてはそれを承認することだと明言している。

現在、渉外関係法第4次リステイトメント試案が公表されているが

---

79) Draft 4th, supra note 75, §401, Comment a.
80) Draft 4th, supra note 75, §401, Comment c.
81) Restatement (Third) of Foreign Relations Law §481 (1986).

(2014年4月1日付)、その401条でも、同じ趣旨を次のように定める[82]。

　「403条、404条、および409条に定める場合を除き、外国の最終的確定判決であって、金銭賠償を認めるもの認めないもの、または法的紛争を決定するものは、アメリカ合衆国内の裁判所において承認するものとする」。

　ここで、注意すべきは、第3次リステイトメントで外国の最終判決（a final judgment）とされていたものが、最新の試案では、最終的確定判決（a final and conclusive judgment）になっているところである。だが、これは内容の変更を意味しない。これまでもアメリカの裁判所は、承認の対象となる外国判決については、本国において最終的であり、確定しており、かつ執行できる状態にあること（final, conclusive and enforceable in the original state）を要求していたからである[83]。最新の試案はそれを明記したに過ぎない。ただし、承認の中に、請求排除効や争点排除効を求めて「承認」する場合も含めたので、「執行できる状態にある」という言葉が外されている。外国判決をアメリカの当該州で執行するために承認を求める場合であれば、先にも述べたように本国において「執行可能な状態」にある必要がある。

　なお、「最終的であり、確定している」といっても、わが国でいう確定判決ではなくてよい。この点は、アメリカの他州判決について、必ずしも最終的に確定していないケースでも承認の対象としていたことと同じ扱いがなされる[84]。上訴の可能性があるものの、上訴することが確定していない場合、あるいはすでに上訴中の場合には、アメリカの裁判所の方で、外国判決の承認を求める手続をいったん停止する裁量権を有する。逆にいえば、理論的には上訴がありうる場合でも、実際上ありえないと判断すれば、承認することもあるということである[85]。

---

82) Draft 4th, supra note 75, §401.
83) Brand, supra note 74, at 504.
84) 前掲242頁。
85) Draft 4th, supra note 75, §401, Comment d.

ともかく、一定の明示された例外を除いて、外国判決を承認するのがアメリカ法の大原則である。

【例外的に承認してはならない場合】
　渉外関係法第3次リステイトメント481条では、「482条による例外を除いて」と定め、例外的に外国判決を承認しない場合を482条で整理している[86]。同条は2項に分かれ、1項では、may not recognize a judgment of the court of a foreign state と明記し、外国判決を承認してはならない場合、2項で、need not と定めて、承認するかしないかを当該裁判所の裁量に委ねる場合を区別して記述する。
　承認してはならない場合（mandatory denial）は、5つである。
　　㈤外国の司法制度自体が公平な「司法」とはいえない場合。
　　㈻外国判決が、その前提となる人的裁判管轄権や物的裁判管轄権を欠く場合。
　　㈨外国判決が、事物裁判管轄権を欠く場合。
　　㈡外国判決が名誉毀損を認め、それがアメリカの表現の自由に反するもの。
　　㈭外国判決が、課税や刑罰を科す場合。
　以下、それぞれを説明する。
　第1に、当該外国の司法制度が、全体的なシステムとして公平な司法制度といえず、基本的な手続的デュー・プロセスを満たさないと判断される場合、その判決は承認されない。
　もっとも現代において、このような理由で外国判決の承認が否定されるのはきわめて稀である。そのような稀な例として、1999年の Bridgeway Corp. v. Citibank がある[87]（リベリアの内戦中、司法制度は機能しておらず、裁判官の任命も停止していた中で出された判決であるとして、その承認を求めた当事者に、司法制度が公正かつ公平に機能していたことの立証を求めた）。
　第2に、外国判決における被告が外国の裁判所での人的裁判管轄権に服していないにもかかわらず出された判決や、争いとなった対象物について

---

86) Restatement (Third) of Foreign Relations Law §482 (1986).
87) Bridgeway Corp. v. Citibank, 45 F.Supp. 2d 276 (S.D.N.Y. 1999).

外国裁判所が物的裁判管轄権を有していないにもかかわらず出した判決についても、アメリカの裁判所は承認しない[88]。

これもアメリカ合衆国憲法上課される最低限度の手続的デュー・プロセスの要件を満たさないと考えるからである。さらに、法廷地におけるロング・アーム法によって判断するという州すらある。だが、多数の裁判所は、合衆国憲法上の判断に加えて、当該外国法の下で外国裁判所の人的裁判管轄権が否定される場合について、外国判決を承認しないものとする[89]。

第3に、外国裁判所に事物裁判管轄権がないとされる場合、第3次リステイトメントでは裁量的に承認を否定する事由としていたが[90]、第4次リステイトメント試案では、承認してはならない事由に加えた。理由としては、当該裁判所において、訴訟の対象物について裁判管轄権が認められないなら、その承認・執行を他で（つまりはアメリカ合衆国の裁判所において）期待すべきでないと説明している[91]。

第4点として、第4次リステイトメント試案で注目されるのは、2010年に連邦議会が制定した法律（Securing the Protection of our Enduring and Established Constitutional Heritage (SPEECH) Act、合衆国の憲法的伝統を守るための法律）によって、名誉毀損訴訟に関する外国判決で、この法律が承認・執行を禁じているものについては、承認できないと明記したことである[92]。この連邦法は、名誉毀損に関する外国判決について、その承認が合衆国憲法の表現の自由に反する場合には承認できないことを明記した。

これは、例外的に連邦議会が、外国判決の承認・執行について、明確に態度を明らかにしているのであるから、アメリカの裁判所がそれに従うの

---

88) Evans Cabinet Corp. v. Kitchen Int'l, Inc., 593 F.3d 135, 142-143 n. 10 (1st Cit. 2010) cited in Draft 4th, supra note 75, §403, Reporter's Notes 5.
89) Draft 4th, supra note 75, §403 (b), Reporter's Notes 5. ただし、外国裁判所には人的裁判管轄権のない当事者が、当該裁判に出頭していたケースでは（裁判管轄権を争うための出頭を除く）、人的裁判管轄権があったとみなされる。これはアメリカ国内の裁判手続でも同様である。
90) Restatement (Third) of Foreign Relations Law §482 (2) (a) (1986).
91) Draft 4th, supra note 75, §403 (b), Comment g. and Reporter's Notes 5.
92) Draft 4th, supra note 75, §403 (c). Securing the Protection of our Enduring and Established Constitutional Heritage (SPEECH) Act, 28 U.S.C. §§4101-4105. 前掲注70)（316頁）も参照されたい。

は当然である。この法律の趣旨は、アメリカよりも表現の自由の保護が手薄い外国での名誉毀損による損害賠償判決について、アメリカの裁判所はそれを承認・執行してはならないということである。なお名誉毀損の意義は広く解されており、言論によって損害を受けたとして賠償を認める判決をすべて含む[93]。

　このような法律が制定された背景には次のような事情がある[94]。
　サウジアラビアの大富豪が実はアルカイダに資金援助をしているという本を、アメリカ人の著者が 2003 年に出版した[95]。大富豪は名誉毀損だとしてイギリスの裁判所に訴え、アメリカの著者はそれを相手にせず、結果としてイギリスの裁判所は欠席判決で数十万ドルの損害賠償を認めた。ところが、イギリスでは、この本は 23 冊だけ販売されたという事実に基づいて裁判がなされた。圧倒的多数はアメリカで販売されたのである[96]。
　このようなことが起こるのは、名誉毀損という不法行為の成否について、アメリカとイギリスとで実体法が大きく異なることによる。イギリスの方が名誉毀損という不法行為をはるかに認めやすい。この事件の場合、原告はサウジアラビア人だったが、同じことは、アメリカの有名人が名誉毀損的な記事をアメリカの雑誌に書かれた場合でも、その雑誌がごく少数イギリスでも販売されていれば、イギリスで訴訟を起こすことにつながる。このような現象を、libel tourism（名誉毀損訴訟を起こすために、外国へ行く現象）と呼ぶ。
　実際に、名誉毀損という不法行為の成否について、英米では次のような違いがある[97]。
　① アメリカでは、公的人物または公的関心事についての報道・著作に

---

93) Draft 4th, supra note 75, §403, Comment h.
94) 以下の記述は、Spillenger 427-435 による。
95) Rachel Ehrenfeld, Funding Evil: How Terrorism is Financed--and How to Stop It (Bonus Books, 2003).
96) Spillenger 429 n. 74. なお、著者は、(イギリスの裁判の承認・執行を求めて訴えられるのを恐れて)、アメリカでの承認・執行はできないとの宣言判決を求めてニュー・ヨーク州の裁判所に訴えたが、被告のサウジアラビア人に対する人的裁判管轄権がないとして、訴えは認められなかった。Ehrenfeld v. Mahfouz, 881 N.E. 2d 830 (N.Y. 2007), 518 F.3d 102 (2d Cir. 2008).
97) Spillenger 427-428.

ついて、合衆国憲法の表現の自由の保護が及び[98]、現実の悪意（actual malice）を要件とするので、名誉毀損になることは稀であるのに対し、イギリスにはそのような法理は存在しない。

② 一般的な名誉毀損法理でも、アメリカでは、当該言明が虚偽であることを原告が立証しなければならないが、イギリスでは、被告の方で、当該言明が真実であることを立証しなければならない。

③ アメリカでは書物や文書については single publication rule（公表地・公表時点を１つに限定する法理）が存在し、最初に公表された時点で出訴期限は開始し、また最初に公表された地が不法行為地となる（ただし、損害賠償額はその後の、あるいはその他の地の公表による損害も加算される）。著作が販売されるたびに不法行為が生ずるわけではない。だが、イギリスではこのような法理はないので、著作物が販売されるたびにその場で名誉毀損が生ずると考える。そして、いったん不法行為が生ずれば、その地以外の、その時点以外の損害もすべて賠償範囲に入る。

④ イギリスの裁判所は、当該著作物がイギリスではごく少数しか販売されていない場合であっても裁判管轄権を認め、その場合準拠法はイギリス法になる。

要するに、名誉毀損に関する限り、イギリス法はアメリカ法に比べて、原告に対し相当に有利だということである。そこで、法廷地漁り（forum shopping）が必然的に生ずる。わざわざイギリスで訴訟を起こして勝訴し、その判決をアメリカで承認・執行してもらおうという動きが出てくる。

実際の判例を２つ紹介する。

【Bachchan v. India Abroad Publications, Inc.（N.Y. 1992）】[99]

本件では、イギリスの高等法院（High Court）の名誉毀損による損害賠償判決について、ニュー・ヨーク州での承認・執行が求められ、この分野で合衆国憲法上の制約と外国判決の承認との軋轢が問題となる最初の事件となった。

---

98) 参照、『アメリカ憲法』352 頁。
99) Bachchan v. India Abroad Publications, Inc., 585 N.Y.S. 2d 661 (Sup. Ct. N.Y. 1992).

事案の概要は次のとおりである。被告はインド向けのニュース配信会社であり、ニュー・ヨークに本社があった。ロンドン駐在の記者が、スウェーデンの武器製造会社とインド政府との取引に関連して原告（インド人）に贈収賄の疑いがあり、スイスの銀行口座が凍結されたと報じた。ただし、イギリス国内での報道は、2 部（！）だけが販売された新聞にこの記事が掲載されただけだったという。原告はイギリスで訴訟を提起し、勝訴判決を得た。そのうえで、ニュー・ヨーク州裁判所にその承認・執行を求めたのである。

ニュー・ヨーク州の第 1 審裁判所は、イギリスにおける公的関心事の報道に対する規制のあり方とアメリカのそれとの間には大きな違いがあると述べて、本件判決の承認・執行を求める訴えを棄却した。

【Telnikoff v. Matusevitch（Md. 1997）】[100]

原告はロシア系移民のイギリス人で、BBC 放送のロシア部門で雇用されていた。Daily Telegraph 紙上に、BBC のロシア部門はロシアでも少数民族に属する人を過剰に雇用しているとの論説を掲載したところ、同紙に被告（ロシア系アメリカ人）の反論が掲載され、その中で、原告の主張は人種差別的であり、BBC の採用に血液検査をもち込もうとするものだという記述がなされた。原告は、イギリスで被告に対し名誉毀損訴訟を提起し勝訴した[101]。その後、被告がアメリカ合衆国に帰国し、メリーランド州に資産をもっていたため、原告はアメリカの連邦裁判所にイギリスの判決の承認・執行を求めた。コロンビア特別区控訴裁判所が、メリーランド州最高裁に対し、「この外国判決の承認は、メリーランド州の公序に反するか否か」の意見確認（certification）を求めたところ、メリーランド州最高裁は公序に反する（表現の自由が勝る）と回答し[102]、その結果、本件訴訟は棄却された[103]。

これら 2 件のうち、前者は明らかに libel tourism（名誉毀損訴訟を起こす

---

100) Telnikoff v. Matusevitch, 702 A.2d 230（Md. 1997）.
101) Telnikoff v. Matusevitch, [1991] 4 All ER 817（H.L. 1991）.
102) Telnikoff v. Matusevitch, 702 A.2d 230（Md. 1997）.
103) 本件は、第 1 審でも棄却され、原告から上訴がなされた。Matusevitch v. Telnikoff, 877 F.Supp. 1（D.D.C. 1995）.

ためのツアー）の事例だといえる。原告はインド人であり、名誉毀損的文書もほとんどイギリス国内では配布されていないからである。これに対し、後者は、libel tourism の事例とはいえない。事件発生時、原告も被告もロンドンにおり、当地の新聞紙上で名誉毀損的言論が行われたと主張されているからである。当然のことながら、イギリスと異なるアメリカ合衆国憲法上の保障（表現の自由）を、イギリスの地で通用させることはできない。しかし、その承認・執行を求められた場合、アメリカの裁判所は、公序を理由にイギリス判決の承認を拒むか、イギリスへの礼譲を優先するかで、難しい判断を迫られることになる。

既述の 2010 年の SPEECH Act は、連邦議会の制定法によって明確な判断を示すことにより、裁判所をこの難問から解放したわけである。

【課税と刑罰を科す判決】

最後に、アメリカの裁判所が外国判決の承認・執行をしてはならないとされる第 5 番目のケースとして、課税または刑罰を科す判決（tax and penal judgments）がある。

第 4 次リステイトメント試案では、第 409 条で「アメリカ合衆国の裁判所は、外国で出された判決が、課税、罰金、その他刑罰を認める限度において、それが制定法または国際的に承認されていない限り、承認・執行をしない」と明記する[104]。これは試案で新たに定められたものではなく、従来の立場を踏襲したものである。

ここで刑罰を科す判決（penal judgments）とは、「被害者に救済を与えるのではなく、外国の公的正義に反するものとして罰する目的のもの」と定義されている[105]。以下、さらに敷衍すると、要点は次のとおりである。

① 罰金や没収を定める外国判決はこれにあたる。Qui tam actions（アメリカにおいて、政府に損害を与える不正行為について、私人が政府に代わって起こす訴訟[106]。賠償請求が認められた場合、一部が当該私人に与えられる）

---

104) Draft 4th, supra note 75, §409. 2d Restatemtent §89.
105) Huntington v. Attrill, 146 U.S. 657, 673-674 (1892).
106) わが国の政府調達に関連して、アメリカの qui tam actions を検討した文書が内閣府から公開されている。http://www.cao.go.jp/sasshin/koukyo-service/meeting/110225/pdf/5.pdf

と同様の外国判決があれば、それも刑罰を科す判決とみなされる。
　② ただし、外国政府が当事者となって、契約、不法行為などの訴訟が提起され、外国政府が勝訴した外国判決は、刑罰を科すものではない。
　③ 外国判決の目的が私人に救済を与えるものである場合、その責任を基礎づける法律が刑事法であったり、刑事手続に付随して判決が得られたりしたケースであっても、刑罰を科す判決とはみなさない。
　④ 数倍学賠償（たとえば3倍賠償）や懲罰的損害賠償を認める判決は、刑罰を科す判決ではない。
　同様に、税を課す判決（tax judgments）とは、所得であれ、資産であれ、所得の移転であれ、あるいは何らかの取引であれ、それに関連して外国政府や地方政府（自治体）が課して、政府側を勝訴とする外国判決は、それに該当する。

【例外的に、裁判所の裁量権により、承認しなくてもよいとされる場合】
　承認してはならないとまではされないが、承認を拒んでよい（need not recognize）とされる場合は、以下の9項目に及ぶ[107]。
　　① 外国判決の承認に反対する当事者が、外国の裁判所で適切な通知を受けず、十分な防御の時間がなかった場合。
　　② 外国判決が詐欺（fraud）によって取得された場合。
　　③ 外国判決が根拠とする請求自体が、アメリカの当該州の公序（public policy）に反する場合。
　　④ 外国判決と矛盾する他の最終的確定判決が存在する場合。
　　⑤ 専属管轄の合意に反して、別の裁判所で出された外国判決の場合。
　　⑥ 外国判決の裁判管轄権の根拠が直接送達の事実にしかなく、当該裁判所が紛争を解決するには著しく不便な法廷である場合。
　　⑦ 外国判決を下した裁判所の司法としてのあり方（integrity）に相当の疑問がある場合。
　　⑧ 外国判決を下した当該手続が、基本的な公正という原則に適合し

　　この訴訟はそもそもコモン・ローの伝統に基づくので、他の英米法諸国における外国判決でもそれを認める例があると思われる。
107) Draft 4th, supra note 75, §404.

ない場合。

⑨ 同様のアメリカの判決が出された場合、当該外国の裁判所がそれを承認しないと思われる場合（相互主義の配慮）。

いくつか説明を加える。

これら9項目のうち最初の8項目は、The 2005 Uniform Foreign-Country Money Judgments Recognition Act（外国の金銭判決の承認に関する統一州法案、2005年版）にも定められている規定である[108]。言い換えれば、これまで多くの州法で定められたものを踏襲している。

最後の9項目は、相互主義の配慮であり、すでに述べたように[109]アメリカの圧倒的多数の州ではこれを理由とする不承認を認めていない。しかし、ジョージア州など少数の州では州議会が制定法を作って相互主義の立場を明らかにしていることに鑑みて、第4次リステイトメント試案では、裁量的不承認の要素とした。州法で相互主義が定められているところでは、当然、裁判所は承認してはならないという事由になる[110]。

これら9項目については、承認・不承認について、裁判所の裁量権が認められているが、現実には、④⑥⑨については（州の制定法がない多数の州では）裁判所の裁量事由とされている一方で、その他の事由については、明確にそれぞれの場合にあたるとされれば、アメリカの裁判所では承認しない[111]。

繰り返し述べているように、アメリカ国内の姉妹州の判決の場合、公序を理由として不承認とすることはできない（合衆国憲法の十分な信頼と信用条項で禁じられている）。だが、外国判決にはそのような限定はないので、公序を理由として不承認とすることができる。ただし、表現の自由を侵害する外国判決などを除けば、アメリカの裁判所が実際に公序を理由として

---

108) The 2005 Uniform Foreign-Country Money Judgments Recognition Act §4 (b).
109) 前掲315頁。
110) 実際には、2州（ジョージアとマサチューセッツ）では、相互主義を必須としているが、他の4州（フロリダ、メイン、オハイオ、テキサス）では、裁量的要素としている。それ以外の州では、相互主義によって不承認とすることはできない。ただし、ニュー・ハンプシャー州には、カナダの判決について相互主義に基づき承認するとの制定法がある。Draft 4th, supra note 75, §404, Reporters' Notes 11.
111) Draft 4th, supra note 75, §404, Comment b.

不承認とするのは例外的である[112]。

　過去 40 年の間に、アメリカの裁判所は専属管轄条項を尊重する先例を築き上げており、専属管轄条項を無視した外国判決は承認しないのが原則である。当事者が、専属管轄に服する権利を放棄したとみなされる場合は別であるが、単なる欠席判決は放棄を意味しない。

　アメリカの国内法上の裁判管轄権について、forum non convenience（不便な法廷）の法理が認められていることはすでに述べたとおりであるが[113]、外国判決について、アメリカでならこの法理によって裁判管轄権を否定するからといって、不承認の理由にはならないとされる[114]。ただし、その裁判管轄権が、訴状の直接送達がたまたまその地でなされたこと（たとえば、飛行機の乗り換え地で送達された場合）によるケースでは、明らかに原告側の戦略によって裁判管轄が基礎づけられており、相手側当事者にとってきわめて不便かつ不利な裁判地で外国判決が出された場合があるので、そのようなケースでは裁量により不承認としてよい。

　前記 9 項目のうち、⑦外国判決を下した裁判所の司法としてのあり方（integrity）に相当の疑問がある場合、および⑧外国判決を下した当該手続が、基本的な公正という原則に適合しない場合とは、具体的にどのようなケースであるか想像しにくい。第 4 次リステイトメントの説明によれば[115]、前者は、「外国の司法制度自体が公平な司法とはいえない場合」[116]であるとして承認してはならないほどではないが、判決が下される手続自体に、一方当事者にのみ有利なものになっているなどの制度的欠陥がある場合だとする。後者は、当該外国判決が出される過程で、当該事案にだけ「みなしルール」が適用されたり、一方当事者に主張をする機会を与えないなど、手続の公正さを損なう場合を指す。

　なお、これら 9 項目は、裁判所の裁量権によって外国判決を不承認とする事由の最大限であり、これら以外の理由で不承認とすることはできない

---

112) Draft 4th, supra note 75, §404, Comment e.
113) 前掲 79 頁。
114) Draft 4th, supra note 75, §404, Comment h.
115) Draft 4th, supra note 75, §404, Comments i and j.
116) 当然不承認とすべき事由の 1 番目に掲げられている。前掲 321 頁。

と、第4次リステイトメント試案は明記する[117]。これも大原則は外国判決を承認するということの確認である。

V 外国判決の執行

前記のように、外国判決について、アメリカの裁判所は承認を原則としていた。多くの場合、承認を求める当事者は、アメリカでの執行も求める。これについても、アメリカの裁判所で承認され、かつ本国の法において執行可能とされる判決については、アメリカの他州判決同様に執行するのが原則である[118]。

なお対物的訴訟については、アメリカの裁判所の地に、対象物となる「もの」が存在すれば、それだけで執行のためのデュー・プロセス要件を満たすとされる[119]。

具体的には、たとえば次のようなケースがある。2002年のGlencoe Grain Rotterdam B.V. v. Shivnath Rai Harnarain Co. では[120]、オランダの会社とインドの会社との間で結ばれた米の販売契約をめぐって紛争が生じ、契約中の仲裁条項に従って、オランダの会社に約700万ドルを支払うよう命ずる仲裁裁定が確定した。オランダの会社はその承認・執行を求めてカリフォルニア地区の連邦地裁に訴えを提起した。この訴訟では承認・執行の請求は否定されたが、連邦控訴裁判所は、明確に、インドの会社の資産がカリフォルニアにあれば、それだけで仲裁裁定の執行をする（対物的な）裁判管轄権が認められる（だが、その立証がないので棄却する）と述べている。

---

117) Draft 4th, supra note 75, §404, Comment l.
118) Draft 4th, supra note 75, §406. なお、細かいことであるが、外国判決の承認の場合、当該判決が最終的かつ確定的（final and conclusive）であることだけが要件とされていたが、執行の段階では、本国（判決国）においても執行可能な状態にあること（enforceable）という要件が加わる。Draft 4th, supra note 75, §406, Comment b.
119) Draft 4th, supra note 75, §406, Comment d.
120) Glencoe Grain Rotterdam B.V. v. Shivnath Rai Harnarain Co., 284 F.3d 1114 (9th Cir. 2002).

【執行以外の承認の効果】

　当事者がアメリカにおいて外国判決の承認を求める場合、それに続けて執行を求めるのが通例であるが、そうではない場合もある。

　当事者にとって、当該外国判決の存在により、請求排除効または争点排除効を確認してもらうだけで十分というケースである。第4次リステイトメント試案では、407条において、アメリカの裁判所が外国判決を承認した場合、当該判決には姉妹州（アメリカの他州）の判決に対し与えられる十分な信頼と信用と同じ効力が認められると明記している[121]。ただし、本国で、その効果がアメリカで認められるよりも大きい範囲のものである場合には、アメリカ国内で認められる請求排除効または争点排除効と同程度に限るとされている。

【差止めを命ずる外国判決の執行】

　第4次リステイトメント試案では、最終的に確定した外国判決の内容が差止めを命ずるなど、金銭賠償以外の内容である場合の承認・執行について明記している[122]。承認については、もちろん（何らかの問題のある判決でない限り）[123]承認するが、執行についていかなる救済を与えるかは、アメリカの裁判所の裁量によるとする。そもそも差止命令など特定の作為・不作為を命ずる救済は、アメリカにおいてエクイティ上の救済とされ、さまざまな要素を勘案して、救済の可否や内容が定まるからである。

---

121)　Draft 4th, supra note 75, §407.
122)　Draft 4th, supra note 75, §408.
123)　その意味は、すでに述べたように、一定の外国判決は承認できないものであり、またそれ以外に、裁判所の裁量権により承認しなくてもよいケースがあるので、そうではない場合ということである。

第12章 アメリカ抵触法の将来

I アメリカ抵触法の現状と将来

 本書では、アメリカのロー・スクールで抵触法（conflict of laws）と題する講義で扱われる3つの課題を概説した。すなわち、アメリカにおいて渉外関係とは、州際問題と国際問題の両方を含み、50もの州に分かれているわけであるから主として前者の州際問題が渉外問題として強く意識されてきたこと、その基盤の上で、渉外紛争が生じた場合の裁判管轄権、裁判所が定まった後適用すべき準拠法の選択、そして他州または外国判決の承認・執行という3つの課題が論じられてきた。
 その中で、アメリカに最も特徴的な点は、準拠法選択について「抵触法革命」と呼ばれる大きな変革が20世紀に起こり、他国では形式的・画一的なルールで定める準拠法を、より実質的なルールで定めようとする方向性が強く現れた点である。それは裁判が追求する2つの理想、法的安定性の確保と具体的妥当性の実現のうち、準拠法選択について、前者ではなく後者を「選択」したことを意味する。しかし、その結果、アメリカ法の抵触法ルールは、場合によっては chaos（混沌とした状態）にあると評価されている。
 本書の最後である本章では、ごく最近の学者の論文を紹介し、アメリカ抵触法の将来についての可能性を記述する[1]。その後、本書全体を通じて、

---

 1) 本書で紹介するのはシメオニデス教授の考えであるが、今後の抵触法のあり方、特に講義のあり方については、Laura E. Little, Conflict of Laws Structure and Vision: Updating a Venerable Discipline (August 5, 2014). Georgia State University Law Review, Forthcoming; Temple University Legal Studies Research Paper 2014-24. Available at

アメリカ渉外裁判法の特色とその意義を掲げて本書を閉じることにする。

II シメオニデス教授の見解

シメオニデス（Symeon C. Symeonides）教授は、現在のアメリカの抵触法学者を代表する1人である[2]。キプロス生まれの研究者がアメリカを代表するというのも、いかにもアメリカらしい。シメオニデス教授は、このところ、アメリカ抵触法の現状を分析し、前項の概念でいえば、法的安定性と具体的妥当性のバランスを図った抵触法ルールの提示が今こそ必要だと力説している。すでにいくつかの著書・論文でその主張を展開している[3]。なお、彼は、主として判例法によって形成され展開されてきたアメリカ州法としての準拠法選択ルールについて、すでにルイジアナ、オレゴンの2州、プエルト・リコ準州の合わせて3つの法域で制定法を作る作業に深く関与し、制定法作成に成功している。ここでは、彼の最新の論稿によりつつ、その考えを紹介する[4]。

SSRN: http://ssrn.com/abstract=2446902 を参照されたい。そこでは、今後のアメリカ抵触法の講義では、インターネット取引やその規制、同性婚、（州や国をまたがる）大規模不法行為の事例などを元に、現代的紛争を中心的事例として扱うことで、そもそも法とは何か、そこに介在する政府の利益、国際間の紛争における主権の概念など、学生の視野を広げて抵触法を学ぶことでいわば基礎法的関心と実体法的関心をつなげた興味深い授業が可能であることが力説されている。

2) オレゴン州にある Willamette ロー・スクールの Alex L. Parks Distinguished Professor of Law である。アメリカに移った後、ハーバード大学で法学の学位を取得し、ルイジアナ州立大学で教鞭を執り、1999年にオレゴンの前記大学に法学部長として迎えられた。アメリカを代表してハーグ国際私法会議等に参加している。

3) たとえば、American Private International Law (Kluwer Law International, 2008); The American Choice-of-Law Revolution: Past, Present, and Future, The Hague Academy of International Law Monographs (Martinus Nijhoff Publishers 2006); A New Conflicts Restatement: Why Not? 5 Journal of Private International Law 383-424 (2009), available at SSRN: http://ssrn.com/abstract=1444618。

4) Symeon C. Symeonides, The Choice-of-Law Revolution: Fifty Years after Currie: An End and a Beginning (fortcoming in the University of Illinois Law Reveiw 2015). この論文は、シメオニデス教授が筆者に直接送ってくれた。その後、以下で公表された。SSRN: http://ssrn.com/abstract=2568175

1　アメリカ抵触法の現状──カリー教授の評価

　2015年はカリー教授没後50年にあたる。「準拠法選択革命──カリー教授没後50年」と題するこの論文で、シメオニデス教授は、カリー教授による「利益分析」を次のように評価する[5]。

　①　カリー教授による利益分析でいう「政府の利益」は自州民保護に偏っており、そのために法廷地法適用優先としているように見える点は問題である。むしろ、各州は、自州の法がないがしろにされることがないようにという関心を有している。

　②　その観点から、あらためてカリー教授の3分類を見ると、虚偽の抵触については、まさに1つの州しか利害関心（利益）を有しておらず、その適用によって他州は何ら害されないわけであるから、その州法を適用するという、カリー教授の見解は卓見である。

　③　真正の抵触があるケースについて、カリー教授は、裁判所も当該州政府の法政策を実現すべき機関であるからという理由で法廷地法を選択すべきだとする。そして、抵触する2つの州の利益を衡量することすら否定する。だが、従来の法を具体的なケースのもとで再検討し発展させるコモン・ローの伝統と相反するばかりでなく、そもそも虚偽の抵触か真正の抵触かを判断するにあたり、裁判所（裁判官）は、そこに介在する利益の内容を判断しているのであり、真正の抵触のケースで、2つの州の利益を衡量するのは、それと異なるとしても程度の差に過ぎない。実際、裁判所は、この部分について、カリー教授の説に従っていない[6]。

　④　カリー教授による3分類の3番目は、いずれの法を適用しても、いずれの州の法政策の実現にも資さない場合（unprovided for case：法政策の実現を指示しないケース）である。シメオニデス教授は、端的に、これをno interest case（政府の利益・利害関心のないケース）と呼んで、この場合

　5）　カリー教授の利益分析を説明した、前掲152頁以下も参照されたい。
　6）　例として、See, e. g., Gantes v. Kason Corporation, 679 A. 2d 106 (N. J. 1996); Eger v. E. I. Du Pont De Nemours Co., 539 A.2d 1213 (N.J. 1988); Kaiser-Georgetown Comm. Health Plan, Inc. v. Stutsman, 491 A.2d 502 (D.C. 1985); Cárdenas v. Muangman, 998 A.2d 303 (D.C. 2010)。だからこそ、バクスター教授による修正法理をカリフォルニア州も採用したわけである。Bernhard v. Harrah's Club, 546 P.2d 719 (Cal. 1976), *cert. denied,* 429 U.S. 859 (1976). バクスター教授の説については、前掲159頁参照。

に、カリー教授による理論では、妥当な解決法を見出せないとする。要するに利益のないケースなら、利益分析の外に解決基準を見出さねばならない。それはカリー教授のいうように法廷地法でもありうるが、別の選択肢に比べてそれが優位にする根拠はないことになる。

　以上のように述べて、シメオニデス教授は、カリー教授による利益分析が、準拠法選択について、それまでにない新たな視点（準拠法選択に、関係する州の利益を考慮すべき場合のあること）を提示したことを高く評価しつつ、そこでいう「政府の利益」は狭い意味での自州民保護というようなものではなく、政府が当該事案で問題となった法について掲げる法目的や政策だとする点を強調している[7]。

2　アメリカの準拠法選択ルールの現状

　シメオニデス教授は、長い間、毎年、アメリカの裁判所が下した抵触法関連判例を分析し紹介している。その最新版は2013年のものであり（2015年3月1日現在）、1354件の控訴審以上の判例が出されたという（連邦裁判所、州裁判所の両方を含む。第1審段階のものは少なくとも4000件以上になる）[8]。彼によれば、準拠法選択が最も問題となる代表的ケースである不法行為事件と契約事件について、準拠法選択ルールは以下のようになっている[9]。

　①　現状では、42の法域（40州とコロンビア特別区およびプエルト・リコ）において、不法行為事件＝不法行為地法とする伝統的ルールを廃棄し、現代的ルールに変更した。伝統的ルールを未だに採用しているのは10州である[10]。

---

7) そのようなこともあってカリー教授の法理に従う法域はわずか2つだとする。カリフォルニア州とコロンビア特別区である。

8) Symeon C. Symeonides, Choice of Law in the American Courts in 2013: Twenty-Seventh Annual Survey, 62 American Journal of Comparative Law__（2014）available at SSRN: http://papers.ssrn.com/sol3/papers.cfm?abstract_id=2374470

9) Symeonides, supra note 4. そこでは年代ごとに、いつどの州が現代的ルールに変わったかの図表も掲載されていて便利である。

10) アラバマ、ジョージア、カンザス、メリーランド、ニュー・メキシコ、ノース・カロライナ、サウス・カロライナ、ヴァージニア、ウェスト・ヴァージニア、ワイオミングの10州である。

② 契約事件について単純に準拠法は契約締結地とする伝統的ルールを廃棄した法域は 40 であり（38 州とコロンビア特別区およびプエルト・リコ）、伝統的ルールを維持している州は 12 州である[11]。

③ ただし、これらの伝統的ルールを維持する州も、すでに本書で述べたようなルールに対する例外が認められなかったら、これを維持していたかといえば、それははなはだ疑問だとする[12]。実際、これらの州でも、公序等を理由として、不法行為地法や契約締結地法の適用を排除する例が多く、要するに同じ結論を導くことができるなら慣れた手法がよいというに過ぎない。

シメオニデス教授は、端的な現れとして、ウェスト・ヴァージニア州最高裁判決の次のような判示を引用している[13]。

「われわれは、すでに大理石を研磨する技術を磨いてきたのであるから、今さら、青銅の作業の弟子になることを拒否する。したがって、（不法行為事件では）不法行為地法を適用するという伝統的なルールを維持することを再確認する」。

これは、建前だけ伝統的ルールを維持すると自白したものであり、実態としては、伝統的ルールをそのまま維持しているところはないといってもよい。

④ しかしながら、大多数の州が伝統的ルールを捨てたということは、それらが皆、同じ現代的ルールを採用したことを意味しない。シメオニデス教授は、現代的ルールを次の 6 つにわけて、それぞれの州がどれを採用しているかを表にした[14]。

---

11) アラバマ、フロリダ、ジョージア、カンザス、メリーランド、ニュー・メキシコ、オクラホマ、ロード・アイランド、サウス・カロライナ、テネシー、ヴァージニア、ワイオミングの 12 州である。
12) 伝統的ルールに対するさまざまな例外法理については、前掲 119 頁以下。
13) Paul v. National Life, 352 S.E. 2d 550 (W.Va. 1986). 事案は、インディアナ州で起きた交通事故について、当事者がともにウェスト・ヴァージニア州民であり、インディアナ州における好意同乗者免責法（guest statute）の適用を公序を理由に排除したものである。
14) Symeonides, supra note 4, Part III Revolution Today（抵触法革命の現状）の欄。

イ）「密接な関連性」（significant contact）による
ロ）第2次リステイトメントによる
ハ）利益分析（カリー教授によるもの）
ニ）法廷地法によるもの
ホ）レフラー教授の「よりよい法」（better law）によるもの
ヘ）以上のいずれかの組み合わせによるもの

　しかし、シメオニデス教授も認めるように、どの州がいずれかに属するかは解釈が異なりうるうえに、裁判所は、理論的な厳密さに関心を有するより、具体的に妥当な結論を導くことの方を重視する。ある裁判所が、1つの事件で現代的アプローチのあるタイプを利用しながら、別のケースでは、別のタイプを利用することも少なくない[15]。
　したがって、シメオニデス教授自身、せっかく自らが作成した表の内容について、その正確さには注意が必要だと明言している。
　⑤　その中で、第2次リステイトメントを採用する州が相対的に多い。不法行為は不法行為地法という伝統的ルールを廃棄した42の法域のうち24が、契約は契約締結地法という伝統的ルールを廃棄した40の法域のうち23が、第2次リステイトメントのルールに従うと明言している。
　さらに、当事者による準拠法の指定を尊重すると明記した第2次リステイトメント187条についていえば、伝統的ルールを維持している州ですら、それに賛成している。
　最後に、連邦裁判所は、連邦問題事件について、準拠法選択につき第2次リステイトメントに従っている。
　⑥　シメオニデス教授によれば、第2次リステイトメントが多くの支持を集めたのは、その折衷的内容（eclecticism）による部分が大きい。実際にも、第2次リステイトメントができたおかげで現代的アプローチを採用する州が増加し、しかも各州ごとにまったくばらばらの状態になることが避けられた。また、彼はアメリカの抵触法革命がもたらしたよい成果を3点指摘する。
　　a）準拠法選択について、伝統的なルールがたった1つの連結点だけ

---

15) Symeon C. Symeonides, Wendy C. Perdue, Conflict of Laws, American, Comparative, International Cases and Materials 124 (3d ed. 2012).

で決定するということだったのに対し、そのような硬直的な呪縛から解放されたこと。

b）伝統的ルールによる準拠法選択が、法の内容を無視して法域選択を行ったのに対し、現代的アプローチでは、法の内容まで考慮した法選択が可能になったこと。

c）特に不法行為分野では、関連する法の内容に、行為規制ルールと損害配分ルールの区別があることが明らかになり、当該事件で問題になっている法が主としてどちらの法政策によっているのかが検討されるようになったこと。

3 現状認識から今後のあり方へ

シメオニデス教授の真骨頂は、以下の部分である。毎年、抵触法関係の判例をすべて検討しているからこそいえるわけであるが、現代的アプローチが区々に分かれているアメリカ法の現状を chaos（混沌とした状況）と呼ぶのは実は正しくない。たとえば、不法行為法分野を見ると、現代法アプローチのもとで、相当に統一的な結論が導かれているからである。具体的には、不法行為に関する準拠法選択は次のような状況となっている。

① 第1に、原告も被告も共通のドミサイルを有しており、不法行為地がそれとは別の州である場合、抵触している法の内容が損害分配ルールのケースでは、実に85％の裁判例で、共通ドミサイルの州法を適用している[16]。これらの事例のうち、Babcock v. Johnson タイプの事件では[17]、実際に、法の適用に利益を有しているのは、共通のドミサイルのある州だけであるから、いわゆる虚偽の抵触の事例であり、共通ドミサイルの州法が適用されている。さらに、逆 Babcock v. Johnson タイプ、すなわち共通ドミサイルの州法によれば救済が否定される場合でも（単純に虚偽の抵触とはいえないケースでも）、7割近くの判例は共通ドミサイルの州法を選択し適用している。このような結論は、抵触法ルールを成文法化したルイジアナ州法やオレゴン州法でも明記されている。

---

16) これは Neumeier 判決にいう第1ルールにあたる。ニュー・ヨーク州裁判所が策定した Neumeier 判決のルールについては、前掲145頁参照。
17) この事件については、前掲142頁参照。

さらに、ハーグ国際私法会議の代表を務めるなど、アメリカ以外の諸国の状況にも明るいシメオニデス教授によれば、このような類型のケースについては、外国でも、共通のドミサイル（あるいは常居所）の国の法を適用し、不法行為地法ルールの例外としている（ただし、これら外国では、損害分配ルールと行為規制ルールの区別をせず適用するので、過度に広汎なルールとなっている点が、アメリカの状況と異なる）。

　②　不法行為事案の第2の類型として、原告被告のドミサイルが異なるが、不法行為の発生地（加害行為地）と損害発生地が同一の場合（しかも原告被告いずれかのドミサイルの地と一致する場合）がある。このようなケース（cross-border case と呼ばれる）でも、諸州の判例の大多数は、同一の結論を導き出している。

　まず、当該紛争が行為規制ルールをめぐるものであるなら、虚偽の抵触の事例となり、加害行為地かつ損害発生地である州法が適用される。

　次に、それが損害分配ルールである場合には、真正の抵触か、または no interest case（政府の利益・利害関心のないケース）のいずれかになる。カリー教授はこれら2つのケースで法廷地法を適用するとしたものの、アメリカの多数の裁判所は、それが法廷地法でなくとも、3つの接点（ドミサイル・加害行為地・損害発生地）を有する州法を選択し、しかも加害者に有利であると不利であるとを問わない。

　この結果は、Neumeier 判決の第2ルール、第3ルールと同様であり、ルイジアナ州法やオレゴン州法で制定法化された結論とも合致する[18]。

　③　第3の類型は、原告被告のドミサイルが異なるばかりでなく、不法行為の加害行為地と損害発生地も異なる場合である（これも cross-border torts と呼ばれている）。このようなケースについて、アメリカの裁判所は、加害行為地法を適用するものと、損害発生地法を適用するものにほぼ2分した判例を示しているものの、圧倒的大多数（86％）の事例で、原告に有利な法を適用している。

---

18)　ただし、オレゴン州制定法はより一歩を進め、不法行為発生地（加害行為地）かつ損害発生地が、原告被告のいずれかのドミサイルともまた別の州であった場合にも、加害行為地（損害発生地と同じもの）法を適用すると定める。Oregon Rev. Stat. §15. 440 (3) (a)-(b)。

さらに、制定法の形式をとっているルイジアナ州法では、抵触している法が行為規制タイプである場合には加害行為地法、ただし、損害発生地法の方がより高い行為基準（たとえば、過失を認定しやすい基準）をとっている場合で、損害発生地が客観的に予見可能なケースでは損害発生地法を適用するとしている。損害分配タイプの法の抵触であるなら、原告のドミサイルと損害発生地が同一であり、当該地の法が被害者保護に手厚い法の内容であるケースであれば、損害発生地法を適用するとしている。

　また、同様に制定法化したオレゴン州法では、このようなケースで、原則は加害行為地法適用としながら、損害発生地が客観的に予見可能な場合で、かつ原告（被害者）が損害発生地法の適用を求めている場合には、例外として損害発生地法を適用する。

　この点では、アメリカ以外の外国における準拠法選択ルールも同様の傾向を示しており、加害行為地法または損害発生地法のいずれかで、被害者に有利な法を適用すると明記する例が多い[19]。大きな違いとしては、これら外国法の正当化が、単に被害者救済という実体的理由に基づくことが多いのに対し、アメリカの判例や上記2州の制定法では、このような事案について関連する州法の利益を勘案し、その間の抵触関係を分析した結果として、ルールを正当化している点がある。

　④　不法行為の中でも、製造物責任については別個の考慮がなされていると、シメオニデス教授はいう。判例の傾向を一言でいうのは難しく、せいぜいで、当該事件との接点が多ければ多いほど、その州の法が適用される傾向が強まるということくらいである。

　だが、それでも判例調査からわかることとして次のような点に留意すべきだとする。

　一般に信じられていることに反して、アメリカの裁判所は、それほど原告や法廷地州の当事者に有利な判断をしていない。不当に法廷地州法を適用することもない。たとえば、原告に有利な州法を選択したのは52％にとどまり、法廷地州の当事者に有利な州法を選択したのは41％に過ぎな

---

19)　この点に限らず、抵触法（準拠法選択ルール）に関するシメオニデス教授の国際的知見を示すものとして、Symeon C. Symeonides, Codifying Choice of Law Around the World: An International Comparative Analysis (Oxford University Press, 2014) を参照。

い。さらに、法廷地州法を適用したのも 55％ であって、大多数が法廷地州法という結果になっていないのである。
　⑤　以上のような具体的な現状分析を、シメオニデス教授は次のように整理する[20]。
　　　a）不法行為事件では、加害行為地・損害発生地が同一の場合で、かつ当事者の一方がその地にドミサイルがある場合、その地の法（不法行為地法）が適用されている。
　　　b）原告被告のドミサイルが異なるケースでは、加害行為地法と損害発生地法のいずれかで原告に有利な法が適用されている。これらa）およびb）のケースでは、不法行為地法の解釈として、それが加害行為地か損害発生地かという問題は残るにせよ、大きな意味で不法行為地法が適用されているから、結果的には、伝統的ルールとあまり異ならない現状となっている。
　　　c）したがって、アメリカ法が、伝統的ルールと明確に異なる結論を導いているのは、当事者が共通のドミサイルを有する場合であり、そのようなケースでは、抵触する法の内容が行為規制ルールであるか損害分配ルールであるかが重要となる。
　　　損害分配タイプであるなら、共通のドミサイルの地の法を適用する（不法行為地法を適用しない）。
　　　行為規制タイプの場合には、不法行為地法が適用される。
　これらのように整理した内容が、不法行為事件についてアメリカにおける準拠法選択ルールのまさに現実を示しているのであれば、それを成文化してもっと明確に法として示すこともできるはずだと、シメオニデス教授は力説する。現に、ルイジアナ州やオレゴン州ではそうしている。
　⑥　そこで、シメオニデス教授は、アメリカ抵触法が今後進むべき道について論を進める。まず、このような現状分析の結果、抵触法判例に一定のパターンができているのなら、それでよしとして現状維持を正当化することはできない。
　なぜなら、不法行為分野ですら、判例の統一がすべてについてできるわ

---

20)　彼の論文では図表5として整理されている。

けではないし、最大の問題は、判例法による発展・統一という方法は、当該事件に関係した当事者と裁判所にとって大きな負担となることである。すなわち、当事者にとっての予測可能性や、裁判所にとってのガイドラインという点で、必ずしも有効な機能を果たしていない。アメリカにおいて、州際裁判が日常茶飯事だと本書では述べたが、そうはいっても、ほとんどの裁判官が日常的に扱うのは州内事件である。逆にいえば、多くの裁判官は、州際裁判・国際裁判の両方の意味での渉外裁判を扱うことに慣れているわけではない。しかもかつてに比べてそういう事件は増加しているから「昔と比べて今こそ彼らは助けを求めているのである」[21]。1985 年においてアメリカの抵触法判例は年間で 1062 件を数えた。それが 2013 年では 3 倍以上の 3608 件になっている。内容自体も複雑で他州の州や国が関係する事案が増加しているとすれば、何らかの形で裁判所の負担を軽減する必要がある。

　次に、少なからぬ裁判官が、準拠法選択ルールを定める連邦制定法により対処する方法を支持する。シメオニデス教授は、これに反対するものではない。だが、近い将来それが実現する可能性は皆無だという。これまで述べてきたように、アメリカの抵触法は、州法として、そして判例法として発展してきた。その伝統を一挙に捨てて、連邦議会の制定法によることは、アメリカでは政治的に不可能なのである。州法ではあるが、オレゴン州やルイジアナ州で制定法が実現したのも驚異的であり（元来、大陸法の系譜を有するルイジアナ州はともかく、特にオレゴン州の例は、シメオニデス教授の並々ならぬ影響力のおかげだと推測される）、この第 2 の選択肢も現実的でないとする。

　残る最後の手段が、判例法のリステイトメントによる抵触法の明確化と統一の方向性である。具体的には第 3 次抵触法リステイトメントの策定である。

　⑦　シメオニデス教授によれば、抵触法の第 3 次リステイトメントを策定することには多くのメリットがある。

　第 1 に、リステイトメントは判例法を整理したもの（再記述）であるが、

---

21) Symeonides, supra note 4, at footnote 241, citing Hay, Borchers & Symeonides, Conflict of Laws 125 (Thomson-West Hornbook Series, 5th ed. 2010).

制定法ではないことはもちろん、それ自体が判例法でもないので、裁判所は厳密な意味でそれに拘束されない。具体的事件で、これに拘束されず、具体的妥当性を図ることもできる。しかし、一般論としては、優れた参考資料となり、いわばリスク・フリーの良薬である。

　第2に、リステイトメント策定によって、他分野と同様に抵触法分野でも求められる法的安定性と具体的妥当性という2つの目的を達成することができる。一挙両得（to have our cake and eat it too）という、通常は達成の困難な均衡を実現することができる。その実例は、ルイジアナ州とオレゴン州において抵触法ルールの制定法ができたことにあり、そこでは、具体的な争点毎に、それに関して相対立する実体法の内容も勘案した、射程距離の短い抵触法ルールを明記する作業が行われた。あらゆる争点を網羅するような作業ではなく、相対的に見て、合意が得られそうな問題だけを取り上げて立法化した。しかも、それらにすら、完全に柔軟性を排除することがないよう、一定の例外規定を設けた。そのうえで、第2次リステイトメント第6条で掲げたような一般規定も付け加えた。

　これらの州の試みは、現代の抵触法分野でも、リステイトメントのように条文の形で裁判所が合意しているルールを文章化することが可能であることを示している。

　アメリカ法の抵触法革命は確かに大きな意味があった。しかし、すでにその後半世紀を経て、伝統的ルールを廃棄しただけで満足している時期は過ぎた。本当に革命の成功を維持することが大切であり、いわば出口戦略（exit strategy）が求められている。そのためには第3次リステイトメントを策定するのが最も現実的であり、効果的である。

　このようなシメオニデス教授の主張は、まだリステイトメント策定の機関であるアメリカ法律協会（American Law Institute）に対しては、十分に影響力を持っているといえない。この分野での第3次リステイトメント策定作業は、現時点ではまだ開始されていない。だが、シメオニデス教授が説くように、抵触法分野の判例がこれだけ増加しているなら、それについての法の現状をわかりやすい形で伝えることには、アメリカにおいて大きな意味がある。その有力な手段がリステイトメント運動であることも間違いはない。今後の動きに注目したい。

III　アメリカ渉外裁判法の意義

　以上本書で概説したアメリカ渉外裁判法の特色について、簡単にまとめることは容易な業ではないので、いくつかのコメントをもって、本書を閉じることにする。
　第1に、アメリカ渉外裁判法の3本の柱である、渉外事件における裁判管轄権、裁判所が適用すべき準拠法選択、そして他州および外国判決の承認・執行の問題が、紛争の時系列的な順番で課題となるばかりでなく、アメリカにおいて、とりわけ20世紀半ば以降、歴史的に深い関連性をもっていたことがわかった。
　要するに、1945年のInternational Shoe判決により、それまでの渉外的な事件に関する裁判管轄権の考え方が一変し、合衆国憲法上のデュー・プロセスを満たすような範囲に大きく拡大した。だからこそ、それまではどの州でも例外的にしか扱えなかった渉外事件が取り扱われるようになり、当然、いずれの州の準拠法を選択し適用するかが大きな問題となった。シメオニデス教授の調査によれば、抵触法第2次リステイトメントが完成した1969年ですら、抵触法事件は393件でしかなかった（それが2013年には3608件になったのである）[22]。そこで、1960年代を中心とする「抵触法革命」が起きる。さらに、他州（または外国の）裁判所が下した判決の承認・執行も、当然増加した。
　第2に、アメリカの抵触法革命はいかにもアメリカらしい。実際、その他の国では、このような革命は起きていない。なぜアメリカではそれが可能だったのか。
　大きな要因の1つは、アメリカでは抵触法すら判例法だったところである。仮に、日本をはじめとする多くの諸国のように、それが議会制定法だったとすれば、アメリカでも「革命」は起きえない。議会制定法の解釈をどんなに柔軟にしようと、ある事案ではA州法と明確に定まっていれば、

---

[22]　Symeonides, supra note 4, at text accompanying footnote 278.

裁判所はそれに従わざるをえない。ところが、それが判例法であるなら、コモン・ローの伝統により、それは具体的な事件の中で再吟味され、発展していくべきものなのである。そこでは裁判所の判例法内部での「革命」が可能になる。

　2つ目の要因は、アメリカの裁判所には、形式的なルールを適用するのが裁判ではなく、まさにその結果にこだわる本質的な性格があることである。具体的なケースで妥当な結論を導くことこそ裁判の本質である。たとえば、不法行為事件は不法行為地法という先例があることは十分承知していても、たまたま不法行為地が自州でないからといって、あまりに不合理な法を選択適用することは妥当なのか。そもそもなぜそうしなければならないのか。このような問いかけを裁判官自身が行う伝統が、コモン・ローにはある。その中から生まれたのが、法の趣旨が当事者間の適切な損害分配にあるのか、あるいは当該州の行為規制の趣旨にあるのかという区別の発見である。

　もちろん、そのような方向性の背後に、すでに法学者の間で広まっていた20世紀初め以来のリーガル・リアリズムの歴史があった。どこの政治権力・法的権力にもリンクしない抽象的な「不法行為」概念や「契約」概念によって、事件の性質決定をし、それによって単純かつ形式的に準拠法が定まるという伝統的ルールの観念自体に大きな疑問が提起された。準拠法選択は、いわば「電話交換手の法」であり、法の内容とは無関係に定まる、とにかく何らかのルールさえ決まっていればよいという虚構に、アメリカの法律家は耐えられなかったのである。カリー教授のいう、準拠法選択にも当該州の政府の利益が存在し、それを分析する必要があるという主張は、強く彼らの心を捉えた。

　付け加えるに、アメリカが連邦制度といいながら50もの州に分かれている事実も、大きな影響を与えた。50もあるということは、法もさまざまであるということを常に実感させる。そのいずれを選ぶかは、まさに裁判の結論を左右する。伝統的ルールで指示される他州法には、当該州から見れば遅れた法、あるいは不当な法もある。だが、アメリカにおいて簡単にこれらを公序違反とすることはできない。それら他州は sister states（姉妹州）であり、これが他州判決なら合衆国憲法上、公序を理由として

排除することができないものである。もちろんそれはまだ判決の形になっていないのであるから、「十分な信頼と信用」を与える必要はないが、それでも公序をもち出すことに謙抑的にさせるには十分である。そうだとすると、不当な結論を導くのを回避するためには、新たな準拠法選択ルールが必要となる。まさに「革命」が求められる。

　第3に、アメリカにおける他州および他国判決の承認・執行も興味深い。そこでは、合衆国憲法上の「十分な信頼と信用」条項により、他州判決については、自州の公序を理由として承認拒否ができないことがまず重要である。しかし、実際には合衆国憲法上の保護がない外国判決の承認・執行についても、アメリカの裁判所は、その承認・執行に積極的であるという。その背景には、アメリカが多民族国家であり、国内的にもすでに多様性を重んじる風土があることや、国内的な渉外事案で培ってきた実務の影響もあるに違いない。

　そこで、他州および外国判決を承認しないための切り札は、他州（外国）判決の裁判管轄権が有効でないという論理が中心となる。そしてそこではやはり合衆国憲法上の手続的デュー・プロセスを満たすような裁判が行われたか否かが重視される。

　おそらく今後はアメリカ国内で、国際的渉外事件がいっそう増加することが予想される。それに対し、アメリカ渉外裁判法が適切な対処をするか否かが、国際的な場面で試されることになる。しかし、それはアメリカだけではなく、わが国の渉外裁判も同様であり、アメリカの渉外裁判法の行く末はわが国とも無縁ではない。

事項索引（和文・欧文）

あ
アリモニー　263, 272

い
域外適用　293, 297, 301
異人種間の婚姻　115, 265
一般的裁判管轄権　27, 32, 44, 48
一夫多妻　115, 265
意図的利用　36

え
エリー判決の法理　205

か
外国人不法行為法　49
外国判決の執行　257, 330
外国判決の承認　257, 314
過失による不法行為　60, 99

き
擬制送達　279
既判力　229, 238
寄与過失　176, 246
虚偽の抵触　6, 153, 334, 338
近親婚　115, 265

け
厳格責任　61
現実の悪意　324
憲法革命　30

こ
故意による不法行為　58
合意管轄　29
行為規制ルール　149, 338
好意同乗者　103, 142, 164, 177, 292, 336
効果主義　296, 302
公序　120, 133, 183, 255, 258, 311, 327, 328, 336, 345
交付送達　29, 45

国家行為の法理　309
古典的法思想　97, 172, 208
子どもの監護権　277, 280, 282
子どもの最善の利益　262, 280
子の奪取　284
子の連れ去り　283, 284
個別評決　246
雇用契約　70
婚姻挙行地法　115, 264
婚姻ドミサイル　261, 273, 275

さ
最高法規条項　203, 225
最小限の関連（性）　26, 195
詐欺防止法　129

し
実質法　94
事物裁判管轄権　13, 321
重婚罪　273, 274
州籍の相違　74, 77, 80, 122, 180, 205, 213
十分な信頼と信用条項　6, 137, 193, 196, 252, 262, 314, 346
収用　22
出訴期限　6, 64, 85, 124, 128, 201, 229, 317
出訴期限法　220, 255
準拠法選択　89
準対物的管轄権　111
準対物的訴訟　23, 38
常居所　16, 339
証券詐欺　249
消費者契約　76
商標法　305
人身保護令状　280
真正の抵触　153, 334
信託　112, 220, 290
人的裁判管轄権　13, 18, 270, 276, 279, 321, 322

せ
請求排除効　229, 240, 319, 320, 331
製造物責任　48, 50, 55, 58, 179, 180, 224, 340

348　事項索引

専属管轄条項　35, 227, 329
専属管轄の合意　29, 73

そ

相互主義　258, 260, 315
相続　112
争点排除効　243, 320, 331
訴状の送達　13, 21, 28, 125, 224
損害配分ルール　149, 338
損失填補条項　42

た

対人的訴訟　20
対物的裁判管轄権　194
対物的訴訟　22, 261, 330
代理　116
他州判決の承認・執行　251

ち

仲裁条項　293, 330
懲罰的損害賠償　136, 178, 192, 327
著作権法　305

つ

通商の流れ　42, 48, 57
妻の無能力　106, 154

て

抵触法　1, 2, 219, 261, 332
抵触法革命　6, 92, 298, 332, 343, 344
デュー・プロセス　13, 26, 55, 66, 91, 192, 240, 269, 272, 290, 322, 346

と

統一州法　4, 189
統一商事法典　190
動産侵害　62
同性婚　4, 262, 264, 266
同僚被用者の法理　101, 120, 156
特定的裁判管轄権　27, 32, 34, 50
特許法　305
特権免除条項　137, 193, 202, 216
ドミサイル　14, 44, 102, 109, 121, 143, 144, 180, 261, 274, 338, 341

に

二重の危険　274

ね

眠れる通商条項　203

は

ハーグ条約　284
ハイジャック事件　300
破綻主義　271, 277
反致　119, 130

ひ

比較過失　182
平等保護条項　203, 216

ふ

不誠実な契約違反という不法行為　178
不法行為　55
プライバシー侵害　63, 66
フランチャイズ契約　40, 68, 69

へ

平和保護条項　203

ほ

法益阻害度比較法理　159
法選択ルール　220
法廷地漁り　10, 45, 94, 99, 127, 129, 146, 149, 158, 160, 166, 198, 209, 211, 213, 219, 226, 228
法の選択　89
保険契約　69

め

名誉毀損　53, 59, 63, 100, 258, 322

も

最も密接な関係を有する　171, 174, 186

や

約因　106, 210

ゆ

有責主義　271, 276

よ

養子　*289*
よりよい法のアプローチ　*163, 200*

り

リーガル・リアリズム　*100, 152, 172, 208, 345*
利益分析　*152, 311, 334, 337*
RICO 法　*312*
離婚後扶養料　*263, 272, 278, 287*
リステイトメント　*4, 91, 96, 189, 317, 342*
立法管轄権　*293, 294*
領域的管轄権　*13*

れ

礼譲　*10, 96, 136, 311, 326*
連邦コモン・ロー　*232, 311*
連邦の専占　*294*
連邦問題　*207*

ろ

労災補償制度　*197, 198, 222*
労災補償法　*132*
ロング・アーム法　*14, 27, 30, 55, 66, 91, 322*

A

action in personam　*20*
Act-of-State doctrine　*309*
actual malice　*324*
Alien Tort Statute　*49*
alimony　*278, 287*

B

Bealism　*97, 139*
Bernstein letter　*313*
best interests of the child　*280*
better law approach　*163*

C

certification　*181, 325*
child custody　*278*
choice of law　*3, 89, 219*
claim preclusion　*240*
comity　*10, 96, 136, 311, 314*
comparative impairment　*160*
conflict of laws　*1, 2, 261, 291, 332*
conflicts revolution　*6, 92*
consideration　*106*
contributory negligence　*246*
conversion　*62*
coverture　*106*

D

default judgment　*243*
demurrer　*243*
directed verdict　*243*
diversity of citizenship　*77, 205*
divisible divorce　*278*
DOMA　*266*
domicile　*14*
dormant commerce clause　*203*

E

effects doctrine　*296*
Erie doctrine　*205*
escape devices　*100, 112, 119*
ex parte divorce　*263, 273*

F

false conflict　*6, 151, 153*
federal preemption　*294*
federal question　*207*
fellow servant rule　*101, 156*
forum non convenience　*79, 157, 179, 329*
forum shopping　*10, 45, 94, 99, 105, 127, 129, 146, 149, 158, 160, 166, 198, 209, 211, 213, 219, 226*
full faith and credit　*6, 314*

G

general common law　*316*
general jurisdiction　*32, 44*
general law　*208*
guest statute　*142, 166, 292, 336*

H

habeas corpus　*280*
habitual residence　*16*

I

in rem actions　*22, 261*
in rem jurisdiction　*194*
indeminification clause　*42*
interest analysis　*152*
issue preclusion　*243*

J

judgment n.o.v.　*243*

L

legislative jurisdiction　*293, 294*
libel tourism　*323*

M

mail-box rule　*107*
mandatory forum selection　*29*
Mexican divorce　*277*
migratory marriage　*265*
minimum contact　*26, 195*

N

Neumeier rule　*150*

P

parol evidence rule　*130*
personal jurisdiction　*13*
personal service　*29*
public policy　*120, 133, 258, 327*
publication service　*29*
purposeful availment　*36*

Q

quasi in rem actions　*23*

R

reasonableness of jurisdiction　*41*
renvoi　*119, 130*
res judicata　*238*
Restatement　*4, 189*

S

service of process　*13*
significant contact　*337*
special verdict　*246*
specific jurisdiction　*32, 34*
stacking　*166, 200*
statute of frauds　*129*
statute of limitations　*6, 128, 221*
stream of commerce　*42, 48, 57*
subject matter jurisdiction　*13*
summary judgment　*242, 253*
Supremacy Clause　*203*

T

tagging　*28*
territorial jurisdiction　*13*
transient jurisdiction　*28*
true conflicts　*153*

U

Uniform Commercial Code　*190*

V

visitation right　*285*

W

will-borrowing statute　*114*

判例・法令索引

【判例】

Abbott v. Abbott, 130 S.Ct. 1983, 560 U.S. __ (2010) ……………………………… 286
Alabama Great Southern R.R. Co. v. Carroll, 11 So. 803 (Ala. 1892) ……………… *100, 120, 156, 181*
Alaska Packers Assoc. v. Industrial Accident Commission, 294 U.S. 532 (1935) …………… *197, 198*
Allstate Insurance Co. v. Hague, 449 U.S. 302 (1981) ……………………………… *200*
American Banana Co. v. United Fruit Co., 213 U.S. 347 (1909) ……………………… *299*
Aristech Chemical Int'l Ltd. v. Acrylic Fabricators Ltd., 138 F.3d 624 (6th Cir. 1998) ……… *44*
Asahi Metal Industry Co. v. Superior Court, 480 U.S. 102 (1987) …………………… *42, 43, 57*
Auten v. Auten, 142 N.E.2d 99 (N.Y. 1954) ………………………………………… *139, 140*
Babcock v. Jackson, 191 N.E.2d 279 (N.Y. 1963) …………………………………… *142, 292*
Bachchan v. India Abroad Publications, Inc., 585 N.Y.S.2d 661 (Sup. Ct. N.Y. 1992) ……… *324*
Baffin Land Corp. v. Monticello Motor Inn, Inc., 70 Wash.2d 893, 425 P.2d 623 (1967) …… *179*
Baker v. General Motors, 522 U.S. 222 (1998) ……………………………………… *253*
Baldwin v. Fischer-Smith, 315 S.W.3d 389 (Ct. App Missouri 2010) ………………… *65*
Banco Nacional de Cuba v. Sabbatino, 376 U.S. 398 (1964) ………………………… *310*
Bank of America v. Panell, 352 U.S. 29 (1956) ……………………………………… *235*
Barrell v. Benjamin, 15 Mass. 354 (1819) …………………………………………… *21*
Bates v. Superior Court, 749 P.2d 1367 (Ariz. 1988) ………………………………… *178*
Berhard v. Harrah's Club, 546 P.2d 719 (Cal. 1976) ………………………………… *334*
Bernhard v. Bank of America Nat, Trust & Savings Ass'n, 122 P.2d 892 (Cal. 1942) ……… *248*
Bernhard v. Harrah's Club, 546 P.2d 719 (Cal. 1976) ………………………………… *160*
Bernstein v. N.V. Nederlandsche-Amerikaansche Stoomvaart-Maatschappij, 210 F.2d 375
　(2d Cir. 1954) ……………………………………………………………………… *313*
Black & White Taxicab & Transfer Co. v. Brown & Yellow Taxicab & Transfer Co., 276
　U.S. 518 (1928) …………………………………………………………………… *213*
Blonder-Tongue Laboratories, Inc. v. University of Illinois Foundation, 402 U.S. 313 (1971) …… *249*
Bowers v. Hardwick, 478 U.S. 186 (1986) …………………………………………… *266*
Bradford Elec. Light Co. v. Clapper, 286 U.S. 145 (1932) …………………………… *196*
Braxton v. Anco Electric, Inc., 409 S.E.2d 914 (N.C. 1991) ………………………… *132*
Bridgeway Corp. v. Citibank, 45 F.Supp. 2d 276 (S.D.N.Y. 1999) …………………… *321*
Buckeye Boiler Co. v. Superior Court, 458 P.2d 57 (Cal. 1969) ……………………… *56*
Burger King Corp. v. Rudzewicz, 471 U.S. 462 (1985) ……………………………… *40, 41, 68, 70*
Burlington Northern R. Co. v. Woods, 480 U.S. 1 (1987) …………………………… *227*
Burnham v. Superior Court, 495 U.S. 604 (1990) …………………………………… *28, 47*
Byrd v. Blue Ridge Rural Electric Cooperative, Inc., 356 U.S. 525 (1958) ……………… *221, 222*
Calder v. Jones, 465 U.S. 783 (1984) ………………………………………………… *53, 59, 64*
Cárdenas v. Muangman, 998 A.2d 303 (D.C. 2010) ………………………………… *334*
Carnival Cruise Lines, Inc. v. Shute, 499 U.S. 585 (1991) …………………………… *29, 75*
Carnival Cruise Lines, Inc. v. Shute, 897 F.2d 377 (9th Cir. 1990) …………………… *35*
Casarotto v. Lombardi, 268 Mont. 369, 886 P.2d 931 (Mont. 1994) ………………… *182*
Casarotto v. Lombardi, 274 Mont. 3, 901 P.2d 596 (1995) …………………………… *182*

Chicago v. Dater, 270 N.W. 175 (Mich. 1936) *131*
Clark v. Clark, 222 A.2d 205 (N.H. 1966) *164*
Clay v. Sun Insurance Office, Ltd., 377 U.S. 179 (1964) *199*
Clearfield Trust Co. v. United States, 318 U.S. 363 (1943) *234*
Cooney v. Osgood Machinery, Inc., 612 N.E.2d 277 (N.Y. 1993) *150*
DaimlerChrysler AG v. Bauman, 134 S.Ct. 746 (2014) *49*
Davenport v. Webb, 183 N.E.2d 902 (N.Y. 1962) *128*
Deepsouth Packing Co. v. Laitram Corp., 406 U.S. 518 (1972) *305*
DeSantis v. Wackenhut Corp., 793 S.W.2d 670 (Tex. 1990) *185*
Doctor's Assocs., Inc. v. Casarotto, 517 U.S. 681 (1996) *182*
Durfee v. Duke, 375 U.S. 106 (1963) *254*
Dym v. Gordon, 209 N.E.2d 792 (N.Y. 1965) *144*
EEOC v. Arabian American Oil Co., 499 U.S. 244 (1991) *298*
Eger v. E. I. Du Pont Nemours Co., 539 A.2d 1213 (N.J. 1988) *334*
Ehrenfeld v. Mahfouz, 881 N.E.2d 830 (N.Y. 2007), 518 F.3d 102 (2d Cir. 2008) *323*
Equal Employment Opportunity Commission v. Arabian American Oil Co., 499 U.S. 244
　(1991) *297*
Erie Railroad Co. v. Tompkins, 304 U.S. 64 (1938) *77, 205, 214, 216*
Estin v. Estin, 334 U.S. 541 (1948) *279*
Evans Cabinet Corp. v. Kitchen Int'l, Inc., 593 F.3d 135 (1st Cir. 2010) *322*
Fauntleroy v. Lum, 210 U.S. 230 (1908) *255*
Federal Ins. Co. v. Scarsella Bros., Inc., 931 F.2d 599 (9th Cir. 1991) *181*
Ferens v. John Deere Co., 494 U.S. 516 (1990) *85*
First National City Bank v. Banco Nacional de Cuba, 406 U.S. 759 (1972) ... *313*
Franchise Tax Board v. Hyatt, 538 U.S. 488 (2003) *202*
Galva Foundry Co. v. Heiden, 924 F.2d 729 (7th Cir. 1991) *14*
Gantes v. Kason Corporation, 679 A.2d 106 (N.J. 1996) *334*
Gasperni v. Center for Humanities, Inc., 518 U.S. 415 (1996) *228*
Gator.com Corp. v. L. L. Bean, Inc., 341 F.3d 1072 (9th Cir. 2003) *46*
Glencoe Grain Rotterdam B. V. v. Shivnath Rai Harnarain Co., 284 F.3d 1114 (9th Cir. 2002) *330*
Goodyear Dunlop v. Brown, 131 S.Ct. 2846 (2011) *48, 49, 58*
Gordon v. Kramer, 604 P.2d 1153 (Ariz. 1979) *177*
Grant v. McAuliffe, 264 P.2d 944 (Cal. 1953) *125*
Gray v. American Radiator and Standard Sanitary Corp., 176 N.E.2d 761 (Ill. 1961) *56*
Guaranty Trust Co. v. York, 326 U.S. 99 (1945) *220, 221*
Gulf Oil Corp. v. Gilbert, 330 U.S. 501 (1947) *80*
Haag v. Barnes, 175 N.E.2d 441 (N.Y. 1961) *141*
Haddock v. Haddock, 201 U.S. 562 (1906) *272*
Hampton v. McConnell, 16 U.S. (3 Wheat.) 234 (1818) *253*
Hanna v. Plumer, 380 U.S. 460 (1965) *222*
Hanson v. Denckla, 357 U.S. 235 (1958) *37, 69*
Hartford Fire Insurance Co. v. California, 509 U.S. 764 (1983) *302*
Hataway v. McKinley, 830 S.W.2d 53 (Tenn. 1992) *175, 176*
Haumschild v. Continental Casualty Co., 95 N.W.2d 814 (Wis. 1959) *121*
Helicopteros Nacionales de Colombia S. A. v. Hall, 466 U.S. 408 (1984) *46*

Hilton v. Guyot, 159 U.S. 113 (1895) ·· 257, 314
Hoffman-La Roche v. Empagran, S. A., 542 U.S. 155 (2004) ·················· 303
Holzer v. Deutsche Reichsbahn-Gesellschaft, 14 N.E.2d 798 (N.Y. 1938) ········· 134
Home Insurance Co. v. Dick, 281 U.S. 397 (1930) ····························· 193, 195
Huntington v. Attrill, 146 U.S. 657 (1892) ··· 326
In re Estate of Clark, 236 N.E.2d 152 (N.Y. 1968) ······························ 114
In re Estate of Jones, 182 N.W. 227 (Iowa 1921) ································ 17
International Shoe Co. v. Washington, 326 U.S. 310 (1945) ········· 13, 19, 25, 33, 34, 44
Itar-Tass Russian News Agency v. Russian Kurler, Inc., 153 F.3d 82 (2d Cir. 1998) ········ 306
J. McIntyre Machinery, Ltd. v. Nicastro, 131 S.Ct. 2780 (2011) ·········· 50, 51, 52, 58, 61
Jepson v. General Gas. Co. of Wisconsin, 513 N.W.2d 467 (Minn. 1994) ······ 166
Johnson v. Spider Staging Corp., 555 P.2d 997 (Wash. 1976) ················· 179
Kaiser-Georgetown Comm. Health Plan, Inc. v. Stutsman, 491 A.2d 502 (D.C. 1985) ······· 334
Kalb v. Feuerstein, 308 U.S. 433 (1940) ·· 254
Kamen v. Kemper Financial Services, Inc., 500 U.S. 90 (1991) ··············· 236
Kanz v. Wilson, 703 So.2d 1331 (La. App. 1st Cir. 1997) ······················· 162
Kauffman Racing Equip., LLC v. Roberts, 930 N.E.2d 784 (Ohio 2010) ········ 31
Keeton v. Hustler, 465 U.S. 770 (1984) ····································· 59, 64, 65, 129
Keeton v. Hustler Magazine, Inc., 549 A.2d 1187 (N.H. 1988) ················· 100
Kilberg v. Northeast Airlines, Inc., 172 N.E.2d 526 (N.Y. 1961) ············· 128, 135
Kirkpartick v. Environmental Tectonics Corp., 493 U.S. 400 (1990) ········· 312
Klaxon Co. v. Stentor Manufacturing Co., 313 U.S. 487 (1941) ··············· 218
Kulko v. Superior Court, 436 U.S. 84 (1978) ······································· 38
Lawrence v. Texas, 539 U.S. 558 (2003) ·· 267
Levy v. Daniels' U-Drive Auto Renting Co., 143 A. 163 (Conn. 1928) ········· 122
Livingston v. Jefferson, 15 Fed. Cas. 660 (C.C.D.Va. 1811) ····················· 62
Loucks v. Standard Oil Co. of New York, 120 N.E. 198 (N.Y. 1918) ············ 135
Loving v. Virginia, 388 U.S. 1 (1967) ··· 116, 265
Matusevitch v. Telnikoff, 877 F.Supp. 1 (D.D.C. 1995) ······················ 258, 325
May v. Anderson, 345 U.S. 528 (1953) ·· 280
McGee v. International Life Insurance Co., 355 U.S. 220 (1957) ········· 36, 67, 69
Mikovich v. Saari, 203 N.W.2d 408 (Minn. 1973) ································ 165
Milliken v. Pratt, 125 Mass. 374 (1878) ······································ 108, 153
Moki Mac River Expeditions v. Drugg, 221 S.W.3d 569 (Tex. 2007) ············ 35
Moore v. Montes, 22 Ariz. App. 562, 529 P.2d 716 (1975) ······················· 177
Mullane v. Central Hanover Bank & Trust Co., 339 U.S. 306 (1950) ·········· 30
National Equipment Rental, Ltd. v. Szukhent, 375 U.S. 311 (1964) ··········· 74
Neumeier v. Kuehner, 286 N.E.2d 454 (N.Y. 1972) ······························ 145
Nevada v. Hall, 440 U.S. 410 (1979) ·· 202
New York Times v. Sullivan, 376 U.S. 254 (1964) ································· 63
Offshore Rental Co. v. Continental Oil Co., 583 P.2d 721 (Cal. 1978) ········ 162
Pacific Employers v. Industrial Accident Commission, 306 U.S. 493 (1939) ······· 198
Padula v. Lilarn Properties Corp., 644 N.E.2d 1001 (N.Y. 1994) ··············· 149
Parklane Hosiery v. Shore, 439 U.S. 322 (1979) ·································· 249
Paul v. National Life, 352 S.E.2d 550 (W.Va. 1986) ····························· 336

Pennoyer v. Neff, 95 U.S. 714 (1878) ··· 18
Perkins v. Benguet Consolidated Mining Co., 342 U.S. 437 (1952) ················· 45
Philips Petroleum Co. v. Shutts, 472 U.S. 797 (1985) ································· 201
Phillips v. General Motors Corp., 995 P.2d 1002 (Mont. 2000) ····················· 180
Piper Aircraft Co. v. Reyno, 454 U.S. 235 (1981) ······································· 86
Poole v. Perkins, 101 S.E. 240 (Va. 1919) ·· 106
Potlatch No. 1 Fed. Credit Union v. Kennedy, 76 Wash.2d 806, 459 P.2d 32 (1969) ·············· 179
Preine v. Freeman, 112 F.Supp. 257 (D.C.E.D. Va. 1953) ···························· 122
Pritchard v. Norton, 106 U.S. 124 (1882) ·· 106
Ragan v. Merchants Transfer & Warehouse Co., 337 U.S. 530 (1949) ············ 224
Reiersen v. Commissioner of Revenue, 524 N.E.2d 857 (Mass. 1988) ············· 14
Republic of Philippines v. Westinghouse Electric Corp., 821 F.Supp. 292 (D.N.J. 1993) ············ 136
Reynolds v. International Amateur Athletic Fed'n, 23 F.3d 1110 (6th Cir. 1994) ············· 60
Rodrigues-Diaz v. Sierra-Martinez, 853 F.2d 1027 (1st Cir. 1988) ················· 14
Rosenstiel v. Rosenstiel, 209 N.E.2d 709 (N.Y. 1965) ································· 277
Schulz v. Boy Scouts of America, Inc., 480 N.E.2d 679 (N.Y. 1985) ··············· 147
Schwartz v. Schwartz, 103 Ariz. 562, 447 P.2d 254 (1960) ··························· 177
Semtek International Inc. v. Lockheed Martin Corp., 531 U.S. 497 (2001) ······ 228
Shady Grove Orthopedic Associates v. Allstate Ins. Co., 559 U.S. 393, 120 S.Ct. 1431 (2010) ········ 230
Shaffer v. Heitner, 433 U.S. 186 (1977) ······································ 24, 38, 111
Shaps v. Provident Life & Accident Insurance Co., 826 So.2d 250 (Fla. 2002) ······ 127
Sherrer v. Sherrer, 334 U.S. 343 (1948) ··· 276
Sinochem International Co., Ltd. v. Malaysia International Shipping Corp., 549 U.S. 422 (2007) ···· 83
Skahill v. Capital Airlines, Inc., 234 F.Supp. 906 (S.D.N.Y. 1964) ················· 202
Smith Kline & French Lab., Ltd. v. Bloch [1983] 2 All. E.R. 72, 74 (C.A. 1982) ·········· 87
S. S. Lotus (France v. Turkey), PCIJ, Series A, No. 10 (1927) ······················ 296
Steele v. Bulova Watch Co., 344 U.S. 280 (1952) ····································· 305
Stewart Organization, Inc. v. Ricoh Corp., 487 U.S. 22 (1988) ················ 77, 227
Sun Oil Co. v. Wortman, 486 U.S. 717 (1988) ·· 201
Swift v. Tyson, 41 U.S. 10 (1842) ·· 208, 210
Taylor v. Sturgell, 553 U.S. 880 (2008) ·· 241
Telnikoff v. Matusevitch, [1991] 4 All ER 817 (H.L. 1991) ························· 325
Telnikoff v. Matusevitch, 702 A.2d 230 (Md. 1997) ··································· 325
Tennessee v. Elliott, 478 U.S. 788 (1986) ·· 254
The Bremen v. Zapata Off-Shore Company, 407 U.S. 1 (1972) ······················ 74
Thomas v. Washington Gas Light Co., 448 U.S. 261 (1980) ························ 255
Timberlane Lumber Co. v. Bank of America, 549 F.2d 597 (9th Cir. 1976) ····· 303
Tooker v. Lopez, 249 N.E.2d 394 (N.Y. 1969) ·· 144
Tulsa Professional Collection Services, Inc. v. Pope, 485 U.S. 478 (1988) ········· 30
Underhill v. Hernandez, 168 U.S. 250 (1897) ·· 309
United States v. Aluminium Co. of America (Alcoa), 148 F.2d 416 (2d Cir. 1945) ········ 296
United States v. National Exchange Bank of Providence, 214 U.S. 302 (1909) ········· 235
United States v. Windsor, 570 U.S. __, 133 S.Ct. 2675 (2013) ············ 264, 266, 267
United States v. Yunis, 681 F.Supp. 896 (1988) ······································· 300
Van Dusen v. Barrack, 376 U.S. 612 (1964) ··· 85

Vanderbilt v. Vanderbilt, 354 U.S. 416 (1957) ·· *279*
Walden v. Fiore, 134 S.Ct. 1115 (2014) ·· *52, 60*
Walker v. Armco Steel Corp., 446 U.S. 740 (1980) ·· *223*
Watson v. Employer's Liability Assurance Corp., 348 U.S. 66 (1954) ························ *199*
Werner v. Werner, 84 Wash. 2d 360, 370, 526 P.2d 370 (1974) ······························· *179*
White v. Tennant, 8 S.E. 596 (W.Va. 1888) ·· *17*
Williams v. North Carolina, 317 U.S. 287 (1942) (Williams I) ························· *263, 272*
Williams v. North Carolina, 325 U.S. 226 (1945) (Williams II) ······························ *272*
World-Wide Volkswagen Corp. v. Woodson, 444 U.S. 286 (1980) ··············· *39, 52, 57*
Yakin v. Tyler Hill Corp., 566 F.2d 72 (2d Cir 2009) ··· *79*

【法令等】

1st Restatement ··· *96*
1st Restatement § 332 ··· *104*
1st Restatement § 358 ··· *104*
1st Restatement § 377 ·· *99*
1st Restatement § 382 ··· *100*
1st Restatement § 585 cmt. a ·· *125*
1st Restatement § 588 ··· *129*
1st Restatement §§ 610-611 ··· *136*
1st Restatement § 612 ··· *133*
28 U.S.C. § 1404 (a) ··· *78, 85, 227*
28 U.S.C. § 1738 ·· *281*
2d Restatement § 6 ··· *170*
2d Restatement §§ 36-37 ··· *41*
2d Restatement § 87 ··· *63*
2d Restatement § 89 ··· *326*
2d Restatement § 98 ··· *315*
2d Restatement § 145 (1) ··· *171*
2d Restatement §§ 146, 147 & 175 ··· *172*
2d Restatement § 187 ·· *184*
2d Restatement § 187 (1) ··· *185*
2d Restatement § 187 (2) ··· *185*
2d Restatement § 187 (3) ··· *184*
2d Restatement § 187 cmt. e ··· *185*
2d Restatement § 188 ·· *187*
2d Restatement § 188 (2) ··· *187*
2d Restatement § 188 (3) ··· *187*
Child Custody Jurisdiction and Enforcement Act (2013) ···································· *286*
Destruction of Aircraft Act, 18 U.S.C. § 32 ·· *300*
Fed. Rules of Appellate Procedure Rule 38 (Frivolous Appeal) ····························· *227*
Fed. Rules of Civil Procedure 3 ·· *224*
Fed. Rules of Civil Procedure 4 ·· *223*
Fed. Rules of Civil Procedure 12 (b) (6) ·· *243*
Fed. Rules of Civil Procedure 41 (b) ··· *229, 243, 246*

Hostage Taking Act, 18 U.S.C. § 1203 ·· 300
International Child Abducyion Remedies Act, 42 U.S.C. 11601 et seq. ·············· 284
Oregon Rev. Stat. § 15, 440(3)(a)-(b) ·· 339
Parental Kidnapping Prevention Act, 28 U.S.C. § 1738A ························· 283
Restatement (Fourth) of Foreign Relations Law of the United States Jurisdiction
　§§ 401-409 ··· 318
Restatement (Fourth) of Foreign Relations Law of the United States Jurisdiction § 401 ········ 320
Restatement (Fourth) of Foreign Relations Law of the United States Jurisdiction
　§ 401 cmt. a ··· 319
Restatement (Fourth) of Foreign Relations Law of the United States Jurisdiction
　§ 401 cmt. c ··· 319
Restatement (Fourth) of Foreign Relations Law of the United States Jurisdiction
　§ 401 cmt. d ··· 320
Restatement (Fourth) of Foreign Relations Law of the United States Jurisdiction
　§ 403 (b) cmt. g ·· 322
Restatement (Fourth) of Foreign Relations Law of the United States Jurisdiction
　§ 403 (b), Reporter's Notes 5 ·· 322
Restatement (Fourth) of Foreign Relations Law of the United States Jurisdiction § 403 (c) ··· 322
Restatement (Fourth) of Foreign Relations Law of the United States Jurisdiction
　§ 403 cmt. h ··· 323
Restatement (Fourth) of Foreign Relations Law of the United States Jurisdiction
　§ 403, Reporter's Notes 5 ··· 322
Restatement (Fourth) of Foreign Relations Law of the United States Jurisdiction § 404 ········ 327
Restatement (Fourth) of Foreign Relations Law of the United States Jurisdiction
　§ 404 cmt. b ··· 328
Restatement (Fourth) of Foreign Relations Law of the United States Jurisdiction
　§ 404 cmt. e ··· 329
Restatement (Fourth) of Foreign Relations Law of the United States Jurisdiction
　§ 404 cmt. h ··· 329
Restatement (Fourth) of Foreign Relations Law of the United States Jurisdiction
　§ 404 cmt. i ··· 329
Restatement (Fourth) of Foreign Relations Law of the United States Jurisdiction
　§ 404 cmt. j ··· 329
Restatement (Fourth) of Foreign Relations Law of the United States Jurisdiction
　§ 404 cmt. l ··· 330
Restatement (Fourth) of Foreign Relations Law of the United States Jurisdiction
　§ 404, Reporter's Notes 11 ·· 328
Restatement (Fourth) of Foreign Relations Law of the United States Jurisdiction § 406 ········ 330
Restatement (Fourth) of Foreign Relations Law of the United States Jurisdiction
　§ 406 cmt. b ··· 330
Restatement (Fourth) of Foreign Relations Law of the United States Jurisdiction
　§ 406 cmt. d ··· 330
Restatement (Fourth) of Foreign Relations Law of the United States Jurisdiction § 407 ········ 331
Restatement (Fourth) of Foreign Relations Law of the United States Jurisdiction § 408 ········ 331
Restatement (Fourth) of Foreign Relations Law of the United States Jurisdiction § 409 ········ 326

Restatement (Second) of Judgments § 27 (1982) ··· 244
Restatement (Second) of Judgments § 27, cmt. i (1982) ································ 247
Restatement (Third) of Foreign Relations Law (1986) ··································· 315
Restatement (Third) of Foreign Relations Law § 481 (1986) ···················· 319
Restatement (Third) of Foreign Relations Law § 482 (1986) ···················· 321
Restatement (Third) of Foreign Relations Law § 482(2)(a) (1986) ·········· 322
Restatement (Third) of Foreign Relations Law of the United States § 402 ························ 297
Restatement (Third) of Foreign Relations Law of the United States, Ch. 4 ························ 295
Section 34, Judiciary Act of 1789 ··· 210
Securing Constitutional Herritage (SPPECH) Act, 28 U.S.C. § § 4101-4105······························
Securing the Protection of our Enduring and Established Constitutional Heritage (SPEECH) Act, 28 U.S.C. § § 4101-4105 ·· 316, 322
The 2005 Uniform Foreign-Country Money Judgments Recognition Act § 4 (b) ················· 328
The Federal Employers Liability Act (FELA), 45 U.S.C. § 51 et seq. (1908) ······················ 217
The Federal Tort Claims Act (June 25, 1948), ch. 646, TitleIV, 62 Stat. 982, 28 U.S.C. § 1346 (b) ·· 207
The Rules Enabling Act of 1934, ch. 651, Pub. L.73-415, 48 Stat. 1064, enacted June 19, 1934, 28 U.S.C. § 2072··· 218
Uniform Foreign-Country Money Judgments Recognition Act (UFCMJRA) § 4 (b) ············ 259
Uniform Foreign-Country Money Judgments Recognition Act (UFCMJRA) § 4 (c) ············ 260

樋口範雄（ひぐち のりお）

1951年　新潟県生まれ
1974年　東京大学法学部卒業
現　在　東京大学大学院法学政治学研究科教授
専　攻　英米法
著　書　『親子と法―日米比較の試み』（弘文堂・1988）〔日米友好基金賞受賞〕,『英米法辞典』（田中英夫編集代表,東京大学出版会・1991）（編集委員として参加執筆）,『アメリカ契約法』（弘文堂・1994,［第2版］2008）,『フィデュシャリー［信認］の時代―信託と契約』（有斐閣・1999）,『アメリカ信託法ノートⅠ・Ⅱ』（弘文堂・2000・2003）,『アメリカ代理法』（弘文堂・2002）,『生命倫理と法Ⅰ・Ⅱ』（編,弘文堂・2005・2007）,『医療と法を考える―救急車と正義』（有斐閣・2007）,『入門　信託と信託法』（弘文堂・2007,［第2版］2014）,『続・医療と法を考える―終末期医療ガイドライン』（有斐閣・2008）,『アメリカ不法行為法』（弘文堂・2009,［第2版］2014）,『はじめてのアメリカ法』（有斐閣・2010,［補訂版］2013）,『アメリカ憲法』（弘文堂・2011）,『現代の代理法―アメリカと日本』（編,弘文堂・2014）他
訳　書　モートン・J・ホーウィッツ『現代アメリカ法の歴史』（弘文堂・1996）

アメリカ渉外裁判法【アメリカ法ベーシックス11】

2015（平成27）年6月15日　初版1刷発行

著　者　樋口　範雄
発行者　鯉渕　友南
発行所　株式会社　弘文堂　101-0062 東京都千代田区神田駿河台1の7
　　　　TEL 03(3294)4801　振替 00120-6-53909
　　　　http://www.koubundou.co.jp
装　丁　笠井亞子
印　刷　三陽社
製　本　牧製本印刷

© 2015 Norio Higuchi. Printed in Japan

JCOPY　〈(社)出版者著作権管理機構　委託出版物〉
本書の無断複写は著作権法上での例外を除き禁じられています。複写される場合は、そのつど事前に、(社)出版者著作権管理機構（電話 03-3513-6969, FAX 03-3513-6979, e-mail: info@jcopy.or.jp）の許諾を得てください。
また本書を代行業者等の第三者に依頼してスキャンやデジタル化することは、たとえ個人や家庭内での利用であっても一切認められておりません。

ISBN 978-4-335-30376-0

アメリカ法ベーシックス

●アメリカ法の正確な基本知識を提供する実務にも役立つシリーズ！

　現在、アメリカ法への関心の裾野は広がり、わが国の法解釈の参考とされるだけでなく、関連企業や個人が直接アメリカ法の適用をうける可能性も多くなりました。
　このようにアメリカ法が身近な存在となり、また日本法との違いが両国の関係にとって大きな壁となるなか、一方でアメリカ法研究の発展のために、他方で実務的にアメリカ法の基本的な知識を必要とする人たちのために、主要な法領域における依拠すべき信頼できる基本書が求められています。
　本シリーズは、アメリカ法の各分野における本格的な概説書として、正確な基本的知識を提供し、具体的事例を用いてアメリカ法の特色を明示します。長く基本書として引用・参照されるシリーズを目指しています。

＊現代アメリカ法の歴史［オンデマンド版］	ホーウィッツ著 樋口範雄訳	6000円
＊アメリカ契約法［第2版］	樋口範雄	3800円
＊アメリカ労働法［第2版］	中窪裕也	3700円
＊アメリカ独占禁止法［第2版］	村上政博	4000円
＊アメリカ証券取引法［第2版］	黒沼悦郎	2900円
＊アメリカ民事手続法［第2版］	浅香吉幹	2400円
＊アメリカ代理法	樋口範雄	2800円
＊アメリカ不法行為法［第2版］	樋口範雄	3700円
＊アメリカ製造物責任法	佐藤智晶	3000円
＊アメリカ憲法	樋口範雄	4200円
＊アメリカ渉外裁判法	樋口範雄	3800円
アメリカ憲法	松井茂記	
アメリカ租税法	水野忠恒	
アメリカ行政法	中川丈久	
アメリカ地方自治法	寺尾美子	
アメリカ会社法	吉原和志	
アメリカ商取引法	藤田友敬	
アメリカ銀行法	川口恭弘	
アメリカ倒産法	松下淳一	
アメリカ医事法	丸山英二	
アメリカ環境法	大塚　直	

弘文堂

表示価格は2015年5月現在の本体価格（税別）です。＊は既刊